EUGEN EHRLICH · RECHT UND LEBEN

Schriftenreihe des Instituts für Rechtssoziologie und Rechtstatsachenforschung der Freien Universität Berlin

Herausgegeben von Prof. Dr. Ernst E. Hirsch

Band 7

Recht und Leben

Gesammelte Schriften zur Rechtstatsachenforschung und zur Freirechtslehre

Von

Prof. Dr. Eugen Ehrlich

Ausgewählt und eingeleitet von

Dr. Manfred Rehbinder

DUNCKER & HUMBLOT / BERLIN

Gedruckt 1967 bei Alb. Sayffaerth, Berlin 61
Printed in Germany

Inhalt

Inhalt

Einleitung

Als sich Eugen *Ehrlich* im Jahre 1910 — mit einer Empfehlung von Ernst *Zitelmann* — an den Verlag Duncker & Humblot wandte, hatte er zunächst nur den Plan, eine erweiterte Neuausgabe seiner damals schon vergriffenen und stark beachteten Programmschrift: „Freie Rechtsfindung und freie Rechtswissenschaft" (1903) herauszubringen. Die Bearbeitung dieser kleinen Abhandlung weitete sich jedoch recht bald unter den Händen zu seinem eigentlichen literarischen Lebenswerk aus*. Durch Einbeziehung einer Fülle früherer Veröffentlichungen und Ausarbeitung eines größeren theoretischen Bezugsrahmens erreichte die Schrift mit der Zeit einen derartigen Umfang, daß Ehrlich sich auf Anraten des Verlages entschließen mußte, sein Manuskript aufzuteilen. Er übersandte dem Verlag als erstes den mittleren Teil, der seine theoretischen Ausführungen enthielt. Dieser erschien im Jahre 1913, seinem Wunsch entsprechend, unter dem Titel: „Grundlegung der Soziologie des Rechts." Anschließend sollte der erste Teil und der letzte Teil als „Theorie der richterlichen Rechtsfindung" veröffentlicht werden. Es handelte sich dabei um die Neubearbeitung der „Freien Rechtsfindung und freien Rechtswissenschaft" sowie um „Praktische Fragen", d. h. Ausführungen über Methoden und Ergebnisse seiner empirischen Rechtsforschung. Doch der Ausbruch des Ersten Weltkrieges machte diesen Plan zunichte. Die Kriegsumstände und die Verhältnisse der Nachkriegszeit machten es unmöglich, das geplante Ergänzungswerk herauszugeben. Noch im Jahr 1925, nach dem Tode Ehrlichs (1922), erhielt Franz *Kobler,* den Ehrlich testamentarisch zum Verwalter des literarischen Nachlasses eingesetzt hatte, die im Nachlaß vorgefundenen Manuskriptteile wieder zurück. Sie sind seitdem verschollen.

Dieses Schicksal von Ehrlichs literarischem Lebenswerk, so wie es sich aus der zufällig wieder aufgefundenen Verlagskorrespondenz ergibt, zeigt uns Ehrlich als Opfer des Ersten Weltkrieges. Wenn wir heute mit der vorliegenden Sammlung der wichtigsten seiner kleineren Arbeiten ein Stück literarischer „Wiedergutmachung" leisten, so geschieht dies

---

* „Das Buch, das ich Ihrem Verlage angeboten habe, ist mehr als irgendein anderes mein Lebenswerk. Den ersten Gedanken dazu faßte ich im Jahre 1882, noch als Student: Damals schrieb ich einen Aufsatz: Verhältnis der Jurisprudenz zum Systeme der Wissenschaften, und schickte ihn dem jetzigen Professor, damals Privatdozent in Wien, Freiherrn v. Schey ..." (Brief an den Verlag vom 22. Dez. 1912.)

keinesfalls nur aus Pietät vor dem Begründer der Rechtssoziologie. Seine „Grundlegung“ erscheint jetzt in 3. Auflage; auch seine „Juristische Logik“ ist in 3. Auflage greifbar. Was dagegen kaum noch greifbar und dementsprechend nahezu vergessen ist, sind jene beiden Aspekte seines Gesamtwerks, die seinerzeit nicht mehr veröffentlicht werden konnten, nämlich die Rechtstatsachenforschung und die soziologische Jurisprudenz. Diese beiden Aspekte sind aber die notwendigen Ergänzungen jeder Rechtssoziologie. Ohne sie wäre die Rechtssoziologie zu einem Elfenbeinturm-Dasein verurteilt.

Rechtstatsachenforschung gehört zum empirischen Teil der Rechtssoziologie. Es geht um die Erforschung des lebenden Rechts. Man will, nach der bekannten Unterscheidung von Roscoe *Pound,* nicht das „law in the books“, sondern das „law in action“ erforschen. Der von Ehrlich geprägte Ausdruck „lebendes Recht“ hat einen Siegeszug durch die internationale rechtstheoretische Literatur angetreten. Überhaupt läßt sich sagen, daß Ehrlichs Ideen im Ausland weitaus bekannter sind als im deutschsprachigen Raum. Die kürzlich erschienene Rechtssoziologie von Julius *Stone* (Social Dimensions of Law and Justice, 1966) enthält von Ehrlich nicht weniger als 101 verschiedene Zitate. Dennoch sind auch und gerade im Ausland jene ersten Anfänge empirischer Rechtsforschung nahezu unbekannt, die Ehrlich schon Jahre vor den Arbeiten von Arthur *Nussbaum* und seiner von ihm sog. Schule der Rechtstatsachenforschung in der Bukowina unternommen hatte.

Wie es dazu kam und welche Bedeutung Ehrlichs Art von Forschungen gegenüber früheren Versuchen hatte, habe ich in meiner Würdigung und Auseinandersetzung mit Ehrlichs Gesamtwerk gezeigt, die gleichzeitig mit der vorliegenden Sammlung unter dem Titel „Die Begründung der Rechtssoziologie durch Eugen Ehrlich“ als Bd. 6 dieser Schriftenreihe erscheint. Dort ist auch ein vollständiges Literaturverzeichnis der weit verstreuten Arbeiten von Ehrlich zu finden. Schon Franz *Kobler* hatte seinerzeit angeregt, zumindest jene entlegenen, für die Frühgeschichte der empirischen Rechtsforschung so wichtigen Zeitschriftenbeiträge einmal gesammelt herauszugeben und dadurch einem größeren Leserkreis zugänglich zu machen.

Der zweite Teil der vorliegenden Sammlung enthält Ehrlichs Arbeiten zur soziologischen Jurisprudenz. Soziologische Jurisprudenz ist eine angewandte Rechtssoziologie, und zwar die Lehre von der soziologisch orientierten Aufstellung, Anwendung und Durchsetzung der Rechtsnormen durch den Rechtsstab. Für Ehrlich stand, wie dann später für die meisten anderen Rechtssoziologen, der Richter im Mittelpunkt der Betrachtung. Er arbeitete an einer „Theorie der richterlichen Rechtsfindung“. Mit seiner Abhandlung „Über Lücken im Rechte“ aus dem Jahre 1888 läßt sich der Nachweis führen, daß er der sog. Freirechtsschule nicht nur den Namen gegeben hat, sondern daß er auch zu ihren Begründern zu zählen ist. Seine anschließend abgedruckte Programmschrift: „Freie Rechtsfindung und freie Rechtswissenschaft" gehört heute im Antiquariatshandel zu den meistgesuchten Titeln. Sie hat seinerzeit zu schweren Mißverständnissen in den Reihen der traditionellen Juristen geführt, und auch heute noch spuken die Freirechtler in den Köpfen so mancher Juristen als wilde Männer herum, die sich nicht mehr an das Gesetz halten wollten und einer richterlichen Willkür das Wort redeten.

Diese Sammlung soll dazu beitragen, solche Vorstellungen als haltlos zu erweisen. Ehrlich hat zu derartigen Irrtümern keinen Anlaß gegeben. Wenn er damals seine „Freie Rechtsfindung" neu bearbeiten wollte, so verfolgte er damit, wie er an den Verlag schrieb, nur das eine Ziel: der Weiterverbreitung solcher Irrtümer, die ja einem wissenschaftlichen Rufmord gleichkam, Einhalt zu gebieten. Wie seine Ausarbeitung zu einer „Theorie der richterlichen Rechtsfindung" im einzelnen ausgesehen hat, wissen wir nicht. Wir können es aber in Umrissen feststellen; denn Ehrlich hat während des Ersten Weltkrieges größere Teile seines Manuskriptes in Zeitschriften veröffentlicht. Die „Juristische Logik", die zuerst im AcP erschien, erschöpft sich zwar noch weitgehend in einer Kritik der traditionellen Methodenlehre. Seine am Ende dieses Bandes nachgedruckte Abhandlung aus Iherings Jahrbüchern über „Die richterliche Rechtsfindung auf Grund des Rechtssatzes" zeigt aber deutlich, welche Stellung einer freien, d. h. soziologischen Rechtsfindung im Gesamtsystem der juristischen Methodenlehre zukommt. Ist diese enge Begrenzung der Forderung nach freier Rechtsfindung, so wie sie von Ehrlich vertreten wurde, erst einmal ins Bewußtsein unserer Rechtsdogmatiker gedrungen, dann dürften auch alle jene grundsätzlichen Bedenken dahinschwinden, die bis heute einer allgemeinen Anerkennung der Rechtssoziologie im Wege stehen.

Berlin, im Januar 1967

Manfred Rehbinder

Die Erforschung des lebenden Rechts*

Es ist bekannt, daß an einigen großen Universitäten Deutschlands und Österreichs die Hörsäle der juristischen, oder wie sie in Österreich heißt, der rechts- und staatswissenschaftlichen Fakultät die eingeschriebenen Hörer gar nicht zu fassen vermöchten. Trotzdem hat man sie gewiß nur sehr selten überfüllt gesehen. Dem angehenden Juristen hat eben eine gütige Fee die Fähigkeit in die Wiege gelegt, die Vorlesungen in seiner Abwesenheit zu hören. Es gibt kaum ein Gebiet des höheren Unterrichts, wo sich eine solche Erscheinung annähernd in demselben Maße wiederholte. Im allgemeinen geizt der Mediziner, der Techniker, der Philosoph nach jedem kostbaren Tropfen des Wissens, das er sich an der Lehranstalt zu beschaffen vermag: an der juristischen Fakultät hat der akademische Lehrer nicht selten das Gefühl, daß ihm seine Hörer einen Gefallen zu erweisen glauben, wenn sie in seine Vorlesung kommen. Daß der Unterricht unter solchen Umständen, wenn man von einer kleinen auserlesenen Schar absieht, keinen glänzenden Erfolg zeitigen kann, ist freilich zweifellos: ohne werktätige Teilnahme des Schülers kann bekanntlich der beste Lehrer nicht viel leisten.

Und so hört man allenthalben Klagen über die ungenügende Vorbildung der Juristen, in Deutschland wie in Österreich. In Deutschland führten sie zu einer „Unterrichtsreform", die vor einigen Jahren in den meisten Bundesstaaten im wesentlichen nach dem Vorgange und Beispiele Preußens versucht worden ist. Von einer Kritik mag abgesehen werden, im allgemeinen ist man darüber einig, daß sie das Übel nicht beseitigt hat. In Österreich hat die Regierung vor vier Jahren den Fakultäten Gutachten darüber abgefordert. Nach dem vorgelegten Mate-

* Der vorliegende Aufsatz enthält im wesentlichen das Programm des Seminars für lebendes Recht, das von mir im Wintersemester 1909/10 an der Universität Czernowitz eingerichtet und geleitet worden ist. *Zur Wahrung meines geistiges Eigentums* bemerke ich, daß er mit wenigen stilistischen Änderungen wörtlich mit der Denkschrift übereinstimmt, die ich *am 16. Juli 1909* dem österreichischen Unterrichtsministerium mit dem Ansuchen um Genehmigung dieses Seminars vorgelegt habe. Die ersten Andeutungen über lebendes Recht und die Aufgaben der Wissenschaft ihm gegenüber, sind in meiner Schrift: Freie Rechtsfindung und freie Rechtswissenschaft (Leipzig 1903), S. 35 bis 37, enthalten. Über ihr Verhältnis zu den Bestrebungen des Herrn Professors Martin Wolff und des Herrn Landrichters Segall, die auf Erforschung der Lebensgewohnheiten gerichtet sind, ist im Texte (S. 19 f.) das Erforderliche gesagt. Das Vorgehen dieser Herren ist vollkommen unanfechtbar und gegen sie wird hier keinerlei Vorwurf erhoben.

riale und den bisher eingelangten Antworten kann man es jetzt schon übersehen, was beabsichtigt und was vorgeschlagen wird: die Verschiebung einer Staatsprüfung, verschiedene Veränderungen in den obligaten und nichtobligaten Kollegien, die teils neu eingeführt, teils aufgegeben, teils in der Stundenzahl vermehrt oder vermindert werden sollen, endlich Veränderungen in den Prüfungsfächern. Viele der bisher gemachten Vorschläge scheinen recht beachtenswert: es ist nur fraglich, ob das alles den prunkvollen Namen einer Neugestaltung des Unterrichts verdient und ob auf diesem Wege etwas Wesentliches erreicht werden kann. Am anfechtbarsten dürfte aber der Grundgedanke der beabsichtigten Maßregel sein: eine Unterrichtsordnung sei etwas, was durch die Verwaltung „gemacht" werden könne.

Der wissenschaftliche Unterricht kann unmöglich mehr bieten, als bei der Beschaffenheit der Lehrer und bei dem Stande der Wissenschaft geboten werden kann. Weder an dem Lehrer noch an der Wissenschaft kann die Unterrichtsordnung etwas ändern; sie muß sie so hinnehmen, wie sie sind. Auch ohne daß ein Beistrich an der Unterrichtsordnung versetzt zu werden brauchte, wird sich der Lehrbetrieb sofort heben, wenn ein Wissenszweig aufblüht oder ein tüchtiger Vertreter seines Faches in einen entsprechenden Wirkungskreis gelangt; läßt man hervorragende Kräfte aus ihren akademischen Stellungen auswandern oder ohne genügende Tätigkeit verkümmern, ebnet Cliquengeist anerkannten Unfähigkeiten den Weg zu den Lehrstühlen, was kann dagegen eine Unterrichtsordnung ausrichten? Vor hundert Jahren hatte Savigny den Rechtsunterricht vom Grunde aus umgestaltet, aber nicht durch eine Unterrichtsordnung, sondern indem er die historische Schule begründete. Vor fünfzig Jahren ist dem Grafen Thun in Österreich ein großer Wurf gelungen, aber gewiß nicht durch seine Unterrichtsordnung, sondern indem er für die österreichischen Universitäten die richtigen Männer zu gewinnen verstand. Mit den Männern des alten Systems wären unsere Universitäten gewiß das geblieben, was sie bis dahin waren, — trotz Unterrichtsordnung.

Ich werde daher solange nicht daran glauben, daß etwas Ernstes im Zuge ist, bis ich neue Männer sehe und neue Gedanken vernehme. Ein neuer Lehrbetrieb wächst aus neuen Methoden und neuen Zielen der wissenschaftlichen Forschung heraus, durch Verordnungen läßt er sich nicht pfropfen. Die begeisterten Jünger, die in unserer Zeit dem Naturforscher an den Universitäten folgen, zeugen beredt vom gegenwärtigen Aufschwung der Naturwissenschaften, von ihren großartigen Methoden und herrlichen Erfolgen. Wenn über das geringe Interesse geklagt wird, das der junge Jurist der Wissenschaft, der er doch sein Leben widmen wird, entgegenbringt, sollte das nicht mit einer gewissen Rückständigkeit des ganzen Wissensgebietes zusammenhängen? So manches Beispiel zeigt doch, daß ein wirklich moderner Mensch an der juristischen Fakultät immerhin auch jetzt schon eine andächtige Hörerschaft zu versammeln und Lehrerfolge zu erzielen vermag.

In der Tat, es genügt, ein juristisches dogmatisches (nicht historisches) Durchschnittsbuch nur in die Hand zu nehmen, um einen eigentümlichen muffigen Geruch sofort zu verspüren. Worin unterscheidet sich das, was hier vorgetragen wird, von dem, was einst, im 17. und 18. Jahrhundert, ein Maevius, Struvius, Stryckius oder Lauterbach gelehrt hat? Ein gewisser Fortschritt ist allerdings unverkennbar, wir haben heute insbesondere viel bessere historische Einleitungen, feinere und folgerichtigere Konstruktionen; aber die juristische Weltanschauung, auf der das Ganze beruht, ist in allen wesentlichen Richtungen offenbar dieselbe. Noch immer kennt die juristische Dogmatik kein anderes Recht als das *Gesetz,* noch immer ist ihr höchstes Ziel teils die Erforschung, teils die systematische Darstellung eines mystischen *„Willens des Gesetzgebers“*, noch immer faßt diese Wissenschaft das Gesetz ausschließlich als das auf, was es im Polizeistaate vergangener Jahrhunderte war: als eine *Anordnung der Obrigkeit, gerichtet an den untergebenen Beamten,* wie er Rechtsstreitigkeiten zu entscheiden habe. Mit einem Worte, die juristische Wissenschaft geht heute noch darin auf, dem Richter zu sagen, wie der Gesetzgeber ihm den Rechtsstreit zu entscheiden befohlen hat, und wenn er es übersehen hätte, etwas für diesen Fall zu befehlen, was er befohlen hätte, wenn er es nicht übersehen hätte. Es ist klar, daß eine Rechtswissenschaft mit solchen Zielen im Grunde nichts anderes ist als eine besonders eindringliche Publikation des Gesetzes. So verstand es der Polizeistaat ebenfalls, und das war auch ganz der Gedankengang der bereits genannten Struvius, Maevius, Lauterbach und Stryckius. Ein Ozean neuer Errungenschaften hat auf anderen Gebieten selbst die ernstesten wissenschaftlichen Leistungen des 17. und 18. Jahrhunderts bedeckt; was sind uns heute die Naturlehre, die Geschichtsforschung, die Linguistik dieser Zeiten? Nur die juristische Scholastik ragt wie ein erratischer Block in eine fremde Welt hinein. Die wenigen schüchternen Rufe nach einer induktiven Methode, nach einer wirtschaftlichen oder sozialen Auffassung des Rechts sind vereinzelt geblieben oder ungehört verhallt. Daß ein derartiger wissenschaftlicher Betrieb der modernen Jugend nicht allzu verlockend scheint, ist schließlich nicht ganz unbegreiflich.

Die Rechtsgeschichte lehrt uns eine leider immer wieder vergessene Wahrheit: daß zu keiner Zeit das ganze Recht in den Gesetzbüchern und Rechtsbüchern enthalten war. Die Gründe dieser Erscheinung sind sehr verschieden, der wichtigste ist aber wohl der, daß zu keiner Zeit das ganze Recht dem Zeitgenossen zum Bewußtsein gekommen ist. Seit die rechtsgeschichtliche Forschung sich nicht mehr auf die Gesetz- und

Rechtsbücher beschränkt, seit sie sich insbesondere in die Rechtsurkunden vertieft hat, fördert sie jeden Augenblick neuen Stoff zur Erkenntnis von Rechtssatzungen und Rechtsverhältnissen der Vergangenheit, von denen die Verfasser der gleichzeitigen Rechts- und Gesetzbücher nichts berichten, zum Teil auch nachweisbar nichts gewußt haben. Und doch verhilft uns selbst die Urkunde nicht zu einem erschöpfenden Bilde des Rechts der Vergangenheit. Sie spricht nur von Verträgen, Rechtsverhältnissen, Rechtsanschauungen, die beurkundet worden sind, sie schweigt über das mündlich vorgenommene Rechtsgeschäft und über die meisten Rechtsverhältnisse, die zu einer Beurkundung keinen Anlaß gegeben haben. Über die rechtliche Gestaltung des Familienlebens, über die Bodenverfassung, über die täglichen kleinen Vorgänge in Handel und Wandel werden wir auch aus der Urkunde nicht viel entnehmen. Gewiß hat in der neuesten Zeit die Fähigkeit des Historikers, zwischen den Zeilen der Überlieferung zu lesen, aus jedem Wort alle seine Voraussetzungen zu entziffern, fast unheimlich zugenommen; aber den Mangel einer Überlieferung überhaupt kann sie nicht ersetzen. Was sich nur der unmittelbaren Anschauung erschlossen hätte, dürfte der Nachwelt unwiederbringlich verloren sein.

Wenn es aber keinem Zweifel unterliegt, daß selbst die genaueste Durchforschung der Gesetz- und Rechtsbücher der Vergangenheit auch nicht ein annähernd erschöpfendes und zuverlässiges Bild des Rechtszustandes ihrer Zeit zu geben vermag, kann ein solches Bild vom Rechtszustand der Gegenwart eine Rechtswissenschaft geben, die sich ganz darauf beschränkt, den Inhalt der geltenden Gesetze systematisch darzustellen, auszulegen, zu konstruieren, dem „Willen des Gesetzgebers" nachzuspüren? Die Antwort auf diese Frage ergibt sich unmittelbar aus dem Gesagten. Von der Gegenwart gilt dasselbe, was von der Vergangenheit gilt. Das ganze lebende Recht auch unserer heutigen Gesellschaft läßt sich nicht in Paragraphen sperren, ebensowenig wie ein Strom in einen Teich gefaßt werden kann: was davon hineinkommt, ist kein lebender Strom mehr, sondern totes Gewässer, und viel kommt überhaupt nicht hinein. Der unmöglichen Aufgabe ist der Verfasser moderner Gesetze nicht besser gewachsen als der vergangener Jahrhunderte, und das Bild des Rechtszustandes unserer Zeit, das die moderne Rechtswissenschaft dem angehenden Juristen auf Grund dieses Materials zu bieten in der Lage ist, ist nicht weniger lückenhaft und schief wie das, das die Rechtsgeschichte von der Vergangenheit gab, als sie nur auf Grund von Gesetz- und Rechtsbüchern arbeitete.

Da gibt es in dem Hauptstücke des österreichischen bürgerlichen Gesetzbuches, das von den Ehepakten handelt, vier magere Paragraphen, die sich laut Marginalrubrik mit der Gütergemeinschaft befassen. Wer immer Gelegenheit hatte, mit der deutsch-österreichischen Bauernschaft in Berührung zu kommen, weiß, daß sie fast ausschließlich in ehelicher Gütergemeinschaft lebt. Aber diese eheliche Gütergemeinschaft, die der herrschende gewillkürte Güterstand der deutsch-österreichischen Bauernschaft ist, hat mit der, von der das österreichische bürgerliche Gesetzbuch handelt, nichts zu tun, und die Bestimmungen des bürgerlichen Gesetzbuches kommen daher nie zur Anwendung, da sie stets durch einen in aller Form vereinbarten Ehevertrag ausgeschlossen werden. Welchen Wert hätte nun eine Rechtswissenschaft, die es verkennen würde, daß die Gütergemeinschaft, von der im allgemeinen bürgerlichen Gesetzbuch die Rede ist, nur ein papierenes Dasein friste; welchen Wert hätte eine Rechtswissenschaft, die ihre Aufgabe darin beschlossen erachtete, die „Absicht des Gesetzgebers" auszudeuten, die in den besagten vier Paragraphen Ausdruck gefunden hat; die sich nicht mit der auf Grund leicht zugänglicher Urkunden bekannten Gütergemeinschaft befaßte, nach der fast die ganze deutsch-österreichische Bauernschaft lebt?

Oder etwa der landwirtschaftliche Pachtvertrag. Die wenigen Bestimmungen, die moderne Gesetzbücher, insbesondere das deutsche und das österreichische bürgerliche Gesetzbuch darüber enthalten, sind größtenteils dem römischen Recht entnommen, stammen aus dem ausgesogenen Boden Italiens der römischen Kaiserzeit, mit seiner durchaus extensiven Latifundienwirtschaft und einem gedrückten Pächterstande. Sie wären heute vollkommen ungenügend. Ein Blick ins Leben lehrt, daß sie kaum je in Anwendung kommen: sie sind fast durchweg außer Kraft gesetzt und ersetzt durch die Bestimmungen der Pachtverträge, wie sie, entsprechend der Entwicklungsstufe unserer Landwirtschaft, den modernen gesellschaftlichen und wirtschaftlichen Verhältnissen, zwischen Verpächter und Pächter ausnahmslos abgeschlossen werden. Je nach der Gegend, nach der Art des verpachteten Gutes, nach der Stellung der Parteien verschieden, haben sie doch in dieser Beschrankung einen typischen, immer wiederkehrenden Inhalt. Es ist daher wohl klar, daß eine noch so sorgfältige Darstellung des Pachtrechtes der bürgerlichen Gesetzbücher ein Bild des in Deutschland und Österreich tatsächlich geübten Pachtrechts nicht geben würde; es müßte der typische Inhalt der Pachtverträge dargelegt, zu diesem Zwecke die Archive der Notariats- und Advokaturkanzleien durchsucht, es müßten auch an Ort und Stelle Erhebungen gepflogen werden.

Oder weiß die juristische Literatur etwas von der Agrarverfassung Deutschlands oder Österreichs? Nicht einmal die Arten der Bodenausnützung sind bisher juristisch formuliert worden; und das ist doch nur ein kleiner Teil der Aufgabe, die zu bewältigen wäre. Jede landwirtschaftliche Bodenausnützung bringt noch ganz andere Verhältnisse mit sich, die für den Juristen von größter Bedeutung sind. Vor allem die nachbarlichen Beziehungen der Wirtschafts- und Gutsbesitzer; sie sind geregelt teils durch Herkommen, teils durch Verträge, teils durch das Gesetz: aber die ganze juristische Literatur weiß höchstens vom Gesetz etwas zu sagen. Dann setzt die Landwirtschaft, wenigstens soweit sie über den Zwergbetrieb hinausgeht, auch eine gewisse Organisation der Arbeit voraus, die sich beim Großgrundbesitz zu einem kunstvoll ineinandergreifenden, ungemein zusammengesetzten Mechanismus steigert. Da ist jedem, der dazu gehört, teils durch Herkommen, teils durch Vertrag oder Gesetz (Gesindeordnungen) das Maß seiner Vollmachten, Aufsichtsrechte, Befugnisse, Pflichten zugewiesen, ohne deren Kenntnis man dieses schwierige Räderwerk nicht nur volkswirtschaftlich oder technisch, sondern auch juristisch weder verstehen noch fassen kann. Alle diese Rechtsverhältnisse wiederholen sich trotz vieler Verschiedenheiten im einzelnen, bei gleichartigen Betrieben das ganze Land, oft auch das ganze Reich hindurch in ihrer typischen Form, sind daher gar nicht schwer zu durchforschen und darzustellen.

Oder etwa das Familienrecht. Was dem Beobachter hier zunächst auffällt, das ist der Widerspruch zwischen der tatsächlichen Familienordnung und der, die die Gesetzbücher fordern. Es dürfte in Europa kaum ein Land geben, wo das Verhältnis zwischen Mann und Frau, zwischen Eltern und Kindern, zwischen Familie und der Außenwelt, wie es sich im Leben tatsächlich gestaltet, den Normen des gesetzten Rechts entspräche, wo die Familiengenossen bei einem nur einigermaßen entsprechenden Familienleben es auch nur versuchten, die Rechte, die ihnen nach den Buchstaben des Gesetzes zustehen, gegen einander durchzusetzen. Es ist daher klar, daß das gesetzte Recht auch hier nicht im mindesten ein Bild dessen gibt, was im Leben vorgeht. Um so weniger darf sich aber die Wissenschaft und Lehre darauf beschränken, das was im Gesetz steht, zu erläutern, sie müßte diesen tatsächlichen Gestaltungen nachgehen, die wieder in jeder gesellschaftlichen Klasse und jeder Gegend verschieden, aber im wesentlichen gleichförmig und typisch sind. Erkannt und richtig gewürdigt wurde das bereits seit längerer Zeit in Frankreich. Bekanntlich behandelt der Code Napoléon die verheiratete Frau fast als Hörige ihres Mannes: in Wirklichkeit ist aber die verheiratete Französin so frei und unabhängig wie nur eine Frau der Welt. In seiner Schrift: „La femme dans le ménage“ (Paris 1904) sagt Binet: „Les moeurs de notre pays nous offrent depuis longtemps le spectacle de l'épouse vaquant en toute liberté aux diverses opérations du ministère domestique, sans qu'il vienne à l'esprit de personne du lui demander de justification du consentement marital. Et ce n'est pas là un de moins remarquables exemples de l'antinomie apparente, si souvent signalée chez nous, entre la loi et les moeurs, entre le droit et la fait. Noch stärker drückt sich ein von Binet angeführter Jurist aus, Tissier, in seinem Bericht an die Société d'études legislatives (1e année): Celui qui, sur le rôle de la femme mariée dans la famille en France, sur ses droits et ses pouvoirs concernant les intérêts pécuniaires du ménage ne connait que les textes de notre loi, en a une idée certainement bien fausse, et on peut affirmer que les textes ne sont plus en harmonie ni avec notre manière de penser ni avec notre manière de vivre." So die Franzosen über das Verhältnis einer der wichtigsten Beziehungen des Lebens zum Gesetze. Ob das Gesetz die Herrschaft über das Leben verloren oder vielleicht nie besessen hat, ob das Leben seine Entwicklung über das Gesetz hinweg genommen oder auch dem Gesetz nie entsprochen hat, mag dahin gestellt bleiben. Auch hier erfüllt die Wissenschaft als Lehre vom Rechte ihre Aufgabe sehr schlecht, wenn sie bloß darstellt, was das Gesetz vorschreibt, und nicht auch, was wirklich geschieht.

Besser als all das ist das bäuerliche Erbrecht in Deutschland (Sering) und in den deutsch-österreichischen Ländern durchforscht und auch juristisch gewürdigt. Für die andern Stände dagegen ist die ganze Arbeit noch zu machen, ebenso für die nicht deutschen Völker und Länder der österreichischen Monarchie. Die Literatur begnügt sich damit, die fast schrankenlose Testamentsfreiheit des bürgerlichen Rechts darzustellen; sollte sie nicht auch fragen, welcher Gebrauch davon in den einzelnen Ländern und in den einzelnen Ständen gemacht wird?

Das einzige Rechtsgebiet, dessen Wissenschaft nicht bloß gelegentlich sondern durchweg von dem tatsächlich Geübten ausgeht, ist das Handelsrecht. Hier ist es sogar als Handelsgewohnheit und „Usance" in die Wissenschaft offiziell aufgenommen worden. Die Organisation des großen Landguts und der Fabrik, ja sogar der Bank ist heute noch dem Juristen ein Buch mit sieben Siegeln, aber die Organisation des Handelshauses kennt er mindestens in den Grundzügen schon aus dem Handelsgesetzbuche: er kennt die Stellung des Prinzipals und des Prokuristen, des Handlungsbevollmächtigten und des Handlungsgehülfen, des Agenten, des Handelsreisenden, er kennt die Bedeutung der Handelsfirma, der Handelsbücher und der Handelskorrespondenz; das alles ist nicht nur nach der wirtschaftlichen, sondern auch nach der juristischen Seite gewürdigt. Und das Vertragsrecht des modernen Handelsrechts ist nicht dem corpus iuris entnommen oder ein Werk emsigen Nachdenkens der Verfasser; was die Handelsgesetze und Handelsrechtsbücher über Kauf, Kommission, Spedition, das Versicherungs-, Frachtgeschäft, Bankgeschäft sagen, wird meistens wirklich irgendwo geübt, wenn auch vielleicht nicht immer in demselben Umfange, wie sie es feststellen. Ebenso sind zahlreiche Einrichtungen des Handels, zumal die Börse, von den Juristen bereits gehörig durchfurcht und durchackert. Daß fast auf allen Ecken und Enden noch schwere Arbeit zu leisten ist, hängt hier weniger als anderwärts mit dem mangelnden Sinn und mangelnden Verständnis für die Wirklichkeiten der Dinge, als mit der Schwierigkeit des Gegenstandes und der ungeheuer raschen Entwicklung zusammen. Die großartige Organisation der Gütererzeugung, die sich fast vor unsern Augen in den Trusts und Kartellen vollzieht, alle die neuen Verkehrserrungenschaften, die zahlreichen neuen Erfindungen, führen jeden Augenblick zu neuen Gestaltungen, die auch dem Juristen frisches Arbeitsgebiet eröffnen.

Zum Teile hat das, was hier vorgetragen wird, schon in den siebziger Jahren des vorigen Jahrhunderts V. Bogišič gelehrt und sogar ausgeführt, der berühmte Schöpfer des Gesetzbuches über das Vermögen von Montenegro, wohl einer der größten Juristen, die je in Österreich das Licht der Welt erblickten, der auch, wahrscheinlich in Folge dessen, seine Wirksamkeit fast ganz in Rußland entfaltet und beschlossen hat. Ihm, dem geborenen Dalmatiner, ist die Kluft, die gerade in seiner Heimat herrschte zwischen dem geschriebenen Gesetz und dem Rechte, nach dem das Volk wirklich lebte, schon längst aufgefallen: „Wer weiß, daß im Innern Dalmatiens der Bauer in einer Familie besonderer Art lebt, bekannt in der Wissenschaft unter dem Namen der Sadruga, der wird nicht daran zweifeln, daß insbesondere die Hauptstücke des österreichischen bürgerlichen Gesetzbuches, die das Familien- und Erbrecht behandeln, weder ins Leben getreten sind, noch auch ins Leben treten können. Da die Richter durch den Zwang der Umstände genötigt sind, die gesetzlichen Bestimmungen beiseite zu lassen, die Bauern, sie zu umgehen und ihnen zuwiderzuhandeln, so ist es klar, daß alle Verhältnisse, die sich auf das Familien- und Erbrecht beziehen, heute noch, gerade so wie damals, als man noch von diesem Gesetze gar nichts wußte, nach der alten Sitte geregelt werden. Da aber nach dem § 10 des allgemeinen bürgerlichen Gesetzbuches das Gewohnheitsrecht nur Geltung hat, wenn es ausdrücklich vom Gesetze anerkannt ist, so müßte ein Rechtshistoriker der künftigen Jahrhunderte, da es solche gesetzlich anerkannte Gewohnheiten nicht gibt, das im bürgerlichen Gesetzbuch enthaltene Recht als auch in Dalmatien in unserer Zeit geltend darstellen, obwohl es nur auf dem Papiere für den dalmatinischen Bauern bestanden hat. Es fragt sich, ob es nicht besser und nützlicher wäre, überhaupt keine Rechtsgeschichte zu haben als eine von dieser Art."

Und so begann Bogišič dieses südslawische Gewohnheitsrecht zu sammeln, nicht bloß in den Ländern, wo das österreichische bürgerliche Gesetzbuch galt — außer Dalmatien kommt noch Kroatien und Slawonien, das Küstenland und die einstige Militärgrenze in Betracht — sondern auch in Serbien, Bosnien, der Herzegowina, Montenegro, Mazedonien und Bulgarien. Daraus ist der erste Band seines leider nicht fortgesetzten Werkes entstanden: Sammlung der heutigen Rechtssitten der Südslawen, in kroatischer Sprache und bisher in keine westeuropäische Sprache übersetzt [1].

Bogišič hat es selbstverständlich sehr gut gewußt, daß die Aufgabe die er für die Südslawen so glänzend gelöst hatte, bei jedem Volke, auf jedem Fleckchen Erde gestellt werden kann. In der Einleitung zu dem bereits erwähnten Werke bemerkt er: „Im übrigen habe ich selbst vor mehreren Jahren, als ich einige Zeit in Oberösterreich zugebracht hatte, wo die Landbevölkerung überall rein deutsch ist, einige Rechtsgewohnheiten, hauptsächlich die Familie betreffend, festgestellt und aufgezeichnet, die nicht ohne wissenschaftliches Interesse sind. Sonderbar, daß das von den deutschen Gelehrten vernachlässigt wird. Vielleicht kann man das erklären durch die Neigung des deutschen Gelehrten, die Welt fast ausschließlich durch das geschriebene Wort zu sehen."

Das ist also das *lebende* Recht im Gegensatze zu dem bloß vor Gericht und den Behörden *geltenden*. Aus den bisherigen Darlegungen ergibt es sich wohl zur Genüge, um was es sich dabei eigentlich handelt. Das lebende Recht ist das noch nicht in Satzungen festgelegte Recht, das aber doch das Leben beherrscht. Die Quellen seiner Erkenntnis sind vor allem die moderne Urkunde, aber auch die unmittelbare Beobachtung des Lebens, des Handels und Wandels, der Gewohnheiten und Gebräuche, dann aber aller Organisationen, sowohl der rechtlich anerkannten als auch der von dem Rechte ignorierten, ja sogar der rechtlich mißbilligten. Unter den Urkunden wird allerdings schon heute *eine* in größerem Umfange herangezogen; das gerichtliche Urteil. Das geschieht jedoch kaum je in dem Sinne, wie es hier gemeint ist: es wird nicht behandelt als Zeugnis des lebenden Rechts, sondern als Stück der juristischen Literatur, das nicht auf die Wahrheit der bezeugten Tatsachen, sondern auf die Richtigkeit der vertretenen Ansichten geprüft wird. Und wenn auch sonst lebendes Recht in der Wissenschaft bereits hie und da zu Worte gekommen ist (Lotmar, Arbeitsvertrag; Leist, Untersuchungen zum inneren Vereinsrecht und a. m.), so scheint die Aufgabe doch, wie es sich aus der ganzen Haltung der Wissenschaft ergibt, im allgemeinen weder in ihrer wahren Größe erfaßt noch methodisch gelöst worden zu sein. Es bleibt so ziemlich alles noch zu tun. Von einer bewußten, allseitigen, systematischen Durchforschung und Verwertung der Lebenserscheinungen ist, abgesehen etwa von einzelnen Gebieten des Handels- und Gewerberechts, jedenfalls keine Rede.

Immerhin ist auch in methodischer Richtung wenigstens ein Anfang bereits gemacht. Professor Martin Wolff hat in der Juristischen Wo-

---

[1] Zbornik sadašnih pravnih običaja u južnih Slovana Knjiga prva. Zagreb (Agram). 1874. Die oben angeführten Bemerkungen stehen in der Einleitung zu diesem Werke.

chenschrift (Nr. 20 vom Jahre 1906) mit Berufung auf die Ausführungen meiner Schrift: Freie Rechtsfindung und freie Rechtswissenschaft (Leipzig 1903), die bereits nachdrücklich auf die Notwendigkeit hinweist, das lebende Recht zu erforschen, eine Umfrage veranlaßt zur Feststellung der Bedeutung, welche einzelnen Rechtsinstituten des deutschen bürgerlichen Gesetzbuches im Leben des deutschen Volkes zukommt. „Das Gesetz knüpft Rechtsfolgen an abstrakte Tatbestände, die möglicherweise eintreten; ob sie wirklich eintreten, ob häufig und unter welchen Voraussetzungen, das sind Fragen, die zumeist der Betrachtung des Juristen ferner liegen. Ein einigermaßen klares Bild der Sitten des deutschen Rechtslebens kann erst gewonnen werden, wenn die Wahrnehmungen zahlreicher Praktiker aus allen Teilen Deutschlands vorliegen und methodisch verwertet werden können." Das ist zwar *bei weitem nicht die ganze,* wohl aber ein Teil der Aufgabe, die hier als Erforschung des lebenden Rechts bezeichnet wird. Das Ergebnis der Umfrage wurde von Martin Segall, Landrichter in Marburg, in dankenswerter Weise verarbeitet (Das bürgerliche Recht und die Lebensgewohnheiten im Archiv für bürgerliches Recht. Bd. 32, S. 410). Weitere Beiträge werden, wie mir Professor Wolff schreibt, folgen.

Der naheliegende Einwand, es handle sich hier überall nicht um Recht, sondern um Sitte, ist eigentlich terminologischer Natur. Der Jurist weiß, daß sich eine Grenze zwischen beiden gar nicht ziehen läßt: Recht ist häufig Sitte von gestern, Sitte ist Recht von morgen. Die Frage, auf die es allein ankommt, ist, *ob diese Dinge für den Juristen wichtig genug sind, daß sich die Rechtswissenschaft damit befasse, ob sie ein würdiger Gegenstand sind für sie.* Es dürfte kaum möglich sein, diese Frage mit einem Nein zu beantworten. Eine Bestimmung, die sich in Zehntausenden von Verträgen findet, weil sie einem Bedürfnis oder einem Wunsche der Parteien entspricht, oder auch nur, weil sie übergegangen ist in die vorgedruckten Formularien der Advokaten und Notare, dürfte vielleicht sogar wichtiger sein, als die Vorschrift eines Paragraphen des bürgerlichen Gesetzbuches, die noch nie angewendet worden ist, weil sie von den Parteien regelmäßig außer Kraft gesetzt oder durch ihre Vereinbarung ersetzt wird. Und überdies: was ist denn die Kenntnis des Lebens, die vom Juristen immer verlangt wird, anderes, als die Kenntnis der Menschen und der Verhältnisse, in denen sie leben, der Übungen, Gewohnheiten, Vereinbarungen, alles dessen, was hier lebendes Recht genannt wird? Und woher soll denn der Jurist diese Kenntnis nehmen, wenn es nicht erforscht und nicht gelehrt werden soll? Die Römer brauchten eine solche Wissenschaft nicht: der Wirkungskreis ihrer Juristen war auf das kleine, leicht zu übersehende Gebiet der Stadt Rom und ihrer weiteren Umgebung beschränkt. Die Verhältnisse, mit denen sie sich beschäftigten, waren ungemein einfach. Wie es in den entlegenen Teilen Italiens und in den Provinzen ausgesehen hat, was wissen wir davon? Und so mag auch den modernen Juristen bis in unsere Zeit die Enge seines Wirkungskreises und die Einfachheit und Übersichtlichkeit der ganzen Lebensbeziehungen über den Mangel einer wissenschaftlichen Belehrung hinweggeholfen haben. Das hat sich aber schon in den letzten Jahrzehnten des 19. Jahrhunderts recht gründlich geändert. Daß das Leben heutzutage mit seiner ganzen Vielgestaltigkeit noch immer so vor den Augen der cupida legum juventus stünde, wie einst in Rom, oder auch nur im 18. oder den ersten Jahrzehnten des 19. Jahrhunderts, wird kaum jemand behaupten.

Allerdings haben sich mit ähnlichen Forschungen, wie sie hier gefordert werden, Volkswirte schon öfters befaßt. Dadurch ist aber die Arbeit der Juristen keineswegs überflüssig geworden. Jurist und Volkswirt haben es überall mit denselben gesellschaftlichen Erscheinungen zu tun. Eigentum, Geld, Wechsel, Aktiengesellschaften, Kredit, Erbrecht: es gibt kaum einen Gegenstand, der nicht der Rechtswissenschaft ebenso angehören würde, wie der Volkswirtschaftslehre. Aber es sind doch ganz verschiedene Seiten derselben gesellschaftlichen Einrichtungen, um die sich der eine und der andere kümmert: der eine um ihre wirtschaftliche Bedeutung und Tragweite, der andere um ihre rechtliche Regelung und Rechtsfolgen. So wie die Verhältnisse heute liegen, dürfte das, was der Jurist in den wenigen Stunden politischer Ökonomie hört, zu dem wertvollsten gehören, was er von der Universität für das Leben mitbringt, aber es wäre wünschenswert, daß ihm der juristische Unterricht ebenso Wertvolles biete. Soviel auch der Jurist vom Volkswirt und der Volkswirt vom Juristen lernen können, die Fragen, die dieselben Gegenstände der Forschung an ihre Wissenschaften stellen, sind doch ganz verschieden, gerade deswegen darf auch kein Teil des für beide notwendigen Werkes auf *einen* überwälzt werden[2].

---

[2] Für den engen Zusammenhang der volkswirtschaftlichen und juristischen Erkenntnis möge hier ein interessantes Beispiel angeführt werden. Im zwölften Abschnitt seines Principles sagt *Ricardo:* „Herr Say setzt voraus, ein Gutsbesitzer habe durch Fleiß, Sparsamkeit und Geschicklichkeit sein Einkommen um 5000 Frcs. jährlich erhöht — aber ein Gutsbesitzer kann seinen Fleiß, Sparsamkeit und Geschicklichkeit nur betätigen, wenn er sein eigener Pächter wird. Dann verbessert er aber die Landwirtschaft als Kapitalist und Pächter, nicht als Gutsbesitzer.“ Daß Say und Ricardo einander nicht verstehen, hängt damit zusammen, daß jeder von ihnen eine andere Bodenverfassung vor Augen hat: Ricardo die englische, wo der Gutsbesitzer seinen Besitz verpachtet, Say die französische, wo er ihn selbst bewirtschaftet. Das gibt selbstverständlich nicht bloß wirtschaftlich, sondern auch juristisch ein ganz anderes Bild, und Ricardo denkt so sehr in den juristischen und wirtschaftlichen Kategorien seiner Heimat, daß er den Gutsbesitzer, der sein Gut selbst bewirtschaftet, als „seinen eigenen Pächter“ auffaßt. Bekanntlich verdanken wir der englischen Bodenverfassung und der darin auch äußerlich hervortretenden Teilung des Bodenertrages zwischen Gutsbesitzer und Pächter die ganze volkswirtschaftliche Grundrententheorie, aus der das allgemein, auch für eine andere Bodenverfassung Gültige, erst mühsam herausgeschält werden mußte.

Der Wert, den die Erforschung des lebenden Rechts für die Rechtspflege und Verwaltung hätte, soll an dieser Stelle unerörtert bleiben. Aber auf seine Bedeutung für die Gesetzgebung muß doch mit einigen Worten hingewiesen werden. Als der berühmte Begründer der historischen Schule vor etwa hundert Jahren lehrte, jeder Rechtskodifikation müsse die gründliche wissenschaftliche Feststellung des geltenden Rechts vorangehen, war er sich über die Tragweite seiner Forderung vielleicht selbst nicht im klaren. Er verstand unter Rechtswissenschaft hauptsächlich Rechtsgeschichte, und meinte damit, es müsse vor allem der Sinn eines jeden Rechtssatzes in seinem geschichtlichen Zusammenhange dargetan werden. Es ist aber in der Tat kaum anzunehmen, daß es für die moderne Gesetzgebung von Bedeutung wäre, zu erfahren, welchen Sinn ein bisher in Geltung gebliebener Satz des römischen Rechts bei den Juristen der römischen Kaiserzeit oder im Munde des Kaisers Justinian gehabt habe. Das Recht, von dem die Gesetzgebung ausgehen muß, ist nicht das äußerlich kraft obrigkeitlichen Befehls geltende, sondern das im Volke lebende. Dieser Gedanke schimmert schon in dem bekannten Streite zwischen Romanisten und Germanisten über Volksrecht und Juristenrecht durch. Den Wert der Savignyschen Lehre mag man an ihren Früchten erkennen. Der Code civil, das deutsche Handelsgesetzbuch, die allgemeine deutsche Wechselordnung, das schweizerische Zivilgesetzbuch, sind großenteils aus dem lebenden Rechte hervorgegangen und haben den Völkern viel lebendiges Recht gegeben. Dasselbe gilt von den besseren Teilen des österreichischen allgemeinen bürgerlichen Gesetzbuches. Das bürgerliche Gesetzbuch für das Deutsche Reich dagegen ist nach Savignyschem Rezepte gearbeitet. Pandektenlehrbücher und vergilbte Gesetzsammlungen waren hauptsächlich seine Quelle. Und damit wird wohl auch erklärt, warum es dem deutschen Volke vorwiegend totes Recht geboten hat. Gewiß wurde Bogišič auch nur durch seine Arbeiten über das lebende Recht der Südslawen befähigt, in dem bereits erwähnten Gesetzbuch über das Vermögen für Montenegro ein anerkanntes Meisterwerk zu schaffen. Daran sei in dem Augenblicke, wo man auch in Österreich daran geht, das alte bürgerliche Gesetzbuch neu herzurichten, auf das nachdrücklichste erinnert.

Die Frage, um die es sich nun aber in erster Linie handelt, ist die Verwertung des lebenden Rechts für den Rechtsunterricht. Bis zu einem gewissen Grade ist sie heute schon eine unabweisliche Forderung der Zeit. Wir wissen, mit welcher Verachtung der praktische Jurist von jeder Rechtswissenschaft spricht, wir wissen, mit welcher Bitterkeit von der Weltfremdheit des Juristen, sowohl des Praktikers wie auch des Theoretikers, gegenwärtig ganz allgemein gesprochen wird. Aber wird der Jurist heutzutage zur Weltfremdheit nicht geradezu erzogen? Er hört von dem nach neuester Übung in der Papyrologie sehr bewanderten

Professor des römischen Rechts eine schier unübersehbare Menge von Genauigkeiten über Kauf-, Pacht- und Eheverträge, die vor zweitausend Jahren in der römischen Provinz Ägypten abgeschlossen wurden; von wem hört er etwas darüber, welcher Art Kauf-, Pacht- und Eheverträge im 20. Jahrhundert im deutschen Bundesstaate Bayern oder in dem österreichischen Kronlande Böhmen geschlossen werden? Im romanistischen Seminar werden Inschriften erörtert, aus denen er vieles über die Bodenverfassung von Afrika in der römischen Kaiserzeit lernt; in welchem Seminar kommt die gegenwärtige Bodenverfassung von Württemberg oder von Niederösterreich zur Sprache? Kein halbwegs beschlagener Prüfungskandidat bleibt die Antwort schuldig auf eine Frage über das römische Kolonat; welche Augen würde er machen, wenn man ihn nach dem Kolonat in Südtirol oder Dalmatien fragte? Was vollends die juristische Dogmatik betrifft, so hat sich sehr wenig geändert seit der Zeit, da Windscheid die Frage nach der rückwirkenden Kraft der erfüllten Bedingung *mit vollem Recht* als eine der brennendsten Fragen unserer Wissenschaft bezeichnet hatte. Und welcher akademische Lehrer hat es nicht schon erfahren, wie unpädagogisch diese ganze Methode ist? Wie sich die Gesichter seiner Hörer sofort beleben, die Augen zu leuchten beginnen, wenn er, nachdem er sie lange genug auf dürrer Heide im Kreis herumgeführt hatte, sich endlich entschließt, ihnen wenigstens für einen Augenblick blühendes Leben auf schöner, grüner Weide zu zeigen?

Das jedoch, was der hergebrachten Rechtswissenschaft vor allem zum Vorwurfe gemacht werden muß, ist, daß sie ihre Jünger nie hinweist auf den Quell alles menschlichen Wissens und Könnens: die eigene Wahrnehmung. Wenn man mich fragen würde, welche Eigenschaft ich bei einem Juristen am höchsten schätze, ich würde nicht den „historischen Sinn“ nennen, nicht eine glänzende Dialektik, nicht einen alles durchdringenden Scharfsinn; ich würde sagen: am höchsten schätze ich bei ihm Augen, um zu sehen und Ohren, um zu hören. An der juristischen Fakultät gilt als Gegenstand der wissenschaftlichen Forschung und Grundlage des Unterrichts alles mögliche Papierwerk: alte Rechtsquellen und neuere Gesetze, Literatur, Materialien, Beratungsprotokolle, Entscheidungen. Grundsätzlich ausgeschlossen dagegen ist von dem Unterricht in einer Wissenschaft, die ein berühmter Römer einst divinarium atque humanarum rerum notitia genannt hat: die eigene Beobachtung menschlicher Verhältnisse, menschlichen Tun und Lassens in Handel und Wandel. In der Rechtswissenschaft wie einst in der Scholastik gilt nur das etwas, wofür mindestens ein halbes Dutzend Gewährsmänner angeführt werden könnten; für die eigene Wahrnehmung kann man niemand anführen, sie hat keinen anderen Gewährsmann als ihre Wahrheit. Man mag die Prüfungen ansetzen und ordnen wie man will: das wird gewiß nie vorkommen, daß man dabei eine Frage stellen dürfte, die auf einer anderen Grundlage beantwortet werden könnte, als auf Grund dessen, was aus Büchern gelernt wurde. Die neueren Untersuchungen über die Zuverlässigkeit der Zeugenaussage haben bewiesen, daß von allen Berufen die Juristen am wenigsten imstande sind, die Vorgänge, die sich vor ihren Augen abspielen, richtig wahrzunehmen und als Zeugen zu bekunden; dieselben Juristen sollen dann am besten befähigt sein, das, was ihnen andere bekunden, richtig einzuschätzen? Sind damit die kläglichen Erfolge der freien Beweiswürdigung nicht genügend erklärt? Und warum die Geschworenen dem Berufsrichter gerade darin so überlegen sind? Es genügt eben nicht, ein unmittelbares Verfahren gesetzlich einzuführen, man müßte dafür auch unmittelbare Richter einführen.

Der leider der Wissenschaft und der Lehre zu früh entrissene Geologe Löwl von Lenkenthal erzählte mir einmal, er habe einem Lehramtskandidaten in Czernowitz als Aufgabe die Bearbeitung der geologischen Formation Löß gegeben. Der Mann hatte in monatelanger Arbeit alles zusammengetragen, was je über Löß geschrieben worden ist, und lieferte eine erschöpfende und wertvolle Zusammenstellung aller bisher gemachten Beobachtungen und in der Literatur vertretenen Meinungen. Dabei war ihm nur das eine vollständig entgangen, daß ganz Czernowitz auf Löß gebaut ist, und daß er bloß zweihundert Schritt vor die Stadt zu gehen brauchte, um selbst eigene Beobachtungen zu machen, anstatt sich von fremden zu nähren. Jünger der Naturwissenschaften von dieser geistigen Verfassung mögen heute im Aussterben begriffen sein, aber die Rechtswissenschaft, die sonnenhelle Wissenschaft vom täglichen Leben, kennt keine anderen.

Die Meinung ist selbstverständlich nicht die, daß etwa ein besonderes Kolleg für lebendes Recht einzuführen, oder gar ein Lehrstuhl dafür zu schaffen wäre. Die Erforschung des lebenden Rechts soll nicht Gegenstand einer neuen Wissenschaft werden, sondern eine neue Aufgabe und eine neue Methode der schon bestehenden Rechtswissenschaft oder vielleicht eher eine sehr alte, aber seit einem Jahrtausend in Vergessenheit geratene Aufgabe und Methode. Es wurde übrigens bereits erwähnt, daß die Forderung vor allem auf dem Gebiete des Handelsrechtes und vereinzelt auch anderwärts tatsächlich erfüllt wird. Wo die Arbeit aber erst gemacht werden muß, kann die Lehre sich ihr Ergebnis selbstverständlich nur aneignen im Maße als sie gefördert wird.

Aber die Erkenntnis, daß die Erforschung des lebenden Rechts ein würdiger Gegenstand der Rechtswissenschaft ist, muß schon an sich in dem Augenblicke für den Rechtsunterricht verwertet werden können, wo sie sich einstellt. Denn nur sie vermag dem angehenden Juristen das zu geben, was ihn zur Lösung der höchsten Aufgaben, die sein Beruf an ihn stellt, geeignet macht: Die Fähigkeit, die Welt mit eigenen Sinnen wahrzunehmen, sie unmittelbar wahrzunehmen, nicht durch Papier und Druckerschwärze. Die Fähigkeit, seine Sinne zu gebrauchen, ist ja wohl eine der köstlichsten Gaben, die dem Menschen zuteil werden kann; einem jeden Menschen, nicht nur dem Juristen. Das junge Menschenkind weiß sehr gut, warum es sich gegen die papierne Weisheit der Schule aus Leibeskräften wehrt: der Mensch ist eben von Natur kein bücherfressendes Tier. Seit die Erdkruste in ihre papierne Formation getreten ist, kranken wir alle an der Überschätzung des Buches als Bildungs- und Erziehungsmittel. Schon in der Volksschule gilt es als das höchste Lob des Kindes, daß es „gut lerne“ — selbstverständlich aus Büchern, nicht durch seine Augen und Ohren, und der Geist, aus dem dieses Lob hervorgegangen ist, beherrscht die ganze Mittelschule, und herrscht uneingeschränkt wenigstens in den juristischen Fakultäten an den Universitäten.

Der richtige Gebrauch der Sinne ist zweifellos eine erlernbare Kunst. Gewiß setzt sie eine angeborene Anlage voraus, ohne eine solche Mitgift gibt es überhaupt keine Kunst. Aber die angeborene Anlage kann zur Entfaltung gebracht werden oder verkümmern. Daher ist es so wichtig, mit dem größten Nachdruck zu sagen, daß es die erste und wichtigste Aufgabe des juristischen Unterrichts ist, gerade diese Anlagen auszubilden; nicht auf den „historischen Sinn“, nicht auf eine glänzende Dialektik oder einen unfruchtbaren Scharfsinn kommt es beim Juristen an, sondern auf die Fähigkeit, Menschen und menschliche Handlungen, menschliche Verhältnisse zu sehen, wahrzunehmen, zu beobachten, zu beurteilen, abzuschätzen, abzuwägen.

Die Umkehr, die sich bereits auf mehreren anderen Gebieten des Unterrichts vollzogen hat, ist nun auch auf dem Gebiete des Rechtsunterrichts zur dringenden Notwendigkeit geworden. Die großen Aufgaben, die die moderne gesellschaftliche und wirtschaftliche Entwicklung an den Juristen stellt, fordern eine ganz andere Welt- und Menschenkenntnis als es die war, die noch vor einem halben Jahrhundert genügte, und das öffentliche, mündliche und unmittelbare Verfahren verlangt nach Menschen, die dafür erzogen sind, die noch ganz anderes können, als das Gesetz und die armselige Technik seiner Anwendung, die ihnen die hergebrachte Rechtswissenschaft lehrt. Der Jurist muß aus dem Aktenmenschen ein Mensch der Sinne, der unmittelbaren Wahrnehmung werden. Das setzt nicht einen Lehrstuhl und auch nicht eine erst zu schaffende Wissenschaft, wohl aber eine Methode voraus, die die Jugend in das lebende Recht einführt, die sie nicht Konstruktionen und Distinktionen lehrt, sondern ihr wirkliche Menschen in solchen Verhältnissen und Beziehungen zeigt, die für das Recht von Bedeutung sind. Der erste

Schritt zu dieser Umgestaltung des Rechtsunterrichts, der sich selbstverständlich bestenfalls in vielen Jahrzehnten wird voll entfalten können, wäre in diesem Augenblicke wohl ein Seminar für lebendes Recht. Ich habe schon vor Jahren das Programm für ein solches Seminar verfaßt. Es möge mir erlaubt sein, einen Auszug daraus hier zu veröffentlichen.

Als Beispiel soll der landwirtschaftliche Pachtvertrag dienen. Es sind, nach Gerichtsbezirken, folgende Fragen zu beantworten: Von welcher Art sind die landwirtschaftlichen Güter, die verpachtet werden? Großgrundbesitz oder bäuerlicher Besitz? Werden die Güter an Pächter vergeben, oder an einen Großpächter, der sie parzellenweise in Afterpacht gibt? Wie wird der Pachtvertrag geschlossen, mündlich, schriftlich, notariell und in welchen Fällen? Wird er bücherlich einverleibt und in welchen Fällen? Welchen Inhalt hat der Pachtvertrag? Was steht in den üblichen Formularen? Was wird in besonderen Fällen auf Wunsch der Parteien aufgenommen? Inwieweit ist der Inhalt des Pachtvertrages den Parteien bekannt? Unterschreiben sie ihn, ohne von den Einzelheiten Kenntnis genommen zu haben? Wird er von beiden Parteien auf gleichem Fuße vereinbart oder vom Verpächter unveränderlich vorgeschrieben und vom Pächter hingenommen? Wird auf die Einhaltung des Vertrages in allen Stücken gedrungen oder bleiben einzelne Bestimmungen auf dem Papiere? Welche Bestimmungen sind das? Wie bewähren sich einzelne Vertragsbestimmungen? Wie werden sie ausgelegt und gehandhabt? Halten sich die Parteien durch einzelne Bestimmungen bedrückt? Wünschen sie eine Änderung? Welche? Welche Streitigkeiten entstehen? Welche kommen vor Gericht? Wie werden sie entschieden?

Von anderen Untersuchungen, die im Programme stehen, erwähne ich die Privatrechtsverhältnisse am Gemeindevermögen, an herrschaftlichen Waldungen; die persönlichen und Vermögensverhältnisse der Ehegatten (insbesondere die Verwaltung des Vermögens der Frau durch den Mann, die gemeinsame Verwaltung des Vermögens durch die Gatten, Rechte der Frau), die Ausübung der väterlichen Gewalt in bezug auf die Person und das Vermögen, die Vormundschaft, die Gestaltung der testamentarischen und gesetzlichen Erbfolge.

Jenes Banausentum, das bei der Wissenschaft vor allem nach dem praktischen Nutzen fragt, liegt mir durchaus ferne; aber der Überzeugung konnte ich mich nie erwehren, daß unser Wissen schal und leer ist, wenn es nicht in letzter Linie dazu führt, das Können zu mehren: sei es auch nur mittelbar, indem es den Gesichtskreis erweitert, das Denken kräftigt, die Persönlichkeit steigert. Und all das vermag eine dem Geist zugeeignete Anschauung unvergleichlich besser, als jedes durch allerhand Papierwerk aus fremder Anschauung geschöpfte Wissen. Durch wie viele Retorten mußte die lebende Rechtsanschauung der Römer und der mittelalterlichen Italiener hindurchgehen, bis daraus die abstrakte moderne Rechtstheorie wurde, die wir nun unserer rechtsbeflissenen Jugend bieten?!

Ein Institut für lebendes Recht

Der Vorschlag des Prof. Sperl an der Universität Wien, ein Institut für Rechtsanwendung einzurichten, hat meine Aufmerksamkeit in hohem Maße erregt. Schon seit langer Zeit beschäftigen mich ähnliche Gedanken. Ich habe sie bereits vor Jahren, wenn auch nur ganz kurz, schriftlich vertreten (vgl. meine Schrift: Freie Rechtsfindung und Freie Rechtswissenschaft, S. 34 bis 37), habe sie in einer Denkschrift, die ich am 16. Juni 1909 dem österreichischen Unterrichtsministerium überreicht habe, eingehend begründet, und habe schließlich einiges von dem, was ich seit so langer Zeit plane, auch verwirklicht. Es liegt nun sehr nahe, das was ich beabsichtige und zum Teil auch ausgeführt habe, an den veröffentlichten Vorschlägen zu messen.

Prof. Sperl irrt nämlich, wenn er glaubt, eine „Einrichtung", wie das von ihm vorgeschlagene Institut für Rechtsanwendung, bestehe bisher weder in Österreich noch anderwärts. In diesem Augenblicke wenigstens dürfte davon an der Universität Czernowitz etwas mehr bestehen als in Wien. In meiner, wie erwähnt, im Juli 1909 dem Unterrichtsministerium überreichten Denkschrift, die seither im Schmollerschen Jahrbuch veröffentlicht worden ist (Bd. 35, S. 129 flg.), womit ich um Genehmigung meines Seminars für lebendes Recht angesucht habe, wurde bereits der Wert des Anschauungsunterrichtes für den Juristen fast in derselben Weise wie in seinem Aufruf dargelegt, und die Sammlung von Materialien für Rechtsanwendung gehört zu den Aufgaben des genannten Seminars, das ich im Wintersemester 1909/10 an der rechts- und staatswissenschaftlichen Fakultät der Universität Czernowitz eingerichtet habe und seither leite.

Wenn bisher eine Sammlung von Materialien für Rechtsanwendung in großem Stile nicht angelegt werden konnte, so trägt daran der Umstand schuld, daß dem Seminar für lebendes Recht keine Mittel zur Verfügung standen. Erst für das laufende Jahr hat die Regierung eine einmalige Unterstützung von 400 K für die ganze Seminartätigkeit bewilligt. Viel läßt sich selbstverständlich auch damit nicht anfangen. Die Urkundensammlung enthält daher nur landwirtschaftliche Pachtverträge; heuer sollen Holzabstockungs- und Erbbauverträge dazukommen. Dagegen wurden der Sammlung mehrere Protokolle über die vom Seminar veranstalteten Erhebungen einverleibt. Sie beziehen sich auf den mündlichen Pachtvertrag über Wiesen und Ackerparzellen in der Umgebung von Czernowitz und über die Gemeindealpen in der Bukowina.

Andererseits tut Prof. Sperl wenigstens den deutschen Rechtslehrern entschieden Unrecht, wenn er glaubt, sie hätten bisher den Wert der Materialien für Rechtsanwendung als Lehrmittel verkannt. Er mußte sich sofort vom „Recht" sagen lassen, daß das keineswegs der Fall war (15. Bd., S. 90). Aktenstücke, Verträge, Urteile wurden an deutschen Universitäten in den Seminaren längst studiert und bearbeitet. Wenn ein eigentliches Institut für Rechtsanwendung auch nirgends bestehen sollte, so wird der Grund wohl zunächst darin gelegen sein, daß es überflüssig schien. Es wird nämlich dort durch private Sammlungen von Akten und Urkunden vollauf ersetzt: Akten abgeführter Prozesse und Urkunden über vorgenommene Rechtsgeschäfte. Es mögen erwähnt werden: Das vortreffliche Formelbuch von Friedberg, der Rechtsatlas von Krückmann, die Prozeßakten von Stein und Schmidt. Ich würde das Wiener Institut für Rechtsanwendung sehr beglückwünschen, wenn es an Reichhaltigkeit und Gediegenheit des Materials diese privaten Sammlungen übertreffen könnte. Allerdings fehlt es an solchen brauchbaren Sammlungen in Österreich ganz. Die zahlreichen, teilweise vortrefflichen österreichischen Formulariensammlungen, etwa von Bloch und Bittorelli, Bloch und Neumann-Ettenreich, Bartsch, Heller und Trentwelder kommen dabei selbstverständlich nicht in Betracht, da sie ganz andere Zwecke verfolgen. Es wäre daher gewiß gerechtfertigt, wenn hier ein Gelehrter von Ruf und Rang in die Bresche träte und eine Sammlung von Musterakten herausgäbe: eine Arbeit, die selbst ein Friedberg nicht verschmäht hat.

Wenn ich mich aber mit den Plänen des Prof. Sperl so gar nicht befreunden kann, so liegt das vor allem daran, daß ich an Stelle des von ihm vorgeschlagenen Institutes etwas anderes und viel wichtigeres setzen möchte: ein Institut für lebendes Recht. Das Institut für Rechtsanwendung soll, wie schon das „Recht" angedeutet hat — und auch von anderer Seite wurde dasselbe gesagt (vgl. Albert Ehrenzweig in den Mitteilungen der Vereinigung österreichischer Richter, IV. Jg., Nr. 7, S. 6 flg.) — doch nichts mehr sein, als eine Lehrmittelsammlung für den Anschauungsunterricht: Krückmanns Rechtsatlas, zu Nutz und Frommen der cupida legum inventus in einigen Sälen zerlegt und zur Schau gestellt. Mit voller Absicht wird hier der Ausdruck Lehrmittelsammlung gebraucht, der die Lehrbehelfe der Mittelschulen, nicht der Hochschulen umfaßt: ich habe den in den Blättern veröffentlichten Aufruf und den Anlageplan des Instituts daraufhin eingehend geprüft und nicht ein Wort darin gefunden, aus dem zu entnehmen wäre, daß sein Institut nicht bloß der Unterweisung des Schülers, sondern, wie das wohl bei einem Hochschulinstitut zu erwarten wäre, auch der selbständigen geistigen Arbeit des Studierenden und der Forschung des Gelehrten zu dienen hätte. Nur in dem in den Mitteilungen der Vereinigung österreichischer Richter veröffentlichten Zusatze ist davon die Rede, daß von dem „reichfließenden Strome" auch die Wissenschaft werde Nahrung schöpfen können. Wie das zu verstehen ist, darüber sagt jedoch das übrige in die Öffentlichkeit gebrachte Material nichts, und der Anlageplan auf den es eigentlich allein ankommt, widerspricht geradezu einer solchen Absicht. Wer wissenschaftlich arbeiten will, wird sich wohl nach wie vor „Verträge in vorbildlicher Form", „Verkehrspapiere des Handelsrechtes", „eine große Anzahl von Klagen mit zugehörigen Verfahren und Entscheidungen, alles sorgfältig bearbeitet, um sachliche und sprachliche Richtigkeit zu erzielen", selbst verschaffen, in die Grundbücher, öffentliche Register, die Einrichtungen der bürgerlichen Rechtspflege, als da sind: Gerichte, Advokatenwesen, Notariatswesen, selbst höchstpersönlich Einblick nehmen können: gar so schwer zugänglich sind diese Dinge heutzutage doch nicht. Ist er ein halbwegs modern denkender Gelehrter, gibt er also etwas auf eigene Anschauung, namentlich aber auf ein *ganz unverfälschtes Material,* so wird er sich auf das Institut nicht einmal verlassen dürfen, denn ein moderner Gelehrter arbeitet nicht aus zweiter Hand, pflegt sich also sein Material selbst auszusuchen, und hütet sich, wie vor dem bösen Gewissen, so auch vor allem, was ihm sorgfältig ausgewählt nach Form und Inhalt behufs tadelloser Richtigkeit bearbeitet, von anderen vorgelegt wird. Was also wird das Institut mit der Wissenschaft zu tun haben? Vielleicht wird hie und da ein Lehrbuch- oder Monographienfabrikant gewöhnlichen Stiles einige Anschauung von dem behandelten Stoff oder einige Formularien finden, die er für seine Bücher braucht. Das ist aber selbstverständlich keine Wissenschaft und keine Forschung.

Es fehlte wahrlich zu keiner Zeit an scharfen Angriffen gegen Juristen, Gesetze, Rechtswissenschaft und Rechtspflege; kaum je aber war die Überzeugung, daß unser gesamtes Rechtsleben an schweren Übeln kranke, selbst in juristischen Kreisen so weit verbreitet und so tief gedrungen, wie jetzt. Sonderbarerweise wird dabei der juristischen Wissenschaft am wenigsten schuld gegeben. Kann man denn am Unterricht, an der Rechtspflege oder den Gesetzen bessern, ohne sich um die Rechtswissenschaft zu kümmern? Es scheint, daß das ganz allgemein angenommen wird, und das ist wohl ein überaus betrübendes Zeugnis dafür, wie wenig gegenwärtig die Rechtswissenschaft leistet und wie gering sie in weiten Kreisen eingeschätzt wird. Glaubt vielleicht der auf der Höhe seiner Aufgabe stehende Arzt, der Techniker, der Landwirt, irgend ein erheblicher Fortschritt in ihrer Kunst sei möglich, ohne daß die Ergebnisse wissenschaftlicher Arbeit die praktische Übung fortwährend befruchten? Wenn die Mehrzahl der tüchtigen praktischen

Juristen, wie allgemein bekannt, nichts von ihrer Wissenschaft erwarten, so beweist das vor allem, daß ihr heutiger Zustand die Praktiker sogar daran verzweifeln läßt, es könnte durch eine gründliche Änderung der Methoden und Ziele der Forschung daran irgend etwas gebessert werden.

Und doch hängt der juristische Unterricht ganz vom Stande der Rechtswissenschaft ab. Rechtspflege und Gesetzgebung werden selbstverständlich überall durch den Rechtsunterricht, also wenigstens mittelbar durch die Rechtswissenschaft, bestimmt. Es handelt sich vor allem um das Lebensfremde nicht bloß des praktischen Juristen allein, dem es am meisten zum Vorwurfe gemacht wird, sondern auch des juristischen Schriftstellers, des Lehrers und des Gesetzgebers. Gegenstand der Forschung und des Unterrichtes ist gegenwärtig nur ein ganz kleiner Teil des Rechtes: das, was davon in Worte gefaßt, in Rechtssätzen formuliert, vorliegt, und selbst davon kommt fast ausschließlich der Teil in Betracht, der bereits in gesetzliche Form gebracht worden ist. Die große Masse des lebenden Rechtes erscheint von diesem Gesichtspunkte aus nur als „Rechtsanwendung", als Praxis der Gerichte und anderen Behörden. Es wird also, abgesehen etwa vom Handelsrechte, in der Wissenschaft nicht selbständig dargestellt, sondern nur geprüft, ob es sich dem gesetzten Recht einfügt; es wird nicht gelehrt, sondern bestenfalls nur im Lehrvortrag als Beispiel benützt. Es ist daher gar kein Wunder, daß eine methodologisch so zurückgebliebene und mit solch ärmlichen Mitteln arbeitende Rechtswissenschaft, wenn sie auch bei sehr einfachen Verhältnissen, wie sie in Deutschland und Österreich etwa bis zur Hälfte des XIX. Jahrhunderts herrschten, genügt haben mag, seither bei den Einsichtigen immer mehr zum Gespötte geworden ist. Selbst die vielverlästerte scholastische Methode ist nicht die Wurzel, sondern nur ein Kennzeichen der schleichenden Krankheit.

Daß das beabsichtigte Institut für Rechtsanwendung ganz im Banne dieser Rückständigkeit steht, zeigt ja schon der Name, aber auch jedes Wort des Aufrufes und des Anlageplanes. Es soll ein Institut für Rechtsanwendung werden, also für die Anwendung des gesetzten, und das bedeutet wohl ausschließlich des in Paragraphen gefaßten Rechtes, nicht für die Erforschung des das Leben beherrschenden, außer den Paragraphen stehenden und sich entwickelnden Rechtes. Im Institute sollen die Verträge in „vorbildender Form" aufliegen, also bloß als Muster, „Klagen mit zugehörigen Verfahren und Entscheidungen, alles sorgfältig bearbeitet, nur verarbeitet, um sachliche und sprachliche Richtigkeit zu erzielen", also als Formulare. Der Verfasser des Entwurfes hat für das lebende Recht ebensowenig ein Auge, wie die ganze hergebrachte Rechtswissenschaft und der auf ihr aufgebaute Rechtsunterricht; das alles ist ihm „Rechtsanwendung", die Privaturkunde wie das gerichtliche Urteil, das Grundbuch, die öffentlichen Register, Kontumazfälle, Exekutionen, Grafik der Gerichte, Advokaturskanzleien, Hilfstätigkeit der bürgerlichen Rechtspflege, Justizstatistik. Und selbst dabei wird noch vieles vermißt. Was ist denn mit den Usancen? Gehören die nicht zur „Rechtsanwendung"? Aber gewiß: zur Anwendung des Art. 179 allg. HGB (§ 346 DHGB). Sie sind offenbar deswegen ausgeschlossen worden, weil sie vom Verdachte des lebenden Rechtes nicht ganz frei sind. Auch von den Schiedsgerichten und dem schiedsgerichtlichen Verfahren findet sich keine Spur. Das hat wohl ebenfalls seine guten Gründe. In die Schiedsgerichte pflegt sich hie und da einiges lebendes Recht zu flüchten, bevor es anderwärts totgehetzt wird.

Im Anlageplan des Instituts finden sich die verschiedenartigsten Dinge bunt nebeneinander; sie müssen bei der Beurteilung billigerweise getrennt werden. Die VI. Abteilung (Justizstatistik) ist wohl nichts anderes als eine Bibliothek: ist sie gut geleitet, so leistet sie wohl das, was eine gut geleitete Bibliothek leisten kann. Die III. Abteilung, bürgerliche Rechtspflege, soll Aktenstücke für Prozeß, Verfahren außer Streitsachen, Exekutionen und Konkurs enthalten: allerdings nur „wirklich Vorgekommenes, keine erfundenen Dinge". Wird sie deswegen mehr sein als eine Formulariensammlung? Etwas anderes wäre sie, wenn darin Aktenstücke in ihrer ursprünglichen, unverfälschten Form aufgenommen werden sollten, nicht „sorgfältig bearbeitet, um fachliche und sprachliche Richtigkeit zu erzielen", und ohne Rücksicht auf ihre Musterhaftigkeit. Dann wären sie wohl willkommenes Material für seminaristische Übungen, der Studierende könnte lernen, wie das Verfahren sich abspielt, welche Formen in der Regel beobachtet, welche herkömmlich außer acht gelassen werden, er könnte seinen Scharfsinn und seine Beobachtungsgabe üben, indem er Fehler oder besondere Feinheiten entdeckt. Lebendes Recht ist das alles selbstverständlich nicht, die Tätigkeit der Behörden ist immer nur Praxis, Rechtsanwendung, allenfalls Rechtsfindung. Aber dort, wo die Tätigkeit der Behörden in das Leben eingreift, gibt es noch ein dankbares Gebiet für den Lebenserforscher, das allerdings vom Institut für Rechtsanwendung bei seinen beschränkten Zielen selbstverständlich beiseite gelassen wird. Wie die Klage, das gerichtliche Urteil, die Zwangsvollstreckung, die Verlassenschaftsabhandlung, die Vormundschaft, auf das Leben wirkt, wie sich das Leben ihrer bedient, und wie es sich mit ihnen abfindet, wie es darunter leidet oder sich ihnen entzieht, ist wohl ein dankbarerer Vorwurf für den Prozessualisten als die neue Prozeßrechtswissenschaft anzunehmen scheint. Die Justizstatistik gibt nur nackte Zahlen, was sie bedeuten, müßte eine Wissenschaft des lebendes Prozeßrechtes erforschen. Die rasche Justiz, die Österreich dem neuen Zivilprozeß verdankt, spiegelt sich großartig in der Justizstatistik; wer spricht davon, daß so mancher polnische Kleinbauer oder Häusler es ihr zu verdanken hat, wenn ihm Haus und Hof verkauft worden sind, bevor er, im fremden Lande zur Erntearbeit verdungen, eine Ahnung davon haben konnte, daß einem Advokaten in der Bezirksstadt als seinem Kurator eine ganz mutwillige Klage zugestellt worden ist? Kümmert sich irgend ein Prozeßgelehrter darum, daß der Ausschluß des Einspruches gegen das Säumnisurteil bereits eine eigene Prozeßindustrie gezeitigt hat, daß Wucherer und Ratenhändler in Österreich sorgfältig für die Klage den Zeitpunkt so auswählen, daß es dem Beklagten möglichst unbequem werde, bei der Tagfahrt zu erscheinen?

Unter den Prozeßakten gibt es eine Art, deren Wichtigkeit für die Rechtswissenschaft schon längst erkannt worden ist: die behördliche Entscheidung, insbesondere das Urteil. Was wird das Institut für Rechtsanwendung davon geben können? Selbstverständlich nur ein Formular. Und doch liegt es auf der Hand, daß das noch viel weniger ist als nichts. Die Entscheidung ist wichtig durch ihren Inhalt, nicht durch ihre Form. Für die herrschende Richtung ist das Urteil allerdings wieder nur ein Fall der Rechtsanwendung, sie hält es vor allem für ihre Aufgabe, zu prüfen, ob das Gesetz richtig zur Geltung gebracht worden ist. Schon die Auffassung der französischen Arretisten ist erheblich tiefer, der Juristen, die es für ihre Aufgabe halten, zu den in den großen Sammlungen von Dalloz und Strey Journal du Palais veröffentlichten Entscheidungen die erläuternden Anmerkungen zu schreiben. Für sie ist das gerichtliche Urteil ein Ausdruck des Rechtes, nicht wie es der Gesetzgeber sich vorgestellt hat, sondern wie es sich im Bewußtsein der französischen Richter in den hundert Jahren der Geltung der französischen Gesetzbücher entwickelt hat. Sie finden darin, um mit den Worten Meynials zu sprechen, der im Jahrhundertwerk des Code civil diese Richtung geistvoll geschildert hat: la notion du changement du droit, grâce aux inflexions que la jurisprudence fait subir à la loi; celle du consentement général tacite qui fait de la jurisprudence non seulement la servante mais l'émule et comme le suppléante de la loi.

Unter der Herrschaft dieser Auffassung stand auch ich, als ich vor etwa einem Vierteljahrhundert mein Werk über die stillschweigende Willenserklärung zu arbeiten begann. Ich wollte, nachdem ich mehr als 600 Bände Spruchsammlungen deutscher, österreichischer und französischer Gerichte durchstudiert hatte, ein Bild dessen geben, was die Rechtsprechung der Gerichte aus der stillschweigenden Willenserklärung gemacht habe. Bald aber fesselte mich viel mehr als die gerichtliche Entscheidung, der tatsächliche Vorgang, der ihr zugrunde lag. Und so enthält mein Buch, wenigstens zum großen Teile, eine Schilderung der Tatbestände, die zur gerichtlichen Entscheidung führten, wie sie sich im Leben abgespielt haben, und der Funktion der stillschweigenden Willenserklärung im Rechtsleben. Die soziologische Methode der Rechtswissenschaft, die ich später theoretisch zu begründen suchte, habe ich in dieser Schrift tatsächlich schon befolgt.

Nachträglich habe ich aber erkannt, daß auch diese Methode nicht ganz zum Ziele führt. Die Entscheidungen geben kein tadelloses Bild des Rechtslebens. Wie wenig von dem, was wirklich geschieht, kommt vor die Behörden, wie viel ist grundsätzlich oder tatsächlich vom Rechtswege ausgeschlossen. Und dabei weist das im Streit begriffene Rechtsverhältnis doch ganz andere verzerrte Züge auf, die dem ruhenden meist vollständig fremd sind. Wer wollte unser Familien- oder Vereinsleben nach den Familien- oder Vereinsstreitigkeiten beurteilen? Von einer anderen Seite wird diese Erfahrung beleuchtet werden, sobald die Vertragsurkunde zur Sprache kommen wird. Die soziologische Methode fordert also unbedingt, daß die Ergebnisse, die den behördlichen Urteilssprüchen abgewonnen worden sind, ergänzt werden durch unmittelbare Beobachtung des Lebens.

In den Abteilungen II, IV, V des Instituts für Rechtsanwendung sollen dem Studierenden die Einrichtungen der Gerichte und ihrer Hilfsämter, des Grundbuches und der öffentlichen Register, der Advokaturs- und Notariatskanzleien gezeigt werden. Das scheint zum mindesten überflüssig: wie es bereits Albert Ehrenzweig gesagt hat, würde ein Gang in die betreffenden Ämter und Anstalten über das alles viel besser unterrichten. Hoffentlich wagt man jetzt schon hie und da diese Art von Anschauungsunterricht. Etwas Ernstes könnte allerdings nur erreicht werden, wenn Zitelmanns Vorschlag durchgeführt werden könnte, den jungen Juristen während der Studienzeit einige Monate bei Gericht oder in der Anwaltschaft zu unterbringen. Wie leicht wäre dann der ganze Zivil- und Strafprozeß zu erlernen.

Etwas anderes gilt von der ersten Abteilung des Institutes: Verträge in vorbildlicher Form, erbrechtliche Akten, Verkehrspapiere des Handelsrechtes. Auf die Wichtigkeit der Urkunde für die dogmatische Rechtswissenschaft habe ich wohl als der ersten einer schon in meiner „Freien Rechtsfindung“ (S. 35) hingewiesen, und ich darf es wohl als einen Erfolg der durch diese Schrift veranlaßten Bewegung betrachten, daß diesmal der Urkunde wenigstens gedacht worden ist. Leider wird sie so, wie sie im Institut für Rechtsanwendung behandelt werden soll, weder der Wissenschaft noch dem Unterricht, weder der Gesetzgebung noch der Rechtspflege erhebliche Dienste leisten können, am wenigsten aber die, die ich von ihr erwarte.

Ein Blick in das Rechtsleben zeigt, daß es ganz überwiegend nicht vom Gesetze, sondern von der Urkunde beherrscht wird. Das ganze nachgiebige Recht wird vom Urkundeninhalt verdrängt. In den Ehepakten, Kauf-, Pacht-, Baukredit-, Hypothekardarlehensverträgen, in den Testamenten, Erbverträgen, Satzungen der Vereine und Handelsgesellschaften, nicht in den Paragraphen der Gesetzbücher muß das lebende Recht gesucht werden. Alle diese Verträge haben neben dem individuellen, bloß dem einzelnen Geschäft geltenden, ihren typischen, immer wiederkehrenden Inhalt. Dieser typische, immer wiederkehrende Inhalt der Urkunde ist das Wichtigste an ihr: wären unsere schriftstellernden Juristen gut beraten, so würden sie sich in erster Linie eingehend damit befassen, ebenso wie es die Römer getan haben, die in ihren Ediktskommentaren und libri iuris civilis lange Abhandlungen über die immer wiederkehrende duploe stipulatio und die institutio ex re certa schrieben. Wir hätten dann wohl über den Rübenrayonnierungsvertrag, über den Verkauf der ärztlichen Praxis oder über die Kaution beim landwirtschaftlichen Pachtvertrage mehr Monographien, als über die Konstruktion des Pfandrechtes an eigener Sache. Was soll aber der Studierende mit der modernen „Urkunde“ anfangen? Wird ihm ernstlich damit geholfen, daß er einmal einen Pachtvertrag oder notarielle Ehepakte gesehen hat? Um in diesem Augenblicke, wo man kaum begonnen hat, daran zu denken, die moderne Urkunde überhaupt wissenschaftlich zu verwerten, aus der Urkunde etwas lernen zu können, müßte man zunächst selber ein Urkundengelehrter sein. Vor allem müßte die Wissenschaft selbst sich darüber im klaren sein und dem Studierenden zeigen können, wie man die moderne Urkunde wissenschaftlich behandelt. Das ist eine so neue und so schwierige Aufgabe, daß sie gewiß weder im Vorbeigehen, im Nebenamte, noch auch im Handumdrehen erledigt werden kann. Was kann da eine Lehrmittelsammlung nützen? Da sich Prof. Sperl diese Aufgabe gar nicht gestellt hat, so wäre es ganz müßig, ihn zu fragen, wie er sich ihre Lösung vorstellt: er könnte auch füglich jede Antwort verweigern. Mir aber muß es erlaubt sein, auf ein verwandtes, bereits vielbeackertes Forschungsgebiet zu verweisen: das der historischen Urkunde. Dem Historiker, insbesondere dem Rechtshistoriker, ist es ja wohl vertraut: es hat sich hier eine Technik herausgebildet, die zu den heikelsten und schwierigsten in der Wissenschaft gehört, und ein mit Arbeit erfülltes Leben reicht kaum hin, um aller ihrer Feinheiten Herr zu werden. Da ich mich mit der Frage, wie die moderne Urkunde in der dogmatischen Rechtswissenschaft zu behandeln wäre, seit Jahren befasse — ein juristisches Werk über das moderne Urkundenwesen habe ich schon in der Freien Rechtsfindung (S. 36) verlangt — so habe ich auch die historischen Forschungsmethoden aufmerksam verfolgt. Es liegen bei der modernen Urkunde zum Teile ganz andere Aufgaben vor, als bei der historischen, aber sie sind keineswegs geringer.

Zwei Dinge wären da besonders scharf ins Auge zu fassen. Vor allem hätte eine moderne Privatrechtswissenschaft die Urkunden auf ihren allgemeinwichtigen, typischen, immer wiederkehrenden Inhalt zu prüfen, ihn juristisch zu behandeln, sozial-, wirtschafts- und gesetzgebungspolitisch allseitig zu würdigen. Außerdem hätte sie aber auch ein Bild dessen zu geben, was im ganzen Reiche auf dem Gebiete der Urkunde vorgeht. Obwohl im allgemeinen zum Teile übereinstimmend, sind doch die Urkunden im einzelnen sehr verschieden, nach Gegenden, Klassen, Ständen, Volksstämmen, Glaubensbekenntnissen. Hier heißt es wohl mit den Mitteln der Urkundenforschung die Aufgaben einer Rechtsstatistik zu erfüllen. Ohne neue Methoden wird das wohl nicht abgehen und es wird gewiß nicht leicht sein, solche auszubilden. Aber welch schöne Erfolge winken hier dem Juristen, zumal wenn es ihm gelingt, die historischen, wirtschaftlichen oder gesellschaftlichen Voraussetzungen dieser Verschiedenheiten bloßzulegen.

Und doch, wird die Urkunde nicht sehr überschätzt, wenn man aus ihr ganz ohne weiteres lebendes Recht herauszulesen glaubt? Als ich mich mit der Urkunde zu befassen begonnen habe, habe ich gar nicht danach gefragt, so selbstverständlich schien es mir, daß die Urkunde ihrem ganzen Inhalte nach Trägerin und Zeugnis lebenden Rechtes ist; heute zweifle ich nicht mehr daran, daß die Frage verneint werden muß. Lebendes Recht ist vom Urkundeninhalte nicht das, was etwa die Gerichte bei der Entscheidung eines Rechtsstreites als verbindlich anerkennen, sondern nur das, woran sich die Parteien im Leben halten. Dieses lebende Recht wieder lebt nicht immer so, wie es nach der Absicht der Parteien oder nach deren juristischer Konstruktion leben sollte; die Wirkungen der beurkundeten Geschäfte sind aus dessen erzwingbaren Rechtsfolgen keineswegs zu erkennen. Vermöchte jemand aus den Satzungen der Vereine oder Aktiengesellschaften zu entnehmen, daß die auf dem Papiere so allmächtigen Mitgliederversammlungen sich meistens als ganz bedeutungslose Jasagergesellschaften entpuppen, daß den Mitgliedern ernstlich nur damit geholfen werden kann, daß man ihnen Individualrechte einräumt? Aber der rechtswirksame Inhalt der Urkunde gibt nicht nur über die von den Parteien nicht beabsichtigten, sondern auch über die beabsichtigten Wirkungen keine zuverlässige Auskunft. Vieles in der Urkunde ist einfach herkömmlich: der Verfasser schreibt es von seiner Vorlage ab, den Parteien kommt es gar nicht zum Bewußtsein; sie werden daher das, was drin steht, weder fordern noch gewähren, bis die Urkunde aus Anlaß eines Rechtsstreites einem Juristen in die Hände kommt, der es dann vor Gericht geltend macht. Andere Bestimmungen lassen die Parteien bloß zu dem Zwecke in die Urkunde hineinnehmen, um für den äußersten Fall gewappnet zu sein: es ist selbstverständlich, daß davon so lange keine Rede sein soll, als die Geschäfte sich glatt abwickeln. Der andere Teil versteht das sehr gut: er nimmt die größten Härten eines Vertrages dieser Art gleichmütig hin, während er an allem hartnäckig feilscht, was ernst gemeint ist. Liest man einen Pachtvertrag der preußischen Domänenverwaltung oder des Bukowiner griechisch-orientalischen Religionsfondes, so staunt man, wie der Pächter sich inmitten dieses engen Stachelzauns aus Paragraphen überhaupt bewegen kann. Trotzdem steht der Pächter sehr gut dabei: von all diesen Vertragsstrafen, Terminsklauseln, kurzfristigen Kündigungen, Kautionsverwirkungen, Schadenersätzen, wird nie Gebrauch gemacht, so lange nur mit dem Pächter irgendwie auszukommen ist. Wer im praktischen Leben steht, der will vor allem mit den Leuten in Frieden Geschäfte machen; es liegt ihm gar nichts daran, Prozesse zu führen, selbst wenn er sie gewinnen müßte.

Auch bei der Urkunde muß man daher zwischen geltendem und lebendem Rechte unterscheiden. Geltendes Recht (Entscheidungsnorm) ist wohl der ganze giltige Inhalt der Urkunde, denn im Prozesse wird es darauf ankommen: aber lebendes Recht ist er doch nur so weit, als sich die Parteien daran regelmäßig halten, auch wenn sie es nicht auf einen Prozeß ankommen lassen wollen. Die Wissenschaft und die Lehre sollte diese verschiedenen Bestandteile der Vertragsurkunde sorgsam auseinanderhalten, da sie sonst vom Leben ein schiefes und verzerrtes Bild gäben. Aber auch für Rechtspflege und Gesetzgebung ist der Gegensatz selbstverständlich von größter Wichtigkeit. Es ist gewiß fraglich, ob sie sich unbedingt dazu hergeben sollen, das ernst zu nehmen, was gar nicht bestimmt war, ins Leben zu treten.

Die Urkunde zeugt selbstverständlich vom lebenden Recht nur so weit, als es beurkundet wird. Das nicht beurkundete Recht ist jedoch groß und wichtig genug, als daß es der Aufmerksamkeit des Forschers nicht entgehe. Wie soll man es aber erheben? Gewiß, es gibt kein anderes Mittel, als die Augen auftun, sich durch eine aufmerksame Betrachtung des Lebens unterrichten, die Leute ausfragen und ihre Aussagen aufzeichnen. Es ist allerdings eine harte Zumutung an den Juristen, wenn man von ihm verlangt, er möge es versuchen, auch aus eigener Wahrnehmung zu lernen, nicht aus Paragraphen und Aktenfaszikeln, aber das ist eben unvermeidlich, und hier ist noch wunderbare Beute zu holen.

Aus einer Unzahl dessen, was in dieser Weise erforscht zu werden verdient, will ich nur einiges wenige herausheben. Vor allem das überlebende alte Recht. Daß ein neues Gesetzbuch die alteingelebten Rechtseinrichtungen und Rechtsgedanken nicht mit einem Schlage beseitigt, wurde schon oft bemerkt. Das alte Recht, das Volksrecht und nicht bloß Juristenrecht ist, lebt unter einer dünnen Oberfläche weiter fort, es beherrscht die Handlungen und das Rechtsbewußtsein des Volkes. Der Rechtshistoriker kann hier nicht bloß vieles finden, wovon seine Quellen schweigen, sondern sich auch lebendige Anschauung von so manchem verschaffen, wovon man gemeiniglich annimmt, es gehörte einer längst verflossenen Zeit an. Von der Urkunde soll dabei abgesehen werden; wie oft diese in einer notdürftigen Ausgleichung des Althergebrachten mit den Forderungen des neuen Rechtes besteht, ist ja bekannt: so im bäuerlichen Erbrecht, im ehelichen Güterrecht. Aber es ist notwendig, weit mehr als es bisher der Fall war, die Aufmerksamkeit auf all das zu sammeln, was unbeurkundet noch vom alten Rechte im Volke lebt, zumal es schwerlich lange mehr dem Anprall des modernen Verkehres Widerstand wird leisten können. Bogišič ist es gelungen, selbst im Geltungsgebiete des österreichischen bürgerlichen Gesetzbuches noch die uralte Sadruga zu entdecken, eine der ursprünglichsten Organisationen der Menschheit; in einem anderen Winkel Österreichs, in Ostgalizien, fand Dniestrzánski („Das Gewohnheitsrecht und die sozialen Verbände", Czernowitz 1905) eine den ganzen ruthenischen Volksstamm der Bojken umfassende Handelsgesellschaft in einer merkwürdigen, den österreichischen Gesetzen selbstverständlich ganz fremden Form. Ich selbst konnte noch feststellen, daß unter den Ruthenen Ostgaliziens und der Bukowina vor nur etwa einem halben Jahrhundert die bäuerlichen Familiengenossenschaften vereinzelt bestanden: heute sind sie bereits wohl ganz verschwunden. Daß es auch bei den Deutschen Österreichs an überlebenden Resten nicht fehlt, hat Mauczka jüngst nachgewiesen („Altes Recht im Volksbewußtsein", Wien 1907 [auch Gerichtszeitung Nr. 10 und 11, 1907]). Von mir veranlaßt, hat auch ein Wiener Schriftsteller, Dr. Kobler, einiges für mein Seminar für lebendes Recht aufgezeichnet.

Wichtiger als solche absterbende Reste sind wohl für den Juristen die lebensfähigen Keime eines neues Rechtes. Und da stehen wir vor einer sehr sonderbaren Tatsache. Als bleibende Errungenschaft der historischen Schule wird allgemein die Erkenntnis betrachtet, daß sich das Recht in einer ewigen Entwicklung befindet, und man sollte immerhin meinen, daß das nicht nur für längst vergangene Zeiten, sondern auch für das letzte Jahrhundert gilt. Aber Wissenschaft und Lehre machen einen sehr eigentümlichen Gebrauch von dieser Schulweisheit. So weit es sich um die alten Römer oder die Deutschen bis etwa ins XIV. oder XV. Jahrhundert handelt, also Zeiten, in denen zum großen Teile eine zusammenhängende Gesetzgebung noch nicht vorhanden war, ist auch auf privatrechtlichem Gebiete die Rechtsgeschichte sichtlich bestrebt, die Entwicklung der Rechtseinrichtungen, der Familie, der persönlichen Unterwerfungsverhältnisse, des Grundeigentumes, des Vertrages zu schildern, ohne auf die spärlichen und in der Regel einflußlosen Gesetze mehr als notwendig Rücksicht zu nehmen. Für die spätere Zeit jedoch versagt diese Art der Rechtsgeschichte fast ganz; für die letzten hundert Jahre, die doch für den praktischen Juristen die wichigsten sind, denn aus ihnen rührt ja die große Masse des heute noch verbindlichen Rechtes her, löst sich die rechtsgeschichtliche Wissenschaft und Lehre vollständig in eine Geschichte der Gesetzgebung auf. Was soll das heißen? Hat die Entwicklung der Rechtseinrichtungen außerhalb der Gesetze mit dem XIX.

Jahrhundert aufgehört? Vielleicht darf die Behauptung gewagt werden, daß der große Wert, der heute noch fast instiktiv dem rechtsgeschichtlichen Unterricht beigelegt wird, darin seinen Grund hat, daß er der einzige ist, der dem Studierenden wenigstens für längst vergangene Zeiten auf einigen großen Gebieten ein wenn auch lückenhaftes Bild einer wirklichen gesellschaftlichen Rechtsentwicklung bietet. Heute noch, ebenso wie im Altertum und im Mittelalter, beruht die Rechtsgeschichte nicht so sehr auf einem Entstehen und Vergehen von formulierten, in Worte gefaßten Rechtssätzen, sondern vor allem darin, daß neue Rechtseinrichtungen entstehen, und bereits vorhandene allmählich einen neuen Inhalt annehmen. Kein Rechtshistoriker wird es zugeben, daß die grundlegenden Rechtsverhältnisse Deutschlands etwa im XIV. Jahrhundert dasselbe Gesicht zeigen, wie im XV. Jahrhundert, oder daß die zum Teile sehr durchgreifenden Änderungen nur infolge der selten und schwach eingreifenden Gesetzgebung eingetreten wären: soll das nicht auch vom XIX. Jahrhundert gelten, einer Zeit, gesellschaftlich, wirtschaftlich und politisch so bewegt, wie sie die Menschheit bis dahin wohl noch nicht gesehen hat? Es kommt eben darauf an, was man unter Entwicklung versteht. Das Familienrecht hat sich entwickelt, das bedeutet heute dasselbe wie im Mittelalter: die Beziehungen von Mann und Frau, der Eltern zu den Kindern haben jetzt ein anderes Gepräge; das Bodeneigentum hat sich — auch abgesehen von der durch Gesetze und die Verwaltung vorgenommenen Grundentlastung — entwickelt, das soll heißen: es besteht eine andere Bodenverfassung, weil andere Arten von dinglichen und obligatorischen Rechten mit Bezug auf den Boden begründet werden, aber auch, weil die Wirtschaftsverfassung des Bauers und des Großgrundbesitzers eine andere geworden ist; das Vertragsrecht hat sich entwickelt: das beruht darauf, daß neue Vertragsarten entstanden sind, und auch Verträge der hergebrachten Art mit einem anderen Inhalte abgeschlossen werden; das Erbrecht hat sich entwickelt: das besagt vor allem, daß die Testamente und sonstigen Vergabungen auf den Todesfall jetzt anders lauten, als vor hundert Jahren. Gegenüber allen diesen Umwälzungen verschwindet fast das, was inzwischen die Gesetzgebung geleistet hat.

Bei diesen Dingen kommt es vor allem auf die rechtliche Natur der Organisationen an. Für den, der das lebende Recht ins Auge faßt, ist das Recht eben nicht „Zwangsordnung", sondern Organisation des staatlichen, gesellschaftlichen, wirtschaftlichen Lebens. Das Recht organisiert (ordnet) den Staat, die Familie, den Verein, die wirtschaftliche Unternehmung, den Verkehr (diesen in erster Linie durch den Vertrag). Es organisiert vor allem durch seine Normen, durch die Befehle und Verbote, nicht durch den behördlichen Zwang: das wäre ein schönes Staats-, Kirchen-, Vereins- oder Familienleben, eine schöne Ordnung im Gutshof, Fabrik oder Werkstätte, wenn sie nur durch den Zwang oder mit Rücksicht auf den möglichen Zwang zusammengehalten werden könnten. Selbst von den Verträgen wird die große Masse freiwillig, ohne einen Gedanken an den etwa drohenden Zwang erfüllt: die ganz zwanglosen, manchmal am gewissenhaftesten (gesellschaftliche Verpflichtungen, Spielschulden). Das staatliche, gesellschaftliche und wirtschaftliche Leben könnte keine 24 Stunden bestehen, wenn es in der Tat nur durch wirkliche oder dazugedachte Zwangsvollstrecker oder Gendarmen im Gange erhalten werden müßte. Gewiß, ein wirtschaftlicher oder gesellschaftlicher Zwang ist hier immer vorhanden, aber wirtschaftlichen, gesellschaftlichen Zwang gibt es auch bei anderen Normen gesellschaftlicher Sitte, der Sittlichkeit, der Religion, des Anstandes, des guten Tones. Diese Art von Zwang kann also nicht als eine Besonderheit der Rechtsnorm betrachtet werden. Man gibt gegenwärtig ohneweiters zu die rechtliche Natur der staatlichen, kirchlichen, Vereins- und zumeist auch der Familienorganisation, selbst soweit ein Zwang ausgeschlossen oder tatsächlich undenkbar ist, auch für die behördlich organisierten wirtschaftlichen Unternehmungen des Staates steht die rechtliche Natur ihrer Ordnung so ziemlich fest: sogar für die Staatsbanken, die Tabakregie und die Lottoverwaltungen. Kaum beachtet wird aber die rechtliche Natur der Organisation privater wirtschaftlicher Unternehmungen und der sonstigen gesellschaftlichen Verbände. Soll diese erst dann Recht werden, wenn etwa eine private Eisenbahnunternehmung verstaatlicht wird? Zweifellos scheint mir, daß jede Organisation Recht ist, nicht immer geltendes, aber stets lebendes Recht. Die Organisation des Bauernhofes, des Großgrundbesitzes, der Fabrik, der Werkstätte und des Handelshauses sollte daher vom Juristen ebenso erforscht, gelehrt und gelernt werden, wie die des Staates, der Kirche, des Vereines, der Familie.

Wie soll aber das alles für den Unterricht verwertet werden? An den akademischen Vortrag ist allerdings vorläufig nicht zu denken, dieser hat fertige Ergebnisse der Forschung zu übermitteln, die, bis auf geringfügige Ausnahmen, gegenwärtig nicht da sind und lange noch nicht da sein werden. Ganz anders das Seminar: dieses hat die wissenschaftliche Methode zu lehren, den Studierenden zur selbständigen geistigen Tätigkeit und zur Forschung anzuleiten. Als Bestandteil eines Seminars für lebendes Recht ließe sich ein Institut für lebendes Recht ganz gut denken, es hätte dem Seminar das Material und die Einrichtungen zu liefern, und auch die Ergebnisse der vom Seminar veranstalteten Erhebungen in einem Archiv aufzubewahren. Urkunden ins Blaue hinein aus allen möglichen Gebieten zu sammeln, hat kaum einen Sinn, die Urkunde an sich sagt dem Studierenden gar nichts, um aus ihr zu lernen, bedarf er einer langen, eingehenden systematischen Anleitung: um so ergiebiger wäre aber die Urkundensammlung für die Zwecke des Seminars.

Allerdings muß man auf den Einwand gefaßt sein, die Sache sei für den Studierenden zu schwierig. Aber damit hat doch jeder Hochschulunterricht, zumal an den rechts- und staatswissenschaftlichen Fakultäten überall zu kämpfen: er bietet etwas entweder der großen Masse der Studierenden, die ein gesprochenes Lehrbuch haben wollen, oder einer kleinen, auserlesenen Schar, die Anregung zur selbständigen geistigen Arbeit sucht. Der akademische Lehrer hat nur die Wahl zwischen diesen Forderungen, beiden kann er unmöglich Genüge tun. Daß sich jedoch auch für die Arbeit in einem Seminar für lebendes Recht eine genügende Anzahl Studierender finden wird, dürfte doch zweifellos sein. Die Ansprüche, die an der Philosophischen Fakultät gestellt werden, gehen oft viel weiter. Aber auch in den volkswirtschaftlichen Seminaren, an denen überall viele, in Österreich fast ausschließlich Juristen teilnehmen, werden Übungen dieser Art mit Erfolg veranstaltet.

Und doch kann ein solches Seminar und Institut nicht genügen. Das lebende Recht ist für alle Gebiete des staatlichen Lebens viel zu wichtig, als daß man dessen Erforschung ohne staatliche Förderung lassen könnte[1]. Gewiß, der Gelehrtenfleiß wird sich dem neu erschlossenen Arbeitsfelde bald zuwenden, und wird sich das erforderliche Material durch eigene Tätigkeit zu verschaffen suchen: aber um Erschöpfendes und Zuverlässiges zu leisten, zumal für ein ganzes großes Reich, dafür langen die Kräfte eines Einzelnen sicherlich nicht. Es bedarf der organisierten, geschulten Arbeit vieler, der auch der staatliche Behördenapparat zur Verfügung stünde, in einem staatlichen Institute etwa nach der Art der statistischen Anstalten.

Dazu muß es aber kommen. So sehr man in maßgebenden Kreisen sich den Ansprüchen der Wissenschaft und des Unterrichtes, ja sogar der Rechtspflege verschließt, gegen das unabweisbare Bedürfnis der Gesetzgebung und Verwaltung wird man unmöglich noch lange ankämpfen können. Es war ein verhängnisvoller Irrtum der historischen Schule, daß sie vom Gesetzgeber vor allem die Kenntnis der Rechtsgeschichte verlangte: viel wichtiger ist für ihn eine genaue Kenntnis der Gegenwart. Und da müssen wir es wohl bei jeder tiefer eingreifenden Maßregel der Gesetzgebung und Verwaltung uns sagen, daß wir die Kenntnis ihrer tatsächlichen Voraussetzungen nicht nur nicht haben, sondern gegenwärtig auch kein Mittel besitzen, sie uns zu verschaffen. Wir tappen überall im Dunkeln. Die manchmal angeordneten amtlichen Erhebungen, durch ungeschulte, mit anderer Arbeit überlastete, oft unwillige Kräfte, ohne wissenschaftliche Methode, wie sie eben nur langjährige Studien

[1] In Rußland ist das Gewohnheitsrecht, das von den Gemeindegerichten angewendet wird, offiziell gesammelt worden: Trudy kommissii po preobrasowaniju wolostnych sudow Petersb. (1873/74, 6 Bde.)

und Erfahrung herausbilden können, haben sich als höchst unzureichend erwiesen. Die Umfragen, Enqueten gewähren bestenfalls einen Einblick in Stimmungen, Wünsche und Bestrebungen bei bestimmten aufs Geradewohl herausgegriffenen Personen, aber gewiß kein unbefangenes Bild der Wirklichkeit. Und die Statistik? Gegenwärtig wohl die einzige Quelle einer methodischen Erkenntnis der Wirklichkeit, schreit sie geradezu nach einer Ergänzung. Was nützen alle Zahlen über die Verschuldung des Grundbesitzes, wenn die juristische Grundlage der Verschuldung, der Inhalt der Schuldtitel nicht dargelegt und verarbeitet wird? Welchen Wert haben die Daten des arbeitsstatistischen Amtes, wenn nicht auch der wechselnde und so mannigfache Inhalt der Arbeit- und Tarifverträge bekannt ist? Der neue Präsident der statistischen Zentralkommission in Wien hat angekündigt, daß er der Alpenstatistik seine Aufmerksamkeit zuwenden wolle. Er wird zweifellos imstande sein, den Umfang, die Ergiebigkeit, wohl auch die Bewirtschaftung der Gemeindealpen festzustellen; aber ist das alles, was wir darüber wissen müssen? Die Rechtsverhältnisse an den Alpen wechseln von Kronland zu Kronland, von Gegend zu Gegend, von Ort zu Ort. Die vom Seminar für lebendes Recht angestellten Untersuchungen über die Gemeindealpen in der Bukowina haben gezeigt, wie schwierig, verwickelt und durch alte Gewohnheiten bis ins Einzelne geregelt sie sind: werden uns die Zahlen darüber etwas sagen können?

Bekanntlich hat die Grundentlastung in Ostgalizien, die von österreichischen Behörden mit einer durch keinerlei Sachkenntnis getrübten Unbefangenheit in den Fünfzigerjahren des vorigen Jahrhunderts durchgeführt worden ist, zu einer großen Bauernerhebung in diesem Winkel des Reiches geführt. Tausende von Bauern wurden durch Strafuntersuchungen ins Unglück gestürzt, der Frieden im Lande dauernd gestört, und die Lösung der Agrarfrage bis in die Gegenwart unmöglich gemacht. Österreich steht in diesem Augenblicke vor einer ähnlichen Aufgabe in Südtirol, im Küstenlande und Dalmatien. Von der Art, wie sie in Angriff genommen wird, hängt wohl das Verhältnis des Reiches zum italienischen Volksstamme in seinen Gemarkungen, vielleicht sogar die Zukunft des Reiches weit mehr ab, als von den Fragen der hohen Politik, die gegenwärtig allein die Geister zu beschäftigen scheinen. Wenn aber die Lösung glücken sollte, so wird das wohl in erster Linie dem Prof. Schullern von Schrattnerhofen zu verdanken sein, der die Erhebungen über das Kolonat gepflogen und durchgeführt hat. Er hat es als Volkswirt getan und die bei den Volkswirten üblichen Methoden angewendet; sie stehen aber den hier für Juristen empfohlenen Methoden überaus nahe.

Das lebende Recht der Völker der Bukowina*

Würde man einen österreichischen Juristen der hergebrachten Richtung fragen, welches Recht im Herzogtum Bukowina, dem östlichsten Kronlande der Monarchie gelte, er wäre um eine Antwort gewiß nicht verlegen: er brauchte ja bloß auf die stattliche Zahl von Gesetzbüchern hinzuweisen, die seinen Bücherkasten zieren.

Schon längst, seit ich meine Augen vom Papier weg dem Menschengewimmel zugewendet habe, das unsern Planeten bevölkert, habe ich auch erkannt, daß wir aus den Gesetzbüchern bestenfalls die Paragraphen erfahren, die die Gerichte und andere Behörden zur Begründung ihrer Entscheidungen anführen. Sie sagen uns nicht einmal darüber etwas, welchen Gebrauch die Gerichte und die andern Behörden von den Paragraphen machen; denn dieser wechselt ja bekanntlich von Ort zu Ort, von Tag zu Tag, ja in einem gewissen Sinne von Mann zu Mann. Und am wenigsten können wir daraus das Recht entnehmen, nach dem sich das Volk tatsächlich in Handel und Wandel richtet, und das von ihm oft viel unverbrüchlicher befolgt wird als die Paragraphen der Gesetzbücher (vgl. meinen Aufsatz: die Erforschung des lebenden Rechts in Schmollers Jahrbuch, Bd. 35, S. 129 flg.).

Es leben im Herzogtum Bukowina gegenwärtig, zum Teile sogar noch immer ganz friedlich nebeneinander, neun Volksstämme: Armenier, Deutsche, Juden, Rumänen, Russen (Lipowaner), Rutenen, Slowaken (die oft zu den Polen gezählt werden), Ungarn, Zigeuner. Ein Jurist der hergebrachten Richtung würde zweifellos behaupten, alle diese Völker hätten nur ein einziges, und zwar genau dasselbe, das in ganz Österreich geltende österreichische Recht. Und doch könnte ihn schon ein flüchtiger Blick davon überzeugen, daß jeder dieser Stämme in allen Rechtsverhältnissen des täglichen Lebens ganz andere Rechtsregeln beobachtet. Der uralte Grundsatz der Personalität im Rechte wirkt daher tatsächlich weiter fort, nur auf dem Papier längst durch den Grundsatz der Territorialität ersetzt.

Ich habe mich entschlossen, das lebende Recht der neun Volksstämme der Bukowina in meinem Seminar für lebendes Recht zu erheben. Ich habe zu diesem Zwecke den hier angeschlossenen Fragebogen verfaßt.

* Ein Bericht aus dem Seminar für lebendes Recht an der rechts- und staatswissenschaftlichen Fakultät der Universität Czernowitz.

Er soll selbstverständlich nur ganz im allgemeinen einige Anhaltspunkte für die Ermittlung geben: je selbständiger der Ermittler darüber hinausgeht, je weiter er seine Aufgabe faßt, je mehr er sucht, seine eigenen Augen zu gebrauchen, um so mehr wird er entdecken und feststellen können. Das wird insbesondere dort notwendig sein, wo es sich um städtische Verhältnisse handelt. Denn der Fragebogen berücksichtigt in erster Linie den Bauer. Die ganze Mannigfaltigkeit und Buntheit des städtischen Lebens in die wenigen Sätze des Fragebogens zu fassen, wäre im Vorhinein ein unmögliches Beginnen. Es wird daher insbesondere notwendig sein, bei den Völkerschaften, die vorwiegend in Städten leben, bei den Armeniern und Juden, weit darüber hinauszugehen.

Aber auch bei den Völkerschaften, die überwiegend auf dem Lande leben, darf man sich nicht darauf beschränken, den Bauer allein zu beobachten. So haben insbesondere die Rumänen und Rutenen eine zahlreiche Priesterschaft, die, zum großen Teile denselben weit verbreiteten Familien angehörend, und ihr Amt häufig in der Familie vererbend, ein Volk im Volke bildet, mit eigenen Überlieferungen und eigner Rechtssitte (vor allem das Familien- und Erbrecht betreffend). Das alles muß daher an der Hand des Fragebogens besonders festgestellt werden.

Den größten Nachdruck lege ich jedoch darauf, daß es sich keineswegs darum handeln kann, auf die einzelnen, im Fragebogen gestellten Fragen etwa kurze, zusammenfassende Antworten zu erhalten. Im Gegenteile, die Antworten sollen sehr ausführlich sein, sie sollen erzählen und berichten, nicht abstrahieren und dogmatisieren. Sehr dankenswert wird es auch sein, wenn einzelne Vorfälle, Geschichten, die für die Rechtsauffassung der Leute bezeichnend sind, mitgeteilt, wenn einzelne Rechtsverhältnisse, wie sie sich vor den Augen des Beschauers abspielen, genau und eingehend beschrieben werden: z. B. wie die Leute sich über den Flurzwang einigen, wie die bäuerlichen Pacht- oder Viehhandelsgesellschaften ihre Geschäfte betreiben. *Ich hätte sogar dagegen nichts einzuwenden, wenn einzelne Antworten zu ganzen Abhandlungen auswachsen würden.* Je mehr die Darstellung ins einzelne geht, je mehr individuelle Züge sie enthält, um so mehr gibt sie lebendes Recht, um so lebensvoller, wertvoller, wissenschaftlicher ist sie: Abstraktion ist nicht Leben, sondern Papier.

Der Fragebogen soll nicht bloß den Teilnehmern meines Seminars dienen: ich werde jedem zu größtem Danke verpflichtet sein, wer mir die darin gestellten oder andere zur Sache gehörende Fragen, und sei es auch nur zum Teile, beantwortet. Die Seminararbeit gedenke ich so einzurichten, daß jeder Teilnehmer einen Volksstamm in etwa drei Dörfern zur Beobachtung übernimmt: es sollen das Dörfer sein, die von einem Volksstamm möglichst unvermischt bewohnt werden, die wenig Beziehungen nach außen haben, wo daher alte Sitte zähe bewahrt wird. Gewiß haben Übergänge, Erzeugnisse der Zersetzung und Ergebnisse der neueren Entwicklung großes Interesse; doch soll vor allem das Alte, Verschwindende festgestellt werden.

Die Erhebungen sind mit dem Ausfragen alter und erfahrener Leute zu beginnen. Sehr zu beachten ist es, daß es nicht etwa darauf ankommt, was die Gefragten angeben, denn das wird oft nur ihre eigene moralische Überzeugung sein, man muß aus ihren Antworten zu entnehmen suchen, was tatsächlich geübt wird, was Sitte und Rechtens ist. Ferner würde es sich empfehlen, nachdem die Hauptsache durch solches Ausfragen ermittelt wurde, von Haus zu Haus zu gehen, um sich durch eigene Anschauung zu überzeugen, was davon wirklich beobachtet wird, was vielleicht nur Wunsch oder Einbildung des Antwortenden war.

Insbesondere für die Juden bemerke ich, daß es sich keineswegs um das talmudische Recht handelt, das von den Rabbinatsgerichten gehandhabt wird. Dieses ist ja, mit allen seinen unzähligen Feinheiten und Spitzfindigkeiten, der großen Masse der Juden unbekannt. Nur das, was davon die Juden kennen und tatsächlich befolgen, ist wirklich lebendes Recht geworden. Anderseits habe ich bereits durch Umfrage festgestellt, daß es unter den Juden eine Menge von lebendem Recht gibt, das die Kenner des Talmud, die ich darüber gefragt habe, auf bloßes Mißverständnis zurückführen; es gibt aber auch wohllebendes Recht bei den Juden, das gar nicht mit dem Talmud zusammenhängt, sondern unabhängig davon, vielleicht erst in der letzten Zeit, entstanden ist.

So ist es mir bekannt geworden, daß ein Jude, der seit zwei Jahren einen Laden gemietet hat, von einem andern Juden nicht ausgemietet werden darf. Im Talmud soll sich, wie mir mitgeteilt wurde, nichts darüber finden, und doch wird es von den Juden beobachtet. Der Forscher hat diesen Rechtssatz aufzuzeichnen, unbekümmert um den Talmud: höchstens noch zu fragen, ob sich dieser Satz nicht irgendwie durch Mißverständnis einer talmudischen Bestimmung erklären lasse.

Wo irgendwie Rechtsaufzeichnungen oder Urkunden zu haben sind, bitte ich, sie in Abschrift oder Urschrift beizubringen, oder wenigstens anzugeben, in welcher Weise sie beschafft werden könnten.

Es ist mir allerdings klar, daß die zum größten Teil zwar sehr lebendigen, aber wohl im ganzen einer absterbenden Entwicklung angehörenden Rechtsverhältnisse und Einrichtungen, auf die sich dieser Fragebogen bezieht, nicht die einzigen sind, mit denen sich ein Seminar für lebendes Recht befassen sollte. Auch das jüngste und modernste Leben würde ihm Stoff in Hülle und Fülle bieten. Aber gerade deswegen, weil nach meiner Ansicht das Leben selbst ganz unmittelbar Gegenstand der Forschung und des Unterrichts werden soll, muß sich die Forschung und der Unterricht dem vor allem zuwenden, was ihm das Leben unmittelbar im Lande selbst am reichlichsten zu bringen vermag. An einer andern Stätte meines Wirkens hätte ich gewiß ein anderes Gebiet erwählt, ich hätte wohl das lebende Recht des Getreidehandels oder der Reederei, des Großgrundbesitzes, der Zucker- oder der chemischen Industrie studieren lassen. Das Rechtsleben der Bukowina ist heute — aber wie lange noch? — eine schier unerschöpfliche Fundgrube für Reste einer anderwärts längst abgestorbenen Gesittung: Die Aufmerksamkeit der Teilnehmer meines Seminars soll also zunächst auf diese hingelenkt werden. Daß auch die hierzulande leider recht spärlichen Erscheinungen des modernen Rechtslebens nicht außer Betracht bleiben dürfen, ist selbstverständlich: Es werden Fabriken, Bankhäuser, Musterbetriebe der Großgrundbesitzer, die Forste des gr. or. Religionsfonds besichtigt und auf ihren juristischen Gehalt untersucht werden. Aber auch hier sollen vor allem die Eigentümlichkeiten des heimischen Bodens berücksichtigt werden, und so hoffe ich, aus meinem Seminar Arbeiten bringen zu können über den Pachtvertrag des gr. or. Religionsfonds und über den Holzabstockungsvertrag, der in der Bukowina eine so große Rolle spielt; für beide dürfte reiches Studienmaterial zur Verfügung gestellt werden.

Ich kann jedoch nicht umhin, für den Leiter eines Seminars für lebendes Recht in einer andern, etwa industriellen Gegend, wenigstens kurz anzudeuten, wie ich mir Erhebungen über das lebende Recht auf einem andern Gebiete so dem einer bestimmten Industrie (beispielsweise der chemischen), vorstelle. Es handelt sich dabei die ganze Organisation der Industrie, soweit sie rechtlicher Art ist, zu schildern[1]. Vor allem kommt es auf die Organisation der Fabrik an, auf die Rechtsverhältnisse der Arbeiterschaft und der kaufmännischen und technischen Angestellten. Da wäre von den Verträgen die Rede, die die Arbeiter und Angestellten mit der Leitung des Unternehmens abschließen, sowohl von den Einzel- als auch von den Gesamt-(Tarif)Verträgen; ferner, welche Aufgaben und welche Stellung jede einzelne Gruppe von Arbeitern und Angestellten im Unternehmen hat, vom Fabrikdirektor bis zum Portier, ihre Über- und Unterordnung, und wie sich jede einzelne Gruppe ins Ganze einfügt. In ähnlicher Weise müßten die Rechtsverhältnisse der außer dem Betriebe für das Unternehmen tätigen Personen erforscht werden: der Agenten, Einkäufer, Reisenden. Zur Organisation des Betriebes gehört auch das Vereinswesen: die gemeinnützigen, Wohltätigkeits- und Ge-

[1] Mit derartigen Gegenständen befaßt sich allerdings hie und da die Landwirtschaftswissenschaft (landwirtschaftliche Betriebslehre) und die jetzt in so erfreulicher Entwicklung begriffene Handelswissenschaft. Daß damit ihr juristisches Erfassen, durch Juristen und von Juristen, und ihre Aufnahme in den juristischen wissenschaftlichen Betrieb und Unterricht nicht überflüssig wird, das sollte doch wenigstens von den Juristen nicht bestritten werden.

werkvereine; ferner die Wohlfahrtseinrichtungen. Dann gestaltet jede Industrie auch die dinglichen Rechte nach ihren besonderen technischen Bedürfnissen. So sonderbar das einem Juristen auch scheinen mag, das Eigentum an einer chemischen Fabrik ist etwas anderes als das an einem Walzwerk; ebenso wie dieses etwas anderes ist als das Eigentum an einem Landgut oder einem Zinshause; ist doch auch die rechtliche Regelung eine andere. Eine chemische Fabrik wird auch besondere Arten dinglicher Rechte, Dienstbarkeiten, Nutzungsrechte — es sei nur an die Wassernutzungen erinnert — brauchen. Wird fremder Grund und Boden gemietet oder gepachtet, so wird der Inhalt des Miet- oder Pachtvertrages zum großen Teile durch die technischen und kaufmännischen Eigentümlichkeiten gerade dieser Industrie bestimmt, von solchen Verträgen andrer Industrien verschieden sein. Das gilt sogar von den dinglichen Rechten an beweglichen Sachen (eigentümliche Pfandrechte!). Das alles soll festgestellt werden. Dann die Rechtsverhältnisse der Kundschaft und der Lieferanten, die Verträge, die mit ihnen abgeschlossen werden, die Usancen, die Kreditverhältnisse, die Art der Erfüllung, die Anlässe und die Wirkung der Mängelanzeigen. Dann das Verhältnis der einzelnen Betriebe zueinander, sowie der ganzen Unternehmungen, ihre Rechtsformen (Einzelbetriebe? Gesellschaften des bürgerlichen Rechts? Aktiengesellschaften, Gesellschaften mit unbeschränkter Haftung?), wobei ihre Eigentümlichkeiten möglichst ins einzelne zu schildern wären. Dann der Inhalt der Kartellverträge, die Natur ihrer Vertrustung. Dann die Rechtsverhältnisse der Erfinder und Patentinhaber in dieser Industrie. Schließlich auch die Art der Rechtsstreitigkeiten die dabei vorkommen, und deren Erledigung sowohl bei den staatlichen Gerichten als auch bei den ständigen oder von Fall zu Fall eingesetzten Schiedsgerichten. Man wird selbstverständlich einwenden, daß das ohnehin heute schon behandelt wird, wenn man sich mit den einschlägigen Materien des bürgerlichen oder Handelsgesetzbuchs befaßt; aber das wird eine sehr oberflächliche Einwendung sein. Juristische Allgemeinheiten genügen nicht. Das Recht eines wirtschaftlichen Betriebes ist durchaus abhängig von seiner Organisation, seiner Technik, seinem kaufmännischen Geschäftsgang, von seinen Usancen. Das alles ist bei jeder einzelnen Art der wirtschaftlichen Betriebe durchaus verschieden. Um das zu verstehen, genügen nicht die Paragraphen des Gesetzbuchs: das muß man mit eigenen Augen gesehen und studiert haben. Nur wer das alles kennt, wird dem Betriebe juristisch gerecht werden.

Das ist also die nächste Aufgabe dieses Studiums und das wird in Zukunft auch die Aufgabe der Wissenschaft, zumal der monographischen Darstellung sein. Haben wir einmal solche Monographien, dann werden auch die Gesamtdarstellungen einzelner Rechtsinstitute anders aussehen als jetzt. Man wird dann aber auch wohl nicht mehr von „weltfremden

Juristen“ reden. Ob es sich hier um Sitte oder Recht handelt, das zu entscheiden, überlasse ich denen, die für unfruchtbare Terminologie mehr Interesse als ich aufzubringen vermögen. Einiges dürfte in der Tat mehr in das Gebiet der Sitte zu verweisen sein: so, wenn ich im Fragebogen nach vorhandenen Resten der Kaufehe und Raubehe frage, die auf die Rechtsfolgen der Ehe und auf das Verhältnis der Ehegatten zueinander kaum mehr einen Einfluß haben. Was ich unter Recht verstehe, und warum ich das lebende Recht zum Rechte selbst dann zähle, wenn es nicht von Gerichten und andern Behörden angewendet wird, darüber werde ich mich an anderer Stelle sehr eingehend aussprechen. Aber Sitte oder Recht — gewiß ist es, daß die Dinge, nach denen hier gefragt wird, für den Juristen von der größten Bedeutung sind: nicht nur für die Wissenschaft, sondern auch für den Unterricht, die Rechtspflege, die Gesetzgebung. Ja, auch für die Gesetzgebung. Es wäre wohl die höchste Zeit, daß die Anhänger der historischen Schule, die seit einem Jahrhundert schon die große Wahrheit im Munde führen, daß das Recht dem Rechtsbewußtsein des Volkes entspringen müsse, endlich einmal damit ernst machten; daß sie endlich einmal dieses Rechtsbewußtsein des Volkes studieren, von dem sie fortwährend behaupten, daß es die einzige richtige Quelle alles Rechtes sei. Ein großer spanischer Jurist sagt: Cuando en un país se legisla tan abstractamento y tan sin conocimiento de la realidad como en España una grande parte de la vida, así privada como pública (obligacionos, propriedad, régimen municipal, etc.) queda fuera de la ley y tiene que crearse un estado de derecho proprio syo, para cuya realización no presta ningún género de garantías el Estado. (Costa, Derecho consuetudinario y economía popular en España. Vol. II, p. 453.) Die Wahrheit gilt jedenfalls nicht nur für Spanien.

Ich gedenke, die mir gelieferten Arbeiten, insofern sie einen wissenschaftlichen Wert haben, in einem Sammelwerke zu veröffentlichen: Das lebende Recht der Völker der Bukowina. Es wird mir wohl möglich sein, infolge der Unterstützung aus öffentlichen Mitteln, den Mitarbeitern ihre Auslagen zu ersetzen; ich hoffe jedoch, ihnen, und sei es auch in bescheidenem Maße, ein Honorar bezahlen zu können.

Vielleicht darf ich zum Schlusse die Hoffnung aussprechen, daß die Zeit nicht mehr ganz ferne ist, wo niemand mehr ein Werk etwa über den Pachtvertrag schreiben wird, der vom Pachtvertrage nichts gesehen hätte, als die Paragraphen des Gesetzbuchs, der sich nicht die Mühe genommen hätte, den Pachtvertrag selbst kennen zu lernen; ich meine nicht die Urkunde — obwohl auch das schon gegenüber den heutigen Zuständen ein Fortschritt wäre —, sondern den wirklichen, leibhaften Pachtvertrag — daß die Zeit nicht mehr ganz ferne ist, wo sich ein Privatdozent für deutsches bürgerliches Recht oder österreichisches Privatrecht nicht mehr auf eine Monographie über die Konstruktion des Rechts an eigner

Sache oder über den Begriff der Anfechtung, sondern vielleicht über den Rayonierungsvertrag der Zuckerfabriken über die rechtliche Stellung des Bierversilberers, oder die Rechtsverhältnisse der Schwarzenbergschen Zinsbauern habilitieren wird.

Fragebogen über das lebende Recht der Völker der Bukowina

I. Persönliche Verhältnisse

A. Volkszugehörigkeit

Wen betrachtet das Volk als zu seiner Nation zugehörig?

Entscheidet die Abkunft? Das Glaubensbekenntnis?

Kommt es vor, daß jemand sein Glaubensbekenntnis wechselt und bei seinem Volke bleibt? Warum geschieht solch ein Glaubenswechsel?

Wie verhält man sich gegenüber getauften Juden? Werden diese zum Volke gezählt? Zu welcher Nation wird der getaufte Jude gezählt, wenn er die Angehörige des Volkes heiratet, zu dessen Glaubensbekenntnis er übergetreten ist? Oder eine getaufte Jüdin? Wie ist es mit den Zigeunern?

B. Ehe

1. Ehehinderungen. Wird die Ehe aus andern Gründen als den gesetzlichen und kirchlichen als unstatthaft betrachtet? Gibt es Dörfer oder einzelne Familien, die nicht untereinander heiraten? Welchen Einfluß hat der Standesunterschied? Wie ist es bei Ehen mit Angehörigen anderer Nation (mit Deutschen, getauften Juden, Zigeuner, Fremden)?

2. Was glaubt der Mann sich seiner Frau gegenüber erlauben zu dürfen? Verbietet er ihr das Ausgehen, den Besuch des Wirtshauses, den Verkehr mit Freundinnen, mit männlichen Bekannten? Befiehlt er ihr Arbeiten? Fügt sie sich seinen Befehlen? Öffnet er ihre Briefe? Züchtigt er sie? Straft er sie sonst?

3. Was glaubt die Frau sich dem Mann gegenüber erlauben zu dürfen? Fügt er sich ihren Befehlen?

4. Kommen Ehescheidungen oder Ehetrennungen vor? Aus welchen Gründen trennen sich die Gatten ohne Scheidung? Aus welchen Gründen lassen sie sich scheiden? Wie einigt man sich über die Kinder? Söhne beim Vater, Töchter bei der Mutter?

C. Vaterschaft und Kindschaft

Welche Rechte gibt die väterliche Gewalt über die a) Söhne, b) Töchter? Kümmert der Vater sich um die Erziehung? Verbietet er den Ausgang, den Besuch der Wirtshäuser, den Verkehr mit bestimmten Personen, überwacht er den moralischen Lebenswandel? Straft er die Kinder? Kommen Grausamkeiten gegenüber den Kindern vor? Wird in einem solchen Falle von den Nachbarn eingeschritten? Ist es vorgekommen, daß das Gericht angerufen worden wäre? Von wem? Vom Kinde oder den Nachbarn? Werden die Kinder zur Arbeit angehalten? Werden Liebschaften geduldet? Gehen die Söhne eigenmächtig auf Wanderung (insbesondere zur Erntezeit) oder mit Zustimmung der Eltern? Was pflegt der Vater für den Sohn auszugeben (für Kleider, für die Erziehung, für die Nahrung)? Bekommen die Söhne von ihm je Geld in die Hand? Werden die Kinder vom Vater verheiratet oder wählen sie sich ihre Zukünftigen selbst? Wird für die Zustimmung zur Heirat den Eltern der Braut etwas gezahlt (oder auch dem Vormund oder den nächsten Angehörigen der elternlosen Braut)? (Reste des Brautkaufes). Kommt Brautraub vor? Vielleicht sogar als regelmäßige Eheschließungsart ohne Zustimmung der Eltern der Braut? Kommt es vor, daß die Kinder gegen die Wahl des Vaters Widerstand leisten? Mit welchem Erfolge? Stellt sich die Nachbarschaft in einem solchen Falle gewöhnlich auf seite des Vaters oder der Kinder? Hat der Vater Einfluß auf die Berufswahl? Wie lange dauert dieser Einfluß des Vaters? Welchen Einfluß behält der Vater bei den Kindern, die seiner Gewalt entwachsen sind? Kommt es vor, daß verheiratete Söhne im Hause des Vaters bleiben und bei ihm arbeiten? Was bekommen sie dafür?

Diese Fragen sind für die Söhne und Töchter abgesondert zu beantworten. Dieselben Fragen sind in bezug auf die Mutter zu beantworten, ferner ist einiges darüber zu sagen, was geschieht, wenn Vater und Muttter verschiedener Ansicht sind?

D. Vormundschaft

Haben die Waisen regelmäßig einen Vormund? Kümmert sich der Vormund persönlich um die Kinder? Welche Stellung hat die Witwe in bezug auf ihre Kinder? Haben außer dem Vormund und der Witwe noch andere Personen Einfluß auf das Schicksal des Kindes? Welche Personen sind das (Onkel, Tante)? Bei wem befinden sich die Waisen, wenn Vater und Mutter gestorben sind? Wer kümmert sich dann um sie? Wenn sie bei einem nahen Angehörigen bleiben (beim älteren Bruder, beim Vormund), arbeiten sie dann bei ihm? Bekommen sie etwas dafür?

E. Bruderschaft

Kommt es vor, daß ein erwachsener Bruder, zumal wenn er kein Vermögen hat, beim vermögenden Bruder bleibt und für ihn arbeitet? Was bekommt er dafür?

(In bezug auf den Vormund, die Witwe und allfällige dritte Personen sind auch dieselben Fragen zu beantworten, die in bezug auf den Vater gestellt waren.)

II. Familiengüterrecht

1. Werden Ehepakte in gesetzlicher Form abgeschlossen? (Einige Abschriften.) Werden ohne gesetzliche Form Ehepakte schriftlich abgeschlossen? (Abschriften.) Werden mündliche Ehepakte geschlossen? Was bekommt Bräutigam und Braut von ihren Eltern? Welchen sonstigen Inhalt haben solche Ehepakte?

2. Erhält der Mann eine Mitgift? Welche Rechte nimmt der Mann an der Mitgift und an dem Vermögen der Frau in Anspruch? Wird zwischen dem eingebrachten Gut (Mitgift) und dem sonstigen Vermögen der Frau unterschieden? Wird die Frau oder der Mann, oder beide, als Eigentümer der Liegenschaften der Frau bücherlich angeschrieben? Verfügt der Mann über das Vermögen der Frau (durch Verkauf, Schenkung usw.)? Verlangt der Mann die Zustimmung der Frau, wenn er etwas von ihrem Eingebrachten oder ihrem sonstigen Vermögen verkaufen will? Oder tut er das eigenmächtig? Was geschieht mit dem Erlös? Verwendet es der Mann für sich allein, oder für die Frau?

3. Welche Rechte hat die Frau in bezug auf das Vermögen des Mannes? Wird sie als Miteigentümerin seiner Liegenschaften bücherlich angeschrieben? Verfügt der Mann über sein eignes Vermögen eigenmächtig oder nur mit Zustimmung der Frau?

4. Rechte der Eltern in bezug auf das Vermögen des Kindes, a) insbesondere in bezug darauf, was die Kinder durch Erbschaft oder Schenkung erworben haben? Werden die Kinder bücherlich eingetragen? Betrachtet der Vater das als sein Eigentum? Verfügt er eigenmächtig darüber oder nur mit Zustimmung des Kindes? Was geschieht mit dem Erlös, wenn der Vater etwas davon verkauft? Verwendet er den Erlös für sich oder für das Kind? Verfügt der Vater auch über die Arbeitskraft des Kindes? Wird das Kind vom Vater in die Arbeit verdungen? Von welchem Alter an und bis zu welchem Alter geschieht das?

b) Was geschieht mit dem Verdienst des Kindes? Insbesondere in bezug auf Arbeitslohn in regelmäßigen Dienstverhältnissen und den Erwerb zur Erntezeit? Wie lange dauert die ganze Abhängigkeit der Kinder von den Eltern in bezug auf Vermögen und Arbeitslohn? Endet sie mit der Verheiratung oder sonst? (Dieselben Fragen in bezug auf die Mutter, die Witwe und den Vormund). Wird im Verhältnis zu den Eltern oder dem Vormund je das Gericht angerufen?

Kommt Annahme an Kindesstatt (Adoption) zumal von armen Waisenkindern bloß zu dem Zwecke vor, um sich unentgeltlich eine Arbeitskraft (einen Dienstboten) zu verschaffen?

Wirtschaftet der Vater oder die Mutter bis zu ihrem Tode oder pflegen sie vor ihrem Tode das Vermögen den Kindern zu übergeben? Allen? Oder nur einem? Welchem? Geschieht das notariell, schriftlich oder formlos? Was wird da vom Vater und von der Mutter ausbedungen (allenfalls Abschriften der Verträge)? Werden diese Altenteilverträge bücherlich einverleibt a) zu Gunsten des Vaters und der Mutter, b) zu Gunsten der Kinder? Werden diese Altenteilverträge von den Kindern erfüllt? Werden sie gerne erfüllt?

III. Vermögensrecht

1. Bodenverfassung

Das beste wäre, von Haus zu Haus folgendes festzestellen:

Rechtsverhältnis an Haus und Garten (Eigentum, Miete, Bodenzinsrecht)? Acker (Eigentum, Pacht, dringliches Nutzenrecht)? Gestalt des Ackergrundes (Streubesitz, zusammenhängender Besitz)? Dazu gehörende Dienstbarkeiten (besonders Wege, Wasserleitungen usw.)? Wie verschafft sich der Grundbesitzer die Zugänge zu seinem Besitz (insbesondere bei Streubesitz)? Wie wird bei Streubesitz der Anbau geregelt, (Flurzwang)? (Es müssen da zwischen Nachbarn Übereinkommen getroffen werden, darüber was angebaut werden soll. Bei Streubesitz kann schon wegen der Brache und der Stoppelweide der Anbau nicht ganz willkürlich sein.)

(Gemeindebesitz wird besonders erhoben.)

2. Arbeitsverfassung

Arbeiten Frau und Kinder regelmäßig im Hause? Kommt es vor, daß verheiratete Kinder im Hause bleiben und zusammen arbeiten? Daß Brüder und Schwestern (verheiratete oder unverheiratete) bei dem Bruder bleiben und bei ihm arbeiten? Was bekommen die Familienangehörigen (Frau, Kinder, Brüder, Schwestern, Witwen), die im Hause arbeiten, außer Wohnung und Kost? Bekommen sie Kleidung oder Geldlohn? Gibt es in den Häusern Knechte und Mägde? Herrscht die Claca (Klaka) vor — (gegenseitige unentgeltliche Arbeitsleistung der Bauern)? Wie ist sie organisiert?

3. Vertragsrecht

Kauf unbeweglicher Sachen? Kommt mündlicher oder nicht eintragungsfähiger schriftlicher Kauf von Grundstücken vor? Welche Bedingungen? (Abschriften einiger Kaufverträge). Welche sind die regelmäßig beim Viehkauf getroffenen Vereinbarungen?

Dienstvertrag:

a) mit landwirtschaftlichen Dienstboten, regelmäßig dabei getroffene Vereinbarungen? (außer der Dienstbotenordnung),

b) mit Taglöhnern: Dauer des Tagewerkes, Arbeiten, die zu verrichten sind, Art der Entlohnung (Geld, Naturalien).

c) Welchen Inhalt hat der Vertrag mit dem Schafhirten? Mit dem Rinderhirten? Mit dem Feldhirten (Jitar).

Pachtvertrag:

Wie wird der Pachtvertrag abgeschlossen: mündlich, schriftlich, notariell und in welchen Fällen? Wer ist der Verpächter (der Großgrundbesitzer selbst oder sein Großpächter). Wer ist der Pächter? Bauern oder nur Häusler (die etwa nur ein Haus und einen Garten haben)? Oder ganz besitzlose Personen? Gegenstand des Pachtvertrages (Acker, Wiesen, Häuschen mit Garten und Ackerparzelle)? Inhalt des Pachtvertrages (allenfalls mit Abschriften von Urkunden).

Bei mündlichen Pachtverträgen:

Wann beginnt die Pacht; wie lange dauert sie (ein Jahr, länger)? Welche Rechte hat der Pächter? Kann er anbauen, was er will oder nur bestimmte Fruchtgattungen? Kann er, wenn er die Wiese abgemäht hat, die Ernte eingebracht, das Vieh auf die Weide treiben? Wann wird der Pachtzins gezahlt? In Raten? Auf einmal? Kann der Pächter die Ernte wegführen, bevor der Zins bezahlt ist? Wie hoch ist das Angeld? Wird der Pächter verpflichtet, außer dem Zins noch anderes zu leisten (Dienste in der Wirtschaft oder auf dem Felde des Verpächters)? Persönlich? Oder durch Frau und Kinder? Naturalien (Milch, Eier, Butter, Feldfrüchte)? Kommt die Colonia partiaria vor? (Pächter hat keinen Zins zu zahlen, aber einen Teil der Ernte abzuliefern.) Besteht die Verpflichtung des Pächters, das Feld zu düngen? Allgemein oder nur, wenn es ausdrücklich vereinbart ist? Kann der Pächter bei Mißernte Nachlaß des Zinses ansprechen? Was geschieht, wenn der Pächter das Grundstück nicht in Arbeit nimmt? Ist Afterpacht gestattet? Was geschieht, wenn der Verpächter seinen Besitz verkauft? Zumal wenn das Grundstück für mehrere Jahre verpachtet ist? Bricht Kauf Pacht? Muß der Käufer dem Pächter gestatten, das wenigstens, was er angebaut hat, zu ernten? Gilt die Sitte der Stoppelweide? Kann nach der Heumahd (bei Wiesenpacht) oder nach der Ernte jedermann im Dorf das Vieh auf die Weide treiben? Oder nur bestimmte Personen? Wie wird das verpachtete Grundstück bestimmt? Wird es dem Pächter von dem Verpächter gezeigt? Oder ausgemessen?

Gesellschaftsvertrag

Werden Gesellschaftsverträge abgeschlossen? Für welche Zwecke? Für gemeinsame Bewirtschaftung ihrer Grundstücke? Um gemeinsam Acker oder Waldunden zu pachten? Werden die gemeinsam gepachteten Äcker oder Waldungen von den Pächtern selbst bewirtschaftet oder in Afterpacht gegeben? Werden Gesellschaften für gemeinsamen Handel (mit Vieh, Obst, Früchten) abgeschlossen? Welche Personen (welchen Standes) sind die Gesellschafter? Welche Formen haben die Verträge? (Mündlich, schriftlich, notariell?) (Allenfalls einige Abschriften.) Welchen Inhalt haben die Verträge?

Kreditverträge:

Es wird anheimgestellt, die gebräuchlichsten Formen des Wuchers auf dem Lande zu schildern, neben dem Geldwucher ist jedoch auch der Wucher zwischen den Angehörigen anderer in der Bukowina wohnender Völkerschaften, der Waren- und der Arbeitswucher zu berücksichtigen.

Ferner ist der Inhalt einiger bücherlich einverleibter Schuldurkunden anzugeben, es sind auch andere Pfandverhältnisse zu beschreiben (Faustpfand, pactum antichreticum).

Erbrecht:

Wer verfaßt auf dem Lande die Testamente? Die Dorfschreiber? Der Pfarrer? Kommen mündliche rechtsgültige Testamente vor? Inhalt der Testamente und Erbverträge. (Allenfalls einige Abschriften.) Werden sie regelmäßig errichtet oder überwiegen die Todesfälle ohne letztwillige Erklärung? Werden alle Kinder gleichmäßig eingesetzt oder nur ein einziges Kind? Oder mehrere? Werden einzelne Kinder bevorzugt?

Welche? Die Söhne? Der älteste? Der jüngste Sohn? Die Söhne vor den Töchtern? Erhält nur ein Sohn die Wirtschaft und werden die andern abgefunden? Auf den Pflichtteil gesetzt? Erhalten die Töchter ihr Erbteil oder nur ihre Ausstattung? Wie wird es bei den Todesfällen ohne letztwillige Erklärung gehalten? Pflegen einzelne Kinder oder nur die Töchter auf ihr Erbteil allenfalls gegen eine billige Entschädigung zu verzichten? In welcher Weise setzen sich die Erben auseinander? Teilen sie den Grundbesitz in Natur? Oder übernimmt ihn ganz ein einzelner und findet die andern in Geld ab? Welcher ist der Übernehmer? Der älteste Sohn? Der jüngste Sohn? Die Witwe? (Allenfalls der Witwer?) (Antworten am besten auf Grund von gerichtlichen Verlassenschaftsakten.) Was bekommt der überlebende Gatte in den Testamenten und Erbverträgen? Welchen Inhalt haben die Testamente, wenn keine Leibeserben vorhanden sind?

Kommt es vor, daß die Brüder nach dem Tode des Vaters in Erbengemeinschaft verbleiben und zusammen wirtschaften? Auch nachdem sie geheiratet haben oder nur bis zur Heirat?

Rechtsschutz:

Gibt es Schiedsgerichte in der Gemeinde? Ständige oder nur für bestimmte Fälle? Von welcher Art sind die Streitigkeiten, die vor die Schiedsrichter kommen? Wer sind die Schiedsrichter (einer, mehrere, welchen Standes)? Wie ist das Verfahren? (Mündlich? Kommt auch etwas Schriftliches vor?) Werden Zeugen vernommen? Wie wird dabei vorgegangen? Werden gewisse Personen vom Zeugnis ausgeschlossen? Wie wird das Urteil gefällt? Wird das Urteil niedergeschrieben? Wird es immer von den Parteien angenommen oder kommt es vor, daß sich eine Partei gegen das Urteil sträubt? Wird ein solches Vorgehen allgemein mißbilligt? Kommen auch Schiedsgerichte nach den Vorschriften der Zivilprozeßordnung vor? Von welcher Art sind die Prozesse, die von den Bauern vor den Gerichten geführt werden?

Beispiele von Erhebungen

Der mündliche Pachtvertrag in Rosch (Vorstadt von Czernowitz)*

1. Pacht einer Heuwiese

Eine solche Wiese wird regelmäßig für einen Sommer gepachtet, und zwar bis zum Schneefall (St. Stefan). Der Pächter kann zuerst das Heu

* Erhoben von den Teilnehmern des Seminars unter Führung des Seminarleiters am 7. November 1909.

ernten und, wenn dann noch etwas nachwächst, auch sein Vieh auf die Weide treiben. Die mehrjärige Pacht kommt selten vor, und der Pachtzins ist da bedeutend niedriger, muß aber auf einmal bezahlt werden; dies erklärt sich daraus, daß sie in der Regel Folge einer Geldverlegenheit des Verpächters ist.

Der Abschluß des Vertrages geschieht mündlich, ohne Zeugen. Es wird stets Angeld gegeben, das etwa 5 % des Pachtzinses beträgt. Die Verpächter sind entweder Großgrundbesitzer oder Großbauern, die mindestens 20 Joch besitzen, die sie mangels Arbeitskräften nicht selbst bearbeiten können.

Die Pächter sind gewöhnlich Häusler, die einige Stück Vieh besitzen und die Wiese zum eigenen Gebrauche pachten; allerdings kommt es auch vor, daß sie das Heu verkaufen.

Es werden jedoch auch von wohlhabenden Bauern, die einander nahestehen (Verwandte, Verschwägerte) Pachtgesellschaften errichtet, die vom Großgrundbesitzer größere Wiesen pachten, die sie dann im Kleinen an Afterpächter austun. Das Angeld schießen sie zu kleinen Teilen zusammen und schließen dann mit dem Verpächter einen schriftlichen Vertrag.

Sie verpachten die Wiesen für eigene Rechnung und Gefahr weiter, wobei sie den Afterpachtzins nach der Qualität des ihm verpachteten Grundstücks bestimmen.

Der Reingewinn wird nach Ablauf des Jahres berechnet und verteilt. Der Pachtvertrag mit dem Großgrundbesitzer wird, wie bereits erwähnt, schriftlich, der mit dem Afterpächter mündlich abgeschlossen; ersterer erstreckt sich mitunter auf die Zeit von fünf bis zehn Jahren.

Streitigkeiten zwischen den Gesellschaftern, die zur gerichtlichen Austragung kämen, sind bis jetzt nicht vorgekommen, da sich nur Personen zusammenschließen, die zueinander ein besonderes Vertrauen haben.

Bei der kleinen Pacht wird gewöhnlich vereinbart, daß der Zins bis St. Maria, jedenfalls aber, wenn der Pächter das Heu einfext, bezahlt sein muß. Ist dies nicht der Fall, darf zwar der Pächter Heu mähen, er darf es aber so lange nicht wegführen, bis der Zins bezahlt ist.

Hier und da, besonders, wenn der Pächter ein vertrauenswürdiger Mann ist, wird verabredet, daß das Heu auch früher fortgeführt werden kann; jedoch muß letzterer dann für den Pachtzins einen Wechsel geben. Ist beiden Parteien das Grundstück bekannt, so kommt es nicht zu einer förmlichen Übergabe; im entgegengesetzten Falle begibt man sich zu dem Behufe an Ort und Stelle. Ist keine Aussicht auf eine zweite Mahd vorhanden, so besteht für die noch übrigbleibende Zeit eine Art Gemeinbrauch an der Weide. Allerdings könnte ihn der Pächter ausschließen; dies ist auch der Fall, wo Wiesen sich zwischen Äckern befinden. Bei Wiesen aber, die miteinander zusammenhängen, fehlt ihm die Möglichkeit, den Gemeingebrauch zu verhindern, und so besteht dann auch die Meinung, daß man nach dem 7. November (St. Demeter) sein Vieh überall weiden lassen könne.

Ist das Gros ungefähr um die Zeit des Petermarktes gemäht worden und wegen günstiger Witterung Aussicht auf eine zweite Mahd vorhanden, so sorgt der Pächter dafür, daß ihm auch das Recht auf diese gewahrt bleibe. Zu diesem Zwecke stellt er Zeichen auf, „Cinha" genannt; es sind dies Ruten, die mit einem Strohwisch versehen sind. Sie bedeuten, daß auf dieser Wiese nicht geweidet werden darf.

Wird aber zu unerlaubter Zeit geweidet, so kommt eine aus zwei Schätzleuten bestehende Kommission hinaus, um das festzustellen und abzuschätzen. Jeder Schätzmann bekommt 2 Kronen per Schätzung.

Auf die Weide kann jede Art Vieh, ohne Ausnahme, getrieben werden. Als stillschweigend vereinbart gilt es, daß der Pächter aus der Wiese auch das zur Herstellung des Heuschobers notwendige Gestrüpp gewinnen dürfe.

2. Pacht eines Ackergrundstücks

Die Verpächter sind vor allem sechs bis sieben Großbauern, Fruntas genannt, welche mangels eigener Arbeitskräfte ihren großen Besitz parzellenweise austun. (Ein Großbauer ist ein Bauer, der mindestens 10 bis 20 Falschen (20 bis 40 Joch) besitzt. Außerdem pachtet man auch von den Anteilsbesitzern und Großpächtern von Mihalcze.

Die Parzellen sind klein, nämlich fünf Praschinen bis zwei Falschen (1 Praschine = 129 qm). Die Pächter sind Häusler, welche außer ihrem Häuschen noch einige Praschinen Garten, aber keinen Acker haben. Gepachtet wird sowohl für die Wintersaat als auch für die Sommersaat. Bei der ersteren, welche bis zum 7. November (St. Demeter) dauert, genügt es, wenn ein ganz geringes Angeld gegeben wird, weil ja der Pächter ohnehin anbaut. Die Weiterbenutzung des Grundstücks nach Einfexung der Wintersaat ist ohne weiteres gestattet, wenn sie nicht ausgeschlossen wird. Der Pachtschilling wird in zwei Raten bezahlt, eine an St. Peter und Paul, die andere beim Einfexen. Hat der Pächter kein Geld, so tritt dasselbe ein, wie im gleichen Falle bei der Pachtung einer Heuwiese.

Bezüglich der Sommersaat wird regelmäßig vereinbart, welche Frucht und in welchem Umfange der Pächter anbauen darf.

Die Colonia partiaria kommt äußerst selten vor.

Das Grundstück wird in Gegenwart des Pächters von einem Meßkundigen nach Praschinen vermessen. Irgendwelche Haftung fürs Ausmaß wird nicht übernommen. Beträgt die Pachtzeit mehrere Jahre, so wird auch vereinbart, daß der Pächter das Feld düngen müsse.

Die Remissio mercedis des Bürgerlichen Gesetzbuches ist als Rechtsinstitut völlig unbekannt. Wenn der Verpächter in sehr schlechten Jahren einen kleinen Betrag vom Pachtzinse nachläßt, so wird das als eine große Gnade empfunden.

Das Angeld wird in den Pachtschilling eingerechnet. Wenn der Pächter trotz seiner Angabe das Feld nicht bearbeitet und der Verpächter sich genötigt sieht, das Feld einem andern zu verpachten, ist die Angabe verfallen.

Afterpacht gilt ohne weiteres als gestattet.

Stirbt der Pächter, so tritt die Frau an seine Stelle, bleiben aber nur minderjährige Kinder, der Vormund.

Der Kauf bricht nur insofern nicht die Miete, als der Pächter das, was er angebaut hat, noch einsammeln kann. Der Käufer ist aber nicht verpflichtet, dem Pächter noch weiter die Pacht auszuhalten, falls es sich um eine Pacht auf mehrere Jahre handelt.

Erhebungen betreffend die Art der Bewirtschaftung der Gemeindehutweide in Bossance*

I. Die Kultur des Hutweidekomplexes

Die Hutweide, die auf der südlichen Seite des Dorfes gelegen ist, umfaßt ungefähr 840 ha, hiervon ist ein Teil von ungefähr 200 ha geackert, während der Rest als Weide benutzt wird.

II. Die Art der Bewirtschaftung

Betreffend die Weide. Jede in der Gemeinde ansässige, Grund und Boden besitzende Person kann gegen die Entrichtung von 50 h (fünfzig Heller) für das Stück die Schafe durch Hirten hüten (weiden) lassen oder auch selbst weiden. Als in der Gemeinde wohnhaft wird nur angesehen, wer in der Gemeinde als solcher, nicht aber in dem ehemaligen Gutsgebiet ihren Wohnsitz hat. Die Bewohner der Attinenz

* (Vgl. dazu: *Dutczak*, Über die Berichtigung des Eigentumsblattes der Gemeinde- und Aequivalents-Alpen in der Bukowina (Czernowitz 1908)).

Bulaia, die zur politischen Gemeinde Bossance gehört, werden jedoch nicht als Inwohner von Bossance in dieser Hinsicht betrachtet. Diese letzteren Angaben werden jedoch von einigen, darunter dem Gutspächter, bezweifelt. Ein Fremder, sei er welcher Nationalität immer, kann dadurch, daß er Grund und Boden in der Gemeinde Bossance erwirbt und hier seinen Wohnsitz aufschlägt, das Weiderecht in obengeschildertem Sinn erwerben. Nicht nur auf der eigenen Wirtschaft gezeugte, sondern auch eigene zu diesem Zweck angekaufte Schafe können unter den geschilderten Bedingungen die Gemeindehutweide in Anspruch nehmen.

Für das Recht, zu weiden, wurden der Gemeinde, wie die Gewährsmänner angeben, zu Zeiten ihrer Väter 4 h gezahlt. Vorher soll die Weide ganz unentgeltlich gewesen sein. Allmählich wurde der Weidezins bis zu seiner jetzigen Höhe hinaufgeschraubt, und zwar durch Beschluß des Gemeindeausschusses. Der Pachtzins wird von den Benützern, wenn sie durch einen Schäfer weiden lassen, an diesen bezahlt. Der Schäfer aber ist der Gemeinde verpflichtet, sämtliche Weidezinse nach Maßgabe der Anzahl der Schafe spätestens bis zum St. Demetriustage (erster Schneefall) an die Gemeindekasse abzuführen und haftet auch für die Einbringlichkeit. Wird also der Zins nicht bezahlt, so wird nicht der Eigentümer der Schafe, sondern der Hirt von der Gemeinde beklagt; deshalb gibt der Schäfer die Schafe den Eigentümern nicht heraus, bevor diese den ganzen Weidezins zu seinen Händen erlegt haben. Falls der Eigentümer der Schafe die Hut selbst besorgt, so ist er auch verpflichtet, die Weidezinse unmittelbar an die Gemeindekasse abzuführen. Jedes Gemeindemitglied wird im eigenen Interesse eine unbefugte Benutzung der Hutweide durch Privatpersonen dem Gemeindevorstande anzeigen. Was den Hirten anbelangt, so ist er in der Regel ein minderbemitteltes Gemeindemitglied, der das Melken und Käsebereiten meistens in seiner Jugend als Hirtenjunge gelernt hat. Sein Entgelt besteht darin, daß er von den Eigentümern für ein Schaf 1 K sowie 2 kg Maismehl für die jährliche Weidezeit erhält; außerdem werden ihm die bei der Käsebereitung zurückbleibenden Salzreste für seine Mamaliga (Maisbrei) überlassen. Es kommt nicht selten vor, daß die Eigentümer mit der Art des Weidens und Melkens nicht zufrieden sind; dann wird im darauffolgenden Jahre kein Eigentümer seine Schafe einem solchen Schäfer zur Hut übergeben.

D i e S t e l l u n g d e s S c h ä f e r s gegenüber den einzelnen Schafeigentümern ist eine eigenartige. Er steht ihnen nämlich als eine Art Unternehmer gegenüber, indem er sich den Eigentümern verpflichtet, eine bestimmte Anzahl von Kilogramm Käse pro Schaf zu bieten und abzuliefern. Wenn nun infolge schlechter Witterungsverhältnisse die Schafe sehr bald die Milch verlieren, so ist der Schäfer nicht imstande, alle Ansprüche zu befriedigen. Er gibt den Käse also zunächst den reichen Bauern, die eine größere Zahl von Schafen weiden ließen, so daß die, die eine kleinere Zahl von Schafen zur Hut gegeben haben, überhaupt nicht dazu kommen, Käse zu erhalten. Dieser Ausfall wird dann nicht vom Hirten, sondern von den Eigentümern, die bereits Käse erhalten haben, verhältnismäßig ersetzt. Sie gewähren den Verkürzten eine Entschädigung in Geld. In der Gemeide Bossance gibt es beiläufig 10 Sennhütten und 29 Schafherden. Es werden die Böcke, Schöpsen, einjährigen und zweijährigen Schafe sowie die Melkschafe gesondert geweidet. In der Gemeinde Bossance gehören etwa 4000 Schafe den kleineren Landwirten.

Bebauung der Hutweide. Seit ungefähr 18 Jahren wird die Hutweide zum Teil gepflügt und als Ackerfurche verwendet. Diese wird an Gemeindemitglieder in kleinen Losen von 20 Praschinen bis zu einer Falsche verpachtet. Die Erträgnisse fließen der Gemeindekasse zu. Als Pächter werden nur die oben als weideberechtigt Genannten zugelassen. Der auf diese Weise bewirtschaftete Hutweideteil beträgt gegen 240 Falschen. Der Pachtzins stellt sich je nach der Güte des Bodens auf 64 bis 108 K.

Ein Teil des Ertrages der in dieser Weise benutzten Hutweide (etwa 100 Falschen) ist dazu bestimmt, die Kosten einer vor ungefähr fünf Jahren erbauten gr.-or. Kirche zu bestreiten, und zwar in der Weise, daß ein zu diesem Zweck aufgenommenes Darlehn dadurch getilgt wird.

Alle Verfügungen bezüglich der Bewirtschaftung der Gemeindehutweide gehen vom Gemeindeausschuß aus. Ein besonderes Wirtschaftsorgan ist hierzu jedoch nicht bestellt. Die Summe der von der Gemeinde beeinnahmten Schafweidezinse beläuft sich auf etwa 2000 K im Jahre; außerdem fließen der Gemeinde an Weidezins für Rinder und andere Tiere gegen 1500 K ein. Rinder werden von Hirten gehütet, die von der Gemeinde hierzu angestellt und bezahlt sind.

Der Gesamtertrag, der außer der Hutweide von der Gemeinde beeinnahmt wird, beläuft sich auf etwa 21 000 K. Die Hutweide könnte jedoch bedeutend mehr tragen. Der gegenwärtige Gutspächter hat der Gemeinde einen Jahrespachtschilling von 42 000 K angeboten und sich überdies bereit erklärt, für die Tiere der Gemeindemitglieder eine entsprechende Weide gegen den halben Preis für das Hektar beizustellen.

Gutachten über die Frage:

Was kann geschehen, um bei der Ausbildung (vor oder nach Abschluß des Universitätsstudiums) das Verständnis des Juristen für psychologische, wirtschaftliche und soziologische Fragen in erhöhtem Maße zu fördern?*

Die Frage, die mir vom Juristentag vorgelegt wird, beschäftigt mich seit Beginn meiner akademischen Laufbahn, also seit nunmehr fast achtzehn Jahren. Die Ergebnisse, zu denen ich gelangt bin, sind zum Teil in einem im XXXV. Bd. des Schmollerschen Jahrbuchs veröffentlichten Aufsatze enthalten; er wird ergänzt durch einen Bericht über mein Seminar für lebendes Recht, der demnächst in der Zeitschrift „Wirtschaft und Recht" erscheinen dürfte. An diese beiden Arbeiten werde ich in der Folge anknüpfen. In der Hauptsache will ich hier aber das darstellen, was ich in meinen Vorlesungen und in meinem Seminar schon seit Jahren tatsächlich übe.

Die Frage, wie das Verständnis des Juristen für psychologische, wirtschaftliche und soziologische Fragen gefördert werden könnte, enthält, so wie sie gestellt ist, bereits bis zu einem gewissen Grade die Antwort. Es müßte für Vorlesungen volkswirtschaftlichen, soziologischen und psychologischen Inhalts an den juristischen Fakultäten Raum geschaffen werden. In Österreich und an einigen reichsdeutschen Fakultäten wird ohnehin Volkswirtschaftslehre seit langer Zeit schon an der juristischen (rechts- und staatswissenschaftlichen) Fakultät gelesen, und diese Einrichtung scheint sich vortrefflich zu bewähren. Dasselbe gilt von der Statistik, die ja immer mehr wissenschaftlich ausgestaltet wird: in ihrer heutigen Form ersetzt sie, allerdings nur auf einem sehr engen Gebiete, die noch immer nicht ganz anerkannte Soziologie. Nur über die

---

* Bei der Verfassung dieses Gutachtens war ich in der eigentümlichen Lage, zum größten Teile nicht ein Programm für die Zukunft zu geben, sondern darüber zu berichten, was ich, vielfach seit Beginn meiner akademischen Lehrtätigkeit, tatsächlich übe. Erfahrungen sind gewiß viel wichtiger als Absichten; aber es kam dadurch ein eigenartiger, selbstgefälliger Zug in die Sache, der niemand unangenehmer sein kann, als mir selbst. Ich bitte den Leser mir das nicht zu verübeln. Über die Leistung selbst denke ich deswegen nicht unbescheiden, weil ich mich veranlaßt sehe, sie zu beschreiben: Die Frage der Neuordnung des juristischen Unterrichts scheint mir eine so große, daß jeder Beitrag zu ihrer Lösung von Wert sein kann.

Psychologie könnte man Zweifel haben, da sie doch an der philosophischen Fakultät ihren altererbten Sitz hat. Aber wenigstens für die Sozialpsychologie ließe sich das behaupten. Jedenfalls wären psychologische Vorlesungen für Juristen sehr empfehlenswert, zumal sich in der letzten Zeit einige Gebiete der Psychologie, die mit der Rechtspflege innig zusammenhängen (forensische Psychologie), einer besonderen Pflege erfreuen.

Damit wäre jedoch noch recht wenig erreicht. Vielmehr muß die Forderung erhoben werden, daß die Rechtswissenschaft selbst psychologisch, soziologisch, volkswirtschaftlich werde. Der wissenschaftliche Unterricht kann unmöglich mehr bieten als nach dem Stande der Wissenschaft geboten werden kann, und wenn man mit vollem Recht mit dem juristischen Unterrichte nicht zufrieden ist, so trifft die Schuld vor allem die Wissenschaft, deren Ergebnisse erst der Unterricht zu vermitteln hat. Der Gegenstand der rechtswissenschaftlichen dogmatischen (nicht historischen), Forschung war bisher fast ausschließlich das Gesetz. In alle Winkel des Gesetzesinhalts hineinzuleuchten, den, allerdings meist fiktiven „Willen des Gesetzgebers“ restlos darzulegen, zu zeigen, wie alles im Gesetze bereits entschieden ist, und wie das, was darin trotz alledem nicht entschieden ist, dennoch nach dem Gesetze entschieden werden muß, dazu allenfalls noch etwas Systematik, Rechtsprechung und Literatur: darin sieht der Rechtsforscher seine Aufgabe heutzutage beschlossen. So ist denn die Rechtswissenschaft gegenwärtig eigentlich nichts anderes, und will auch nichts anderes sein, als eine besonders eindringliche und erschöpfende Publikation des Gesetzes. Es scheint mir sehr zweifelhaft, wie ein Rechtsunterricht, der eine solche Rechtswissenschaft zur alleinigen Grundlage hat, das Verständnis des Juristen für psychologische, wirtschaftliche und soziologische Fragen zu fördern vermöchte [1]. Daß das Gesetz noch nicht das ganze Recht ist, das dürfte ja heutzutage bereits ein Gemeinplatz sein.

Der Gedanke einer soziologischen Rechtswissenschaft ist gewiß nicht neu. Im Grunde genommen strebte schon Montesquieu danach und er was keineswegs der erste. Auch den großen Begründern der historischen Juristenschule, Savigny und Puchta, schwebte er vor. Mit dürren Worten haben sie allerdings davon nicht gesprochen, sie haben ja als Zeitgenossen Auguste Comtes und wenig jünger als Adam Smith zur Volkswirtschaftslehre und Soziologie, die fast vor ihren Augen entstanden, noch nicht das richtige Verhältnis gewonnen. Aber das, was sie unter Rechtsgeschichte verstanden, war doch nicht sehr verschieden davon,

---

[1] Etwas besser ist es wohl im Staatsrecht und Strafrecht. Gerade diese Gebiete liegen mir ferner. Ich habe hier hauptsächlich Privatrecht und Prozeß im Auge.

was wir heute als Soziologie bezeichnen würden. Nimmt man als Soziologie — was gewiß berechtigt ist — die zusammenfassende Bezeichnung aller Zweige der theoretischen Gesellschaftswissenschaft, dann sind Geschichte und Soziologie komplementäre Wissenschaften: sie betrachten dieselben Tatsachen in einem anderen Zusammenhange. Es gibt keine Tatsache, die nicht zugleich geschichtlich und soziologisch erforscht und dargestellt werden sollte.

In der Tat, nur eine Reihe widriger Zufälle hat es verhindert, daß von der historischen Juristenschule nicht eine soziologische Behandlung des Rechts ausgegangen ist. In England hat Blackstone schon im XVIII. Jahrhundert eine Gesamtdarstellung des geltenden Rechts auf historischer Grundlage geschaffen, die, mit dem Maßstabe ihrer Zeit gemessen, bereits als soziologisch betrachtet werden kann. In Deutschland war das durch die Rezeption unmöglich gemacht. Eine soziologische Darstellung des geltenden Rechts auf historischer Grundlage, das bedeutet eine Darstellung des Rechts im gesellschaftlichen Zusammenhange, wie er sich aus der historischen Entwicklung der Gesellschaft ergibt. Blackstone hatte es verhältnismäßig leicht, er hatte es mit einem Recht und einer Gesellschaft zu tun, deren Entwicklung seit vielen Jahrhunderten ununterbrochen organisch mit einander zusammenhing. In Deutschland war die Aufgabe eine doppelte. Es war zunächst zu zeigen, wie das römische Recht aus dem Zusammenhange der römischen Gesellschaft herauswuchs, dann aber, wie die Gesellschaft Deutschlands mit dem ihr aufgepfropften fremden Rechte zusammenwuchs und es zu einem eigenartigen Gebilde ausgestaltete. Keine der beiden Aufgaben vermochten die Rechtshistoriker zu lösen. Die Romanisten konnten den Zusammenhang des römischen Rechts mit der römischen Gesellschaft schon deswegen nicht begreifen, weil ihnen Roms wirtschaftliche und gesellschaftliche Verfassung schon wegen des Mangels an Quellen ein Geheimnis war: ist sie es ja zum größten Teile auch uns noch geblieben. Und die Germanisten wandten ihre Aufmerksamkeit fast ausschließlich dem deutschen Mittelalter zu, gerade die letzten drei Jahrhunderte, die für eine soziologische Auffassung des geltenden Rechts auf historischer Grundlage ausschlaggebend gewesen wären, kaum eines Blickes würdigend. Der Erfolg ist bekannt. Das, was die Rechtshistoriker Rechtsgeschichte nannten, das waren in Wirklichkeit Rechtsaltertümer, Dogmengeschichte, Quellengeschichte: gewiß sehr wertvolle Sachen, aber den Dienst, den eine wirkliche Rechtsgeschichte der Rechtswissenschaft hätte leisten sollen, konnten sie ihr selbstverständlich nicht leisten. Eine wirkliche zusammenfassende Rechtsgeschichte Deutschlands, eine Geschichte der Rechtseinrichtungen, ist in der Tat auch jetzt noch nur für das deutsche Mittelalter, dank den Bemühungen der Germanisten, möglich. So schwebte die dogmatische Jurisprudenz der historischen

Schule ganz in der Luft; aus der geschichtlichen und wirtschaftlichen Betrachtung der Gesellschaft ganz herausgerissen, wurde sie schon bei Savigny und Puchta überwiegend dialektisch, in der Folge so ungeschichtlich und unsoziologisch als sie es je zuvor gewesen ist.

Rechtsgeschichte, die im wesentlichen nur Rechtsaltertümer, Dogmengeschichte und Quellengeschichte bringt, ist vor allem wichtig für den gelehrten Rechtsforscher. Ihr Wert für den studierenden Juristen soll nicht unbedingt bestritten werden, es ist aber doch kaum ein anderer als der allgemeine Bildungswert. Dagegen wäre eine Geschichte, die das Recht im Zusammenhange der gesellschaftlichen Entwicklung darstellen würde, allerdings in hohem Maße berufen, beim Juristen Verständnis für sozial-psychologische, wirtschaftliche und soziologische Fragen zu wecken. Allerdings versagen hier in vieler Beziehung die Ergebnisse der Forschung: immerhin wäre schon heute möglich mehr zu bieten, als es in der Regel geschieht. Da ich ein geschichtliches Fach, römisches Recht, zu lesen habe, so habe ich von Anfang an mein Auge darauf gerichtet, so wenig Rechtsaltertümer und so viel Rechtsgeschichte vorzutragen, als es der heutige Stand der Wissenschaft nur irgendwie gestattet .Ohne einige gewagte Vermutungen und Annahmen geht es dabei selbstverständlich nicht ab, aber schließlich muß jede Geschichte sich damit behelfen. Es ist mir gewiß im höchsten Grade unangenehm, meine Vorlesungen gewissermaßen als Muster hinzustellen, aber ich wüßte nicht, wie ich die mir gestellte Frage beantworten könnte, ohne es wenigstens andeutungsweise zu sagen, wie ich es mache. Die Sache wird mir dadurch erleichtert, da ich ein kleines Stück meiner rechtsgeschichtlichen Vorlesung schon vor mehreren Jahren veröffentlicht habe. *(Die Rechtsfähigkeit,* in der Sammlung: *Das Recht,* herausgegeben von Dr. Franz Kobler, Bd. I. Berlin, bei Puttkammer & Mühlbrecht 1909.) Auf diese kleine aus meiner Vorlesung hervorgegangene Schrift erlaube ich mir hiermit zu verweisen und bemerke ergänzend folgendes:

Ich fange damit an, daß ich möglichst eingehend das Haus und den extensiven Wirtschaftsbetrieb des römischen Vollhufners schildere, der nach meiner Ansicht zu Beginn der beglaubigten Rechtsüberlieferung den Grundstock der römischen Bürgerschaft bildete. Wie überall bei überwiegender bäuerlicher Wirtschaftsverfassung werden die Arbeitskräfte hauptsächlich von der eigenen Familie gestellt. Daher das Bestreben, die Stellung des Hausvorstandes (pater familias) zu kräftigen, und die Familie nach Möglichkeit im Hause zusammenzuhalten. Das geht in Rom so weit, daß, so lange der Erzeuger lebt, selbst dessen verheiratete Söhne mit ihrer ganzen Nachkommenschaft in seinem Hause oder dem Hause seines Gewalthabers verbleiben: eine Eigentümlichkeit der römischen gesellschaftlichen Verfassung, die sich in dieser scharfen Ausprägung nicht leicht anderwärts findet. Dabei herrscht geschlossene

Hauswirtschaft vor, deren wirtschaftliche Eigenart wieder eingehend geschildert wird: das Haus verzehrt, was das Haus erzeugt, es wird selten etwas verkauft, sehr wenig gekauft, so daß es auch nicht viel Gelegenheit zu Vertragsschlüssen gibt. Auch sonst spielen Rechtsgeschäfte und Rechtsstreitigkeiten keine große Rolle. Es ist daher leicht begreiflich, daß den seltenen Verträgen und Rechtsstreitigkeiten, die trotzdem vorkommen, eine große Bedeutung beigemessen wird, und daß der Hausvorstand sich nach Möglichkeit selbst alles vorbehält. Er allein ist verfügungsberechtigt; daß auch die Hausangehörigen über das Hausvermögen verfügen oder Prozesse führen könnten, danach besteht bei geschlossener Hauswirtschaft gar kein Bedürfnis. Die ursprüngliche römische Gesellschaftsordnung beruht also auf der Hausgemeinschaft unter der festen Führung des Hausvorstandes. Das Vermögen wird eigentlich von den Hausgenossen gemeinsam besessen und verwaltet, ihnen kommt auch ausschließlich der Ertrag zugute. Nach außen wird das Haus jedoch nur vom Hausvorstand vertreten, der die Verträge abschließt und Prozesse führt: daher fassen ihn die römischen Juristen, denen es selbstverständlich in der Hauptsache um die Vertretung nach außen, nicht um das innere Verhältnis zu tun ist, als den Alleineigentümer des Vermögens auf, nicht ohne, wo es darauf ankommt, die dahinter steckende Vermögensgemeinschaft der Hausgenossen nachdrücklich hervorzuheben. Stirbt der Hausvorstand, so bleiben die Hausgenossen auf der Hinterlassenschaft sitzen und bilden zunächst eine Brüdergemeinschaft, die oft erst viel später aufgeteilt wird (actio familiae herciscundae, Suitätserbrecht). Der Anteil eines ohne Nachkommen verstorbenen Genossen in der Brüdergemeinschaft verbleibt den überlebenden Gemeinern. Das führt zum agnatischen Erbrecht, das in diesem Zusammenhange dargestellt wird: Wenn in der Folge die Gemeinschaft aufgeteilt wird, so fällt doch sein Nachlaß denselben Personen, die mit ihm einst in Gemeinschaft gelebt haben oder den Nachkommen der einstigen Gemeiner zu, selbst wenn die Teilung schon viele Geschlechter zuvor vorgenommen worden wäre.

Dann wird gezeigt, wie diese Ordnung ausschließlich dem bäuerlichen Bedürfnis angepaßt war. Die Stellung des filius familias war deswegen der des Sklaven ähnlich, weil er in der bäuerlichen Wirtschaft ebenso wie der Sklave, hauptsächlich manuelle Arbeitskraft war. Sollte in städtischen Verhältnissen der erwachsene Haussohn ebenfalls nur als manueller Arbeiter gelten, so hieße das, die höhere Eignung eines erwachsenen Mannes, der vielleicht einen guten Geschäftsleiter oder selbständigen Geschäftsmann abgeben könnte, ganz brach liegen lassen. Das ging schon beim Sklaven nicht an, geschweige denn bei freien Familienangehörigen. Der Haussohn als Geschäftsmann braucht aber Kredit, Kredit ist ohne Unterlage der Vermögenshaftung ausgeschlossen. Und nun wird ausgeführt, wie der Prätor das peculium, dessen Ursprung in der Naturalwirtschaft zu suchen ist, in der späteren republikanischen Zeit als Sondervermögen der Hausangehörigen behandelt, um darauf dessen Kreditfähigkeit aufzubauen. Damit ist der wirtschaftliche Grundgedanke der actiones adjectitiae qualitatis aufgedeckt.

Die Rechtsfähigkeit bedeutet daher nicht, wie gewöhnlich gelehrt wird, die Eigenschaft einer Person, sondern die Stellung einer Person in der urwüchsigen Familiengemeinschaft. Mit dem Zerfalle der alten Vermögensgemeinschaften sind die Abstufungen in der Rechtsfähigkeit im alten Sinne, bis auf geringe Reste im Familienrecht, verschwunden. Es entsteht die gleiche individuelle Rechtsfähigkeit des modernen Rechts. Wie ich diese weltgeschichtliche Entwicklung in meinen Vorlesungen behandle, ist aus dem IV. Abschnitt meines bereits erwähnten Büchleins zu entnehmen. (S. 51 f.: *Die Zersetzung der alten Ordnungen.)*

Dasselbe Ziel, das sozialpsychologische, wirtschaftliche und soziologische Verständnis des Juristen zu fördern, wird von mir auch in meinen dogmatischen Vorlesungen angestrebt. Sie sind zum Teil in meiner Schrift: Das zwingende und nichtzwingende Recht im Bürgerlichen Gesetzbuch für das Deutsche Reich (in Otto Fischers Abhandlungen zum Privatrecht und Zivilprozeß des Deutschen Reiches, Jena 1899) verwertet, auf die ich verweise; bin ich doch über das, was ich damals geschrieben habe, seither hinausgekommen. Es möge mir gestattet sein, aus meinem Vortrage über einen anscheinend so trockenen Gegenstand, wie es die Lehre von den Sachen und Sachbestandteilen ist, einiges anzuführen.

Ich gehe von einem großen Landgut aus, und versuche es, das Getriebe auf einem solchen möglichst anschaulich zu schildern. Ein Landgut besteht aus tausenden beweglichen und unbeweglichen Gegenständen, von denen jedes juristisch eine besondere Sache ist, an der selbständig Eigentum, Pfandrecht und andere dringliche Rechte begründet werden können. Und doch bilden alle diese tausende von Sachen eine einzige, ein Ganzes, einen Organismus. Sie sind nicht willkürlich aneinandergereiht, sondern ineinandergepaßt, sie dienen einander gegenseitig und dienen alle zusammen einem gemeinsamen wirtschaftlichen Zweck. Die Summe ihres Verkaufswerts erreicht lange noch nicht den Verkaufswert des Ganzen, denn auch der Nutzwert jedes Einzelnen ist bei weitem nicht so groß wie der Nutzwert, den sie im Organismus des Landgutes hat. Wollte man das Gut, nachdem man die zu ihm gehörenden Sachen verkauft hat, wieder auf die Höhe bringen, so müßte man viel mehr ausgeben, als man für den Verkauf eingenommen hatte, ganz abgesehen von der großen Arbeit des Einkaufens, Zusammenfügens, Zusammenpassens, die damit verbunden wäre. Und nun wird dem jungen Juristen die ganze Lehre von Sachgesamtheiten, Sachinbegriffen, Sachbestandteilen und Zubehör mit einem Schlage klar. Man weiß jetzt, warum das Eigentum und das Pfandrecht an einer unbeweglichen Sache auch das Zubehör ergreift. Man versteht es sofort, warum das Veräußerungsrecht des Eigentümers in betreff des Zubehörs des mit einer Hypothek belasteten Gutes einigermaßen beschränkt ist: würde man ihm schrankenlos gestatten, das Gut vom Inventar, den Gerätschaften, dem Saatkorn, dem Dünger zu entblößen (kalt abbrennen!), so würden nicht bloß seine Gläubiger geschädigt werden; es drohten auch der Volkswirtschaft große Gefahren. Man weiß jetzt, warum bei erbrechtlichen Vermögensauseinandersetzungen, bei Trennung der ehelichen Gütergemeinschaft, des Allods vom Fideikommiß, auf den wirtschaftlichen Zusammenhang der einzelnen Gegenstände zu achten ist, warum das Inventar des fideikommissarischen Grundstücks, selbst wenn es aus dem Allodvermögen angeschafft wurde, beim Fideikommis bleibt. Und der juristische Ausdruck für alle diese volkswirtschaftlichen Wahrheiten ist die Lehre von den Sachen, den Sachgesamtheiten, den Bestandteilen und dem Zubehör.

Nun dürfte es klar sein, was nottut. Es handelt sich in der Tat um eine Umkehr der Wissenschaft. Es liegt eine ungeheure Aufgabe vor uns, die allerdings die Kraft eines Einzelnen weitaus übersteigt: denn es soll ja alles umgedacht werden. Aber diese Arbeit wird getan werden müssen und sie wird noch zahllose Juristengeschlechter beschäftigen. Damit ist noch sehr wenig erreicht, daß der Jurist ein volkswirtschaftliches Kolleg besucht und ein volkswirtschaftliches Kompendium durchgeblättert hat. Der Jurist der Zukunft wird die Soziologie und Volkswirtschaftlehre — nach meiner Ansicht ist die Volkswirtschaftslehre ein Zweig der Soziologie, und zwar der einzige, der gegenwärtig bereits eine hohe Entwicklung erreicht hat — als seine eigene Wissenschaft beherrschen müssen. Der Jurist der Zukunft wird in demselben Sinne Soziologe und Volkswirt sein müssen, wie der wissenschaftlich gebildete Arzt der Gegenwart Anatom und Physiologe, der moderne Techniker Physiker sein muß. Er wird, wenn er sich etwa der wissenschaftlichen Laufbahn zuwendet, der Wirtschaftswissenschaft und der Soziologie ebenso sehr seinen Fleiß zuwenden, wie der Rechtswissenschaft, er wird die Hauptwerke der Klassiker und die wichtigsten Schriften der Modernen gelesen haben; er wird, wenn er auf einem besonderen Gebiete arbeitet, nicht nur das juristische, sondern auch das soziologische und volkswirtschaftliche Schrifttum dieses Gebietes durcharbeiten. Und er wird das nicht zu bereuen haben. Ich darf es dankbar bekennen, daß ich noch nie ein bedeutendes volkswirtschaftliches Werk gelesen habe, ohne auch als Jurist unschätzbare Einblicke gewonnen zu haben. Als ich vor mehreren Jahren über den landwirtschaftlichen Pachtvertrag zu arbeiten begann, da fand ich im juristischen Schrifttum kaum etwas Brauchbares, unendlich viel Wertvolles dagegen in den allerdings zum Teile sehr schwer erreichbaren und verstreuten landwirtschaftlichen Arbeiten. Über die Natur und die Grenzen der Gesetzgebung, über die Wirkungen der Gesetze geben die französischen Physiokraten und die englischen Klassiker großartige Ausführungen, die leider gänzlich vergessen sind: wieviel unnütze und verderbliche gesetzgeberische Experimente wären uns erspart geblieben, wenn wir sie gekannt und beherzigt hätten? Die kleine Schrift v. Böhm-Bawerks: *Rechte und Verhältnisse vom Standpunkte der volkswirtschaftlichen Güterlehre,* halte ich für das Elementarbuch des volkswirtschaftlichen Denkens für Juristen.

Nun soll die Frage noch von einer anderen Seite aufgegriffen werden. Das Recht ist — das wird wohl von keinem einsichtigen Juristen mehr bezweifelt — nicht bloß Grundlage für die Entscheidung streitiger Rechtsfälle, es ist in Wirklichkeit die politische, gesellschaftliche und wirtschaftliche Organisation der Menschheit. Eine Rechtswissenschaft, die ihrer Aufgabe vollständig gewachsen wäre, müßte daher ihren Gegenstand, das Recht, so behandeln, daß dabei nicht bloß die Regeln, nach denen die Rechtsstreitigkeiten entschieden werden, dargestellt werden, sie müßte bestrebt sein, ein Bild der politischen, gesellschaftlichen und wirtschaftlichen Organisation der Menschheit zu geben. Das tut in der Tat die Rechtsgeschichte, wenigstens die germanistische, für das deutsche Mittelalter. Für die Gegenwart entspricht dieser Forderung wohl einigermaßen die allgemeine Staatslehre, in bezug auf die politische Organisation: etwas weiter gehen darin die Engländer, die in ihren staatswissenschaftlichen Werken häufig auch das politische Parteiwesen, den Einfluß der politischen und nationalen Strömungen und der Presse, der gesellschaftlichen Schichtung, der anthropologischen und ethnischen Zusammensetzung des Staatsvolkes, die tatsächlichen Wirkungen der Verfassung (how it works) behandeln. Bescheidene Ansätze zu solchen Untersuchungen finden sich auf dem Festlande wohl in der Handelsrechtswissenschaft, dagegen ist davon auf anderen Rechtsgebieten kaum die Rede. Daraus, daß der Inhalt der Gesetze möglichst restlos dargelegt wird, erfahren wir selbstverständlich über die politische, gesellschaftliche und wirtschaftliche Organisation nur sehr wenig. Ich muß es mir jedoch versagen, auf diese Fragen an dieser Stelle einzugehen, da es sich dabei um Forschungsmethode, nicht um den Unterricht handelt, und ich mich damit ohnehin in einem in Vorbereitung begriffenen Werke ausführlich beschäftige, das hoffentlich demnächst erscheinen wird.

Der wichtigste Mangel des juristischen Unterrichts liegt jedoch in der Einseitigkeit seiner Ziele. Jeder Unterricht verfolgt vor allem den Zweck, dem Lernenden vom *eigenen* Wissen und Können des Lehrers das Geeignete beizubringen. Jeder Unterricht muß aber über dieses sehr bescheidene nächste Ziel hinausstreben: er soll im Lernenden die Fähigkeit wecken, die Dinge mit eigenen Augen, nicht mit denen des Lehrers, anzuschauen, in jeder Lage selbständig, nicht bloß nach fremder Weisung, Mittel und Wege zu suchen, um ihr vollständig gerecht werden zu können. Es scheint mir zweifellos, daß der gegenwärtige juristische Unterricht diese zweite Aufgabe nur in höchst unvollkommenem Maße erfüllt. Es ist fast ausschließlich nur auf eine Mitteilung des Wissens, nicht auf eine Erziehung von Fähigkeiten gerichtet.

Allerdings trifft dabei die Schuld nicht die Universität allein; sie erhält von der Mittelschule ein dafür ganz ungenügend vorbereitetes Material. Latein, Griechisch, Geschichte, Literatur, Mathematik: daraus lernt der Mittelschüler nur mit Büchern umzugehen, nicht mit Dingen und Menschen. Auch die Naturwissenschaften schaffen keine Abhilfe: die vorgewiesenen Pflanzen, Tiere, Experimente sollen nur das bewähren, was in den Büchern steht. Aber kein einziger moderner Hochschulunterricht baut so unentwegt auf dieser mangelhaften Grundlage fort, wie der juristische. Sein Material sind fast ausschließlich Gesetze, Motive, Literatur, in neuester Zeit wohl auch Papyri. Die Sache wird dadurch nicht viel besser, daß man dem Rechtsbeflissenen hie und da einige Aktenfaszikel in die Hand drückt, denn auch darin findet er nur Schreibwerk, keine unmittelbare Anschauung vom Leben. Die Prüfungen sollen nur erproben, ob sich der Prüfling ein gewisses Maß von Bücherweisheit angeeignet hat, und wenn in den Seminarien Aufgaben behandelt werden, die aus dem Leben gegriffen sind, so gibt es für deren Lösung doch keine andere Grundlage, als was in Papier und Druckerschwärze überliefert ist.

Schon an dieser Stelle soll es hervorgehoben werden, daß nach meiner Überzeugung dem Übelstande damit nicht abgeholfen wird, daß für den Unterricht in größerem Umfange streitige Rechtsfälle, Erkenntnisse der Gerichte und anderer Behörden verwertet werden. Unser Leben spielt sich glücklicherweise zum größten Teil noch immer nicht vor den Behörden ab, und die Streitfälle bieten vom gewöhnlichen, normalen Flusse des Lebens nur einen winzigen, verzerrten und verzogenen Ausschnitt dar. Es muß entschieden dem Wahne entgegengetreten werden, das Recht sei nur dazu da, damit darnach Rechtsstreitigkeiten entschieden werden, und vom Leben interessiere den Juristen nur das, was davon vor die Gerichte kommt. Gewiß gewährt die Betrachtung des Rechtsstreits so manchen wertvollen Einblick: aber sie setzt bereits das Verständnis für den ruhigen geordneten Gang des Lebens voraus. Auf dieses sollte der Jurist vor allem gelenkt werden. Nur der wird ein krankes Organ zu behandeln wissen, wer das Funktionieren des gesunden Organismus begreift. Nicht einmal das ist ja heute mehr richtig, daß der praktische Jurist hauptsächlich mit der Entscheidung von Rechtsstreitigkeiten oder von Rechtsfällen, die vor die Behörden kommen, zu tun hat. Das wirtschaftliche und politische Getriebe unserer Zeit beruft ihn in immer steigendem Maße zu großen organisatorischen und gesetzgeberischen Arbeiten, und der juristische Unterricht würde seine Aufgabe arg verkennen, wenn er sich dagegen sträuben würde, dieser gesunden Entwicklung zu folgen.

Es wird gewiß noch vieler angestrengter Arbeit bedürfen, bis wir imstande sein werden, die ganze Rechtswissenschaft auf sozialpsychologischer, soziologischer und wirtschaftswissenschaftlicher Grundlage neu aufzubauen, und soweit das noch nicht geschehen ist, können wir dem Studierenden keine andere Rechtswissenschaft geben als die heutige, wesentlich dialektische. Aber in der Gegenwart können wir ihn für die großen Aufgaben der Zukunft wenigstens vorbereiten. Aus solchen Erwägungen ist mein Seminar für lebendes Recht hervorgegangen, das ich bereits seit dem Wintersemester 1908/09 an der rechts- und staatswissenschaftlichen Fakultät Czernowitz leite.

Daß der Jurist das Leben kennen soll, das ist gewiß eine Binsenwahr heit. Weniger klar ist man sich darüber, daß der Satz heute eine ganz andere Bedeutung hat, als etwa im alten Rom oder auch bei uns noch vor fünfzig Jahren. Damals waren die Verhältnisse selbst in einem großen Reiche so einfach und so durchsichtig, daß ein Mann, der mitten im Leben stand, sich im allgemeinen mit der Kenntnis des Lebens begnügen konnte, die ihm der Tag zutrug. Das war Ulpians divinarum atque humanarum rerum notitia. Kam er in eine andere Gegend, so konnte er sich in verhältnismäßig kurzer Zeit über das, was ihm jetzt neu war, unterrichten. Das alles hat sich in den letzten Jahrzehnten gründlich geändert. Der Gegensatz zwischen Staat und Land ist so gewachsen, daß kein Stadtkind vom Landleben und der Landwirtschaft etwas versteht. Handel und Wandel sind so ungeheuer verwickelt, zusammengesetzt, beziehungsreich geworden, daß jeder Geschäftszweig ein jahrelanges Studium erfordert. Unsere Väter brauchten, um als praktische Juristen den Ansprüchen, den ihr Beruf an sie stellte, zu entsprechen, in der Tat nicht viel mehr, als das Getriebe von einer Straßenecke aus zu beobachten: in schwierigen Fällen konnte man Erkundigungen einziehen, schlimmstenfalls Sachverständige berufen. Heute ist Handel, Industrie, Landwirtschaft, Gewerbe, Kunst, Gegenstand einer Wissenschaft; um die Fäden wenigstens so weit zu übersehen, als es für den Juristen unbedingt notwendig ist, dazu gehören jetzt unbedingt gewisse Fachkenntnisse. Aber diese ungeheure Entwicklung ist an der Jurisprudenz spurlos vorbeigegangen, sie steht dem Erwerbsleben heute noch so fremd gegenüber wie vor hundert Jahren; und eine Urkunde, die aus tausendjährigem Schutte ausgegraben worden ist, erweckt beim Juristen viel größeres Interesse, als eine, die gestern die Amtsstube eines Anwalts verlassen hat. Und wenn Handel, Industrie, Landwirtschaft und Gewerbe darüber Klage führen, daß die Juristen, die doch jeden Augenblick über ihr

Schicksal zu entscheiden haben, ihre Verhältnisse gar nicht kennen, so darf man wohl die Frage aufwerfen: ja, woher sollen sie sie denn kennen?

Davon kann allerdings keine Rede sein, den juristischen Unterricht auf das große, unermeßliche Gebiet der Privatwirtschaft auszudehnen. Aber zunächst sollte schon vom rein wissenschaftlichen Standpunkte aus die Forderung aufgestellt werden, daß kein Jurist wissenschaftlich über Gegenstände arbeite, über die er nicht aus eigener Anschauung Bescheid weiß. Gesetze, Materialien, Literatur, Rechtsprechung, das alles reicht heute nicht mehr hin; wer etwa über den landwirtschaftlichen Pachtvertrag ein Werk schreibt, muß von der Landwirtschaft mehr gesehen haben, als sie ihm täglich auf den Tisch liefert. Wir werden dann vielleicht auch Monographien haben über das Recht der chemischen Industrie oder über den Rayonisierungsvertrag der Zuckerfabriken, und auf Grund dieser Monographien werden dann die Lehr- und Handbücher, und auch die Universitätsvorlesungen entstehen, die der cupida legum iuventus die dem Rechte zugekehrte Seite des wirtschaftlichen Lebens darlegen werden.

Ist es aber auch nur denkbar, den ganzen Inhalt des Lebens in Büchern auszuschöpfen? Darum handelt es sich gar nicht. Die praktische Jurisprudenz ist vor allem eine Kunst, nicht eine gewisse Menge von Wissen. Auch der Kunstjünger in der Malschule wird nicht unterrichtet, wie man jeden einzelnen Gegenstand malt, sondern nur die Welt mit den Augen des Malers zu betrachten und den Pinsel richtig zu führen; ebenso soll auch der junge Jurist vor allem lernen, das Leben zu sehen, seine Augen und seine Ohren zu gebrauchen und darauf hin zu handeln.

„Der richtige Gebrauch der Sinne ist zweifellos eine erlernbare Kunst. Gewiß setzt er eine angeborene Anlage voraus: es gibt überhaupt keine Kunst ohne eine solche ererbte Mitgift. Aber die angeborene Anlage kann zur Entfaltung gebracht werden oder verkümmern. Daher ist es so wichtig, mit dem größten Nachdrucke zu sagen, daß es die erste Aufgabe des juristischen Unterrichts ist, gerade diese Anlagen auszubilden; nicht auf den ‚historischen Sinn‘, nicht auf eine glänzende Dialektik oder einen unfruchtbaren Scharfsinn kommt es beim Juristen an, sondern auf die Fähigkeit, Menschen und menschliche Handlungen, menschliche Verhältnisse zu sehen, wahrzunehmen, zu beobachten, zu beurteilen, abzuschätzen, abzuwägen.“ (Mein Aufsatz in Schmollers Jahrbuch Bd. XXXV S. 145.)

Diesen Zweck, den jungen Juristen für die große Aufgabe seines Lebens heranzubilden, die Welt mit eigenen Sinnen wahrzunehmen, sie unmittelbar wahrzunehmen, nicht durch Papier und Druckerschwärze, verfolgt mein Seminar für lebendes Recht. Für die Einzelheiten muß ich auf meinen Bericht in der Zeitschrift „Wirtschaft und Recht“ verweisen. Hier bemerke ich nur, daß die Gegenstände, die ich in meinem Seminar behandle durch die Verhältnisse meines Wirkungskreises, des Landes Bukowina, gegeben sind. Dieses hat außerordentlich wenig Industrie, nur einen lokalen Handel und keine moderne Landwirtschaft. Die Erforschung der einzigen hier blühenden Industrie, der Holzindustrie, bietet große Schwierigkeiten, da sie weit von der Stadt Czernowitz, im Gebirge, ihren Sitz hat: es ist mir bisher nicht gelungen, jemand dafür zu gewinnen. Unter diesen Umständen wird die Aufmerksamkeit fast ausschließlich auf die bäuerlichen Verhältnisse gelenkt, auf die hier herrschende Bodenverfassung, die bäuerliche Familie und das bäuerliche Erbrecht, Dinge, die selbstverständlich für den Juristen, der im Lande selbst praktisch tätig werden soll, von größtem Interesse sind. Gewiß hätte der hiesige Handel und das hiesige Handwerk viel Bemerkenswertes, aber wohl in erster Linie für den Fremden: der Einheimische kennt seine sehr durchsichtige Verfassung viel zu gut aus der täglichen Anschauung, um sich damit wissenschaftlich abgeben zu wollen. An der Stätte einer entwickelten Industrie, an einem Stapelplatze des Welthandels, einem Mittelpunkte des Bankverkehrs müßten selbstverständlich diese Gebiete hauptsächlich berücksichtigt werden. So wenig aber auch dazu in Czernowitz Gelegenheit geboten wird, so geschieht es doch nach Möglichkeit.

Ungemein viel Interesse erweckten bei den Teilnehmern vor allem die wissenschaftlichen Ausflüge. Wie ich dabei die bäuerlichen Verhältnisse erhebe, ist aus meinem Seminarberichte zu ersehen. Bei den Erhebungen über Fabriksbetriebe ersuche ich zunächst den Leiter, dem ich selbstverständlich empfohlen bin, mir zu sagen, was in den verschiedenen Abteilungen des Unternehmens gearbeitet wird: in der kaufmännischen, der technischen und der Betriebsabteilung. Dann frage ich ihn, was jeder Angestellte zu tun hat, wie die von auswärts kommenden Bestellungen behandelt werden, wie der Betrieb mit Material versorgt wird, ich lasse mir die Geschäftsbücher zeigen und ihre Bedeutung erklären. Ich suche auch über die Gehalte, Pflichten, Aussichten, Ansprüche der Angestellten etwas zu erfahren, über die Stellung und Aufgaben der Handelsreisenden, Agenten, Kommissionäre. So entrollt sich vor den Augen der Seminarteilnehmer die ganze Organisation der Arbeit. Es scheint so einfach, daß jemand an die Fabrik schreibt, was er haben will, und nach einigen Wochen die Ware genau nach Wunsch zugeschickt bekommt. Wieviel organisatorische Arbeit dazu gehört, daß alles tadellos ausgeführt werde, von dem Augenblicke, wo der Brief eröffnet wird, bis zu dem, da der Arbeiter die Zeichnung von der technischen Abteilung und das Material aus dem Magazin erhält und schließlich die fertige Ware dem Spediteur übergeben wird: ob sich je ein richtiger Jurist darüber Gedanken gemacht hat? Ähnliche Erkundigungen folgen in den

Magazinen, in der Werkstätte. Ich lasse mir nach Möglichkeit Briefe, Formularien, Verträge, Fakturen vorweisen und bespreche deren rechtliche Bedeutung. Ich suche Einblick zu gewinnen in die Rechtsverhältnisse der Arbeiterschaft, Abrechnung, Lohnzahlung, Gewerkvereine, Wohlfahrtseinrichtungen, Unfallverhütung, Versicherung, die Aufgaben der Werkführer, die Portierkontrolle. Schon der Lohnzettel für jeden einzelnen Arbeiter, zumal bei Stücklohn, ist ein schwieriges organisatorisches Problem. Ein Glasfabrikant gab uns sehr interessante Auskünfte über das Glaskartell. Endlich wird nach der juristischen Grundlage des Betriebes gefragt (Eigentum, Pacht am Fabrikgebäude, Nachbarrechte, dingliche Rechte, Rechtsstreitigkeit), nach der Geschichte des Unternehmens.

In derselben Weise können selbstverständlich Landgüter, große Handelshäuser, Banken untersucht werden. Da könnten Wechsel, Schecks, Safes, Kreditерkundigung zur Sprache gebracht werden. Mit *größtem Nachdrucke muß jedoch betont werden, daß es sich bei diesen Ausflügen nicht um das Technische, Wirtschaftliche, sondern um das Juristische, Organisatorische handelt.* Recht ist vor allem Organisation. Die Organisation eines Unternehmens löst sich auf in lauter juristische Dinge: in Vollmachten, Aufträge, Bestellungen, Käufe, Lohnverträge usw. Auch das Technische ist von großem Wert für den Juristen, aber doch vorwiegend vom allgemein menschlichen Standpunkte aus; das Wirtschaftliche ist bloß die andere Seite des Organisatorischen. Die Organisation eines Unternehmens verstehen, das heißt, den juristischen Inhalt der Verhältnisse, die dabei in Betracht kommen, begreifen. Ein einziger Nachmittag in einem wirtschaftlichen Unternehmen dürfte mehr das Verständnis für wirtschaftliche, soziologische und psychologische Fragen fördern als so manches Semester an Vorlesungen.

Nicht so viel Erfolg hatte ich dagegen bisher mit den Seminararbeiten. Nur weniges war von einigem Werte. Das dürfte wohl vor allem an der Schwierigkeit des Unternehmens liegen, an der ungewohnten Arbeit, die dem Juristen angesonnen wird. Ich verlange ja keine Lesefrüchte, keine Studien über Quellen oder Literatur, sondern Berichte über Selbstgesehenes und Selbsterlebtes. Dazu kommt die Lage der hiesigen Studentenschaft. Sie ist durchwegs arm, hauptsächlich darauf bedacht, mit den Prüfungen fertig zu werden und in einem Amte unterzukommen; für schwierige Arbeiten, die keine besonderen Aussichten eröffnen, hat sie wenig Zeit.

Aber ich glaube nicht, daß es wirklich auf wissenschaftliche Arbeiten in meinem Seminar ankommt. Ein Seminar ist dazu da, damit der Studierende die wissenschaftliche Methode lerne, nicht damit er sie ausübe. Es handelt sich mir doch nicht darum, Gelehrte im lebenden Recht heranzubilden, sondern nur darum, das im Juristen zu wecken, was ich eben für die Hauptsache halte: den Wirklichkeitssinn. Selbst die wissenschaftlich unbrauchbare Arbeit hat einen hohen pädagogischen Wert: Der Mann hat doch gelernt, zu beobachten, sich mit lebenden Menschen zu befassen, nicht mit toten Paragraphen und Aktenfaszikeln. Und in dieser Beziehung habe ich oft verblüffende Erfolge erlebt. Es genügte zuweilen, daß ich fünf Minuten mit einem Studierenden rede, um zu bemerken, daß sich eine neue Welt vor ihm auftat. Sofort beginnt er von seinen eigenen juristischen Erlebnissen zu erzählen, eine wahre Jurisprudenz des täglichen Lebens zu entwickeln, tausend Dinge, an denen er bisher achtlos vorbeiging, gewinnen für ihn jetzt Leben, werden ihm zu Zeugnissen des lebenden Rechts. Vielleicht haben diese fünf Minuten genügt, damit er kein weltfremder Jurist mehr werde; denn wenn er vielleicht noch keine wissenschaftliche Arbeit über lebendes Recht zu liefern vermag, so hat er doch schon erfahren, was sehen und hören heißt. Und das halte ich für einen character indelebilis[2].

Einzelne Ergebnisse der Seminararbeiten sind im Berichte in „Wirtschaft und Recht“ enthalten. Der dort abgedruckte Fragebogen scheint sich zu bewähren; er erregt bei der Studentenschaft großes Interesse, aber er dürfte etwas schwierig sein, ich habe bisher nur *eine* zusammenfassende Beantwortung bekommen. Seit dem ich den Bericht verfaßte, habe ich eine neue Art von Übungen eingeführt: die juristischen Aufnahmen. „Aufgenommen“ sollen werden: Bauernhöfe, ganze Bauerngemeinden, Landgüter, Städte, Fabriken. Eine solche Aufnahme besteht etwa bei einem Bauernhof zunächst darin, daß bei jedem einzelnen Grundstück historisch untersucht wird, wie es zum Hofe gelangt ist; alle Besitztitel, so weit sie sich verfolgen lassen, mit den dazu gehörenden Urkunden, auch etwaige Rechtsstreitigkeiten. Darauf wird die juristische Lage des Grundstücks erforscht: das Rechtsverhältnis, in dem es zum Hofe steht (Eigentum, dingliches Recht), die etwaigen Lasten, auch die in bezug auf das Grundstück bestehenden obligatorischen Rechte. Bei der Verschuldung wird dann jedem einzelnen Titel, auch den bereits gelöschten, nachgegangen: zumal woher die Schuld entstanden ist (Ehevertrag, Darlehen, Erbschulden, exekutives Pfandrecht, Kaufschillingsrest),

---

[2] Knapp vor Absendung des Gutachtens erhalte ich für das Gesagte eine interessante Bestätigung. Die Czernowitzer Allgemeine Zeitung vom 7. April 1912 bringt einen juristisch sehr interessanten Aufsatz von Dr. Orest *Ternaveanu: Die „Klaka“ in der Bukowina. Ein Beitrag zum lebenden Recht.* Dr. Ternaveanu hat an meinem Seminar vor drei Jahren teilgenommen und dort auch einen Vortrag über den im Bezirke Dorna üblichen Viehverstellungsvertrag gehalten. Die Klaka habe ich zwar in meinem Fragebogen erwähnt, sonst aber den Aufsatz in keiner Weise angeregt. Es ist wohl nicht zu viel gesagt, wenn ich behaupte, ohne den durch das Seminar für lebendes Recht angeregten Wirklichkeitssinn hätte Dr. Ternaveanu von der Klaka ebensowenig gesehen, wie sämtliche Bukowiner Juristen vor ihm. Die Klaka ist unentgeltliche gemeinsame Arbeit der Insassen einer Bauerngemeinde für gemeinsame Rechnung, also ein Ableger des Artels.

dann ihr ganzes juristisches Schicksal bis zur Löschung. Dann wird erst der Hof als Ganzes aufgenommen: die gegenwärtigen Besitzer, nach Personalstand und Abkunft beschrieben, ihr Ehevertrag, der eheliche Güterstand, das Verhältnis zu den Eltern und zu den Kindern verzeichnet, nach der tatsächlichen und rechtlichen Stellung eines jeden Kindes, auch wenn es nicht im Hause ist, gefragt, die Rechtsverhältnisse des Dienstpersonals festgestellt. Bei der Aufnahme der Bewirtschaftungsart muß selbstverständlich auch der Viehstand dargelegt, die Rechte an der Gemeindealpe berücksichtigt werden. Wie nach diesem Muster auch Landgüter und Fabriken aufgenommen werden könnten, ergibt sich von selbst. Bei der Aufnahme ganzer Gemeinden müßte selbstverständlich noch die Grundverfassung in Betracht gezogen werden. Für das psychologische, wirtschaftliche und soziologische Verständnis meiner Schüler verspreche ich mir von solchen Aufnahmen ungemein viel, leider sind auch hier die Schwierigkeiten sehr groß, zumal auch die mir zur Verfügung stehenden Mittel unzureichend sind. Gegenwärtig ist *eine* solche Aufnahme im Zuge[3].

Zum Schlusse möge die Bemerkung gestattet werden, daß das an der rechts- und staatswissenschaftlichen Fakultät der k. k. Universität Wien einzurichtende — oder schon eingerichtete? — Institut für Rechtsanwendung so ziemlich das Gegenteil von dem bedeutet, was ich mit dem Seminar für lebendes Recht anstrebe. Es liegt hier, wie ich schon an anderer Stelle angeführt habe (Jur. Blätter v. J. 1911, S. 229 f., S. 241 f.) ein höchst sonderbares Mißverständnis meiner Absichten vor. Das Institut soll vor allem eine Sammlung von Urkunden und Aktenstücken anlegen. Solche Sammlungen gibt es in Deutschland mehrere in Buchform und wenn es in Österreich an solchen fehlt, so ist das höchstens ein Grund, um eine solche zu veranstalten. Das wäre ein sehr dankbares, jedenfalls aber viel weniger kostspieliges Unternehmen, als das „Institut" für Rechtsanwendung. Was darüber hinaus mit dem besagten Institut erreicht werden soll, war ich bisher nicht imstande zu ergründen. Im Institute sollen, wie ich höre, Vorlesungen und Seminarübungen abgehalten werden: mit einer österreichischen Bearbeitung von Krückmanns Rechtsatlas könnten sie in einem beliebigen anderen Hörsaal abgehalten werden. Sollten bei Seminarübungen die Urkunden und Aktenstücke in Urschrift mit mehr Vorteil benützt werden können, als durch deren Abdruck in einem Buch — was mir allerdings nicht einleuchtet — so gehören sie in die betreffenden Seminare (für österr. Zivilrecht, für Handels- und Wechselrecht, für Zivilprozeß), nicht in ein „Institut für Rechtsanwendung". Eine Lehrmittelsammlung ist kein Universitätsinstitut.

---

[3] Leider kann das Seminar für lebendes Recht nicht fortgesetzt werden, da mir keine Dotation zur Deckung der notwendigen Barauslagen gewährt wird.

Viel zurückhaltender werde ich mich über die Verwertung der Psychologie im engeren Sinne (Individualpsychologie, im Gegensatze zur Sozialpsychologie) für den juristischen Unterricht aussprechen müssen, da mir dieser Gegenstand ferne liegt. Daß die Assoziationspsychologie zumal die ältere englische, etwa die Richtung von Alexander Bain, für die Rechtswissenschaft und für den juristischen Unterricht unmittelbar fruchtbar werden könnte, daran zweifle ich nicht, weniger leuchtet mir der unmittelbare Nutzen der physiologischen Psychologie ein. Die feinen psychologischen Analysen der österreichischen Schule der Volkswirte (v. Böhm-Bawerk, v. Wiesner), sowie einiger französischer Soziologen (Tarde, Le Bons u. a.) zeigen am besten, wie die Psychologie für die Gesellschaftswissenschaften zu verwerten wäre. Das alles ist auch für die Jurisprudenz bedeutungsvoll, denn ein Rechtsverhältnis ist doch vor allem ein gesellschaftliches Verhältnis. Ganz hat man eine gesellschaftliche Tatsache erst erklärt, wenn man sie psychologisch erklärt hat. Auch die Massenpsychologie und Sozialpsychologie muß sich auf die Individualpsychologie zurückführen lassen, auf die Frage nämlich, wie die gesellschaftlichen Verhältnisse auf die einzelne Psyche einwirken.

Doch kann ich mich hier nur damit befassen, was ich bisher selbst zu erproben in der Lage war. Ich werde mich daher darauf beschränken, eine Methode mitzuteilen, die sich, so viel ich sehe, bei mir bisher sehr gut bewährt hat. Sowohl in den Vorlesungen als auch im Seminar komme ich häufig darauf zu sprechen, wie gewisse Vorstellungen und Gefühle, deren Walten in der Urzeit oder während langer geschichtlicher Perioden uns die Rechtsgeschichte aufgedeckt hat, noch in dem heutigen Menschen leben und ihn beherrschen, wenn auch gewöhnlich in anderer Form und unter anderem Namen. Durch eingestreute Fragen an meine Hörerschaft suche ich sie nun zu veranlassen, ihre eignen Gedanken und Gefühle und die ihrer Umwelt nach dieser Richtung zu erforschen. Ich halte die Sache auch wissenschaftlich nicht für bedeutungslos; aber von ihrem pädagogischen Werte bin ich ganz besonders überzeugt. Meine Hörer gehen ganz außerordentlich gerne auf diese Versuche ein.

Schon in einer der ersten rechtsgeschichtlichen Vorlesungen, wo ich von den cives, latini, peregrini spreche, weise ich auf den Zusammenhang dieser Einteilung mit dem Grundsatz der Personalität des Rechts hin, das wir bei allen Völkern auf tieferer Entwicklungsstufe finden, und setze ihn dem modernen Grundsatz der Territorialität des Rechts entgegen. Dann bemerke ich, wie der Grundsatz der Personalität überall auch bei uns sofort wieder auflebt, wenn wir mit Völkern auf tiefer Stufe zusammenstoßen, so vor allem in den Kolonien. Die Engländer behandeln in ihren Kolonien jeden Europäer nach den im wesentlichen territorialen Grundsätzen des heutigen internationalen Privatrechts, also im allgemeinen nach englischem Rechte, dagegen die Eingeborenen nach ihrem Personalrechte, in Ostindien den Hindu nach Hindu-, den Mohammedaner nach mohammedanischem Recht; selbst die Russen lassen den asiatischen Völkern unter ihrer Herrschaft ihre Stammesrechte. So hat auch der Europäer im ganzen Oriente sein Personalrecht (Konsulargerichtsbarkeit). Dann frage ich die Hörerschaft, ob sie sich das auch nur vorstellen könnten, daß sie, wenn sie etwa im Gebiet eines Negerstammes ihren Wohnsitz hätten, nun nach dem Rechte dieses Stammes beurteilt werden? Sie verstehen sofort, daß das unmöglich ist, und so wird ihnen die Personalität des Rechts unmittelbar durch innere Erfahrung verständlich.

In meinem Seminar für lebendes Recht fasse ich, wie aus dem Bericht in „Wirtschaft und Recht" hervorgeht, die Sache von einer andern Seite an. Ich lege dar, wie die andern gesellschaftlichen Normen, der Religion, der Sitte, des guten Tones oder der Mode immer nur für den gelten, der zu einem bestimmten Kreise gehört. Eine ähnliche Natur habe auch das überall mit Religion, Sitte, Sittlichkeit innigst zusammenhängende ursprüngliche Recht gehabt, und so sei auch jetzt noch das lebende Recht geartet. Auch heute noch ist eigentlich nur das Gesetz territorial, lebendes Recht ist personal. Wo, wie in der Bukowina, verschiedene Völkerstämme nebeneinander wohnen, sind der eheliche Güterstand, die Familienordnung, die Bodenverfassung im Dorfe bei jedem Stamme verschieden, und kein Stamm mute es dem andern zu, sein lebendes Recht anzunehmen. Das Gesetz aber ist, wie die fränkischen Kapitularien im Gegensatze zu den Volksrechten, im ganzen Lande gleich.

Die actio noxalis der Römer halte ich für eines der letzten Überbleibsel bei ihnen des Grundgesetzes der Gesamthaftung des Hauses für die Schuld des Einzelnen. Ich komme daher auf die Gesamthaftung in diesem Zusammenhang zu sprechen und frage, ob sich davon nicht auch heute noch Spuren fänden. Ich erinnere an die Nationalitätenstreitigkeiten, die das öffentliche Leben in unserem Vaterlande vergiften, an die vielen in der engeren Heimat Bukowina mit einander hadernden Völkerschaften, Parteien, gesellschaftlichen und Familienkoterien. Und dann fordere ich sie auf, mir zu sagen, wie oft sie selbst schon, wenn sie mitten im Kampfe standen, nicht für jede Untat eines Einzelnen seine ganze Sippe verantwortlich gemacht haben; ob sie auch nicht anderseits bemerkt haben, wie sich um jeden, der irgendwie angegriffen worden ist, sofort seine ganze Anhängerschaft, ohne viel zu fragen, ob er im Recht oder Unrecht sei, scharte und sich für ihn fast bis zum letzten Blutstropfen einsetzte. Das sind dieselben Gefühle, aus denen in der Urzeit die Gesamthaftung geboren worden ist. Als einen späten Nachklang der Gesamthaftung fasse ich auch die große Verbreitung der Bürgschaft in Rom auf, und verweise auf ähnliche Erscheinungen hierzulande, wo es sogar noch hie und da vorkommt, daß für einen Tunichtgut, der der ganzen Familie verhaßt ist, ein entfernter Verwandter die Schulden bezahlt.

Bei der vielbesprochenen Lehre, daß Ansprüche aus Verträgen so häufig anfänglich als Ansprüche aus unerlaubten Handlungen in die Rechtsgeschichte eintreten, bietet sich die Gelegenheit, hervorzuheben, wie oft es noch heute geschieht, daß man, wenn man einen privatrechtlich nicht haftbar machen kann, nach einem Paragraphen des Strafgesetzes sucht. Sind wir von jemand in der Weise übervorteilt worden, daß wir ihn rechtlich überhaupt nicht fassen können, so sind wir geneigt, ihn für einen besonders argen Schurken zu halten. Darauf beruht es ja auch, daß man den Schuldner, dem man bloß wegen seiner Zahlungsunfähigkeit nicht beikommen kann, nach Möglichkeit strafrechtlich verantwortlich macht. Von solchen Gefühlen geleitet, haben die Juristen der Urzeit häufig eine Strafklage erfunden oder zurecht gelegt, aus der dann später, als die Gemüter sich besänftigt haben, ein gewöhnlicher privatrechtlicher Anspruch wurde.

Diese Beispiele mögen genügen. Wie weit diese Auffassung wissenschaftlichen Wert hat, mag dahingestellt bleiben. Ihr pädagogischer Wert besteht, so viel ich sehe, darin, daß der Hörer angeregt wird, sein eigenes Rechtsgefühl zu beobachten, ihm objektiv, wie einer äußern Tatsache, gegenüber zu treten, es gewissermaßen in seine Bestandteile zu zerlegen und jeden dieser Bestandteile auf seine Bedingungen und Voraussetzungen zu prüfen. Daß er dabei eine lebendige Anschauung von der Vergangenheit aus ihren noch heute sichtbaren Resten gewinnt, daß es ihm klar wird, wie innig die Gegenwart noch mit der Urzeit der Menschheit, seine eigene Seele mit der seiner Ahnen zusammenhängt, daß er sich dabei Rechenschaft ablegen muß, wie sehr seine eigenen Instinkte, Triebe und Gefühle im historisch Gegebenen wurzeln, das sind selbstverständlich ebenfalls nicht zu unterschätzende Vorteile dieser Methode, die wohl schon deswegen als psychologische bezeichnet werden darf, weil sie die eigene innere Erfahrung heranzieht.

Auf die Frage, was nach Abschluß des Universitätsstudiums geschehen kann, um das psychologische, wirtschaftliche und soziologische Verständnis des Juristen zu fördern, muß ich mir versagen einzugehen, da es mir nach dieser Richtung an jeder Erfahrung mangelt. Es sind ja in der letzten Zeit in Deutschland sehr bemerkenswerte Vorschläge über die Ausbildung der Juristen in wirtschaftlichen Unternehmungen gemacht worden, und der Wert der Anregungen ist mir keineswegs entgangen, ich trachte auch in der Tat auf meine Hörer in diesem Sinne zu wirken, leider durchwegs ohne Erfolg. Das ist leicht begreiflich bei der Armut und der Richtung der hiesigen Studentenschaft, vor allem aber bei dem Mangel fast jeder passenden Gelegenheit im Lande. Handel und Großindustrie fehlen beinahe ganz, ebenso aber auch eine höheren Ansprüchen genügende Landwirtschaft; der Großgrundbesitz ist meistens an Pächter vergeben, die einen recht wilden Raubbau treiben. Der ungeheure Grundbesitz des griechisch-orientalischen Religionsfonds wird in der Güterdirektion, zum großen Teile von Juristen, in einer höchst bureaukratischen Weise verwaltet: der Parteienverkehr vollzieht sich durch Vermittlung von gestempelten Eingaben und von Erledigungen, die wochen- oder monatelang auf sich warten lassen. Wo soll denn da der Jurist wirtschaftliches Verständnis gewinnen? Höchstens die zum Teile musterhafte Forstwirtschaft und die Holzindustrie des Religionsfonds kämen in Betracht; es kann aber dem Juristen schwer zugemutet werden, für einige Monate ins Gebirge zu gehen, um diese Geschäftszweige ein wenig kennen zu lernen.

Nicht leicht wird es mir, das Gesagte in üblicher Weise in bestimmte Vorschläge zusammenzufassen. In erster Linie hoffe ich für den Unterricht etwas von einer auf psychologischer, soziologischer und wirtschaftlicher Grundlage aufgebauten Wissenschaft. Diese läßt sich aber nicht dekretieren, sie muß abgewartet werden. Ich beschränke mich daher für den Augenblick auf folgende Anträge:

1. Es sollen an juristischen Fakultäten Lehrstühle für Volkswirtschaftslehre, Privatwirtschaftslehre, Statistik, Soziologie und Sozialpsychologie bestehen;
2. es sollen an den juristischen Fakultäten nach Möglichkeit psychologische Vorlesungen und psychologische Übungen über Fragen, die das Interesse des Juristen nahe berühren, und über forensische Psychologie eingerichtet werden;
3. der Besuch von Vorlesungen über Psychologie durch Juristen und Teilnahme an psychologischen Übungen soll gefördert werden;
4. es sollen an den juristischen Fakultäten Seminarien für lebendes Recht eingerichtet werden[4].

---

[4] Soeben wird mir mitgeteilt, daß die rechts- und staatswissenschaftliche Fakultät der Universität Krakau auf Antrag des Herrn Professors Dr. Friedrich Zoll jun. einstimmig beschlossen hat, beim Unterrichtsministerium die Einrichtung eines Seminars für lebendes Recht zu beantragen.

Über Lücken im Rechte*

Zwei eigentümliche Erscheinungen sind es, welche, miteinander in sonderbarem, nie gelöstem Widerspruche stehend, der neueren juristischen Literatur Deutschlands ein sehr charakteristisches Gepräge aufdrücken. Vor allem war die Reserve gegen alles, was irgendwie mit jenem Ideenkreise zusammenhängt, den man gewöhnlich mit dem Schlagworte „Naturrecht" bezeichnet, vielleicht nie so allgemein, so schroff wie gegenwärtig. Hat doch ein neuerer Schriftsteller, Leonhard, in der letzten Zeit sich zu der Bemerkung veranlaßt gesehen, daß, wenn er einen Standpunkt als einen naturrechtlichen charakterisiert, ihm dabei die Absicht, persönlich zu verletzen, ganz ferne liege! Andererseits wird dem aufmerksamen Beobachter eine Strömung nicht entgehen, die namentlich auf einzelnen Gebieten der Zivilistik zum Vorschein tritt und in der jeder Unbefangene gewiß einen Johannistrieb des Naturrechts erkennen wird. Wenn man behauptet, etwas sei geltendes Recht bloß deswegen, weil es „entschieden vernünftig" ist, weil es „den Bedürfnissen des Verkehres entspricht", weil „das Gegenteil anzunehmen die Verletzung von Treu und Glauben im Verkehre sanktionieren hieße": so kehrt man tatsächlich auf den Standpunkt älterer Naturrechtslehrer zurück, denen die Gebote der Vernunft schon als solche zugleich Gebote des Rechtes waren. Es mag schon hier hervorgehoben werden — weiter unten wird sich die Gelegenheit darbieten, darauf zurückzukommen —, daß diese Bemerkung keineswegs gegen den Inhalt der in der angegebenen Weise begründeten Sätze gerichtet ist, wohl aber gegen die Prinzip- und Systemlosigkeit, mit welcher diese Begründung vorgetragen wird. Man kann doch billigerweise verlangen, daß ein Schriftsteller oder ein Gerichtshof, welcher Sätze von unermeßlicher Tragweite mit einer derartigen Begründung als geltendes Recht ausgibt, sich auch darüber klar ausspreche, auf welcher Grundlage er diese Begründung für genügend halte. Dies geschieht jedoch äußerst selten[1]. Eine Revision dieser Lehre erscheint also immerhin als ein nicht ganz überflüssiges Unternehmen.

---

* Die Orthographie des Erstabdrucks wurde der heutigen Schreibweise angepaßt (M. R.).

[1] Vgl. jedoch *Goldschmidt:* Handbuch des Handelsrechtes, II. Aufl., Bd. I, S. 301 flg., 307 flg.; *Dahn* in Behrends' Zeitschrift für Gesetzgebung, Bd. VI, S. 555 flg.; *Schloßmann:* Der Vertrag, S. 215 flg.; *Zitelmann:* Irrtum und Rechtsgeschäft, S. 17 flg.; *Bähr:* Die Entscheidungen des Reichsgerichtes mit Besprechungen, S. 10 flg.

Sie mag an die Frage der Lücken im Rechte geknüpft werden; aus keinem anderen Grunde, als weil sich um dieses Problem am besten die einschlägigen Ausführungen gruppieren lassen. Auch liegt die Gefahr vager Allgemeinheit, wenn man diesen Ausgangspunkt wählt, minder nahe als sonst.

I. Der Ausgangspunkt der herrschenden Lehre

Die Frage, ob es Lücken im Rechte gebe, wurde häufig aufgeworfen und beantwortet; gewöhnlich verneinend, hie und da wurde sie auch bejaht. Wenn eine Frage, deren Lösung nach dem heutigen Stande der Wissenschaft immerhin nicht unmöglich ist, keine neuen Entdeckungen und weitreichenden Untersuchungen voraussetzt, in polar entgegengesetztem Sinne beantwortet wird, so kann man stets mit ziemlicher Bestimmtheit annehmen, daß daran nicht etwa ihre Schwierigkeit, sondern auch irgendwelche Unklarheit der Auffassung Schuld trägt. Dies ist auch hier in der Tat der Fall. Der Ausdruck „Lücken im Rechte" wird nämlich in ganz verschiedenem Sinne genommen, je nachdem die Frage bejaht oder verneint wird.

Diejenigen, welche die Frage verneinen, verstehen sie dahin: ob es möglich sei, daß das Recht den Richter vollständig im Stiche lasse, so daß derselbe nicht nur nicht wisse, sondern auch nicht wissen könne, wie ein konkreter Fall zu entscheiden sei. So wurde die Frage von vielen namhaften Schriftstellern aufgefaßt: z. B. von Brinz[2], Źródłowski[3], Bruns[4]. Hält man sich nun diese Fassung des Problems vor Augen, so begreift man leicht die Sicherheit des Tones, in welchem die Lösung desselben stets vorgetragen wird; sie kann bei dieser Fassung kaum irgendwie zweifelhaft sein. Der Richter findet im Rechte die Antwort auf jede Frage, die an ihn herantritt, wenn er sie nur zu suchen versteht, und das, was der berühmte Art. 4 des Code Napoléon vorschreibt, kann gegenwärtig als ein Satz des gemeinen europäischen Rechtes betrachtet werden.

Wie wurde dies aber erreicht? Enthält das Recht wirklich die Entscheidung aller möglichen Fragen? Keineswegs. Man ist darüber einig, daß dies nicht möglich und nicht einmal anzustreben ist; das preußische Landrecht wirkt in dieser Richtung als abschreckendes Beispiel. Gerade die kasuistische Fassung dieses Gesetzbuches ist schuld daran, daß eine Menge wichtiger Fragen offengelassen wurde, und es hängt wohl damit zusammen, daß die exceptio doli generalis unter den preußischen Juristen die eifrigsten Verteidiger gefunden hat[5].

---

[2] Krit. Vierteljahrsschrift, Bd. XV, S. 164; Pandekten, 2. Aufl., Bd. I, S. 129.

[3] Römisches Privatrecht, Bd. I, S. 104.

[4] In Holtzendorfs Encyklopädie, Artikel: Das heutige römische Recht, § 9.

[5] Vgl. die Zitate bei *Römer* in *Goldschmidts* Zeitschrift, Bd. XX, S. 58.

Vielmehr erklären folgende Erwägungen die anscheinende Lückenlosigkeit des Rechtes. Eine Rechtsfrage fordert die Entscheidung des Richters in der Regel erst dann heraus, wenn sie an ihn in einem Rechtsstreite herantritt. Wie geht nun hier der Richter vor? Er prüft vor allem, ob das Klagebegehren nach geltendem positiven Rechte begründet ist oder nicht. Es ist klar, daß ein jedes Klagebegehren entweder begründet oder unbegründet sein muß: das ergibt sich ganz einfach aus dem logischen Satze des Widerspruches. Und zwar wird jedes Klagebegehren für unbegründet betrachtet, für welches sich nicht im Gesetze eine genügende Stütze findet, so daß die Vermutung immer dafür streitet, die Klage sei unbegründet. Findet der Richter die Klage begründet, so prüft er in derselben Weise die ihr entgegenstehenden Einreden. Im Verfahren außer Streitsachen ist das Vorgehen des Richters bei der Entscheidung über Gesuche ein ganz ähnliches wie bei den Entscheidungen über Klagen und Einreden in Streitsachen.

Daraus ergibt sich die allgemeine Regel: Jeder Klage- oder Einredeanspruch muß abgewiesen werden, wenn sich im positiven Rechte keine genügenden Anhaltspunkte für die Stattgebung vorfinden. Auf dieser und ausschließlich auf dieser Regel beruht die Behauptung, das Recht sei lückenlos; diese Regel füllt eben alle Lücken aus, gibt dem Richter Antwort auf alle Fragen, welche das positive Recht nicht vorgesehen hatte. Und so konnte Brinz mit Recht sagen: „Wo die meisten eine Lücke im Rechte erblicken, besteht eigentlich nur eine Lücke auf Seite des Rechtsuchenden[6].“ Nicht im Rechte ist die Lücke, bloß die Klage, die Einrede enthält eine Lücke.

Schon diese Bemerkungen zeigen wohl zur Genüge, daß diese Lösung des Problemes rein formal ist. Sie sagt dem Richter keineswegs, wann ein Anspruch im positiven Rechte begründet sei, sondern etwas sehr Richtiges, aber im Grunde genommen Selbstverständliches: daß er dem Anspruch stattgeben soll, wenn er begründet; ihn zurückweisen soll, wenn er unbegründet ist. Ob z. B. neben dem gesetzlichen Rechte noch andere Rechtsquellen zu berücksichtigen seien: Analogie, Gewohnheitsrecht, Billigkeit, bona fides etc., darüber ist nichts aus dieser Regel zu entnehmen. Sie leistet daher nicht einmal die Dienste, die Unger von ihr fordert[7], und es ist eine petitio principii, wenn er sagt, es könne sich niemals ein Fall ereignen, in welchem das Naturrecht als subsidiäre Rechtsquelle herangezogen werden müßte: „denn die Rechtsanalogie sei vollkommen ausreichend, um jeden sich ergebenden Fall im Geiste des bestehenden Rechtes zu lösen“. Das ist ja eben die Frage. Was ist zu tun, wenn eine Einrede vorgebracht worden ist, für deren Stattgebung weder

---

[6] Krit. Vierteljahrsschrift, Bd. XV, S. 164.

[7] *Unger:* System, Bd. I, S. 69 flg.

das positive Recht noch die Rechtsanalogie Anhaltspunkte bieten, welche aber nach dem Naturrecht gegründet ist? Unter der Voraussetzung, daß das Naturrecht neben dem positiven Rechte ebenfalls Rechtsquelle ist, muß der Einrede stattgegeben werden, nach Unger müßte man sie dagegen zurückweisen. Diese Ansicht Ungers beruht keineswegs auf der Lückenlosigkeit des Rechtes, sie ist Ausfluß seiner Überzeugung, daß es kein Naturrecht gebe.

II. Das Prinzip von Treu und Glauben

Ganz anders wird die Frage der Lücken im Rechte von jenen aufgefaßt, welche sie bejahen. Sie fragen dann nämlich, ob es nicht Fälle geben könne, in welchen der Richter die Entscheidung aus einer anderen Quelle schöpft, als aus dem positiven Rechte. Die Beantwortung dieser Frage ist nun keineswegs so leicht wie die der vorhergehenden; es sind bei den Lösungsversuchen zwei Richtungen zu unterscheiden.

Vor allem unterliegt es keinem Zweifel, daß eine Entscheidung im positiven Rechte vollkommen begründet und dennoch im Widerspruche mit dem Rechtsbewußtsein sein kann. Dies ist zuvörderst dann der Fall, wenn das Recht eine ausdrückliche Bestimmung enthält, welche ungerecht oder nicht mehr gerecht ist[8]. Dann spricht man aber nicht von einer Lücke im Rechte, es ist in einem solchen Falle viel eher ein Gesetz zu viel vorhanden. Wohl aber spricht man von Lücken, wenn eine ungerechte Entscheidung deswegen so ausfallen muß, weil es an einer speziellen gesetzlichen Bestimmung mangelte, wenn daher die Entscheidung im Sinne der allgemeinen Grundsätze gefällt werden mußte, obwohl eine Spezialbestimmung vonnöten gewesen wäre. Der Mangel eines Wuchergesetzes, eines Anfechtungsgesetzes, war z. B. bis unlängst eine empfindliche Lücke des österreichischen Rechtes. In diesem Sinne spricht man im Leben gewöhnlich von Lücken im Rechte; mit Bewußtsein unterscheidet zwischen Lücken in diesem und in dem oben erwähnten Sinne Stammler[9].

In solchen Fällen wird nun die Frage aufgeworfen, wie sich denn der Richter da verhalten soll? Muß er unbedingt nach dem Buchstaben des Gesetzes entscheiden? Darf er auch dem Rechtsbewußtsein folgen und inwiefern?

[8] Österr. Verordnung des Ministeriums des Innern und des Justizministeriums vom 27. April 1854, Nr. 107 RGB, über Ansichbringen und Verbreitung von Geldzeichen und Kreditpapieren der revolutionären Propaganda; preußisches Edikt vom Jahre 1739 über Majestätsbehelligung.

[9] Archiv für civilistische Praxis. Bd. LXIX, S. 33 flg.

Man könnte darüber die Achsel zucken, daß diese Frage überhaupt aufgeworfen wird; man könnte glauben, sie sei schon längst entschieden und abgetan: alles Recht sei positiv, der Richter habe nur im Sinne des positiven Rechtes zu urteilen. Wo dasselbe mit dem Rechtsbewußtsein nicht übereinstimmt, dort könne die Harmonie nur durch ein neues Gesetz, beziehungsweise Gewohnheitsrecht hergestellt werden; der Richter darf die Rechtsfortbildung nie ersetzen. So löst das Problem eine Lehre, deren Alleinherrschaft gegenwärtig beinahe unbestritten dasteht. Doch ist die Opposition gegen diese ausgesprochen positivistische Richtung der Jurisprudenz eigentlich nie ganz verstummt, und gerade in den letzten Jahrzehnten haben sich beredte und auch sonst beachtenswerte Stimmen gegen sie erhoben: so in Frankreich Delamarre und Lepoitvin[10], wenigstens für das Gebiet des Handelsrechtes, in Deutschland namentlich Adickes[11] und Schloßmann[12].

Die Ansichten dieser Schriftsteller lassen sich wohl am besten so zusammenfassen: Im Großen und Ganzen hat der Richter stets den Regeln der équité, der raison, den interêts de commerce, der subjektiven Vernunft, der Rechtsüberzeugung gemäß zu entscheiden: die verschiedenen Schriftsteller benennen eben dasselbe Ding verschieden. Einzelne Regeln dieser alleinigen Richtschnur haben nun im Gesetze Ausdruck gefunden, sind gesetzlich formuliert und vom Gesetzgeber in einer den Richter verbindenden Weise ausgesprochen worden. So oft dies der Fall ist, sind sie Entscheidungsnorm für den Richter; findet er aber im Gesetze keine den von ihm zu entscheidenden Fall treffende Bestimmung, so hat er sich wieder einzig und allein nach der équité, der subjektiven Vernunft und dgl. zu richten. Schloßmann geht sogar, wie es scheint, noch weiter; seiner Ansicht nach dienen gesetzliche Bestimmungen überhaupt bloß zur Belehrung des Richters, sind aber nicht als ihn verpflichtend zu betrachten.

So viel wird man diesen Schriftstellern jedenfalls zugeben müssen, daß ihre Ansichten für gewisse frühe Entwicklungsperioden der Kultur- und Rechtsgeschichte unbedingt zutreffen[13]. In früheren Entwicklungsperioden ist das Recht zum allergrößten Teile Gewohnheitsrecht; was davon in heiligen Büchern kodifiziert erscheint, ist sehr wenig erschöpfend, enthält meistens nur Strafrecht, und ist, entsprechend der Entstehungszeit der heiligen Bücher, für so primitive Verhältnisse berechnet, daß es sich sehr bald bei fortschreitender Entwicklung des Verkehrs als gänzlich unzureichend erweist[14]. Es ist klar, daß unter diesen Umständen

[10] Traité de droit commercial, deuxième édition, Tome I, pag. 534.

[11] Zur Lehre von den Rechtsquellen.

[12] Der Vertrag, namentlich S. 178 flg.

[13] Vgl. *Adickes,* a.a.O., S. 7 flg., S. 43 flg.

[14] Vgl. darüber Herbert *Spencer:* Political Institutions, S. 603 flg.

die Grenze zwischen werdendem Rechte und gewordenem Rechte, wie überhaupt beim Gewohnheitsrechte, sehr schwanken muß; der Richter kann unmöglich in dem noch sehr unvollkommenen Rechte für jeden Fall eine dem Rechte entsprechende Entscheidung finden und entscheidet daher in solchen Fällen eben nach dem Rechtsbewußtsein. Dies mag um so häufiger geschehen, als das Recht zu jener Zeit noch einen sakralen Charakter hat und die Rechtspflege von unverantwortlichen Priestern gehandhabt wird; sie sorgen schon dafür, daß die Entscheidung, wie sie auch ausfallen möge, als im göttlichen Rechte begründet erscheine, welches dem Volke doch nur zum kleinen Teile bekannt sein kann. So erweitert sich das sakrale Recht immer mehr durch neu sich bildendes Gewohnheitsrecht. Mit der fortschreitenden Verweltlichung des Rechtes greift der Staat ein, es mehren sich Gesetze von ausgesprochen nichtsakralem Charakter, bis endlich auch die Rechtspflege den Priestern entzogen wird. Immerhin herrscht aber das Gewohnheitsrecht vor, und es ist klar, daß bei der schwankenden Natur desselben der Richter häufig bestehendes Gewohnheitsrecht von den Anforderungen seines Rechtsbewußtseins nicht unterscheidet, nach dem letzteren entscheidet, wo er geltendes Recht anzuwenden glaubt.

Es ist dies also ein Zustand, welcher zweifellos genau dem Ideale der genannten Schriftsteller entspricht. Er dauert tief in die Kulturepoche hinein: in Rom bis zum Zwölftafelgesetze, in England hörte er, wie es scheint, erst nach dem Tode des Königs Richard I. auf, da in England ein Gewohnheitsrecht nur dann giltig ist, wenn es sich nachweisen läßt, daß es zur Zeit dieses Königs bereits existiert hatte[15]. In Deutschland nahm er vielleicht hie und da schon früher infolge fortschreitender Kodifikation des einheimischen Rechtes in öffentlichen oder allgemein anerkannten Privatarbeiten, gewiß aber infolge der Rezeption des römischen Rechtes ein Ende. Überall tritt uns hier dieselbe bedeutsame Erscheinung entgegen: aus einem flüssigen schwankenden, wird das Recht zu einer starren, verhältnismäßig unbeweglichen Masse. Dies führt zu einer Konsequenz, deren Bedeutung nicht hoch genug angeschlagen werden kann; der Richter hat von diesem Zeitpunkte an nicht nach seinem Rechtsbewußtsein, sondern nach dem Rechte zu entscheiden, im Sinne jener Grundsätze, welche allgemein als Recht anerkannt werden. Sehr deutlich fand dieser Übergang in Rom statt. Hier wurde das Zwölftafelgesetz ausschließlich zu dem Zwecke geschaffen, damit die Rechtspflege nicht mehr der Willkür der Pontifices anheimgegeben sei, damit es eine Regel gebe, welche der Richter zu befolgen verpflichtet sei[16]. So

[15] *Stephen:* New Commentaries on the Law of England. Tenth edition. Vol. I, p. 64.

[16] Vgl. auch *Selden* (zitiert bei *Stephen*, a.a.O., Vol. III, p. 478, N. n): For law we have a measure and know what to trust to.

entsteht langsam die Überzeugung überall, daß das Recht über dem Richter stehe; das für alle möglichen Fälle berechnete Recht schmiegt sich jedem einzelnen Falle nicht leicht an, erscheint unter Umständen hart und ungerecht, aber man gewinnt ein höheres Gut, welches diese Nachteile reichlich aufwiegt: die Rechtssicherheit. War bisher Recht und Nichtrecht nicht durch eine breite Kluft, sondern durch eine leicht verwischbare Linie getrennt, so wird jetzt der Gegensatz von Recht und Nichtrecht zum Gegensatze von Recht und Unrecht. Es mag hier gestattet sein, die vielberufene Analogie der Sprache notfalls zur Illustrierung der Rechtsentwicklung heranzuziehen. So lange die Sprache jung und in Bildung begriffen ist, gibt es keine fehlerhaften Neologismen; jede neue Ausdrucksweise bürgert sich rasch ein, man prüft sie nicht erst lange auf ihre Korrektheit, Berechtigung und Wohllaut. Hat sich aber die Sprache bereits entwickelt, dann entsteht — von den neuen Grammatikern nach den alten Schriftstellern, welche jene noch bildsame Sprache gehandhabt haben, abstrahiert — eine Art Kanon der Sprachregeln, und jede neue Sprechweise muß sich von nun an im harten Kampfe ihre Existenzberechtigung erobern[17].

Damit ist jedoch die Entwicklung nicht abgeschlossen. Das Recht ist überall nur für solche Verhältnisse berechnet, für welche es entstanden ist, weiter vorgeschrittenen Verhältnissen ist es nicht gewachsen. Die legislatorische Technik liegt noch in den Anfängen; in den Gesetzen erscheinen einzelne Fälle bis ins kleinste Detail normiert, andere, vielleicht viel wichtigere, sind ganz übersehen worden, der Mangel einer jeden Systematik, der Mangel allgemeiner Gesichtspunkte in den Gesetzen erschwert die Beherrschung derselben. So tätig die Gesetzgebungsmaschine auch sein mag, beseitigen kann sie diese Übelstände gewiß nicht; hier könnte nur eine umfassende, von allgemeinen Gesichtspunkten beherrschte Kodifikation helfen, für eine solche ist aber das Zeitalter noch lange nicht reif; die Gesetzgebung liefert Stückwerk, Entscheidungen einzelner Fälle, gewöhnlich für den Augenblick berechnet, vergrößert immer mehr und mehr die Masse des positiven Materiales, läßt leitende Ideen immer mehr und mehr in den Hintergrund treten und verschlimmert nur das Übel fortwährend durch diese mißlungenen Heilversuche. Wie nun hier endlich radikale Abhilfe geschaffen wurde, ist höchst interessant; verschiedene Völker gelangten auf ganz verschiedenem Wege zu diesem Ziele.

Die Römer und Engländer statteten zum Zwecke der Rechtsfortbildung einen Magistrat mit außerordentlicher Gewalt aus: die Römer den

---

[17] Vgl. *Ihering:* Geist, 2. Aufl., Bd. I, S. 41 flg., und die klassischen Bemerkungen bei *Stephen*, a.a.O., Vol. I, pag. 80 ss., über den Zustand des älteren englischen Rechtes.

Prätor, die Engländer den Chancellor. Beide sind keine Gesetzgeber, denn sie entscheiden nur den einzelnen Fall[18]; sie sind aber doch mehr als Richter, denn sie entscheiden den einzelnen Fall nicht nach dem Gesetze, sondern nach ihrem Rechtsbewußtsein. Der Prätor kündigte überdies beim Antritte seines Amtes öffentlich an, wie er einzelne Fälle entscheiden werde und näherte sich dadurch noch mehr dem Gesetzgeber. Sowohl der Prätor als auch der Chancellor dürfen Ansprüchen stattgeben, die im Gesetze nicht begründet sind, im Rechte begründete Ansprüche zurückweisen (der Prätor insbesondere, indem er eine neue actio oder exceptio gab). So vermögen sie stets das starre Recht mit dem fortschreitenden Rechtsbewußtsein, mit den Bedürfnissen des Verkehres in Einklang zu bringen. Der Unterschied zwischen diesem Zustande und jenem, da der Richter wesentlich nach schwankendem Gewohnheitsrechte entschied, mochte anfangs nicht groß sein und die Rechtspflege war vom Ideal des Delamarre und Lepoitvin, Schloßmann und Adickes noch immer nicht gar zu weit entfernt[19], nur daß jetzt nicht mehr dem einzelnen Richter, sondern einem hohen Magistrat, dem Vertrauensmann des Volkes oder des Königs anheimgegeben ist, sich über das Recht zu stellen. Aber auch das ändert sich mit der Zeit. Die Entwicklung des Verkehres mag an Intensität keine Grenzen kennen — was sich übrigens auch bezweifeln ließe —, für die Entstehung neuer Rechtssätze ist dies zwar nicht gleichgiltig, kommt aber doch erst in zweiter Linie in Betracht; bei weitem wichtiger sind in dieser Beziehung die Formen, in welchen sich der Verkehr bewegt, und diese erschöpfen sich mit der Zeit. Es sind vielleicht auf so manchem Stück Erde Jahrhunderte vergangen, ohne daß trotz des stets wachsenden Verkehres auch nur eine einzige neue Vertragsart entstanden worden wäre. Dann hat aber auch die Notwendigkeit fortwährender Anpassung des Rechtes an neu entstandene Verhältnisse ihren Höhepunkt überschritten. Die einzelnen Fälle, wo eine Abweichung vom gemeinen Rechte notwendig war, mochten anfangs sehr verschieden beurteilt werden — hatte sich doch ein englischer Schriftsteller ausgedrückt, die equity sei wie des Chancellor Fuß, der eine Chancellor habe einen großen Fuß, der andere Chancellor einen kleinen Fuß, der dritte Chancellor einen mittleren Fuß[20]! Bald bürgert sich aber auch hier Gleichförmigkeit ein, ähnliche einfache Fälle kommen häufig vor und werden aus denselben Gründen immer gleich entschieden; man überzeugt sich, daß sich auch hier feste Regeln aufstellen lassen und wendet nun diese festen Regeln auch bei der Entscheidung seltenerer, komplizierterer Fälle an. So entstanden die edicta tralaticia, so durfte

---

[18] Die formula des Prätors war keine definitive, aber doch eine Entscheidung. Bei der extraordinaria cognitio war die Entscheidung des Prätors eine definitive.

[19] Vgl. darüber Bekkers Actionen, Bd. I, S. 161; Bd. II, S. 7, 13 usw.

[20] Selden zitiert bei *Stephen* a.a.O., Bd. III, S. 478, N. n.

sich gegen den oben angeführten Ausspruch von Selden ein Chancellor (Lord Elden) aufs Feierlichste verwahren: er entscheide stets nach denselben Prinzipien[21] — und die englische Jurisprudenz bestätigt dies auch vollständig[22]. Dieser Niederschlag der in solcher Weise seit Erstarrung des alten Rechts neu entstandenen Rechtsgrundsätze wurde dann wieder gesammelt, kodifiziert, in Rom offiziell von Salvius Julianus, in England in zahlreichen nicht offiziellen Sammlungen, so daß mit der Zeit jeder Unterschied zwischen diesem und dem alten Rechte schwindet, bis er endlich auch formell abgeschafft wird — in Rom infolge der legislatorischen Tätigkeit Justinians, in England durch den Judicature Act vom Jahre 1873, welcher bestimmte, daß, sooft auf dem Gebiete des materiellen Rechtes die Regeln der equity mit denen des common law im Widerspruche stehen, die ersteren den Vorzug haben sollen. Schon viel früher erhob man das Recht der equity zum gemeinen Rechte auf einem einzigen Gebiete, nämlich das Recht des cestui que use zu einem legal estate durch das Statute of uses (27 Hen. VIII. c. 10)[23].

Ganz anders war die Entwicklung bei fast allen Völkern des Kontinentes seit dem Mittelalter[24]. In dem Augenblicke, da der Verkehr solch einen Aufschwung nahm, daß man mit dem alten Rechte nicht mehr auskommen konnte, griff man zu einem fremden Rechte, man rezipierte das römische Recht. Die Rezeption des römischen Rechts mochte sehr rätselhaft erscheinen, so lange man geglaubt hatte, sie stehe einzig da in der Geschichte — heute weiß man, daß die Rezeption fremder Rechte ein Ereignis ist, welches sich relativ häufig wiederholt, und ist auch keineswegs schwer zu erklären. Alle sozialen Institute, die Familie, die Ehe, die Regierungs- nicht minder wie die Höflichkeitsformen entwickeln sich selbst bei Völkern, die miteinander nie in Berührung kamen, im wesentlichen in gleicher Weise. So war das Gesamteigentum der Gemeinde beinahe überall eine Übergangsstufe zum gegenwärtigen Privateigentum[25]. Hat nun aber der Verkehr eine gewisse Entwicklungsstufe erreicht, so bildet sich überall auch ein ähnliches Verkehrsrecht aus, und es ist daher leicht zu begreifen, daß das fremde, für einen höher ent-

---

[21] Thomas Erskine *Holland*: The elements of Jurisprudence. Third edition, p. 59 ss., macht auf die parallele Entwicklung der englischen equity und des prätorischen Rechtes aufmerksam und führt dies ins Detail durch. Sogar das bonitarische Eigentum hatte ein Seitenstück im Rechte des cestui que use und cestui que trust.

[22] *Stephen*, a.a.O., Bd. III, S. 478 (die Stelle ist Blackstone entnommen); *Kent:* Commentaries on American Law. Twelfth edition. Boston 1873, Vol. I, pag. 490: a court of equity becomes in the lapse of time by gradual and almost imperceptible degrees a court of strict technical jurisprudence like a court of law.

[23] *Stephen*, a.a.O., Bd. I, S. 356 flg., 533 flg.; *Kent*, a.a.O., Vol. IV, p. 294.

[24] Eine Ausnahme bilden namentlich die Ungarn und Slaven.

[25] Vgl. *Laveleye:* De la proprieté et de ses formes primitives, 1874; *Spencer:* Political institutions, S. 628.

wickelten Verkehr berechnete Recht einem reicheren Verkehrsleben ganz unvergleichlich besser entsprechen muß als das *einheimische* Recht, welches für primitive Verhältnisse geschaffen wurde[26]. Das Fremdartige wird abgestoßen oder modifiziert; für Institute, welche das fremde Recht nicht kennt, das einheimische Recht beibehalten; aber auch das, was man rezipiert, wird mit autochthonen Ideen so lange versetzt, bis es vollständig assimiliert erscheint[27], und im Großen und Ganzen wird mit der Rezeption, nach einem glücklichen Ausdrucke Zitelmanns[28], doch nur die eigene Rechtsentwicklung antizipiert. Jene Kraft, welche dadurch frei wird, daß die Produktion eines neuen Rechtes entbehrlich wurde, wird nun zum Ausbau und Fortbau des Vorhandenen verwendet. Für die Schaffung eines besonderen Organs, um das geltende Recht mit den Bedürfnissen des fortschreitenden Verkehrs in Einklang zu bringen, liegt keine Notwendigkeit vor. Es ist klar, daß durch diese Entwicklung der, wie oben ausgeführt wurde, schon früher entstandene Grundsatz, daß der Richter an das Gesetz gebunden ist, noch mehr an Boden gewinnt, denn das rezipierte Recht reicht einerseits — etwa hie und da in Verbindung mit dem alten einheimischen — vollständig für die Verhältnisse aus, andererseits bildet es eine feste, organisch zusammenhängende Masse, an der sich wohl viel herumdeuten, aber nichts ändern läßt.

Insoweit diese Ausführungen für den gegenwärtigen Rechtszustand zutreffen, ist daher die Ansicht von Delamarre, Lepoitvin, Adickes und Schloßmann ganz entschieden unrichtig. Eigentlich ist ihr schon durch die Aufnahme, die sie gefunden hat, jeder Boden entzogen, denn eine Ansicht, welche der „subjektiven Vernunft“, dem „Rechtsgefühl“, eine entscheidende Autorität beimißt, ist doch jedenfalls gerichtet, wenn sie von eben dieser subjektiven Vernunft, vom Rechtsbewußtsein, abgelehnt wird. Einen Einfluß auf die Praxis hat sie nirgends ausgeübt, wenigstens keinen, dessen sich dieselbe bewußt worden wäre, und die energische Verwahrung gegen die heutige Geltung der actio doli und exceptio doli generalis, welche Römer, einer der bedeutendsten deutschen Praktiker und Reichsgerichtsrat, einlegt[29], kann einen Maßstab dafür abgeben, wie er sich über die Anschauungen von Adickes oder Schloßmann geäußert hatte. Ebenso ablehnend verhält sich die Theorie[30]; von den vielen günstigen Urteilen über das Buch von Schloßmann und Adickes, welche mir

[26] Vgl. *Zitelmann:* Die Möglichkeit eines Weltrechtes. Wien 1888, S. 23, und Juristische Blätter 1888, S. 161 flg.

[27] *Karsten:* Die Lehre vom Vertrage bei den italienischen Juristen des Mittelalters, 1882, in dieser Beziehung sehr belehrend.

[28] a.a.O., S. 174.

[29] Goldschmidtsche Zeitschrift, Bd. XX, S. 52 flg., 49 flg.

[30] Gegen Delamarre und Lepoitvin hat sich geäußert in Frankreich sehr entschieden Lyon Caen und Renault: Précis du droit commercial, S. 27 N. n; Ripert in der Revue pratique de droit français, Vol. XXXVII, p. 149.

bekannt geworden sind, bezieht sich keines auf diese Lehren. Befragt man aber sein eigenes Rechtsbewußtsein, so erhält man ebenfalls keine andere Antwort. Über so subjektive Dinge läßt sich natürlich nicht viel streiten; es scheint jedoch keinem Zweifel zu unterliegen, daß eine noch so unbillige, aber im positiven Rechte begründete Entscheidung keineswegs das Rechtsgefühl so sehr verletzt wie eine Entscheidung, die man in Ermangelung einer Begründung im positiven Rechte nur als willkürlich ansehen kann — denn für die Billigkeitsgründe wird eine Partei, zu deren Ungunsten die Entscheidung ausfiel, schwerlich viel Verständnis haben. Dann und nur dann entsteht jenes brennende Gefühl, welches Ihering mit solcher Kraft zu schildern versteht, wenn wir uns überzeugen, daß wir dort, wo wir Recht gesucht haben, Willkür fanden. Es ist freilich nicht leicht, darüber einen direkten Beweis zu führen, ebenso wenig wie es sich beweisen läßt, daß etwas rot oder blau ist; wer es nicht sieht, ist eben farbenblind. Aber der Grundsatz: Gesetze wirken nicht zurück — hat mit dem hier in Rede stehenden so viele Ähnlichkeit und wird so allgemein anerkannt, daß ein Hinweis auf denselben wohl geeignet erscheinen muß, die hier verteidigte Position zu kräftigen.

Man beruft sich wohl auch darauf, daß ein Gewohnheitsrecht nach der herrschenden Lehre nur durch langjährige Übung entsteht und daß es inzwischen doch geübt und als verpflichtend anerkannt werden muß, obwohl es noch nicht Gewohnheitsrecht ist. Das beweist aber doch nur, daß die richtige Theorie des Gewohnheitsrechtes jene ist, welche es schon dann als entstanden betrachtet, wenn im Rechtsbewußtsein des Volkes ein neuer Rechtssatz mit solch zwingender Kraft und elementarer Gewalt nach Geltung ringt, daß er alle Hindernisse überwindet, welche sich ihm entgegenstellen[31]. Damit ist freilich nicht gesagt, daß es keinen Sinn hat, die Anerkennung des Gewohnheitsrechtes an gewisse Voraussetzungen zu knüpfen als: langjährige konstante Übung, opinio necessitatis etc. Dies hat einen ganz vernünftigen Sinn: zu hindern, daß der Richter in leichtfertiger Weise, ohne zwingende Notwendigkeit, ein Gewohnheitsrecht annehme; es fällt mit dem Bestreben zusammen, den Richter nach Möglichkeit an das Gesetz zu binden und bestätigt die obigen Ausführungen. Von diesem Standpunkte aus kann auch das Verbot des Gewohnheitsrechtes gebilligt werden: denn daß ein solches Verbot die Entstehung des Gewohnheitsrechtes wohl erschweren aber nicht hindern kann, das lehrt das Beispiel Österreichs, wo es besteht und wo der Richterstand dem Gewohnheitsrechte sehr abgeneigt ist. Zitelmann irrt, wenn er das Gegenteil annimmt[32], auch in Österreich lassen sich nämlich einige wenige Gewohnheitsrechte nachweisen: im Widerspruche

---

[31] Vgl. *Zitelmann:* Archiv für civilistische Praxis, Bd. LXVI, S. 446.

[32] a.a.O., S. 466.

mit der ausdrücklichen Anordnung des § 403 der a. G. O. wird eine Klage dem Gegner zugestellt, auch wenn der Kläger weder aktorische Kaution bestellt noch in der Provinz „kundbar sattsam bemittelt" ist. Nur auf Gewohnheitsrechte lassen sich ferner zurückführen: die außerordentliche Liberalität der Gerichte in der Bestellung des Curator absentis, welche weit über die gesetzlichen Bestimmungen hinausgeht, die laxe Handhabung der Vorschriften über den Gerichtsstand des Vertrages, welcher beinahe in dem Maße zugelassen wird, wie nach dem gemeinen Zivilprozesse[33], obwohl er nur durch *ausdrückliche* Verabredung begründet werden dürfte, wohl auch schon die Begründung des Gerichtsstandes des Vertrages durch den Fakturenbeisatz: „zahlbar in X"— und zwar nicht nur bei Handelsgeschäften. Wendet man dagegen ein, daß diese Regeln meist einen prozessualen Charakter haben und daß im Prozeßrechte der Geltung des Gewohnheitsrechtes allerdings nichts entgegensteht[34], so ist dagegen zu bemerken, daß dies für die zweite und vierte der Regeln nur zur Hälfte zutrifft, daß ferner der österreichische Richterstand ganz allgemein das Verbot des Gewohnheitsrechtes auch auf das Zivilprozeßrecht bezieht, und dies entscheidet doch wohl hier, wo es sich nicht darum handelt, welchen Umfang dieses Verbot dogmatisch besitzt, sondern lediglich darum, ob die Überzeugung des Richters, er dürfe das Gewohnheitsrecht nicht beachten, die Entstehung desselben hindert oder nicht.

Trotz alledem schwindet aber das Bedürfnis einer rascheren Rechtsfortbildung, als es auf dem Wege der Gesetzgebung und des Gewohnheitsrechtes möglich wäre, auch in dieser Periode nie ganz. Bis zu einem gewissen Grade wird demselben durch die Autorität der Präjudizien Rechnung getragen. Diese unterscheiden sich von den Regeln der equity, des prätorischen Rechtes, kaum in bezug auf ihre Kraft, wohl aber in bezug auf den Wirkungskreis. Neue Rechtsgrundsätze können und wollen sie nicht einführen, sie beschränken sich auf den Ausbau der vorhandenen, den sie ins Detail durchzuführen trachten, und zwar immer unter dem Mantel einer richtigen Gesetzesinterpretation[35].

Die ganze vorstehende Erörterung, wesentlich historischer und rechtsvergleichender Natur, wäre in einer dogmatischen Abhandlung gewiß übel angebracht, wenn sie nicht eine auch für das heutige Verkehrsrecht überaus praktische Frage betreffen würde: denn es unterliegt keinem Zweifel, daß unser Handelsrecht zu einem sehr großen Teile sich in einem ebenso flüssigen Zustande befindet wie das römische Recht zu

---

[33] Vgl. Glaser-Unger, Bd. VII, Nr. 3338; Bd. XVI, Nr. 7064, 7188; Bd. XXII, Nr. 10008.

[34] Vgl. Anton *Menger:* System des österreichischen Civilproceßrechts, S. 83, und dortselbst über noch einige österreichische Gewohnheitsrechtssätze; außerdem neuestens *Hölder:* Archiv für civilistische Praxis, Bd. LXXIII, S. 17 flg.

[35] *Holland,* a.a.O., S. 61; *Dernburg:* Preußisches Privatrecht I, § 22.

einer Zeit, da der Prätor seine Machtvollkommenheit am reichlichsten entfaltete. Es ist dies auch keineswegs schwer zu erklären: auf das Handelsrecht bezog sich die Rezeption des römischen Rechtes nicht, es gehört nicht zu den Bestandteilen der großen römischen Erbschaft.

Das römische Recht ist nämlich wesentlich ein Recht des Platzverkehres und wie geschaffen, um den Distanzverkehr einerseits unmöglich zu machen, andererseits den Mangel so wenig als möglich hervortreten zu lassen. Die wichtigsten juristischen Hebel des Distanzverkehres, wie er sich uns heute darstellt, sind: Formlosigkeit der Geschäfte, Stellvertretung und der Wechsel. Alle drei waren dem römischen Rechte beinahe, wenn nicht ganz unbekannt. Die Verträge waren formell, und zwar setzten die Formen überall die Anwesenheit beider Kontrahenten voraus[36]. Selbst an das wichtigste Geschäft des Verkehrsrechtes, den Kauf, mußten in der Regel Stipulationen sich anschließen, so daß regelmäßig der Kauf zum Platzgeschäfte wurde. Die Stellvertretung war, wie es scheint, nur in sehr beschränktem Maße zulässig[37], aber selbst wenn man annimmt, daß sie rechtlich anerkannt war, so zeugt doch ihr seltenes Vorkommen in den Quellen, selbst bei der freiesten Behandlung derselben, für ihre geringe Bedeutung im Verkehre. Dagegen waren der Abschluß von Geschäften durch Sklaven, durch den institor und magister navis, ferner der iussus, vortrefflich dazu angetan, das Distanzgeschäft, wo es unumgänglich nötig wurde, durch ein künstliches Platzgeschäft zu ersetzen. So ist es denn erklärlich, daß sich im römischen Rechte gar keine Bestimmungen über Verträge unter Abwesenden vorfinden, daß die Bestimmungen des römischen Transportrechtes bei einem irgendwie verwickelten Distanzverkehre versagen, daß es höchstens dürftige Andeutungen enthält, welche für die Konstruktion des Rechtes des Kommissionshandels im modernen Sinne verwertbar erschienen.

Der neueren Rechtsentwicklung blieb es vorbehalten, das römische Recht in dieser Richtung zu ergänzen. Der Hauptsache nach wurde die Aufgabe schon in früheren Jahrhunderten gelöst und durch die zivilrechtlichen Kodifikationen des XVIII. und XIX. Jahrhunderts vollendet. Sie enthielten in dieser Beziehung insbesondere Bestimmungen über Verträge unter Abwesenden und die Stellvertretung bei Rechtsgeschäften. Daneben bestanden noch besondere Handelsgesetze, welche namentlich das Recht der kaufmännischen Unternehmungsformen, Wechselrecht, Makler und Börsen, endlich den Handelsprozeß betrafen. Nur das klassische Volk der Kodifikation, die Franzosen, ging auch hier einen eigenen Weg. Es verband alle letzterwähnten Bestimmungen so

---

[36] Vgl. *Mitteis:* Die Lehre von der Stellvertretung. Wien 1885, S. 13 flg.

[37] *Mitteis,* a.a.O., S. 32.

wie einzelne Normen über den Distanzverkehr zu einem besonderen Gesetze, dem Code de commerce, und wurde dadurch maßgebend für die spätere Gestaltung des Handelsrechtes, wenigstens in formeller Beziehung. Im übrigen wurde auch in Frankreich der Distanzverkehr größtenteils im Code Napoléon geregelt. Mit dem Code de commerce erscheint aber nicht bloß eine Entwicklungsperiode des Handelsrechtes abgeschlossen, sondern er steht auch an der Scheide zweier Entwicklungsperioden des Handels.

Schon die Beendigung der Napoleonischen Kriege mußte von großem Einfluß sein, denn sie war eine mächtige Anregung zur so lange vernachlässigten wirtschaftlichen Tätigkeit, zur Nachholung des Versäumten; dazu kommen die überaus zahlreichen technischen Erfindungen vom Ende des XVIII. und Anfang des XIX. Jahrhunderts, welche erst seit den zwanziger Jahren dieses Jahrhunderts die rechte Verwertung fanden, der nie geahnte Aufschwung des Verkehrsmittelwesens und die plötzliche Hebung des Geldumlaufes durch Entdeckung neuer Goldadern. Hält man sich vor Augen diese fast märchenhafte Entwicklung der Volkswirtschaft bis zu einer industriellen Produktion, die in einem Tage vielleicht mehr Güter hervorbringt, als früher in einem Jahrhunderte möglich war, und berücksichtigt ferner, daß die Zusammenstimmung individueller Interessen, welche, wie Spencer[38] nachgewiesen hat, eines der wichtigsten, die Rechtserzeugung treibenden Momente ist, dem Handelsstande am leichtesten zum Bewußtsein kommt, wie die Geschichte der wirtschaftlichen Bewegungen und auch die tägliche Erfahrung zeigt; zieht man in Betracht, daß jene Theorie beim Handelsstande am frühesten zur herrschenden wird, welche Spencer als allerletzte in der Rechtsentwicklung bezeichnet: that the source of legal obligation is the consensus *of individual interests itself* and not the will of a majority determined by their opinion concerning it which may or may not be right[39], wie dies die nähere Erörterung der handelsrechtlichen Praxis wohl zur Genüge dartun wird, so erhält man die richtige Folie für den einzigen Satz: Das Handelsrecht des XIX. Jahrhunderts konnte nicht mehr das alte bleiben. Und da die Gesetzgebung mit dieser mächtigen Entwicklung unmöglich Schritt halten konnte, so mußte sich das Bedürfnis nach neuem Rechte in einer anderen Weise Bahn brechen. Die kaufmännischen Gilden waren schon im Mittelalter Depositare des kaufmännischen Gewohnheitsrechtes: dieser Wirkungskreis gewann jetzt naturgemäß an Intensität. Von denselben kodifizierten manche so-

[38] Political institutions, S. 620 flg.

[39] Vgl. darüber neuestens Leroy-Beaulieu in der Revue de deux mondes, Tome LXXXVIII, p. 931. Auch die equity ist zum großen Teil Handelsrecht. Als Schöpfer des englischen Handelsrechtes gilt der Chancellor Lord Mansfield. *Kent*, a.a.O., Vol. I, p. 497.

gar das Gewohnheitsrecht. So bedeutend auch ihre Leistungen im einzelnen waren, zu einer annähernd so großen Bedeutung für die Rechtsfortbildung, wie etwa die Tätigkeit des Prätors oder des Chancellors sie hatte, brachten sie es nicht[40]. Die Aufgabe, das Recht den Bedürfnissen des Verkehres zu akkomodieren, fiel daher der Hauptsache nach doch dem Richterstande anheim. Diesem war es hier etwas Leichtes, derartigen Anforderungen zu entsprechen, als auf dem Gebiete des Zivilrechtes, da die Richter in Handelssachen selbst teilweise oder ganz dem Handelsstande entnommen werden, andererseits knüpft man in Handelssachen die Entstehung des Gewohnheitsrechtes an minder strenge Voraussetzungen. Und ein solches bildete sich nun um diese Zeit mit unglaublicher Raschheit; fortwährend standen die Gerichte einer neuen Entwicklung gegenüber, einer Entwicklung, die sich fast vor ihren Augen vollzog; die zu ihnen drang: durch die „ungeduldigsten Advokatensatzschriften", durch die Gutachten der Sachverständigen, durch die Äußerungen der kaufmännischen Beisitzer, namentlich aber durch die unmittelbare Anschauung der Richter selber, und überhaupt durch alle Poren, welche dem warm pulsierenden Leben den Weg selbst in die pedantischsten Büreaus frei ließen: kein Richter konnte sich dem überwältigenden Einflusse entziehen. Da wurde aber wieder die Scheidegrenze zwischen Recht und Nichtrecht ebenso schwankend wie in den ersten Stadien der Rechtsentwicklung; und da man das Prinzip, daß der Richter an das Gesetz gebunden ist, nicht verlassen konnte und wollte, so mußte man nach Mitteln und Wegen suchen, wie man das neue Recht den Entscheidungen zu Grunde legen, aber dieselben doch als im geltenden positiven Rechte begründet erscheinen lassen könnte. Dies erreichte man nun am besten durch allgemeine Wendungen, wie den Hinweis auf die Notwendigkeit, Treu und Glauben im Verkehre zu wahren, die Berufung auf die römischen Begriffe des dolus generalis und der exceptio doli generalis, unter welche sich alles mögliche unterbringen ließ, auf die Regel, daß sich niemand auf seinen dolus berufen dürfe, wobei man den Ausdruck dolus wieder in einem ganz allgemeinen, dem dolus generalis verwandten Sinne nahm[41]. Schon daraus ersieht man, daß es Entscheidungsgründe waren, welche mit geringen Änderungen auch als Motive zu einem Gesetzentwurfe würden dienen können.

Daran konnte das allgemeine deutsche Handelsgesetzbuch nicht viel ändern, denn ungleich dem Corpus iuris und den zivilrechtlichen Gesetzen des XVIII. und XIX. Jahrhunderts, hat es eine Entwicklungsperiode des Rechtes keineswegs abgeschlossen, sondern entstand mitten während der Übergangsperiode, und zwar zu einer Zeit, da die Wogen am

---

[40] a.a.O., S. 623.

[41] Vgl. über eine ähnliche Richtung im Strafrechte *Benedikt*, Juristische Blätter 1887, S. 209.

höchsten gingen, da der Bau der Hauptlinien der kontinentalen Eisenbahnen noch teilweise gar nicht beendet war, zu einer Zeit, da die Goldschätze Kaliforniens eben erst entdeckt wurden; Savigny hätte jener Zeit gewiß in letzter Linie den Beruf zur Gesetzgebung zugestanden. Und so entstand es denn als das unfertigste aller Gesetzbücher, die je gegolten haben[42]. Deswegen ist es auch voller Lücken und Halbheiten, deswegen gibt es auch gar kein Bild des geltenden, des wirklich geübten Handelsrechtes; die Entwicklung des Handelsrechtes ging darüber hinweg. Dies erzeugte aber die Täuschung, als ob das Handelsrecht überhaupt zur Gänze nicht modifizierbar, als ob es seiner Natur nach ein fortwährend in Bildung begriffenes sei, zum Unterschiede von dem stabilen, konservativen Zivilrecht[43]. In dieser Allgemeinheit ist das jedoch gewiß unrichtig, es gibt gewiß Perioden, wo die Entwicklung des Handelsrechtes ebensogut stille steht, wie überhaupt die ganze Entwicklung der Menschheit; wohl aber war dies ein charakteristisches Merkmal des Handelsrechtes während einer Übergangsperiode, die wir allem Anscheine nach bereits hinter uns haben.

Um die Feststellung dieses so entstandenen Gewohnheitsrechtes haben sich namentlich die Gerichte größerer Handelsstädte, insbesondere das Oberappellationsgericht Lübeck und das Appellationsgericht Nürnberg, verdient gemacht. Zusammengefaßt wurden die meisten Ergebnisse dieser Praxis vom früheren Reichsoberhandelsgerichte. Das gegenwärtige Reichsgericht steht im Ganzen, wie es scheint, bereits einem fertigen Produkt gegenüber[44]. Dem sei wie ihm wolle: so viel ist klar, daß wir in der neuesten Zeit eine Periode durchgemacht haben, für welche jene Grundsätze, die Schloßmann, Adickes, Delamarre und Lepoitvin für die Rechtspflege aufstellten, tatsächlich in Übung waren.

Da man diese Praxis der Handelsgerichte jedoch leicht mißverstehen könnte, so ist es geraten, an einer Stichprobe die Richtigkeit des oben Ausgeführten nachzuweisen. Dies mag an der Rechtsprechung des früheren Reichsoberhandelsgerichtes versucht werden, wie sie in der offiziellen Sammlung dieses Gerichtshofes erscheint[45].

---

[42] Vgl. darüber auch Andreas Heusler in der Zeitschrift für schweiz. Recht, Bd. XIII, S. 133 flg.

[43] So z. B. *Gareis* in Buschs Archiv, Bd. XXVIII, S. 5 flg.; *Endemann:* Lehrbuch, 3. Aufl., S. 34 i. f.

[44] Vgl. das Zitat aus der „Kölnischen Zeitung" bei *Henrici:* Iherings Jahrbücher, Bd. XXIV, S. 8.

[45] Es handelt sich hier ausschließlich um jene in die offizielle Sammlung aufgenommenen reichsoberhandelsgerichtlichen Entscheidungen, in welchen eine Berufung auf bona fides, Treu und Glauben etc. vorkommt. Die Heranziehung anderer Entscheidungen als der reichsoberhandelsgerichtlichen erscheint für den Zweck dieser Abhandlung: zu zeigen, daß denselben kein anerkanntes gemeinsames Prinzip zu Grunde liegt, überflüssig, denn sie würden jedenfalls dieses Ergebnis nur bestätigen, nicht ändern können; vieles soll

Das Reichsoberhandelsgericht hat es nie mit dürren Worten gesagt, daß es in einem konkreten Falle ein neu entstandenes Gewohnheitsrecht zur Anwendung bringt, sondern hat die betreffenden Entscheidungen in der Regel durch Berufung auf das Prinzip von Treu und Glauben, auf die bona fides mit der Rücksicht auf das arglistige, dolose Verhalten einer Partei begründet, und es adoptierte in dieser Beziehung häufig nicht bloß die Gründe der oben erwähnten Handelsgerichte Nürnberg und Lübeck, sondern kopierte sogar deren Ausdrucksweise. Es wäre übrigens vielleicht entsprechender, der Würde und Autorität eines Gerichtshofes von diesem Range und wohlverdientem Ansehen angemessener, wenn es diese Entscheidungsgründe als nichts anderes ausgegeben hätte, als was sie in der Tat waren: als Anwendung neuer Rechtsgrundsätze.

Häufig beruft sich das Reichsoberhandelsgericht auf das Prinzip von Treu und Glauben freilich auch, wo das zur Begründung der Entschei-

---

anderweitig verwertet werden. Um eine linguistische Abhandlung über das Vorkommen der erwähnten Ausdrücke handelt es sich hier doch nicht, überdies könnte die Massenhaftigkeit des Materiales nur verwirren. Ich beschränke mich daher hier auf die bloße Anführung jener Entscheidungen, die mir während der Arbeit aufgefallen sind, ohne daran eine weitere Erörterung zu knüpfen. Die Berufung auf die bona fides kommt vor in den Entscheidungen: Seufferts Archiv, Bd. I, S. 46 (Lübeck); Bd. V, S. 198 (Lübeck); Bd. IX, S. 27 (Lübeck); Bd. XI, S. 164 (Lübeck); Bd. XIV, S. 201 (Wolfenbüttel); Bd. XXV, S. 175 (Wolfenbüttel); Bd. XXVII, S. 26 (R.O.H.G.); Bd. XXIX, S. 245 (Celle); Bd. XXX, S. 119 (Wolfenbüttel); Bd. XL, S. 397 (Braunschweig). — Buschs Archiv, Bd. IX, S. 180 (Kreisgericht zu Burg in Preußen); Bd. XIII, S. 287 (sächs. AG. Eisenach, Juristenfakultät Göttingen); Bd. XXII, S. 281 (Stuttgart); Kierulfs Sammlung, Bd. I, S. 921, 642, V, 151; Ackermanns Rechtssätze aus den Erkenntnissen des O.A.G. Dresden, Bd. XV, S. 87. Treu und Glauben wird berufen: Seuffert, Bd. IV, S. 337 (Lübeck); Bd. XV, S. 69 (Mannheim); Bd. XIX, S. 49 (Lübeck); Bd. XXII, S. 457 (Nürnberg); Bd. XXV, S. 65 (Dresden) (=Busch, Bd. XVIII, S. 422); Bd. XXXII, S. 449; Bd. XXXIII, S. 356 (R.O.H.G.); Bd. XXXVI, S. 82 (R.G.); Bd. XXXVII, S. 288 (Stuttgart); Bd. XXXIX, S. 62, 197 (R.G); Zeitschrift für Rechtspflege und Verwaltung, Bd. XLI, S. 56 (R.O.H.G.); Bd. XLIII, S. 236; Sammlung von Entscheidungen des O.G.H. für Bayern in Gegenständen des Handels- und Wechselrechts, Bd. I, S. 94 (H.A.G. Nürnberg); Bd. III, S. 685 (H.A.G. München); *Ackermann:* Rechtssätze aus den Entscheidungen, Bd. XV, S. 87. Der Ausdruck „Guter Glaube“: Buschs Archiv, Bd. XXII, S. 359 flg. (Darmstadt); Zeitschrift für Rechtspflege und Verwaltung, Bd. XIX, S. 367; Ackermann, Bd. X, S. 205. Schuldige Treue: Seuffert, Bd. XXXVI, S. 78 (R.G.). Der Ausdruck Rechts- und Billigkeitsgefühl“: Seuffert, Bd. I, S. 141 (München). Dieses Verzeichnis, welches durch zahlreiche Entscheidungen in der Goldschmidtschen Zeitschrift, die im Index derselben zusammengestellt erscheinen, leicht ergänzt werden kann, mag zur Illustrierung der Ausführungen im Texte dienen. Berücksichtigt sind daher nur jene Entscheidungen, welche als Vorläufer der im Texte besprochenen reichsoberhandelsgerichtlichen Praxis gelten können oder sich an dieselbe anschließen: Einen Anspruch auf Vollständigkeit erhebt es übrigens um so weniger, als die Entscheidungen von einem ganz anderen Gesichtspunkte aus gesammelt wurden. Vgl. übrigens noch den Ausdruck: mauvaise grace pour ne pas dire plus in der Entscheidung des Tribunals Pont-Audemer bei *Dalloz:* Jurisprudence générale, Bd. 55, S. 134.

dung keineswegs notwendig erscheint, wo man mit den Grundsätzen des geltenden positiven Rechtes ganz gut hätte auskommen können. Dann ist der Ausdruck eben nur rhetorische Phrase, bestimmt, die juristische Verurteilung durch die moralische Brandmarkung zu verstärken. So um die Nichtberücksichtigung einseitiger, hinter dem Rücken des anderen Teiles gemachter Verwahrungen in gemeinschaftlich geführten Geschäftsbüchern[46] oder des Fakturenvermerkes „zahlbar in X"[47] zu begründen, um die Nichtbeachtung gewisser unglaublicher tatsächlicher Anführungen zu rechtfertigen[48].

Ebenso überflüssig erscheint diese Ausdrucksweise, wo es sich nur um die Interpretation einer Gesetzesstelle handelt, denn es unterliegt keinem Zweifel, daß man bei Anwendung allgemeiner Interpretationsregeln zu ganz demselben Resultate kommen müßte. So wird es als gegen Treu und Glauben verstoßend angesehen, wenn der Machtgeber, welcher jene Personen, die sich mit seinem Bevollmächtigten in Unterhandlungen eingelassen haben, trotzdem er von den Unterhandlungen weiß, vom Widerrufe der Vollmacht nicht verständigt hatte (§§ 167 und 168, Teil 1, Tit. 13 A. L. R.), nachher vom Bevollmächtigten in seinem Namen vorgenommene Rechtshandlungen im Widerspruche mit diesen Gesetzesstellen nicht anerkennen will[49]. Ähnlich in vielen anderen Entscheidungen. Zweifelhaft ist die Interpretation des Ausdruckes „insoweit" im § 90, Tit. 13, Teil I, A. L. R. „Insoweit" der Bevollmächtigte die Vollmacht überschreitet, ist das Geschäft ungiltig; die Frage ist aber, ob die Ungiltigkeit sich auf das ganze Geschäft erstreckt, oder nur „insoweit" als die Vollmacht überschritten wurde, so daß der Dritte es insoferne geltend machen kann, als es der Vollmacht entspricht. Das Reichsoberhandelsgericht hat sich der letzteren Ansicht zugeneigt mit Rücksicht auf die Natur des Mandats als eines nach Treu und Glauben zu behandelnden Vertrages. Kann der Kommissionär, welcher als Selbstkäufer eintritt, ohne die im Art. 361 des Handelsgesetzbuches vorgeschriebene Anzeige davon gemacht zu haben, bei der Berechnung des Kaufpreises aus dem Zeitraume, welcher ihm zur Besorgung des Auftrages gegönnt war, einen beliebigen Zeitpunkt herausgreifen und nachher erklären, daß er als in diesem Zeitpunkte kaufend oder verkaufend betrachtet sein will? Keineswegs! Eine solche Interpretation des Artikels 376 Handelsgesetzbuches „würde mit den Prinzipien der Billigkeit und des guten Glaubens, wie sie den kaufmännischen Verkehr beherrschen, im grellen Widerspruche stehen", sie würde „den Kommittenten der Willkür des Kommissionärs preisgeben", daher ist für die Be-

---

[46] R.O.H.G., Bd. III, S. 427.

[47] R.O.H.G., Bd. XXII, S. 146.

[48] R.O.H.G., Bd. X, S. 191, Bd. XXII, S. 81.

[49] R.O.H.G., Bd. IV, S. 305.

rechnung des Börsen- oder Marktpreises, zu welchem der Kommissionär als Selbstkäufer oder Selbstverkäufer eintritt, in der Regel der Zeitpunkt der dem Kommittenten gemachten Anzeige maßgebend[50]. In diesem Sinne hat auch das Reichsgericht entschieden, ohne es für nötig zu halten, das Prinzip von Treu und Glauben heranzuziehen[51].

So wird auch Art. 354 des Handelsgesetzbuches dahin interpretiert, daß ein Lottokollekteur, welcher Lose verkauft hat, die Zahlung aber an dem bestimmten Tage nicht erhielt, die Rücktrittsanzeige im Sinne des Art. 354 verspätet erstattet hat, wenn er inzwischen erfuhr, daß mehrere der verkauften Lose mit größeren Treffern gezogen wurden — denn jede andere Interpretation würde es dem Lottokollekteur ermöglichen, auf Kosten des Käufers zu spekulieren[52]. Die Kündigung des Dienstverhältnisses an einen Angestellten unter der Bedingung: wenn seine Tätigkeit dem Geschäfte nicht größere Vorteile mit sich bringt, ist unwirksam, da sie wider Treu und Glauben verstößt; sie würde dem Prinzipal die Möglichkeit offenlassen, den Angestellten zu behalten, der letztere kann dann auch nicht recht wissen, ob er wegen eines anderen Engagements Anstalten treffen soll oder nicht[53]. Alle diese Interpretationen würden auch ohne jede Berufung auf ein vages Prinzip gerechtfertigt erscheinen. Hierher kann übrigens auch eine ganz willkürliche Umschreibung des Ausdruckes „Betrug“ im zivilrechtlichen Sinne durch „Verletzung von Treu und Glauben“, deren sich das Reichsoberhandelsgericht hie und da bedient, gezählt werden[54].

Ebensowenig verstößt es gegen die allgemeinen Grundsätze, wenn für die *Interpretation der Verträge* das Prinzip von Treu und Glauben maßgebend erklärt wird. Es ist dies nichts anderes, als die schon im Artikel 278 und 279 vorgeschriebene Interpretationsregel: die Interpretation nach dem Willen der Kontrahenten und der Verkehrssitte, nicht nach dem buchstäblichen Sinne des Ausdruckes[55]. So betont das Reichsoberhandelsgericht, daß auch das Fixgeschäft, trotz seiner strengen Natur, nach Treu und Glauben zu beurteilen sei, daher der Wille der Parteien auch dann berücksichtigt werden muß, wenn er dem Artikel 357 des Handelsgesetzbuches zuwiderläuft[56]. Außerdem geschieht dies häufig bei der Interpretation von Versicherungsverträgen[57], wo es aber schon nicht ganz mit dem Sinne des Art. 278 des H. G. B. zusammenfällt, indem

[50] R.O.H.G., Bd. IV, S. 222.

[51] R.O.H.G., Bd. IV, S. 170.

[52] R.O.H.G., Bd. IX, S. 60.

[53] R.O.H.G., Bd. IV, S. 343.

[54] Z.B. R.O.H.G., Bd. II, S. 26; Bd. VIII, S. 42.

[55] Vgl. R.O.H.G., Bd. IV, S. 405; Bd. XI, S. 3.

[56] R.O.H.G., Bd. I, S. 267.

[57] R.G., Bd. III, S. 23.

es nicht selten die Ablehnung einer schikanösen Interpretation des Versicherungsvertrages seitens der Gesellschaft begründen soll, ohne Rücksicht auf die Absicht, welche die Versicherungsgesellschaft, als Verfasserin des Vertrages, bei der Verfassung der Versicherungsbedingungen geleitet haben mag. Bezweckt wird hier stets ein Schutz der Interessen des Versicherten, welcher über das, was durch den Inhalt des Vertrages geboten erscheint, weit hinausgeht. Davon wird weiter unten die Rede sein. Dagegen bedeutet der Ausdruck Treu und Glauben, bona fides, bei Entscheidungen, welche sich auf Versicherungsverträge beziehen, nicht selten bloß den Gegensatz zur Lüge, Unwahrheit[58].

In vielen Fällen hat jedoch dieser Ausdruck mit der Interpretation des Vertrages nichts zu tun, er begründet nur die energische Ablehnung einer wissentlich unrichtigen Interpretation. Ein Kontrahent erklärt z. B. das Telegramm, welches eine Offerte enthält, wörtlich verstanden zu haben, trotzdem er aus dem Wortlaute entnehmen mußte, es werde noch ein Brief folgen, welcher dasselbe näher erläutern dürfte. Dies verstößt wider Treu und Glauben[59]. Ebenso handelt ein Kontrahent *arglistig* (nicht „wider Treu und Glauben"), indem er dem Vertrage einen anderen Sinn unterschieben will als jenen, in welchem derselbe während der Vertragsunterhandlungen vom anderen Teile verstanden wurde, wenn er sich — trotzdem er es wußte — dagegen nicht verwahrt hatte[60]. Es ist klar, daß hier das Wort „arglistig" keineswegs so viel als dolos bedeuten kann, es kann nur eine ebenso weite Bedeutung haben wie „Verletzung von Treu und Glauben".

Schon oben wurde angedeutet, daß die Interpretation des Versicherungsvertrages nach Treu und Glauben keineswegs dasselbe bedeutet wie Interpretation nach dem Willen der Parteien, daß sie vielmehr häufig einseitig das Interesse des Versicherten wahrnimmt, auch wenn die Absicht der Gesellschaft, welche doch wohl immer die Verfasserin des Versicherungsvertrages ist, erkennbar eine andere wäre. Fragt man nun nach der Berechtigung dieser Art, Versicherungsverträge zu interpretieren, so kann die Antwort nur dahin lauten: sie liegt in dem jetzt schon teilweise feststehenden Gewohnheitsrechte in Versicherungssachen, dessen vom Willen der Parteien unabhängige Natur, trotz der schwankenden Umrisse, nicht zu verkennen ist[61]. Hier bietet sich endlich Gelegen-

---

[58] R.O.H.G., Bd. V, S. 64; Bd. IX, S. 286; vgl. auch Bd. V, S. 170.

[59] R.O.H.G., Bd. VI, S. 161.

[60] R.O.H.G., Bd. X, S. 12.

[61] R.O.H.G., Bd. IV, S. 65; R.G., Bd. X, S. 161 (Interpretation der Verwirkungsklausel nicht nach ihrem engen Wortsinn, sondern nach der „bona fides". Ähnlich auch das Urteil eines Schiedsgerichtes zu Basel in der Zeitschrift für schweizerisches Recht, Bd. XIII, S. 218, dessen sehr charakteristische Begründung die hier vertretene Auffassung vollkommen bestätigt. Hierher gehört

heit, den Ausdruck Treu und Glauben in einer neuen, aber für den Gegenstand dieser Abhandlung wichtigen Bedeutung zu begrüßen: er dient dazu, noch nicht genügend anerkanntes Gewohnheitsrecht in die Rechtsprechung einzuführen.

Es stimmt dies vollkommen mit dem überein, was oben von der Entstehung neuer Gewohnheitsrechtssätze ausgeführt wurde. Ein Gewohnheitsrechtssatz springt eben nicht fertig wie einst Minerva aus Jupiters Haupte; bis es allgemein anerkannt wird, herrscht lange Zeit hindurch Schwanken und Ungewißheit über dessen Existenz. Man fühlt, daß man in einem gewissen Sinne entscheiden muß, daß jede andere Entscheidung das Rechtsbewußtsein verletzen würde, aber man sucht vergebens nach einer juristischen Begründung dieser Entscheidungen; da ist es leicht zu verstehen, daß sich der Richter hinter allgemeinen Phrasen versteckt, welche alles und gar nichts bedeuten, welche dem Leser, der ja ohnehin in der Sache selber mit der Entscheidung einverstanden ist, ermöglichen, den Gedanken fortzuspinnen, dem nur halb und halb Ausdruck verliehen wurde, weil er, ganz ausgesprochen, jedem klar machen müßte, daß der richterliche Spruch im bestehenden Rechte keine Basis hat, daß er auf einem neuen Rechtssatze beruht. In dieser Richtung leistet der Ausdruck Treu und Glauben vortreffliche Dienste: er ist weit genug, damit im Notfalle alles mögliche darunter verstanden werden könne. So hat das Reichsoberhandelsgericht die unmittelbare Haftung des Erwerbers eines Handelsgewerbes den Gläubigern gegenüber für die Passiven des Geschäftes, wenn die Übernahme derselben öffentlich bekannt gemacht wurde, durch Berufung auf Treu und Glauben begründet, und zwar selbst dann, wenn das Passivum im Vertrage mit dem Veräußerer ausdrücklich von einer übernommenen Haftung ausgeschlossen und der Gläubiger hiervon verständigt wurde[62]. Mit Recht fragt Simon[63], wie denn Treu und Glauben allein jemandem die Pflicht auferlegen können, eine fremde Schuld zu bezahlen! Eine solche Verpflichtung kann nur durch einen Rechtssatz begründet werden, und da ein Gesetz nicht vorhanden ist, so läßt sich nur ein Gewohnheitsrecht annehmen. Es sei bloß unbegreiflich, warum das Reichsoberhandelsgericht dies nicht mit dürren Worten gesagt habe. Eine andere Entscheidung, welche den Handelsbüchern eine über die gesetzlichen Grenzen weit hinausgehende Beweiskraft zugestand, wird in ähnlicher Weise gerechtfertigt. Die Handelsbücher wurden nämlich von dem Angestellten eines Geschäftes (dem Produzenten) für den Prozeßgegner (seinen Prinzipal) zufolge eines zwischen ihnen bestehenden Vertragsverhältnisses

---

auch R.O.H.G., Bd. IX, S. 286, R.G., Bd. X, S. 132 (gegenseitige Loyalität der Kontrahenten beim Versicherungsvertrage).

[62] R.O.H.G., Bd. I, S. 68.

[63] Goldschmidts Zeitschrift, Bd. XXIV, S. 163.

geführt, sie hatten ferner nicht den Zweck, die Vermögenslage und Handelsgeschäfte des Produzenten, sondern die des Prozeßgegners zu kontrollieren. Für solche Fälle besteht keine Pflicht zur Führung von Handelsbüchern (Art. 28 des Handelsgesetzbuches „*seine* Handelsgeschäfte ... die Lage *seines* — das heißt des die Bücher führenden Kaufmannes — Vermögens"); und Bücher, zu deren Führung keine Verpflichtung vorliegt, können auch nach Art. 34 des Handelsgesetzbuches nicht Beweis machen. Trotzdem war das Reichsoberhandelsgericht der Ansicht, daß den Büchern hier Beweiskraft zukommt. Dies beruhe auf dem Geiste des Vertrauens und des *guten Glaubens*, von welchem der Verkehr in der Handelswelt beherrscht wird, ganz besonders aber auf der Analogie der Art. 888 und 889 des Handelsgesetzbuches, wonach bei der Seeversicherung als genügende Belege für die Schadensberechnung im allgemeinen solche anzusehen sind, welche im Verkehr namentlich wegen der Schwierigkeit der Beschaffung anderer Beweismittel nicht beanstandet zu werden pflegen[64]. Es unterliegt keinem Zweifel, daß Art. 34 des Handelsgesetzbuches als lex specialis eine solch entfernte analoge Anwendung unter keinen Umständen leiden kann; in noch höherem Grade gilt dies von den Art. 888 und 889 des Handelsgesetzbuches. Als Regel muß gelten: scriptura privata pro probante non probat. Davon kann eine Ausnahme nur durch einen Rechtssatz gemacht werden. Wohl mit einem solchen, im Entstehen begriffenen, hat man es hier zu tun. Endlich ist es zwar nur eine Anwendung des alten Satzes des gemeinen Rechtes: dolo facit qui petit quod redditurus est — aber eine so neuartige, daß sie beinahe als neuer Rechtssatz erscheint, wenn das Reichsoberhandelsgericht sagt: Treu und Glauben verbieten die Verurteilung, wenn der Kläger eine Forderung aus dem Gesellschaftsverhältnisse verfolgt, ohne die gegen ihn dem Beklagten zustehende Gegenforderung aus demselben Verhältnisse zu berücksichtigen[65].

Daran schließt sich enge der Gebrauch des Ausdruckes Treu und Glauben in solchen Entscheidungen an, welche sich auf die sogenannte stillschweigende Willenserklärung, und zwar sowohl die Willenserklärung durch konkludente Handlungen, als auch das Stillschweigen als Willenserklärung beziehen. Freilich ist es richtig, daß, wenn einmal neben der ausdrücklichen Willenserklärung auch die stillschweigende anerkannt ist, es keinem Zweifel unterliegen kann, daß jede Entscheidung, welche mit diesem Begriffe operiert, eigentlich nichts ist, als Anwendung dieses Rechtssatzes auf einen speziellen Fall; es darf aber nicht vergessen werden, daß sich diese Art von Rechtsanwendung von jener, welche die Regel bildet, nicht unerheblich unterscheidet. Die Rechtsregel ist oder soll

[64] R.O.H.G., Bd. IV, S. 408.

[65] R.O.H.G., Bd. XVII, S. 353. Einen neuen Rechtssatz spricht auch R.O.H.G., Bd. XXII, S. 114, mit Berufung auf Treu und Glauben aus.

wenigstens sein strikt und gemessen, den Richter und die Parteien unbedingt zur Befolgung verpflichten. Davon bilden jene Rechtsregeln eine Ausnahme, welche dem Richter bloß die Befugnis einräumen, unter Umständen in irgendeiner Weise zu entscheiden, es aber seinem Ermessen anheimstellen, ob er von dieser Befugnis Gebrauch machen will. Es sind dies die Regeln, welche zwar äußerlich ein Dürfen des Richters statuieren, in der Tat ihm aber keineswegs etwa ein subjektives Recht einräumen, einen Vertrag als abgeschlossen anzusehen oder nicht, sondern ihm vielmehr die manchmal sehr schwere und verantwortliche Pflicht auferlegen, nach genauer, gewissenhafter Erwägung aller Umstände zu entscheiden, ob ein Vertrag zustande gekommen ist oder nicht[66]. Der Rechtssatz selbst ist hier eigentlich nur eine Form, in die das Verschiedenste hineinpaßt, der Rahmen, in den das Verschiedenste hineingelegt werden kann. Der Richter hat nach freiem, aber gewissenhaftem Ermessen zu entscheiden, was hineingelegt werden soll[67]. Und gewiß wird heute etwas ganz anderes als Willenserklärung durch konkludente Handlungen gelten als vor hundert Jahren oder im alten Rom — obwohl die Regel äußerlich dieselbe blieb: gerade hier hat der vorhin besprochene Aufschwung des Handels und Verkehres den bedeutendsten Einfluß auf das Recht ausgeübt, derselbe wäre aber ohne offenbare Rechtsverletzung oder Entstehung neuer Rechtssätze unmöglich gewesen, hätten wir nicht Rechtssätze gehabt wie dieser: daß der Wille auch durch konkludente Handlungen erklärt werden kann, daß das Stillschweigen *unter Umständen* ebenfalls als Erklärung gelte. Der Annahme, daß die Fälle der Willenserklärung durch konkludente Handlungen und des Stillschweigens als Willenserklärung in den Quellen taxativ aufgezählt seien, steht eigentlich nichts entgegen. Wenn trotzdem diese Ansicht von Savigny[68] gar keine Anhänger gefunden hat, so liegt der Grund darin, daß die Rechtsprechung eines möglichst umfassenden Begriffes der Willenserklärung durch konkludente Handlungen gar nicht entbehren kann. Nicht die bloße Abstraktion, sondern zwingende Not veranlassen uns, eine Menge nicht quellenmäßiger Fälle der Willenserklärung durch konkludente Handlungen anzuerkennen: Fälle, die obendrein mit den quellenmäßigen nicht die geringste Ähnlichkeit haben, es ist da ganz einfach auf den alten Fundamenten fortgebaut worden. Wohl zweifellos ist daher, daß die Annahme eines Falles der Willenserklärung durch konkludente Handlungen, der nicht quellenmäßig und vom positiven Rechte auch sonst nicht anerkannt ist, immer etwas mehr als bloße Rechtsanwendung, daß sie in einem gewissen Sinne

---

[66] Vgl. darüber *Binding:* Kritik der juristischen Grundbegriffe. II. Bd., S. 308 flg.; vgl. auch *Bülow:* Gesetz und Richteramt, S. 28.

[67] Vgl. darüber die in der Note 42 zitierte Abhandlung von Benedikt.

[68] System, Bd. III, § 132.

Rechtsbildung ist, für welche das positive Recht jedoch dem Richter im Vorhinein ein Blanket gegeben hat. Unter diesen Umständen kann es gewiß nur gebilligt werden, wenn das Reichsoberhandelsgericht sich bei der Motivierung dieser Entscheidungen besonderer Sorgfalt befleißigt, sich nicht etwa damit begnügt, zu sagen, es liege hier eine Willenserklärung durch konkludente Handlungen vor, sondern stets in eingehendster Weise ausführt, weswegen es in dem Verhalten der einen Partei unter den konkreten Umständen eine Willenserklärung erblickt. So viel ist aber klar, daß das „Prinzip von Treu und Glauben", welches bei dieser Begründung ebenfalls eine große Rolle spielt, schon wegen der großen Vieldeutigkeit dieses Ausdruckes das am wenigsten wertvolle Moment derselben darstellt. Übrigens sollen diese Entscheidungen, insofern sie die Frage des Vertragsabschlusses betreffen, in einem anderen Zusammenhange einer genaueren Prüfung unterzogen werden. In der Note befindet sich ein Verzeichnis derselben[69].

---

[69] I. Willenserklärung durch konkludente Handlungen: 1. Verzicht auf die Geltendmachung des Ablaufes der Präklusivfrist des Versicherungsvertrages durch Hinschleppung von Vergleichsunterhandlungen, R.O.H.G., Bd. IV, S. 68. 2. Verzicht auf die Geltendmachung der Präjudizierung einer Police wegen nicht rechtzeitiger Prämienentrichtung, entnommen daraus, daß die Anstalt Unterhandlungen wegen Gewährung eines Darlehens auf die Police führte, welches den Betrag der Prämie weit überstieg, und daraus, daß die Anstalt die später bezahlte Prämie annahm, R.O.H.G., Bd. XIV, S. 434. 3. Stillschweigende Genehmigung eines während der Minderjährigkeit abgeschlossenen Dienstvertrages durch Fortsetzung desselben nach erreichter Volljährigkeit nicht bloß in bezug auf die naturalia negotii, sondern auch in bezug auf die stipulierte Konventionalstrafe, R.O.H.G., Bd. XVII, S. 116. 4. Stillschweigende Ermächtigung eines Provisionsreisenden zur Geldereinkassierung den Kunden gegenüber durch anstandslose Annahme der von demselben gemachten Inkassi, R.O.H.G., Bd. I, S. 152; Bd. IX, S. 105; Bd. XV, S. 408; Bd. XIII, S. 212. 5. Genehmigung des Rechnungsabschlusses des (auch des uneigentlichen) Kontokorrente durch anstandslose Fortsetzung des Geschäftsverkehrs, R.O.H.G., Bd. II, S. 137; Bd. III, S. 4, 431; Bd. X, S. 196; Bd. XIV, S. 11, 13. — II. Stillschweigen als Willenserklärung: 1. Erweiterung des Prinzipes des Art. 347 H.G.B. auf zugesendete Ausfallmuster, R.O.H.G., Bd. VII, S. 259; auf die locatio conductio operis, R.O.H.G., Bd. XIV, S. 43; auf Platzgeschäfte, R.O.H.G., Bd. IX, S. 52; auf Quantitätsmängel, R.O.H.G., Bd. I, S. 125; Bd. II, S. 60. 2. Längeres anstandsloses Behalten eines Berichtes über eine Geschäftsführung, insbesondere einer Verkaufsrechnung, gilt als Genehmigung derselben, vgl. R.O.H.G., Bd. IV, S. 451; Bd. XX, S. 191. 3. Ebenso die Nichterhebung von Einwendungen gegen die zugesendete schriftliche Formulierung eines mündlich abgeschlossenen Vertrages, R.O.H.G., Bd. XIII, S. 416; Bd. XIV, S. 372. 4. Ebenso, wenn ein Kontrahent schon aus der zustimmenden Antwort auf seine Offerte entnehmen mußte, daß sie in einer mit seinem Willen nicht übereinstimmenden, durch deren Wortlaut nicht ausgeschlossenen Sinne aufgefaßt werde, R.O.H.G., Bd. XVI, S. 158. 5. Ebenso gilt die Nichtbeantwortung einer brieflichen Anfrage eines Kontrahenten, ob der Inhalt des von ihm mit dem Bevollmächtigten des Anfragenden abgeschlossenen Vertrages im Briefe richtig angegeben wurde, als Genehmigung dieser Angabe, R.O.H.G., Bd. XVII, S. 228. 6. Stillschweigen des Mandanten oder Kommittenten auf die briefliche Nachricht des Kommissionärs oder Mandatars, aus welcher er entnehmen mußte, daß sein Auftrag überschritten oder falsch aufgefaßt wurde, gilt als Genehmigung der Überschreitung und falschen Auffassung, R.O.H.G., Bd. I, S. 82;

Schon diese Zusammenstellung wird wohl gezeigt haben, daß sich mit dem Ausdrucke „das Prinzip von Treu und Glauben“ keineswegs ein fester Begriff verbindet und daß es ein im Vorhinein verlorenes Unternehmen wäre, alle diese Entscheidungen auf eine einheitliche Grundidee zurückzuführen: die einen sind nichts als bloße Anwendung des geltenden Rechtes, bei den anderen erscheint dieses „Prinzip“ schon als Rechtfertigung für den neuen Gebrauch, welchen der Richter von einem Blanketgesetze macht, in einer dritten Reihe von Entscheidungen repräsentiert das „Prinzip“ bereits Rechtsfortbildung sans phrase. Wenn trotzdem eine solche Zurückführung dieser Praxis hie und da versucht wird, so geschieht dies immer nur in ganz allgemeiner, vager Weise. Es läßt sich dagegen allerdings nichts einwenden, denn unrichtig ist das, was z. B. von Goldschmidt[70] gesagt wird, allerdings nicht, aber es muß betont werden, daß es nur einen sehr relativen Wert hat, denn es ist nicht Charakterisierung eines objektiv richtigen Prinzipes, sondern vielmehr Charakterisierung des allgemeinen Eindruckes, den diese Entscheidungen auf jeden machen müssen, der sich mit ihnen nur flüchtig beschäftigt. Er wird damit überdies keineswegs etwas gerade diesen Entscheidungen Eigentümliches gesagt: im Grunde genommen beruht ja das ganze Recht auf dem Prinzip von Treu und Glauben, mindestens ist dies überall die Tendenz der Rechtsentwicklung.

Es ist unter diesen Umständen klar, daß sich für diese Praxis auch keine quellenmäßige Basis finden ließe. Ein Recht, welches den Richter anweisen würde, nach Treu und Glauben zu urteilen, würde ihn ganz einfach auf das Rechtsbewußtsein seiner Zeit oder vielmehr auf sein eigenes Rechtsbewußtsein verweisen; dies tut aber das römische Recht nirgends, noch weniger die neueren Kodifikationen. Insbesondere darf die römische bona fides schon gar nicht herangezogen werden, ebensowenig aber die aequitas. Man kann sich vom Standpunkte des modernen Rechtes nicht energisch genug verwahren gegen jede Verwendung dieser Begriffe für die juristische Deduktion; denn sie waren auch für den Römer nicht Begriffe des positiven Rechtes, eine Norm ist auch ihm nie bloß deswegen verbindlich gewesen, weil es die aequitas oder bona fides erforderte. Die aequitas, die bona fides, haben auch in Rom bloß Rechtsnormen veranlaßt, waren aber selber keine Rechtsnormen, sie waren nichts als treibende Kräfte der Rechtsentwicklung, und das sind sie auch uns geblieben, wie sie treibende Kräfte für jede Rechtsentwicklung bleiben

Bd. XIII, S. 45; Bd. XIV, S. 430 — ähnlich R.O.H.G., Bd. IX, S. 412, ebenso eine zweideutige Verantwortung derselben R.O.H.G., Bd. XVII, S. 65, anders R.O. H.G., Bd. VI, S. 305, indem da die Rechtsfolgen singulär festgesetzt werden.

[70] z. B. von *Goldschmidt:* Handbuch, S. 309, Nr. 14; *Endemann:* Lehrbuch, 3. Aufl., S. 34. Dagegen aber die treffliche Bemerkung Zitelmanns in Jherings Jahrb., Bd. XVI, S. 416.

werden; aber betont muß es werden: *rezipiert* wurde das römische *Recht,* nicht die treibenden Kräfte der römischen Rechtsentwicklung. Ein Begründen der Entscheidung mit der bona fides oder der aequitas ist daher durchaus nicht Begründung derselben im römischen Rechte. Es genügt übrigens wohl auch die Erwägung, daß, wenn in Rom der Prätor oder der respondierende Jurist ihre Entscheidungen nicht auf eine Vorschrift des positiven Rechtes, sondern auf die bona fides, die aequitas, gründeten, man jedenfalls nicht berechtigt ist, daraus Schlüsse für eine ähnliche Befugnis des modernen Richters zu ziehen, denn dieser hat das Recht anzuwenden, während jene, wie oben ausgeführt wurde, auch Organe der Fortbildung des Rechtes gewesen sind. Bei der heutigen Stellung des Richters kann die Berufung auf die bona fides und aequitas nur die legislatorische Rechtfertigung einer Rechtsnorm, keineswegs aber die juristische Begründung einer Entscheidung abgeben[71].

Ganz speziell dem dolus generalis möge hier eine kurze Erörterung gewidmet werden, da das Reichsoberhandelsgericht einerseits, wenn auch selten, arglistige, dolose Handlungen als Verletzungen von Treu und Glauben bezeichnet[72], andererseits aber die Worte dolus oder Arglist in einem Zusammenhange gebraucht, in welchem man zufolge der sonstigen Ausdrucksweise desselben am ehesten „Verletzung von Treu und Glauben" erwartet hätte[73], und es überdies als feststehend betrachtet werden kann, daß die Verwandtschaft zwischen diesen Begriffen auch sonst eine enge ist. Das Rätsel des römischen Dolusbegriffes wird wohl am ehesten durch einen Hinweis auf diese Verwandtschaft gelöst. Der römische dolus generalis läßt sich mit Binding[74] in der Tat nur als absichtliche Verletzung des Rechtes oder der aequitas definieren, wenigstens findet sich in den Quellen keine einzige Stelle, welche mit dieser Definition im Widerspruche stünde, während keine einzige von den anderen Definitionen allen Quellenstellen gerecht wird[75] — so namentlich nicht dem fr. 8, § 2 de leg. praest. XXXVII, 5 —, vorausgesetzt, daß man unter dem Ausdrucke „widerrechtlich", welcher in jenen Definitionen regelmäßig vorkommt, versteht „wider das Recht verstoßend", nicht

---

[71] Dies insbesondere gegen *Leonhard:* Der Irrtum bei nichtigem Vertrage, S. 138 flg. Daß der Satz: Betrügerische Stimulation schade einem Dritten nicht — richtig ist, scheint zweifellos zu sein. Ist dies aber wirklich nur deswegen der Fall, weil der römische Richter ex fide bona zu urteilen hatte? Der Versuch, so moderne Ideen ins römische Recht hineinzubringen, ist nicht neu; den Glossatoren diente das ius naturale zu diesem Zwecke. *Karsten* a.a.O., S. 100 flg.

[72] Vgl. Text zu Note 54 und die in derselben zitierten Entscheidungen sowie zu Note 58.

[73] Vgl. Text zu Note 60 und die dort zitierte Entscheidung.

[74] Normen, Bd. II, namentlich S. 297 flg. Zustimmend *Burckhard:* Der begriffliche Unterschied zwischen dolus und culpa lata, S. 3 flg.

[75] Gegen *Pernice:* Labeo, Bd. II, S. 105 flg. vgl. *Dernburg:* Pandekten, Bd. II, S. 348, Nr. 5.

aber „wider die Aequität verstoßend“; dann würden eben diese Definitionen mit der Bindingschen zusammenfallen. Da also der römische Dolusbegriff mit dem römischen Aequitätsbegriffe aufs engste zusammenhängt, so konnte er ebensowenig rezipiert werden, wie der letztere: in dieser Beziehung sei auf das eben Gesagte und außerdem auf die Abhandlung von Römer verwiesen[76]. Es kann keinem Zweifel unterliegen, daß nach heutigem Rechte, außer den Fällen des Betruges, der dolus nur in jenen Fällen berücksichtigt werden kann, in welchen wir von den Quellen dazu ausdrücklich angewiesen werden: eine analoge Ausdehnung auf andere Fälle erscheint unter allen Umständen als unzulässig. Es ist aber eine höchst interessante Tatsache, daß eine solche analoge Ausdehnung auch ganz entbehrlich wäre, da wir sogar fast in allen jenen Fällen, in denen der Prätor die actio doli gab, heute besondere Klagen haben, welche häufig gar kein Deliktsmoment enthalten, oder aber wir treffen für die mit der actio doli geschützten Interessen in anderer Weise Vorsorge. Der Prätor gab den Miterben die actio doli gegen den Erben, welcher die ihm fideikommissarisch aufgetragene Freilassung eines Sklaven, „nachdem der letztere den Miterben Rechnung gelegt haben wird“, vollzog, bevor dies geschehen ist[77], oder dem Nießbraucher gegen den Eigentümer, welcher die Sache so umgestaltete, daß dadurch der Nießbrauch untergegangen ist[78]. Wir benötigen in solchen Fällen überhaupt keines besonderen Rechtsmittels, da derartige Handlungen des Erben oder Eigentümers im modernen Rechte die Ansprüche Dritter nicht mehr berühren[79]. Gegen denjenigen, welcher die mit dem Nießbrauche belastete Sache ganz vernichtete, gibt das moderne Recht dem Nießbraucher eine gewöhnliche Schadensersatzklage[80]. Ebenso ersetzt die gewöhnliche Schadensersatzklage gegenwärtig die actio doli des Eigentümers einer Sache gegen denjenigen, welcher ein fremdes Tier dazu bringt, die Sache zu beschädigen[81], so wie die actio doli dessen, welcher einen Sklaven zu fordern hatte, gegen den Dritten (Nichtschuldner), welcher den Sklaven tötete[82]. Die dolose Kollusion des Bevollmächtigten mit einem Dritten[83] ist heutzutage ganz einfach Betrug oder Untreue und erzeugt die entsprechenden Ersatzklagen[84].

---

[76] Goldschmidtsche Zeitschr., Bd. XX, S. 54 flg., und die dort Note 9 Zitierten.

[77] Fr. 32 de dolo 4, 3.

[78] Fr. 9 pr. si serv. 8, 5.

[79] In Betreff des Nießbrauches vgl. §§ 525, 529 österr. a. b. G.B.; Art. 623, 624 Code Nap. Ein ähnlicher Fall wie der des fr. 32 cit. ist heute kaum denkbar.

[80] § 1295 österr. a. b. G.B., Art. 1382 Code Nap. (Erweiterungen der actio legis Aquiliae).

[81] Fr. 7, § 6 h. t.

[82] Fr. 18, § 5 h. t.

[83] Analogie des fr. 10, § 6, de in rem verso 15, 3, und fr. 7, § 9 p. t.

[84] §§ 102 d, 197 und 201 lit. d. österr. Strafgesetzes; Art. 406 bis 409 Code pénal; §§ 266, 356 des deutschen Strafgesetzes.

In anderen Fällen ist dagegen an Stelle der actio doli eine entsprechende Kontraktsklage getreten. Wenn der Bürge, welcher sich für denjenigen verbürgt hat, der einen Sklaven zu leisten versprochen hatte, diesen Sklaven vor der Fälligkeit der Forderung tötete, so erlosch zwar die Hauptschuld wegen Unterganges der schuldigen Sache und damit auch nach älterem Rechte die akzessorische Verbindlichkeit des Bürgen, dagegen gaben die älteren Juristen: Neratius und Julianus, dem Gläubiger gegen den Bürgen eine actio doli auf Schadensersatz[85]. Nach neuerem Rechte dauerte in einem solchen Falle die Bürgschaft ganz einfach fort[86], so daß die actio doli überflüssig wurde. Es hat sich also die Entwicklung von einem Deliktsanspruche zu einem Kontraktsanspruche schon innerhalb des römischen Rechtes vollzogen. In den anderen Fällen fand dies erst in neuerer Zeit statt. Der Eigentümer eines Grundstückes, welcher jemandem wohl die Erlaubnis erteilte, Steine oder Sand in dem Grundstücke zu graben, oder es zu bearbeiten und zu besäen, später aber die Mitnahme der ausgegrabenen Steine und des Sandes, die Ernte der hervorgesprossenen Früchte nicht gestatten will, konnte nach römischen Rechtsgrundsätzen mit einer Kontraktsklage nicht verklagt werden, da formlose Verträge ungültig waren[87]. Der Prätor gab ihm aber eine actio doli, „welche man daher mit Recht eine damni ratio, wo sonst Verkehrsverhältnise ganz schutzlos sind, nennen kann“[88]. Heutzutage würde aus einem solchen Versprechen, namentlich wenn es nicht bloß von dem anderen Teile ausdrücklich angenommen, sondern auch daraufhin Arbeit und Kapital aufgewendet wurde, zweifellos eine klagbare Vertragsverbindlichkeit entstehen.

Gänzlich antiquiert ist, abgesehen vom gemeinen Recht, der Fall der actio doli gegen jenen, welcher den Eigentümer einer Sache klagte, von der Klage aber abstand, nachdem die Gelegenheit zu einem vorteilhaften Verkaufe der Sache für den Eigentümer infolgedessen vorbei ist[89]. Schikanöse Prozeßführung erzeugt im modernen Rechte wohl Kostenersatzpflicht, hat unter Umständen Mutwillensstrafen zur Folge, aber sie begründet eine anderweitige Schadensersatzpflicht nirgends. Es ist dies vielleicht auch eine Lücke im Rechte, obwohl es schwer ist zu sagen, wie ihr abgeholfen werden könnte, ohne daß wieder schikanöse Prozeßführung gefördert werde. Andere Fälle der actio doli sind antiquiert mit den Instituten, auf welche sie sich bezogen[90].

---

[85] Fr. 19 h. t.; vgl. l. 38, § 4, de solut. 46, 3 (Africanus), welche ein Übergangsstadium repräsentiert.

[86] Fr. 88 de V.O. 45, 1; fr. 95, § 1, de solut. 46, 3.

[87] Fr. 34 h. t.; fr. 16, § 1, de praescr. verb. 19, 5.

[88] *Karsten:* Die Lehre vom Vertrage bei den italienischen Juristen des Mittelalters, S. 35.

[89] Fr.i 33 h. t.

[90] Fr. 7, § 8, de dolo 4, 3; fr. 5 pr. si mensor 11, 6; fr. 8, § 2, de leg. praest. XXXVII, 5.

So kann man im allgemeinen sagen: jene Tatbestände, welche in Rom die außerhalb des Rechtssystemes stehende actio doli erzeugten, begründen gegenwärtig eine organisch ins Rechtssystem eingefügte Klage; die erstere erscheint mithin als überflüssig.

Dieses Schicksal der actio doli bestätigt wohl die Annahme, daß sie ähnlich wie die aequitas und bona fides für die Römer bloß ein Mittel war, das geltende Recht in einer dem Rechtsbewußtsein der Zeit entsprechenden Weise auszugestalten. Wenn ein Anspruch sich im geltenden Rechte nicht begründen ließ und dieser Zustand dem Rechtsbewußtsein widersprach, so half der Prätor mit der actio oder exceptio doli generalis. Der dolus lag darin, daß jemand den Buchstaben des Gesetzes für seine Zwecke ausnützen wollte, obwohl derselbe nicht mehr vom allgemeinen Rechtsbewußtsein getragen wurde: das war dem Römer nicht bloß eine unrechtliche, sondern auch eine moralisch höchst verwerfliche Handlung: die actio doli war daher eine infamierende Klage. Dies stimmt übrigens vollkommen mit dem überein, was wir sonst über die Rechtsentwicklung wissen; bekanntlich ist jeder Rechtsbruch anfänglich viel schärfer verpönt als am Schlusse der Entwicklung; hat doch erst in neuester Zeit der Anfechtungsanspruch den deliktischen Charakter abgestreift[91], womit freilich nicht gesagt sein soll, daß jeder Anspruch insbesondere diesen Prozeß durchgemacht hat[92]. Die *Idee* der Kontraktsschuld an sich ist aber gewiß in Rom wie bei anderen Völkern aus der Überzeugung hervorgegangen, daß es ein Delikt ist, welches auf den Täter und seinen Stamm die Strafe der Götter heraufbeschwört, ein unter göttlichen Schutz gestelltes Versprechen — die ursprüngliche Form der Eingehung der Vertragsverbindlichkeiten ist der Eid — nicht zu halten.

War nun demnach der dolus generalis bei den Römern tatsächlich nichts als ein Hebel der Rechtsentwicklung, so haben wir ihn, wie schon oben hervorgehoben wurde, ebensowenig rezipiert wie die aequitas und bona fides oder etwa das edictum perpetuum und die responsa prudentium, und er ist auch ungeeignet, für die Praxis des Reichsoberhandelsgerichtes die gesetzliche Grundlage zu bilden. Trotzdem verdient die große Verwandtschaft des dolus mit der „Verletzung von Treu und Glauben im Verkehre" hervorgehoben zu werden. Schon der bloße Ausdruck weist auf sie hin. Der Grund liegt darin, daß der heutige Richter sich da in einer ähnlichen Situation befindet wie einst der römische Prätor; auch er sieht ein, daß das geltende Recht nicht überall dem Rechtsbewußtsein entspricht, auch er empfindet es beinahe als Delikt, wenn

---

[91] *Menzel:* Das Anfechtungsrecht der Gläubiger, S. 16 flg., S. 22 flg.

[92] Vgl. darüber *Ihering:* Vermischte Schriften, S. 16 flg., S. 22 flg. *Pernice:* Labeo I, S. 441 flg.

jemand, auf den Buchstaben des Gesetzes gestützt, sich Vorteile zuzuwenden sucht, welche ihm nach seinem Rechtsgefühle nicht zukommen. Wir nennen ein solches Verfahren: Verletzung von Treu und Glauben, wie es die Römer als dolus bezeichneten; dies beweist aber nur, daß auch in der modernen Rechtsentwicklung dieselben treibenden Kräfte fortwirken wie einst im alten Rom, keineswegs aber, daß wir römisches Recht anwenden, wenn wir uns auf „Treu und Glauben“ berufen. Die Rolle, welche die actio und exceptio doli generalis im römischen Sinne in der neueren Praxis spielen, ist jedenfalls keine bedeutende[93].

Hie und da, wenn auch selten, macht das Reichsoberhandelsgericht selber den Versuch, diese Entscheidungen durch Anführung von Gesetzesstellen zu begründen. So wird einmal Art. 278 und 279 des Handelsgesetzbuches zitiert[94]. Der Art. 278 H. G. B. bezieht sich aber nach der Ansicht des Reichsoberhandelsgerichtes nur auf die Interpretation ausdrücklicher Willenserklärungen[95]. Wenn man ihn trotzdem auch auf stillschweigende Willenserklärungen bezieht, so wird damit noch immer die eigentümliche Anwendung des Prinzipes von Treu und Glauben auf die Interpretation des Gesetzes sowie als Grundlage für die Aufstellung neuer Normen ebensowenig erklärt wie durch die Bezugnahme auf den Art 279 H. G. B., da beide Artikel doch nur von der Interpretation der Willenserklärungen handeln, ganz abgesehen davon, daß, wie schon oben ausgeführt wurde[96], sie nicht einmal zur Rechtfertigung der vielen Entscheidungen herangezogen werden können, welche ausschließlich die Vertragsinterpretation betreffen. Auch damit ist daher ein einheitlicher Gesichtspunkt für die Beurteilung der Praxis des Reichsoberhandelsgerichtes nicht gewonnen.

---

[93] Auch die in den Quellen bestimmt entschiedenen Fälle kommen nur sehr selten zur Anwendung. Seuffert, Bd IX, S. 32 (Stuttgart); wendet analog fr. 33 de dolo 4, 3 auf einen Fall der Verhinderung des günstigen Verkaufes einer Parzelle durch *culpose* Prozeßführung an. — Seuffert, Bd. XXI, S. 43 (Rostock), betrifft nur die anderweitig begründete Unwirksamkeit simulierter Zessionen, Bd. XXIX, S. 179 (Berlin), die Unwirksamkeit von Handlungen in fraudem legis, Bd. XXX, S. 120 (Wolfenbüttel), enthält bloß eine richtige Vertragsinterpretation: Der Lehrherr hatte Anspruch auf Ersatz des Kostgeldes, wenn der Lehrvertrag *ohne sein Verschulden* aufgehoben werden sollte; der Vertrag wurde aufgehoben wegen schlechten Benehmens des Lehrjungen, aber der Klage des Lehrherrn auf Ersatz des Kostgeldes über dolus generalis wurde die exceptio doli entgegengestellt, weil er dessen Vater nicht rechtzeitig von der Ausartung seines Sohnes benachrichtigte, wodurch dieselbe nachgewiesenermaßen gehindert worden wäre. Kann man aber sagen, daß hier der Lehrherr schuldlos gewesen sei? In den Fällen Seuffert, Bd. V, S. 2 (Lübeck), wurde der Fall: replica doli Zeitschrift für Schweiz. Recht, Bd. VIII, S. 41 (Thurgau), der actio doli generalis nicht stattgegeben.

[94] R.O.H.G., Bd. XI, S. 3.

[95] R.O.H.G., Bd. VII, S. 287; vgl. dagegen *Hartmann* in Iherings Jahrb. XX, S. 44.

[96] Vgl. Note 51 bis 54 und Text dazu.

In einer anderen Entscheidung[97] werden fr. 1, § 3 de peric. et comm. rei vend. 18. 6; fr. 30 i. f.; fr. 52 ad leg. Aqu. 9, 2; fr. 21, § 3 de act. emti et vend. 19, 1 zitiert. Diese Begründung ist einer recht alten Entscheidung des Oberappellationsgerichtes Lübeck[98] beinahe wörtlich entlehnt — bloß einige, keineswegs leicht entbehrliche erläuternde Bemerkungen erscheinen hier ausgelassen. Alle diese Gesetzesstellen sind jedoch durchaus singulärer Natur und lassen sich nur zur Begründung jener Entscheidung ausnützen, welche sie rechtfertigen sollen. Dieses gilt zunächst für die fr. 30 i. f. und fr. 52 cit., aus welchen sich bloß entnehmen läßt, daß die lex Aquilia auch durch Unterlassungen übertreten werden kann, nicht aber etwa daß die Unterlassung der Ablehnung einer Offerte als Zustimmung gelte. Hier handelt es sich um Eingehung von Verträgen, dort um Begehung eines Deliktes. Das fr. 1, § 3 cit. handelt von der mora creditoris, es fordert vom Schuldner, daß er den im Verzuge befindlichen Gläubiger erst warne, bevor er den Wein, den er schuldet, auf die Gasse ausgießt. Wie wenig diese Stelle geeignet ist, zu weitgehende Schlüsse zu rechtfertigen, ergibt sich daraus, daß das, was sie bestimmt, nichts ist als ein Vorläufer der Hinterlegungspflicht: schon Pomponius konnte das Ausgießen des Weines nicht loben und suchte es mit allen möglichen Kautelen zu umgeben; daß er es solch einem Akte der reinen Schadenfreude der mutwilligen Verschleuderung eines möglicherweise wertvollen Gutes gegenüber ohne weiteres tat, wird jeder selbstverständlich finden, aber kaum wird jemandem eine solche gesetzliche Grundlage genügen, um eine allgemeine Pflicht, für fremde Interessen zu sorgen, zu statuieren. Die Hinterlegungspflicht selbst als weitere Ausbildung des Grundgedankens dieser Stelle wäre übrigens eine viel stärkere Stütze für eine solche Annahme. Das Zitat des fr. 21, § 3 cit. wird endlich erst durch die erläuternden Bemerkungen der erwähnten Lübeck'schen Entscheidung verständlich. Die Stelle besagt: man könne nicht den Schadensersatz für jene Sklaven verlangen, welche deswegen Hungers gestorben sind, weil das zu liefernde Getreide nicht rechtzeitig eingetroffen ist. Das Oberappellationsgericht Lübeck bemerkte nun, die Stelle supponiere notwendig, „daß der Käufer des gelieferten Getreides Gelegenheit gehabt habe, anderes zu kaufen und so den Hungertod seiner Sklaven abzuwenden". So gewagt diese Interpretation auch ist[99], so kann man sich doch auf sie nicht berufen, um die Pflicht zu einer Antwort auf einen Antrag zu begründen, wenn durch die rechtzeitige Antwort ein Schaden *von einem anderen* (demjenigen, welchem die Antwort hätte gegeben werden sollen) abgewendet werden könnte, denn diese Stelle spricht auch nicht im entferntesten von der Verpflichtung

---

[97] R.O.H.G., Bd. IV, S. 205.

[98] Seufferts Archiv, Bd. I, S. 46.

[99] Über die verschiedenen Meinungen vgl. Arndts Pandekten 266, Anm. 4 i. f.

des Gläubigers, durch eigenes Handeln die Folgen der mora des Schuldners zu mildern — auch dann wäre die Analogie eine keineswegs naheliegende —, sondern bestimmt bloß, daß der Gläubiger vom säumigen Schuldner nicht den Ersatz jenes Schadens fordern darf, den er, nämlich der Gläubiger selber, leicht hätte abwenden können. Diese Stellen können daher nicht einmal jener Praxis des Reichsoberhandelsgerichtes eine quellenmäßige Unterlage bieten, auf welche sie am ehesten bezogen werden könnten; nämlich der Praxis, welche in gewissen Fällen für einen Kaufmann die Pflicht zur Äußerung, insbesondere die Pflicht zur Erwiderung eines Schreibens statuiert; einen Ausgangspunkt für die Aufstellung eines allgemeinen Grundsatzes können sie noch viel weniger darbieten.

Eine große Rolle spielt in diesen reichsoberhandelsgerichtlichen Entscheidungen (ähnlich wie in der herrschenden Lehre von der Mentalreservation und Simulation[100] der Satz, daß sich niemand auf seinen dolus berufen dürfe. Die Bedeutung dieses Satzes ist sehr zweifelhaft; so wie man ihn gewöhnlich hinstellt, ist es sogar ungewiß, ob er materiellrechtlichen oder prozessualen Inhaltes ist. Betrachtet man ihn aber als einen materiellrechtlichen, so ist es klar, daß da nur von einem dolus generalis die Rede sein könne; der Satz steht und fällt daher mit der Lehre, daß der dolus generalis ein im heutigen Rechte geltendes, selbständiges Institut sei. Da eine Widerlegung dieser Lehre oben bereits versucht wurde, so ist es wohl nicht nötig, hier noch darauf zurückzukommen. Es scheint jedoch, daß eine mehr prozessuale Auffassung des Satzes überwiegt: Wenn sich jemand zur Begründung seiner Ansprüche auf sein eigenes unsittliches Verhalten beruft, so ist er damit nicht zu hören. Es soll hier unberücksichtigt bleiben, daß dieser Satz eigentlich den eben aus dem materiellen Rechte hinausgewiesenen dolus generalis in einer prozessualen Form wieder hineinschmuggelt; es soll auch nicht betont werden, daß er gerade in dieser prozessualen Form jeder quellenmäßigen Grundlage entbehrt; das sind Dinge, über die man sich hinwegsetzen könnte, wenn nur sonst die Gültigkeit des Satzes bezeugt ist — was hier allerdings zutrifft, denn er wird von der Theorie und Praxis häufig ausdrücklich als geltendes Recht anerkannt. Schwerer fällt es ins Gewicht, daß ihm in dieser Allgemeinheit gewiß die Anerkennung versagt werden muß; denn die Praxis beruft sich auf ihn nie, wo es gilt, wirklich unsittliche, aber rechtlich anerkannte Ansprüche abzuweisen: sonst würde man doch gewiß keines Wuchergesetzes bedürfen. Entscheidend ist aber, daß dieser Satz unbedingt nicht auf solche Fälle bezogen werden kann, welche diese Erörterung betrifft. Man kann zweifellos auch culpos eine Unsittlichkeit begehen, aber niemand kann sich

[100] Vgl. sogar *Leonhard:* Irrtum bei nichtigen Verträgen, S. 131 flg., der doch sonst viel bessere Gründe für seine Ansichten aufzubringen versteht.

culpos einen dolus zu Schulden kommen lassen. Wenn man auch gewiß nicht an den dolus im technischen Sinne denkt bei dem Satze: Niemand dürfe sich auf seinen dolus berufen, sondern unter dolus offenbar ein unsittliches Verhalten versteht, so ist es andererseits zweifellos, daß das unsittliche Verhalten ein doloses sein muß, nicht in einer bloßen Nachlässigkeit bestehen darf. Ferner ist es bekannt, daß ein dolus nie vermutet werden darf, daß er bewiesen werden muß, und es wird oft auch betont, daß man es mit dem Beweise eines dolus besonders strenge nimmt. Auch das Reichsoberhandelsgericht und das Reichsgericht blieben diesen Grundsätzen treu[101]. In jenen Fällen dagegen, in welchen das Reichsoberhandelsgericht eine Verletzung von Treu und Glauben annahm, ist von einem solchen strengen Beweise unsittlicher Absicht überall keine Rede, es sind höchstens vage Vermutungen ausgesprochen, ja es ist bei allen klar, daß ein Beweis der unsittlichen Absicht nicht einmal angeboten wurde. Würde man daher diese Entscheidungen mit dem Prinzipe in Zusammenhang bringen wollen, daß sich niemand auf seinen dolus berufen dürfe, so würden diese Entscheidungen mit dem in der Note 101 Angeführten in eben so grellem Widerspruche treten, wie mit den allgemeinen Grundsätzen des Rechtes.

Und so mag als Ergebnis dieser Ausführungen noch einmal zusammengefaßt werden, was in dieser Abhandlung so oft gesagt wurde: es ist ganz unmöglich, für die Praxis des Reichsoberhandelsgerichtes im anerkannt geltenden Rechte einen legalen Boden zu gewinnen, denn sie beruht nicht auf dem gewordenen, sondern auf dem werdenden Rechte. Wie in Rom der Prätor, in England der Chancellor, so bildete auf dem europäischen Kontinente eine Zeitlang der Richter das Recht fort. Da ihm aber die Befugnis hiezu nicht verliehen wurde und eine solche Art der Rechtsfortbildung auch dem modernen Rechtsbewußtsein nicht entspricht, so wurden die neuen Rechtssätze unter dem Deckmantel des „Prinzipes von Treu und Glauben“ eingeführt. Doch bedient man sich dieses Ausdruckes auch sonst bei den verschiedensten Gelegenheiten, wo es sich um einen neuen Rechtssatz nicht im entferntesten handelte, und tut dies in der prinziplosesten Weise, so daß er unmöglich in irgend welcher Beziehung ein Kriterium dafür bietet, ob es sich darum handelt, einen neuen Rechtssatz einzuführen oder nicht.

Für die Lehre von den Lücken im Rechte ergibt sich aber daraus das Resultat, daß zwar der Satz: der Richter habe stets nur nach feststehenden Regeln zu urteilen, im modernen Rechtsbewußtsein tief wurzelt, daß sich der Richter jedoch auch gegenwärtig über ihn hinwegsetzt, wenn es ganz unmöglich ist, einer stürmischen Entwicklung des Rechtsbewußtseins auf dem gewöhnlichen Wege der Rechtsfortbildung Rechnung zu tragen.

---

[101] Vgl. z. B. Bd. II, S. 191; Bd. IV, S. 188; Bd. V, S. 323; Bd. IX, S. 305.

III. Die Natur der Sache

Auch Goldschmidt bejaht die Frage nach den Lücken im Rechte[102], er versteht sie aber wieder in einem anderen Sinne. Er fragt nämlich, ob jene Rechtsquellen, welche man gewöhnlich als die einzigen betrachtet, wirklich die einzigen seien, oder ob es Rechtsnormen gäbe, welche gelten und als positives Recht verbinden, unabhängig davon, ob sie im positiven Rechte ausgesprochen wurden oder nicht. Und er bejaht diese Frage hauptsächlich mit Rücksicht darauf, daß die Wissenschaft tatsächlich neue Rechtsnormen aufstellt, Rechtsnormen, welche sich aus der Natur der Sache, aus der Natur der Lebensverhältnisse ergeben. Er repräsentiert daher die zweite Richtung jener Schriftsteller, welche Lücken im positiven Rechte annehmen.

Ähnlich wie Goldschmidt haben sich auch viele andere Juristen für die Existenz von Normen aus der Natur der Sache ausgesprochen[103], und das Gewicht dieser Stimmen ist ein derartiges, daß es schon an und für sich genügen sollte, damit man der Natur der Sache mit weniger verächtlichem Achselzucken begegne, als dies tatsächlich häufig geschieht[104]. Wer jedoch in die juristische Literatur Einblick genommen hat, der wird den Skeptizismus der Gegner der „Natur der Sache", wenn auch vielleicht

---

[102] *Goldschmidt:* Handbuch I, S. 303 (allein es ist unrichtig, daß das positive Recht keine Lücken enthalte ...); S. 304 (genügen nämlich die positiven Rechtssätze auch bei freiester Behandlung nicht ..., so liegt der Wissenschaft die Aufgabe ob, die dem Wesen und Zweck der Verhältnisse — der Natur der Sache — entsprechenden und immanenten Rechtssätze zu finden und darzulegen). Vgl. über die ganze Frage die Darstellung bei *Pfaff-Hofmann:* Commentar zum österreichischen allgemeinen bürgerlichen Gesetzbuche, Bd. I, S. 283 flg.

[103] Genannt seien: *Adickes,* a.a.O., S. 15 flg.; *Wächter:* Württembergisches Privatrecht, Bd. I, S. 1111; *Bähr:* Entscheidungen des Reichsgerichtes, S. 10; *Unger:* System, Bd. I, § 10 a. E.; *Zimmermann:* Stellvertretende negotiorum gestio, S. 8, Note; *Thöl:* Einleitung in das deutsche Privatrecht, S. 144; *Dernburg:* Pandekten, Bd. I, S. 86. Die vielen Schriftsteller, die sonst über diesen Begriff Bemerkungen fallen gelassen haben, bringen meines Wissens nichts Neues. Vgl. aber nichtsdestoweniger *Eisele* in der Zeitschrift für schweizerisches Recht, Bd. XXV, S. 15 flg.

[104] Von den Gegnern der Natur der Sache seien insbesondere genannt *Windscheid:* Pandekten I, §23, Note; er argumentiert aber selber aus der „nicht mit Unrecht verrufenen" Natur der Sache, Bd. II, § 309, Note 9, und nimmt Argumente aus der Natur der Sache ganz ernst: Wille und Willenserklärung, S. 12 fg.; *Leist:* Naturalis ratio und Natur der Sache, besonders S. 7 fg., doch ist ihm die naturalis ratio, wie es scheint, dasselbe, was anderen die Natur der Sache; vgl. auch desselben: Civilistische Studien auf dem Gebiete der dogmatischen Analyse, 4. Heft, S. 8 u. sonst.; *Dahn* in Behrends Zeitschrift für deutsches Recht, Bd. VI, S. 560; *Zitelmann* in Iherings Jahrb., Bd. XVI, S. 360 („daß ... eine Argumentation aus der Natur der Sache nichts Neues beizubringen im Stande sei, wird man auch ohne Beweis glauben; solche Gründe aus der Natur der Sache sind Gründe bald der Zweckmäßigkeit, bald der Logik, die unter dem Dunkel jenes nebelhaften Ausdruckes unerkannt nebeneinander wohnen").

noch immer nicht billigen, so doch gewiß begreifen, denn es gibt vielleicht keinen Begriff in der Jurisprudenz, dessen Definitionen gleich nebelhaft wären und mit dem bei der praktischen Anwendung ein größerer Mißbrauch getrieben worden wäre. An dieser Unklarheit trägt freilich vielleicht in erster Linie Schuld die Verwechslung desselben mit der aequitas und mit so manchem rein gewohnheitsrechtlichen Satze, dessen Existenz, die sich nicht bestreiten läßt, man häufig nur dadurch erklären zu können glaubt, daß er sich aus der „Natur der Sache" ergäbe[105]. Aber auch abgesehen davon war es schwerlich möglich, den Regeln der Natur der Sache nachzuforschen, bevor die Normentheorie einen tieferen Einblick in das Wesen und die Funktion des Rechtssatzes eröffnet hatte.

Schon längst ist es beinahe zu einem Gemeinplatze geworden, daß nicht alles Rechtssatz ist, was äußerlich als solcher erscheint, daß z. B. die Definitionen der römischen Juristen häufig ungenau und fehlerhaft sind und deswegen nicht verpflichten; daran wurde dann die weitere Regel geknüpft, daß Definitionen überhaupt nicht Sache einer Kodifikation sind, und das führte endlich zum Schlusse, daß auch die Definitionen der neueren Gesetzbücher keine verbindliche Kraft haben. Sehr oft finden sich derartige Bemerkungen bei österreichischen Juristen, welche bei aller Vortrefflichkeit des allgemeinen bürgerlichen Gesetzbuches besonders häufig mit unrichtigen Definitionen und Konstruktionen des Gesetzes zu kämpfen haben. Aber auch wenn man die Frage der Richtigkeit oder Unrichtigkeit der Definition beiseite läßt, so ist es wohl für jedermann klar, daß z. B. der § 1 oder § 584 des österreichischen bürgerlichen Gesetzbuches einen verbindlichen Rechtssatz nicht enthalten[106].

So war man über die Negative längst einig: nicht alles, was ein Gesetz aussagt, ist Rechtssatz. Dagegen wurde die positive Frage: Was denn eigentlich Rechtssatz und unter allen Umständen verbindlich sei — kaum je ernstlich aufgeworfen; es bleibt das unsterbliche Verdienst der Normentheorie, und vor allem Thons und Bierlings, diese Seite des Problems zuerst hervorgehoben zu haben, ganz abgesehen davon, ob die von ihnen versuchte Lösung richtig ist oder nicht.

Den eigentlichen Kern der Normentheorie, wie sie gegenwärtig namentlich von Thon[107], Bierling[108] und Pfersche[109] vorgetragen wird, bildet die Lehre, daß das Recht ausschließlich aus Normen, aus Geboten

---

105 In diesem Sinne identifiziert vielleicht *Thöl:* Handelsrecht (5. Aufl.), S. 89, Note 2, Treu und Glauben, bona fides, mit Natur der Sache.

106 Vgl. über diese Frage *Eisele:* Archiv für civilistische Praxis, Bd. LXIX, S. 275 flg.

107 Rechtsnorm und subjektives Recht.

108 Zur Kritik der juristischen Grundbegriffe.

109 Methodik der Privatrechtswissenschaft.

und Verboten bestehe. Nur das, was im Gesetze Befehl ist, ist in der Tat ein Rechtssatz, nicht etwa auch die Erlaubnis, die Gestattung. Der Rechtssatz lautet also seinem inneren Wesen nach etwa: „Du sollst das schuldige Darlehen bezahlen" — nicht aber „Du darfst das schuldige Darlehen zurückfordern". Denn das Recht wendet sich bloß an den Verpflichteten, die Berechtigung ist nichts als Konsequenz der anderen Personen auferlegten Verpflichtungen. Das Forderungsrecht besteht also demgemäß in einem Gebote oder Verbote, welches *an eine* bestimmte Person oder mehrere bestimmte Personen erlassen wurde; das Eigentumsrecht, das Erbrecht, in einer ganzen Reihe von Verboten, welche an alle anderen Personen alle Gesetzesuntertanen, mit Ausnahme des Eigentümers, beziehungsweise des Erben erlassen werden: diesen Berechtigten nicht zu stören[110]. Eigentümlich ist es, daß der Grundgedanke der noch heute von vielen Juristen stark angefochtenen und häufig mißverstandenen Normentheorie, wie es scheint ganz unabhängig von diesen Bestrebungen, von einem Ökonomisten sehr klar und deutlich dargelegt wurde. Carl Menger spricht sich nämlich gelegentlich über das Verhältnis der Nationalökonomie zur Rechtswissenschaft in folgender Weise aus: „Die Rechtswissenschaft lehrt uns die im gemeinen Interesse gezogenen, die sozialen *Schranken* kennen, innerhalb welcher sich die Bestrebungen geselliger Menschen zu bewegen haben. Die Wirtschaftswissenschaft soll uns den hauptsächlichen *Inhalt* dieser Bestrebungen, die wirtschaftliche Tätigkeit des Menschen und den Zusammenhang der wirtschaftlichen Erscheinungen zum Bewußtsein bringen[111]." Dies ist durchaus der Standpunkt der Normentheorie. Das Recht statuiert nur die Gebote und Verbote, es stellt die sozialen Schranken der Bestrebungen fest; daß aus diesen Geboten und Verboten Befugnisse als deren notwendige Konsequenz sich ergeben, das heißt ein gewisser Raum ausschließlich für die Bestrebungen des Rechtssubjektes freibleibt[112], ist richtig, derselbe ist auch gewissermaßen ein Werk des Rechtes, aber er gehört nicht mehr zum Recht (im objektiven Sinne).

Wenn nun demgegenüber hervorgehoben wurde, daß sich viele Rechtssätze in erlaubender Form vorfinden, so ist dies ein Einwand, welcher die Normentheorie gar nicht trifft, denn sie gibt diese Tatsache im Vorhinein zu, sie betont aber, daß es sich ihr nicht um die tatsächliche, auch nicht um die aus technischen Gründen gebotene, sondern um die im Wesen des Rechtssatzes gegründete Form desselben handelt; untersucht man aber den Rechtssatz von diesem Standpunkte aus, so überzeugt

---

[110] Vgl. *v. Schey* in der Grünhut'schen Zeitschrift, Bd. VII, S. 746 flg.; Bd. VIII, S. 100 flg.; Bd. IX, S. 344 flg., namentlich Bd. VII, S. 768 flg. und Bd. IX, S. 346.

[111] In Grünhuts Zeitschrift, Bd. XIV, S. 563.

[112] Dies dürfte jene Definition des Rechtes im subjektiven Sinne sein, welche dem Geiste der Normentheorie entspricht.

man sich leicht, daß eine jede Erlaubnis eigentlich nichts ist als ein an andere Personen gerichtetes Verbot, denjenigen, dem die Erlaubnis erteilt wurde, zu stören. Doch muß auch die Normentheorie diesen Einwand in einem anderen Sinne ernst nehmen: nämlich insoferne er sich dahin zuspitzt, daß die befehlende Form des Rechtssatzes in vielen Fällen eine unnatürliche, verkünstelte, weit hergeholte wäre[113]. Denn da das Recht eine psychologische Tatsache ist, so muß jene Form des Rechtes als die in seinem Wesen gegründete betrachtet werden, welche psychologisch am nächsten liegt. Wenn es nun aber auch richtig ist, daß man beim Eigentum oder Erbrechte viel früher an die Befugnisse des Eigentümers oder Erben als an die Verbote denkt, die an die ganze sonstige Welt gerichtet sind, so wäre damit doch nur bewiesen, daß, wie billig und natürlich, die ökonomische Seite sozialer Institute dem Volksbewußtsein näher liegt als die juristische; es ist aber gewiß unrichtig, daß diese juristische, in Geboten und Verboten bestehende und in denselben aufgehende Seite sozialer Institute dem Volksbewußtsein entgehe. Denn fragt man auch den Laien, was das heißt, der Eigentümer dürfe über die Sache disponieren, der Erbe dürfe von allen Rechten Gebrauch machen, welche dem Erblasser zustanden, so wird er gewiß, wenn ihn die Naivität der Frage nicht verblüfft, sofort erwidern, es bedeute dies, daß niemand das Recht hat, ihn daran zu hindern, mit anderen Worten: daß jedem verboten ist, ihn daran zu hindern. In dem Augenblicke also, wo der Laie durch eine präzise Fragestellung genötigt wird, auf die juristische Seite des sozialen Institutes sein Augenmerk zu richten, drückt er sich vollständig im Geiste der Normentheorie aus.

Ebensowenig steht auch der von Bekker gegen die Normentheorie vorgebrachte Einwand derselben entgegen, daß unter subjektiven Rechten auch solche Beziehungen zu verstehen seien, die vor der Ausbildung des objektiven Rechtes schon da gewesen, von diesem nur eine bestätigende, keine schöpferische Anerkennung gefunden haben[114]. Es ist gewiß richtig, daß solche Beziehungen bestehen mußten noch vor der Ausbildung der sie schützenden Rechtsnormen, aber andererseits behauptet doch auch Bekker gar nicht, daß solche Beziehungen schon vor der Ausbildung der Rechtsnormen Rechte sind. Gibt es etwa ein geistiges Eigentum, bevor es vom Rechte geschützt wird? Gewiß nicht, aber eine „Beziehung" dieser Art zwischen Autor und Verleger hat sich da zweifellos früher herausgebildet als der Normenschutz, und wurde als solche durch zahlreiche ethische Normen geschützt; sie wird auch *als solche* noch heute, durch die öffentliche Meinung im weiteren Umfange geschützt, als der Schutz der Rechtsnormen reicht, z. B. im Verhältnisse zu Staaten, mit

---

[113] Vgl. insbesondere *Pernice* in Grünhuts Zeitschrift, Bd. VII, S. 476 und *Bekker:* Pandekten, S. 47, Note c.

[114] *Bekker,* a.a.O., S. 47, Anm.

denen kein Vertrag über Schutz des geistigen Eigentumes besteht. Die Normentheorie behauptet also keineswegs, daß derartige „Beziehungen“ durch den Normenschutz geschaffen werden, sondern bloß, daß der Normenschutz solchen faktischen, möglicherweise schon durch ethische Normen geschützten „Beziehungen“ die Qualität von *Rechten* verleiht[115].

Kann nun die Normentheorie nach allen diesen Richtungen als im wesentlichen ausgebaut und feststehend betrachtet werden, so sind doch noch so manche Details sehr bestritten.

Während vor allem die Hauptvertreter der Normentheorie die Norm als Imperativ, als Gebot oder Verbot betrachten, so hat sich schon in dieser formellen Beziehung eine gewichtige Stimme dagegen erklärt: Zitelmann[116] will nämlich die Norm stets als Urteil (im logischen Sinne) aufgefaßt wissen. In dieser Beziehung hat aber die Ansicht von Zitelmann keinen Anklang gefunden[117]. Doch scheint in der Polemik Zitelmanns viel Richtiges enthalten und unbemerkt geblieben zu sein, denn tatsächlich besteht ein großer Unterschied zwischen einem Imperativ, welcher als Norm gelten soll, und einem Imperativ, welcher nichts ist als Befehl. Die Normen haben nämlich einen *abstrakten* Charakter, die Befehle sind durchaus *konkret*. „Arbeite“ z. B. ist ein Befehl und bedeutet: setze dich an den Tisch und nimm deine Arbeit vor; dagegen ist die Norm „Du sollst arbeiten“ weder an einen bestimmten Menschen gerichtet, noch ist sie irgendwie nach Zeit und Raum individualisiert. Zwischen den abstraktesten Imperativen, den Normen, und dem konkretesten einfachen Befehle gibt es jedoch eine Menge von Übergangsstufen; eine Fabriksordnung, oder eine Disziplinarordnung für die Zöglinge eines Internates sind derartige Zwischenstufen. Es unterliegt nun keinem Zweifel, daß der Imperativ umsomehr von seiner eigentümlichen Natur verliert und sich dem logischen Urteil nähert, je abstrakter er ist. Daher haben in der Tat die Normen, welche die abstraktesten Imperative sind, die meiste Ähnlichkeit mit den Urteilen.

Im Gegensatze zur herrschenden Lehre, welche das Moment des Zwanges ziemlich allgemein als zum Wesen des Rechtes gehörend betrachtet, behaupten ferner die Vertreter der Normentheorie gegenwärtig das Gegenteil. In der Normentheorie liegt an und für sich keine Nötigung dazu. Sowohl Bierling als auch Thon nehmen wohl an, daß das ganze Recht aus lauter Normen besteht, aber keiner von ihnen behauptet, daß die Normen ganz unabhängig, lose nebeneinander exi-

---

[115] Vgl. darüber neuestens die kurze Erörterung von Lecoy-Beaulieu in der Revue de deux mondes, Tome LXXXIX, p. 591 squ., welche, unerreicht an Klarheit und von großer Sachkenntnis zeugend, wohl zu dem Bedeutendsten gehört, das über diese Frage je geschrieben wurde.

[116] Rechtsgeschäft und Irrtum, S. 21.

[117] Vgl. *Bierling,* a.a.O., Bd. II, S. 291 flg.

stieren: sie alle betonen es, daß die Normen miteinander in einem engen Zusammenhange stehen, daß speziell Normen, die in einer gewissen Beziehung als primäre Normen erscheinen, wenigstens in der Regel andere Normen bedingen, welche auf die Übertretung der ersteren Zwangsmaßregeln setzen. Es wären nun durchaus im Geiste der Normentheorie nur solche Normen, welche derartige Zwangsmaßregeln setzende Normen bedingen, und diese letzteren Zwangsmaßregeln setzenden Normen als Rechtsnormen zu betrachten. Dieses haben aber die Vertreter der Normentheorie nicht getan, sondern dem Beispiel des Urhebers der Theorie, Binding, folgend, haben sie jede Norm isoliert an sich betrachtet[118] und es darf nicht geleugnet werden, daß nur diese isolierte Betrachtungsweise ihnen ermöglicht hat, so manche feine Bemerkung zu machen, deren Bedeutung sogar weit über die Grenzen der Jurisprudenz hinausreicht. Nichtsdestoweniger ist diese Betrachtung nicht die einzig mögliche, und es ist mehr als fraglich, ob sie dem Wesen der Rechtsnorm wirklich gerecht werden kann.

Betrachtet man die Rechtsnorm an sich, wie es die Vertreter der Normentheorie tun, ganz ohne Rücksicht auf den Zusammenhang, in welchem sie steht, so überzeugt man sich bald, daß sie dann von anderen, verwandten Erscheinungen sich fundamental nicht unterscheidet. Ganz so, wie die Rechtsnorm, stellt sich *bei dieser Betrachtungsweise* auch die ethische Norm, die Anstandsnorm, das Gebot der Religion und des guten Tones, der Etiquette, der Mode dar. Es ist nun gewiß eines der Hauptverdienste der Vertreter der Normentheorie, daß sie beiweitem stärker, als es je vor ihnen geschehen ist, die Bedeutung des Imperativs als solchen betont haben[119]. Man fügt sich einem Imperativ, eben weil er ein Imperativ ist, ohne Rücksicht auf einen darauf etwa gesetzten Zwang. Diese jedem Imperativ innewohnende Kraft, auf den menschlichen Willen zu wirken, ist aber eine psychologische, keine „logische“ Eigenschaft desselben, sie ist von der logischen Form des Imperativs unabhängig, sie wirkt überhaupt nicht auf den Verstand, sondern auf das Gefühl und den Willen, und zwar bei der Rechtsnorm, in ganz derselben Weise wie bei den anderen eben genannten Arten von Normen.

In welcher Weise wirkt nun ein Imperativ auf unseren Willen? Wie geht dieser psychologische Prozeß vor sich? Die Antwort auf diese Frage muß auf die Erkenntnis der Natur der Norm überhaupt und der Rechts-

---

118 Vgl. namentlich *Binding* in den „Juristischen Blättern“ ex 1888, S. 146, erste Spalte: Außerhalb des Gebietes des Rechtszwanges liegt die Norm etc.

119 Diese Kraft der Rechtsnorm als Imperativ wird auch von Ihering anerkannt. Zweck, II. Aufl., Bd. I, S. 381. Vgl. insbesondere: „So hängt die Sicherheit des Rechtes schließlich nur an der Energie des nationalen Rechtsgefühls.“ (S. 382.) Vgl. in dieser Richtung von den Vertretern der Normentheorie *Binding:* Normen, Bd. II, S. 228 flg.; *Bierling:* Zur Kritik, Bd. I, S. 139 flg. *Thon* in Grünhuts Zeitschrift, Bd. VII, S. 244.

norm insbesondere von der eingreifendsten Bedeutung sein, und sie kann nur durch die psychologische Forschung gegeben werden. Alexander Bain hat sich mit dieser Frage sehr eingehend beschäftigt, denn die Lösung des Problems, die er gibt, bildet den Ausgangspunkt seiner Theorie von der Entstehung des Willens; jene setzt aber die Richtigkeit der letzteren keineswegs voraus, sondern kann auch vom Standpunkte der Wundt'schen Willenstheorie akzeptiert werden[120]. Der berühmte englische Psychologe kommt auf das in Rede stehende Problem an mehreren Stellen des zweiten Teiles seines Hauptwerkes zurück[121] und seine Ausführungen, welche in hervorragendem Maße geeignet sind, über diese schwierige und wichtige Frage Licht zu verbreiten, mögen hier ihrem wesentlichen Inhalte nach wiedergegeben werden.

Aus denselben ergibt sich, daß der letzte Grund der Einwirkung des Imperativs auf den menschlichen Willen immer in einer Assoziation desselben mit der Idee des Zwanges liegt. Ein Kind lernt dem Befehl gehorchen, wie ein junges Pferd der Peitsche sich fügen lernt. Die scharfen abgerissenen Töne, in welchen der Befehl vorgebracht wird, fallen ihm unangenehm ins Ohr, es macht verschiedene Bewegungen, um ihnen zu entgehen, macht es zufällig die erwünschte Bewegung, so hört die unangenehme Einwirkung dieser Töne auf, oder es treten an deren Stelle weiche, schmeichelnde Töne[122]. Wer je gesehen hat, wie junge Pferde dressiert werden oder wie Seiltänzer ihre ganz kleinen — in der Regel noch nicht zweijährigen — Kinder abrichten, der wird die Richtigkeit dieser Beobachtungen bestätigen: weniger in die Augen fallend, aber nicht minder zutreffend sind diese Bemerkungen in bezug auf die gewöhnliche Kindererziehung. Diese Periode kann man daher entschieden die Periode des propulsiven Zwanges nennen; es werden alle Bewegungen gehemmt, mit Ausnahme der erwünschten. Erst später lernt das Kind verstehen, daß die scharfen, abgerissenen Laute sofort aufhören, wenn gewisse Bewegungen gemacht werden. Dies ist bereits die Periode des kompulsiven Zwanges. Die psychologische Assoziation dieser Bewegungen mit jenen Lauten wird mit der Zeit immer inniger, so daß die ersteren häufig beinahe mechanisch gemacht werden, wenn die entsprechenden Töne ins Ohr fallen; erst jetzt entwickelt sich beim Kinde die Idee des Befehles, der kompulsive Zwang wird zum psychologischen Zwang[123]. Aber auch das, was für den erwachsenen Menschen abstrakte Norm ist, ist für das Kind nur Befehl: die Gebote der Moral, des Rechtes,

---

120 Anerkannt von *Wundt:* Physiol. Psychol., 3. Aufl., Bd. II, S. 469; Philosoph. Studien, Bd. I, S. 356.

121 The emotions and the will. Third edition. London 1875, p. 285 squ., p. 333 squ., p. 341 squ., p. 466 squ.

122 a.a.O., p. 341 i. f. squ.

123 a.a.O., p. 365 squ.

der Religion, des Anstandes, des guten Tones, existieren für das Kind nur als Befehle seiner Eltern, seiner Erzieher, überhaupt seiner Umgebung, bis sich in ganz derselben Weise der anfangs kompulsive Zwang zum psychologischen Zwang entwickelt[124].

Dieses letztere Moment des psychologischen Zwanges ist einem jeden Imperativ immanent; es würde aufhören, Imperativ zu sein, wenn es ein derartiges Moment des psychologischen Zwanges nicht enthielte[125]. Dabei kommt es jedoch auf die grammatische, ja sogar logische Form des Imperativs gar nicht an, auch die Bitte ist ihrem Wesen nach Imperativ, sie wirkt auf den menschlichen Willen in ganz derselben Weise wie der letztere, nur ist bei ihr der psychologische Zwang viel weniger intensiv. In derselben Weise wirkt auch die Rechtsnorm *unmittelbar* auf den Willen ein, und dies hervorgehoben zu haben ist ein sehr bedeutendes Verdienst der Normentheorie, aber dies ist nicht bloß ein für die Rechtsnorm charakteristisches Moment, es kommt bei jeder anderen Norm in ganz demselben Maße vor.

Bierling will, wie es scheint, den Unterschied zwischen Rechtsnorm, zumal der staatlichen Rechtsnorm, auf die es hier einzig ankommt, und anderen Normen in dem Inhalte derselben erblicken[126]. Dieses ist ganz bestimmt unrichtig. Rechtsnormen haben nicht nur häufig, wenn auch nicht immer, denselben Inhalt wie ethische Normen, sondern es werden nicht selten ethische Normen zu Rechtsnormen erhoben, während Rechtsnormen sich im Laufe der Zeit zu rein ethischen Normen abschwächen. War es vor zehn Jahren ein Gebot der Moral, keine Wucherzinsen zu nehmen, so ist dies heute in einem ziemlich weiten Umfange ein Gebot des Rechtes. Dieselbe Norm bestand aber schon viel früher als Rechtsnorm und wurde nachträglich erst zu einer bloß ethischen Norm abgeschwächt. Viel richtiger wäre es anzunehmen, daß eine Norm zur Rechtsnorm werde durch Anerkennung von Seite des Staates, aber als alleiniges

---

124 a.a.O., p. 467 squ.

125 Sagt Thon in Grünhuts Zeitschrift, Bd. VII, S. 247, dasselbe?

126 a.a.O., Bd. I, S. 3 flg.: „Die Rechtsnorm unterscheidet sich von anderen Arten vollkommen dadurch, daß sie als Regel des *Zusammenlebens* eines bestimmten Kreises von Menschen seitens der dazu Gehörigen fortgesetzt anerkannt wird.“ S. 12: „Staatliche Normen sind Normen, die als Regel des *staatlichen Lebens* seitens der Staatsgenossen fortgesetzt anerkannt werden.“ S. 170: „Das unterscheidende Merkmal des Rechtsbegriffes im Gegensatz zum Sittlichen ... ist ... die Anerkennung der betreffenden Regeln für das Handeln als Normen des Gemeinschaftslebens seitens der Genossen.“ (Nicht im Widerspruche damit S. 163.) Bd. II, S. 37: „Wir dürfen unbedenklich die Rechtspflicht als das Gebundensein an eine Norm definieren, bestehend in der Anerkennung derselben als Gemeinschaftsnorm ... speziell auf das staatliche Recht angewandt als das Gebundensein an eine Norm, beruhend auf der Anerkennung derselben ... als Norm des staatlichen Zusammenlebens.“ — Immerhin gestehe ich, daß ich dessen nicht sicher bin, ob ich ihn richtig auffasse, trotz Bd. II, S. 34, Note.

Kriterium kann auch das nicht dienen. Wer namentlich älteren Gesetzen irgendwelche Aufmerksamkeit gewidmet hat, der wird wohl die Bemerkung gemacht haben, daß Klugheitsregeln und Sittensprüchlein darin einen ziemlich großen Raum einnehmen: und es wurde ihnen auch darin ganz dieselbe Anerkennung von Seite des Staates zuteil, wie den Rechtsnormen, welche die Gesetze enthalten. Ja wo eine gewisse Religion staatlich als herrschende anerkannt wird, da kann man mit Fug sagen, daß der Staat auch alle religiösen Gebote, ja sogar alle Dogmen ebenso gut anerkennt wie die Rechtsnormen; zu Rechtsnormen werden diese aber infolge dessen wohl nicht, abgesehen von Fällen, wo er mit Zwang auf deren Befolgung dringt (z. B. Sonntagsruhe in England)[127].

Es ergibt sich daraus, daß man mit Ihering annehmen muß, das einzige Kriterium der Rechtsnorm sei der Umstand, daß der Staat mit seiner ganzen Autorität, unter Aufwendung aller ihm zu Gebote stehenden Zwangsmittel, für deren Durchführung eintritt[128]. Was nun diese Rechtsnorm in ihrer höchsten Ausbildung, in welcher sie uns im heutigen Staate entgegentritt, ganz besonders charakterisiert, das ist das Verhältnis, in welchem der Zwang zur Norm steht: er ist mit größter Genauigkeit systemisiert, für jede Norm ist im voraus die Art des Zwanges bestimmt, durch welchen gerade diese Norm sanktioniert wird, und auch die Verhängung der Zwangsmittel ist nicht willkürlich und ungeordnet, sondern auf das Genaueste organisiert; es sind auch die staatlichen Organe im voraus bestimmt, denen in dieser Beziehung die Ingerenz zusteht. Es muß jedoch hervorgehoben werden, daß eine derartige Systemisierung und Organisierung natürlich erst als Frucht langer Entwicklung sich darstellt, und man wird es keineswegs zugeben können, daß sie auch heute schon absolut in allen Richtungen durchgeführt ist. Auch der moderne Staat kennt Normen, welche, obwohl sie äußerlich nach allen Richtungen als Rechtsnormen erscheinen, durch einen systemisierten und organisierten Zwang nicht sanktioniert sind; es sind dies eben unentwickelte Rechtsnormen, Zwischenbildungen zwischen Rechtsnormen und Normen anderer Art. Durch einen anderweitigen Zwang sind aber auch diese in der Regel sanktioniert wie jede Norm. Faßt man daher den Begriff des Zwanges gar zu eng[129], so kann man allen diesen Erscheinungen unmöglich gerecht werden, und mit vollem Rechte konnte Thon leugnen, daß Zwang *in diesem Sinne* wesentliches Merkmal des Rechtes sei[130]. Es darf jedoch auch vom Standpunkte Thons nicht geleugnet werden, daß

[127] Henry *Sumner:* Maine, Ancient Law, fifith edition, p. 371, hebt hervor, daß in früheren Kulturepochen häufig bloße Sünden von Staatswegen bestraft wurden, z. B. in Athen von Areopagus. Dann war die Begehung solcher Sünden vom Staate durch eine Rechtsnorm verboten.

[128] *Ihering:* Zweck im Rechte, II. Aufl., Bd. I, S. 320 flg.

[129] Ihering tut es nicht. Zweck im Rechte, II. Aufl., Bd. I, S. 323 flg.

[130] In Grünhuts Zeitschrift, Bd. VII, S. 248 flg.

sich diese Zwischenbildungen reinen ethischen Normen in demselben Maße nähern, als sie sich von der Natur der Rechtsnormen entfernen.

Die stärkste Stütze der Lehre Bindings, Thons und Bierlings bildet die Existenz von Verfassungsgesetzen, welche angeblich durch gar keinen Zwang sanktioniert sind. Allein für gewisse dieser Verfassungsgesetze ist dies ganz zweifellos nur dann berechtigt, wenn man die sogenannte ungeordnete Rechtsverfolgung als Rechtszwang gar nicht gelten lassen will, was schwerlich begründet ist[131]. So z. B. gab die alte ungarische Verfassung ähnlich wie die Aragoniens den Ständen das Recht des bewaffneten Widerstandes für den Fall eines Rechtsbruches seitens des Königs. Dieses Recht ist nunmehr aufgehoben. Kenner der ungarischen Verfassung behaupten aber, daß es in der Tat noch immer bestehe und seiner nur „aus Schicklichkeitsgründen" nicht mehr Erwähnung geschieht. Ob ein solches Recht auch noch in einem anderen Lande existiert, ließe sich nicht ohne weiteres sagen, sondern nur nach einem genauen Studium des Geistes und der Geschichte der Verfassung. Ausdrücklich ausgesprochen ist es gegenwärtig schwerlich irgendwo; aber daß das Volk von dem Augenblicke an an die Verfassung nicht gebunden sei, wo ihrer der König nicht mehr achtet, scheint doch eine viel zu naheliegende Idee zu sein, als daß sie nicht hie und da sich Geltung verschafft und behalten hätte.

Anders haben sich bekanntlich jene Verfassungen die Sache zurechtgelegt, denen die englische als Muster gedient hat. Hier ist die Verfassung jedenfalls durch Zwang sanktioniert, nur richtet sich der Zwang, insofern die Person des Staatsoberhauptes in Frage kommt, nicht gegen dieses, sondern gegen dessen Werkzeuge. Da das Staatsoberhaupt aber zu jeder Regierungshandlung fremder Hilfe bedarf, so wäre es gewiß unrichtig, zu sagen, daß diesen Verfassungsgesetzen das Zwangsmoment in dem Sinne, wie es in der Regel die Rechtsnormen charakterisiert, fremd sei. Freilich können auch solche Handlungen des Staatsoberhauptes die bedenklichsten Folgen nach sich ziehen, für welche, wenigstens nach den meisten Verfassungen, niemand zur Verantwortung gezogen werden könnte; z. B. Handlungen, die er als oberster Befehlshaber der Armee vollführt, ebenso wie er etwa auch morden oder stehlen kann, ohne daß irgend jemand dafür zur Verantwortung gezogen werden könnte[132]. Es fragt sich aber, ob Normen, welche so ohne weiteres von ihm übertreten werden dürfen, noch als Rechtsnormen ihm gegenüber gelten können? Die Römer hatten den Mut zu sagen: princeps legibus solutus

---

[131] *Menger:* System des österreichischen Zivilprozeßrechtes, S. 3 flg., insbesondere S. 6, 7 und Note 3.

[132] „Es läßt sich keine (Verfassung) denken, welche die Staatsgewalt faktisch der Möglichkeit beraubte, das Gesetz mit Füßen zu treten." *Ihering:* Zweck, II. Aufl., Bd. I, S. 381.

est, und dies wird auch heute noch für jeden unverantwortlichen Souverän gelten müssen.

Ganz dasselbe Verhältnis besteht in noch viel weiterem Umfange bei jenen Verfasungen, welche das Prinzip der Ministerverantwortlichkeit überhaupt nicht kennen, wie formell die preußische Verfassung und — wenigstens materiell — auch die Verfassung des Deutschen Reiches. Es handelt sich eigentlich darum, ob die Normen der Verfassung Rechtsnormen sind und als solche ganz dieselbe Natur wie alle anderen in regelmäßiger Weise sanktionierten Rechtsnormen haben oder nicht. Eine Antwort darauf zu geben ist nicht möglich, ohne auf die weitere Frage einzugehen, wie sich nach solchen Verfassungen eine verfassungswidrige Regierungshandlung des Staatsoberhauptes darstellt. Ist die Regierungshandlung gültig, verbindet sie die Staatsuntertanen wie eine verfassungsmäßige Regierungshandlung oder nicht? Diese Frage ist nur aus dem Geiste und der Geschichte der Verfassung zu beantworten, und zwar wohl für das Deutsche Reich anders als für Preußen[133]. Ist sie als nichtig anzusehen, besteht sie rechtlich nicht, so ist jedermann berechtigt, derselben den Gehorsam zu verweigern und gegen denjenigen, welcher ihn nötigen will, den Ungehorsam aufzugeben, würde sich nun der Rechtszwang richten: seine Handlung könnte insbesondere als Beschränkung der persönlichen Freiheit, als Rechtsbeugung etc. der strafrechtlichen Verurteilung ausgesetzt sein. Das Verhältnis ist hier ein ähnliches wie bei den Verfassungen nach englischem Muster, nur komplizierter und in vielen Beziehungen unklarer. Was Preußen betrifft, so wurde die Frage bekanntlich im eingegengesetzten Sinne beantwortet: Regierungshandlungen, welche einen Verfassungsbruch involvieren, seien gültig und für die Staatsbürger verbindlich. In diesem Falle ist es ganz unmöglich, in den Normen der Verfassung Rechtsnormen zu erblicken. Das Staatsrecht würde dann einen unheilbaren Widerspruch enthalten, es würde einerseits das Staatsoberhaupt verpflichten, gewisse Rechtsnormen zu beachten, andererseits aber eine Übertretung dieser Rechtsnormen als neue Rechtsnorm sanktionieren, und zwar unter Anerkennung des Umstandes, daß sie in der Tat nur in Folge, nur durch Übertretung einer Rechtsnorm zu Rechtsnormen wurden, es würde dann jedenfalls jener Tendenz vollständig entbehren, welche selbst Bierling als ein wesentliches Merkmal einer jeden Rechtsnorm betrachtet, der Tendenz nach Geltungsbewährung, das Recht würde ja der verbotenen Handlung eine viel bedeutendere Relevanz zugestehen als dem Verbote. Dies sind aber ganz unmögliche Konsequenzen. Solche Verfassungen sind in der Tat durchaus absolutistisch, sie enthalten nur

---

[133] Vgl. darüber *Laband:* Staatsrecht des Deutschen Reiches, Bd. I, S. 312, und *Schulze* in Marquardsens Handbuch des öffentlichen Rechtes, Bd. II, Abt. II, S. 31 flg. (§ 8).

das einseitige Versprechen des Staatsoberhauptes, bei der Regierung sich durch gewisse Normen für gebunden zu halten. Sie sind keine lex, folglich auch keine lex imperfecta — denn auch die Übertretung einer solchen zieht Rechtsfolgen nach sich. Wie jedes einseitige Versprechen begründet auch dieses die ethische Pflicht, das Versprochene zu halten, eine ethische Verpflichtung, welche unter Umständen gewiß nicht schwächer wirkt als die häufig recht papierene Ministerverantwortlichkeit der Verfassungen nach englischem Muster, aber Rechtsnormen sind dann deswegen noch immer nicht enthalten[134].

Es läßt sich daher allerdings nicht leugnen, daß es Normen gibt, welche, obwohl durch keinen systemisierten und organisierten Zwang sanktioniert, den Rechtsnormen in vielen Beziehungen ähneln, aber die Kluft zwischen ihnen und den Rechtsnormen im eigentlichen Sinne ist noch immer groß genug, als daß man sie bei der Definition des Rechtes unberücksichtigt lasse: man darf sie mit Grund nicht als Rechtsnormen, sondern als Zwischenbildungen zwischen denselben und den ethischen Normen betrachten[135].

Schwieriger gestaltet sich die Frage allerdings mit Rücksicht auf gewisse Kulturperioden, während welcher eine staatliche Organisation noch nicht einmal recht eigentlich im Entstehen begriffen oder vollständig abgestorben ist. Obwohl auch hier schon gewisse Normen allgemein anerkannt werden und einer gewissen sozialen Sanktion nicht entbehren[136], so kann selbstverständlich von einer Sanktion dieser Normen durch andere Normen, welche für den Fall der Übertretung der ersteren Zwangsmaßregeln androhen, wie dies nach dem oben Ausgeführten ein wesentliches Merkmal der Rechtsnormen ist, keine Rede sein. Auch kann es als festgestellt betrachtet werden, daß es Völker gibt, bei denen wohl gewisse soziale Institute vorkommen, die als identisch betrachtet werden müssen mit solchen, welche bei uns als Rechtsinstitute gelten, durch Rechtsnormen beschützt werden, wie Eigentum, Ehe, Schuldforderungen, daß diese Völker jedoch die aus der Existenz dieser sozialen Institute sich ergebenden Beschränkungen der individuellen Willkür unverbrüchlich beobachten, ohne daß je irgendjemand durch Zwang

---

[134] Pro honore domus mag hier bemerkt werden, daß diese Frage nicht wegen ihrer praktischen Tragweite, sondern ausschließlich wegen der Bedeutung, welche ihr von den Vertretern der Normentheorie beigemessen wird, erörtert wurde. Es sollten nur die Schlüsse widerlegt werden, zu welchen die Existenz solcher Normen Anlaß gegeben hatte, insofern dieselben die allgemeine Theorie des Rechts betreffen. Wo Verfassungsbruch, Recht des bewaffneten Widerstandes, Verantwortlichkeit des Staatsoberhauptes etc. auch nur in Frage kommen, dort tritt die Rechtsfrage so sehr hinter die Machtfrage zurück, daß es beinahe lächerlich ist, darüber gar zu viel Worte zu verlieren.

[135] *Spencer:* Political institutions, p. 319 squ., p. 614 squ.

[136] Vgl. *Spencer,* a.a.O.

dazu angehalten werden müßte[137]. Dies würde aber im besten Falle nur beweisen, daß der Charakter der diese Institute schützenden Normen nach Ort und Zeit verschieden sein kann: daß *heute* Normen existieren, welche als Rechtsnormen betrachtet werden müssen, ohne durch staatlichen Zwang sanktioniert zu sein, läßt sich daraus unmöglich entnehmen. Vielmehr kann man mit Post[138] behaupten, daß diese Völker überhaupt ohne Recht leben, denn die Normen, die sie beobachten, sind keine Rechtsnormen im eigentlichen Sinne des Wortes, sondern scheinen ebenfalls eine Zwischenbildung zu sein, wie sie auch in der heutigen Gesellschaftsordnung nicht ganz unvertreten sind und von denen eine eben besprochen wurde.

Endlich wird noch darüber gestritten, ob die Normen hypothetische oder unbedingte Imperative seien. Binding[139] scheint sich die Norm stets als unbedingten Imperativ zu denken; wenn er von Normen als bedingten Imperativen spricht, so geschieht dies in einem anderen Sinne. Dagegen nimmt Thon — mit Ihering — an, daß jede Norm einen bedingten Imperativ enthalte[140], während Bierling sowohl bedingte als auch unbedingte Normen kennt[141]. Die Ansicht Thons ist jedoch wohl die richtige, die Bierling'sche scheint dagegen auf einer ungenauen Beobachtung zu beruhen. Wenn Bierling als Beispiel unbedingter Normen etwa „du sollst nicht stehlen" oder „du sollst nicht töten" anführen möchte, so ist dem zu entgegnen, daß die Ausdrücke „stehlen" oder „töten" nicht einfach Handlungen, sondern Handlungen, welche unter gewissen Voraussetzungen vorgenommen werden, bedeuten. Der Ausdruck stehlen bedeutet, „eine bewegliche Sache aus eines anderen Innehabung entziehen", also nicht etwa „entziehen" schlechthin, sondern unter gewissen Voraussetzungen entziehen. Ebenso bedeutet „töten" nicht etwa schießen, schlagen, stechen schlechthin, sondern unter solchen Voraussetzungen schießen, schlagen, stechen, daß daraus eines anderen Menschen Tod erfolge. Diese Normen verbieten also nicht einfach die Handlungen des Entziehens, des Schießens, oder Stechens, sie verbieten diese Handlungen bloß unter gewissen Voraussetzungen, Bedingungen, und sind trotz ihrer anscheinend unbedingten Form in der Tat bedingt durch diese Voraussetzungen. Und da wohl keine menschliche Handlung je

---

[137] Vgl. *Spencer*, a.a.O., p. 234, über die Todas nach Harkneß: I never saw a people civilized or uncivilized who seemed to have a more religious respect *for the right of meum and tuum.* Aus Maiphersons Report upon the Khonds: Among the Khonds *the denial of a debt* is a breach of this principle which is held to be highly sinful.

[138] Ursprung und Grundlagen des Rechtes.

[139] Normen, Bd. I, S. 130, und sonst; wieder anders Bd. I, S. 30 flg. Überschreitung der Norm *bedingt* die Rechtsfolgen derselben.

[140] Rechtsnorm und subjektives Recht, S. 350, Note 5; S. 361.

[141] a.a.O., S. 297 flg.

absolut gewisse Rechtsfolgen nach sich gezogen hat, sondern stets nur unter gewissen Voraussetzungen, so darf man auch alle Rechtsnormen als bedingte Normen auffassen.

Diese letztere Betrachtung ermöglicht es, endlich zu dem eingangs berührten Probleme zurückzukehren: Warum „allgemeine Sätze", warum „Definitionen", auch wenn sie in einem Gesetze ausgesprochen wurden, unverbindlich seien. Diese „allgemeinen Sätze", „Definitionen" etc. enthalten nämlich keine Normen, sondern geben bloß die Bedingungen an für das Lebendigwerden von Normen[142], und naturgemäß können nur erstere verbindlich sein, denn man kann nur Geboten oder Verboten zuwiderhandeln, nicht auch den Voraussetzungen derselben. Es soll hier der Versuch gemacht werden, diesen Satz an einigen Bestimmungen des allgemeinen deutschen Handelsgesetzbuches über die stille Gesellschaft zu erhärten.

Es ist vor allem klar, daß der Art. 250 Absatz 1 keine Norm enthält. Wenn es dort heißt, eine stille Gesellschaft ist vorhanden, wenn sich jemand an dem Betriebe des Handelsgewerbes eines anderen mit einer Vermögenseinlage gegen Anteil am Gewinn und Verlust beteiligt, so ist damit gewiß gar kein Imperativ, weder Gebot noch Verbot, statuiert. Es ist damit nicht verboten, sich an einem Handelsgewerbe ohne Anteil an Gewinn und Verlust, sondern etwa bloß gegen fixe Verzinsung zu beteiligen (Darlehen, Rente), ebensowenig sich am Gewinn und Verlust zu beteiligen, ohne eine Vermögenseinlage gemacht zu haben, sondern bloß als Entgelt für die geleistete Arbeit. Auch entspringt das Verbot der Beteiligung bloß an dem Gewinne nicht auch am Verluste im Gebiete des gemeinen Rechtes nicht dieser Bestimmung, sondern einer ganz anderen Norm, ebenso wie früher in Österreich (Verbot der societas leonina — § 1196 a. b. G. B.), und verbindet daher keineswegs überall, wo das Allgemeine Handelsgesetzbuch gilt. Dieser Artikel enthält daher keineswegs Normen, sondern bloß Voraussetzungen für die Anwendung der weiter folgenden gesetzlichen Bestimmungen, er definiert den Vertrag, auf welchen sich die weiter folgenden Normen beziehen, er bedeutet bloß, daß ein Vertrag, bei welchem diese Voraussetzungen nicht zutreffen, keine stille Gesellschaft ist.

Anders verhält es sich aber mit dem Absatze 2 dieses Artikels. Es unterliegt keinem Zweifel, daß er für Österreich ebenso wie für den größten Teil Deutschlands absolut keine Bedeutung hat; würde er weggelassen werden, so würde sich der Rechtszustand dieser Gegenden in gar nichts verändern, Verträge über stille Gesellschaften würden nach wie vor formlos geschlossen werden können. Nach preußischem Rechte bedürfen jedoch Verträge im allgemeinen der schriftlichen Form; diese

---

[142] Vgl. *Thon,* a.a.O., S. 7, 361 flg.

Norm wird durch den Absatz 2 derogiert, und da eine Norm nur durch eine Norm außer Kraft gesetzt werden kann, so ist auch dieser Absatz 2 als eine Norm, und zwar eine verneinende Norm zu betrachten[143]. Aber natürlich bloß für das Gebiet des allgemeinen Landrechtes. Für das Gebiet des gemeinen und österreichischen Rechtes existiert sie eigentlich gar nicht.

Der erste Absatz des Art. 251 ist bloß eine Fortsetzung des Art. 250 H. G. B. Es ist dem Inhaber eines Handelsgewerbes keineswegs verboten, einen Vertrag abzuschließen, demgemäß die Geschäfte unter der Firma des stillen Gesellschafters zu betreiben wären, nur würde ein solcher Vertrag eine stille Gesellschaft nicht begründen; es wird, trotz des dahingehenden Willens der Parteien, die Voraussetzung für die Wirksamkeit der Vorschriften des dritten Buches, ersten Titels des Handelsgesetzbuches nicht gegeben sein, insbesondere nicht die Voraussetzung für die Wirksamkeit der wichtigsten Vorschrift desselben über die beschränkte Haftbarkeit eines Gesellschafters. Das wurde denn im Art. 257 ausdrücklich hervorgehoben. Diese beiden Artikel enthalten daher ebenfalls keine Normen, sondern fahren nur mit der Definition der stillen Gesellschaft fort, indem sie die im Art. 250 Absatz 1 gegebene Begriffsbestimmung derselben verengen.

Dagegen enthält Art. 251 Absatz 2 bereits zwei Normen; eine an den Inhaber des Handelsgewerbes gerichtete: „Wenn du einen Vertrag über stille Gesellschaft abgeschlossen hast, so darfst du wegen der Beteiligung des stillen Gesellschafters eine das Verhältnis einer Gesellschaft andeutende Firma nicht annehmen." Die Rechtsfolgen des Vertrages über stille Gesellschaft treten zwar ein, sie können durch diese Handlungsweise des Inhabers des Handelsgewerbes nicht berührt werden, wenn der stille Gesellschafter nicht ausdrücklich oder stillschweigend dazu die Einwilligung gegeben hat, aber dieses Verhalten desselben ist verboten. An die verbietende Norm knüpft sich eine zweite, welche an den Richter gerichtet ist: „Nimmt der Inhaber des Handelsgewerbes wegen der Beteiligung des stillen Gesellschafters eine das Verhältnis einer Handelsgesellschaft andeutende Firma an, so soll dies durch eine Ordnungsstrafe geahndet werden."

Art. 252 nimmt die Definition des stillen Gesellschafters von neuem auf[144]. Im Absatze 1 ist keineswegs gesagt, daß, wer einen Vertrag über stille Gesellschaft abschließt, das Eigentum (beziehungsweise das Nutzungsrecht) an der Einlage an den Inhaber des Handelsgewerbes übertragen muß, oder daß durch Abschluß eines solchen Vertrages eo ipso

---

[143] *Bierling*, a.a.O., Bd. II, S. 13 flg.

[144] Vgl. darüber *Lastig* in Endemanns Handbuch, Bd. II, S. 704 flg., namentlich S. 707, Nr. III.

schon das Eigentum übertragen wird, es ist damit nur gesagt, daß, wenn jemand einen Vertrag über stille Gesellschaft abgeschlossen, sich aber das Eigentum der Einlage (resp. das zur Einlage bestimmte Nutzungsrecht) vorbehalten hätte, der Vertrag keine stille Gesellschaft begründen könnte. Es ist damit also ebenfalls nur eine Voraussetzung für die Wirksamkeit der auf die stille Gesellschaft sich beziehenden Normen ausgesprochen. Der Absatz 2 hebt bloß eine Konsequenz der im Art. 250 gegebenen Definition der stillen Gesellschaft hervor, denn aus dieser ergibt sich zur Genüge, daß der stille Gesellschafter nicht verpflichtet ist, die Vermögenseinlage über den vertragsmäßigen Betrag zu erhöhen oder die durch Verlust verminderte Einlage zu ergänzen. Ebensowenig wie die Definition eine Norm ist, kann auch eine bloße Konsequenz derselben eine Norm sein, wie man schon daraus ersieht, daß diese Bestimmung kein Verbot und kein Gebot enthält und auch den Richter nicht anweist, anders zu entscheiden, als er entscheiden müßte, wenn sie nicht bestünde. Würden die Parteien das Gegenteil verabreden, so würden sie ganz einfach eine um den Betrag, welcher später nachgefordert werden dürfte, höhere Einlage unbedingt oder für den Fall von Verlusten vereinbaren.

Wohl sind aber im Art. 253 H. G. B. Normen enthalten, obwohl im Geiste der Normentheorie diese Bestimmung *nicht die Berechtigung* des stillen Gesellschafters, sondern *die Verpflichtung* des Inhabers des Handelsgewerbes zur Mitteilung der Bilanz, Bücher und Papiere einmal im Jahre, aus wichtigen Gründen aber jederzeit, feststellen müßte. An diese Norm knüpft sich die zweite: „Sollte der Inhaber des Handelsgewerbes die Wichtigkeit der Gründe, aus welchen der stille Gesellschafter die Vorlage der Bücher und Papiere verlangt, nicht anerkennen, so sollen dieselben vom Richter im außerstreitigen Verfahren geprüft werden[145]." Abgesehen von der Bestimmung über das Verfahren enthält diese Stelle nur selbstverständliche Konsequenzen anderer Normen, so daß sie eventuell hätte wegbleiben und der Art. 253 H. G. B. lauten können: „Der Inhaber des Handelsgewerbes soll die Abschrift der jährlichen Bilanz einmal im Jahre, aus wichtigen Gründen aber jederzeit, dem stillen Gesellschafter mitteilen, die Prüfung derselben durch Gestattung der Einsichtnahme in die Bücher und Papiere ermöglichen"; daß derselbe dazu *im Prozeßwege* gezwungen werden könnte, verstünde sich doch von selbst.

Unscheinbar, aber wichtig ist die im Art. 254 ausgesprochene Norm. Wenn im Vertrage über stille Gesellschaft die Höhe der Beteiligung am Gewinn und Verlust nicht vereinbart würde, so müßte der Vertrag nach den Vorschriften des bürgerlichen Rechtes als zu unbestimmt für

[145] Entscheidung des österr. obersten Gerichtshofes vom 13. Jänner 1885.

ungiltig erachtet werden. Diese Vorschriften des bürgerlichen Rechtes werden nun durch den Art. 254 als unwendbar erklärt, derselbe enthält daher eine verneinende Norm. Eine selbstverständliche Konsequenz derselben ist die weitere Bestimmung, daß der Anteil am Gewinn und Verlust vom Richter bestimmt werde[146].

Aus diesem Beispiele kann man entnehmen, daß jene gesetzlichen Bestimmungen, welche bloß die Voraussetzungen für den Eintritt von Normen angeben, sich recht scharf von den Normen selber abheben. Sie bilden aber mit den Normen stets ein einheitliches Ganzes, ja sie sind eigentlich nichts als der bedingende Teil, wie Imperativ der dispositive Teil einer Norm ist. Auf jenen bedingenden Teil der Norm bezieht sich nun das, was man von denjenigen gesetzlichen Bestimmungen behauptet, welche man in der Regel als unverbindlich betrachtet, den Definitionen, Konstruktionen etc.: daß sie eigentlich Aufgabe der Wissenschaft seien und in ein Gesetz nicht gehören. Diese Behauptung ist gewiß in einem gewissen Sinne richtig, aber auch, wenigstens in der Form, mißverständlich. Der erste Teil der Norm hat die Aufgabe, das Institut oder Verhältnis — diese allgemeinen Ausdrücke mögen vorläufig genügen — auf welche sich der zweite, dispositive Teil der Norm bezieht, möglichst genau zu bezeichnen. Diesen Zweck kann der Gesetzgeber im ersten Teile der Norm in einer doppelten Weise erreichen. Vor allem kann er das Verhältnis, wenn es in der vulgären oder wissenschaftlichen Sprache einen Namen hat, bloß mit diesem vulgären oder technischen Namen bezeichnen. So sagte das XII. Tafelgesetz einfach: cum nexum faciet mancipiumve uti lingua nuncupassit ita ius esto, sagte es aber nirgends, was nexum, was mancipium ist, denn die Bedeutung dieser Ausdrücke war den Römern ohnehin bekannt. Ebenso hätte sich auch das Gesetz im Falle der stillen Gesellschaft damit begnügen können zu sagen: Wenn eine stille Gesellschaft begründet wird, so sollen 1. die gesetzlichen Bestimmungen über die schriftliche Form und sonstige zur Giltigkeit der Verträge erforderlichen Förmlichkeiten für diesen Fall außer Kraft treten; 2. so soll der Inhaber des Handelsgewerbes wegen Beteiligung des stillen Gesellschafters eine das Vorhandensein einer Handelsgesellschaft andeutende Firma nicht annehmen etc. Was eine stille Gesellschaft ist, das muß uns das Gesetz ebensowenig sagen als den Römern die XII Tafeln gesagt haben, was nexum und mancipium ist, als uns etwa irgendein Gesetz sagt, was eigentlich Inhaber- und Ordrepapiere sind: wir wissen trotzdem, worauf sich die betreffenden Normen beziehen, ebensogut wie dies die Römer gewußt haben. Es ist dann Aufgabe der

[146] Mit Rücksicht auf die obigen Ausführungen muß die Begriffsbestimmung der stillen Gesellschaft von Lastig in Endemanns Handbuch II, S. 704, der außer Art. 250 nur nach Art. 252 Absatz 1 und Art. 265 Absatz 1 (mit Recht) heranzieht, noch immer für zu weit betrachtet werden.

Wissenschaft, das Institut zu erfassen, genau zu beschreiben, welches vom Gesetz bloß mit dem Namen bezeichnet wurde: also etwa das nexum oder mancipium, die stille Gesellschaft oder die Inhaberpapiere zu definieren, das heißt die Merkmale anzugeben, durch welche sich dieselben von anderen, von ähnlichen Instituten unterscheiden. Aber das Gesetz sucht häufig diese Aufgabe der Wissenschaft ganz oder teilweise abzunehmen, es sucht das Institut oder das Verhältnis, auf welches es die Norm bezogen wissen will, dadurch zu bezeichnen, daß es dasselbe definiert, dessen wesentliche Merkmale hervorhebt.

Nun ist es bekanntlich *eine* Aufgabe der Wissenschaft, das Gesetz nach der Absicht des Gesetzgebers, wenn auch gegen den Wortlaut desselben, zu interpretieren. Diese Aufgabe fällt der Wissenschaft beiden Teilen der Norm gegenüber gleichmäßig zu: es macht gar keinen Unterschied, ob der Gesetzgeber das Verhältnis falsch charakterisiert hat, auf welches er die Imperative der Norm bezogen wissen will, oder ob er sich im dispositiven Teil der Norm unrichtig ausdrückte, etwas anderes befohlen hat, als er hatte befehlen wollen. Trotzdem besteht ein Unterschied zwischen beiden Fällen. Vor allem ist es ungleich schwieriger, eine richtige Definition als eine richtige Norm zu konzipieren, für diese Aufgabe genügen schon wohl die Fähigkeiten eines tüchtigen praktischen Juristen, jenes erfordert ein großes Beobachtungstalent, nicht geringe stilistische Begabung: beides in einem Maße, wie es auch bedeutende Gelehrte nicht immer aufzuweisen haben. Ferner ist noch zu berücksichtigen, daß der Gesetzgeber, welcher sich nicht die Fähigkeit zutrauen sollte, eine Norm befriedigend zu redigieren, keine andere Wahl hat, als die Norm gar nicht zu erlassen. Dagegen wird die Definition durch die bloße Benennung des zu normierenden Rechtsinstitutes jedenfalls ersetzt, und so hoch auch der Wert richtiger Legaldefinitionen — im Gegensatze zur herrschenden Strömung — angeschlagen werden mag, unrichtige Definitionen kann man in einem Gesetze in der Regel leicht missen. Ganz wertlos sind sie auch nicht, sie können möglicherweise für die Ermittlung der Absicht des Gesetzgebers sogar von größter Bedeutung sein, aber andererseits geben sie zu vielen Mißverständnissen Anlaß, können so manchem unberechtigten Anspruch als Stütze dienen, zum Siege verhelfen; und dabei besitzen sie eine äußere Autorität, die den Kampf der Wissenschaft gegen dieselben ungemein erschwert. Daher der billige, aber eigentlich nie befolgte Rat an den Gesetzgeber, er möge das Definieren überhaupt ganz der Wissenschaft überlassen, umsomehr, als er da eine Aufgabe freiwillig übernimmt, der er nicht gewachsen ist, die andere besser erfüllen könnten.

Die Unverbindlichkeit falscher Definitionen ergibt sich daher aus der allgemeinen Regel, daß das Gesetz nach dem wahren Willen des Gesetzgebers, nicht nach dem Wortlaute zu interpretieren sei. Sie kann übrigens ad oculos demonstriert werden. Wenn die Gläubiger ihrem insolventen Schuldner von den vollständig liquiden Forderungen 50 Percent nachlassen, ist das eine Schenkung? Man kann ja dabei den naheliegenden Fall setzen, daß sie gar keine besseren Bedingungen erhalten und daß sie es nur tun, um das ihnen verderbliche Konkursverfahren zu vermeiden. Der gemeinrechtliche Jurist, dem die Theorie beinahe Gesetz ist, mag über die Frage, ob hier eine Schenkung vorliege, die Achsel zucken: es fehlt ja der animus donandi, das ist klar. Was soll aber der österreichische Jurist dazu sagen? Nicht bloß paßt die Definition der Schenkung vollständig auf diesen Fall (§§ 938 und 939 a. b. G. B.), § 1381 a. b. G. B. sagt zum Überflusse ausdrücklich: „Wer dem Verpflichteten mit dessen Einwilligung ein unstreitiges oder zweifelhaftes Recht erläßt, macht eine Schenkung." Trotzdem wird nicht leicht ein Jurist zu bewegen sein, in diesem Falle eine Schenkung zu erblicken. Oder sollen die Gläubiger etwa das Recht des Widerrufes wegen Undankes oder wegen nachgeborener Kinder haben?

Daran knüpft sich nun eine weitere Frage: Wenn das Gesetz das Institut, auf welches sich die Rechtsnormen beziehen, gar nicht definiert, sondern es bloß benennt, woher nimmt dann die Wissenschaft das materielle Substrat für die Definition? Und wenn es das Institut falsch definiert, woher nimmt sie das materielle Substrat für die Korrektur der falschen Definition? Die nächstliegende Antwort ist wohl ein Hinweis auf den wahren Willen des Gesetzgebers[147], dieser sei für uns die einzige Quelle des Rechtes, nicht der Wortlaut des Gesetzes. Das ist vollständig richtig, insofern es sich auf den Imperativ bezieht: denn der Imperativ ist ausschließlich ein Werk des Gesetzgebers und kann nach jeder Richtung auf den Willen des Gesetzgebers zurückgeführt werden, für den ersten Teil der Norm trifft dies jedoch bloß insofern zu, als wir stets dem Willen des Gesetzgebers gemäß handeln, wenn wir die Disposition der Norm auf jenes Institut beziehen, auf welches er es hat beziehen wollen, trotz des falschen von ihm gebrauchten Ausdruckes. Aber *das Institut* selber ist nicht mehr ein Werk des Gesetzgebers wie der Imperativ, nicht das Normierte ist dessen Werk, sondern die Norm. Der Bildhauer kann wohl aus Marmor einen Jupiter bilden, aber der Marmor muß ihm anderwärts gegeben sein, er kann nicht aus nichts einen marmornen Jupiter bilden. Auf dem Willen des Gesetzgebers beruht es wohl, daß Schenkungen wegen Undankes widerruflich sind, aber die Schenkungen selber wurden vom Gesetzgeber nicht geschaffen. Woher wissen wir also, daß zur Schenkung der animus donandi gehört, wenn wir es nicht aus dem Willen des Gesetzgebers entnehmen können?

Brauchen wir denn wirklich eines Gesetzes, um zu wissen, was Schenkung ist? Haben wir dies nicht längst schon gewußt, bevor wir noch

147 Im Wesentlichen sagt dies auch *Binding:* Normen, Bd. I, S. 66 flg.

irgend etwas vom Privatrecht wußten? Gewiß, und dies ist auch bei den meisten Instituten des allgemeinen Zivilrechtes der Fall. Jedermann weiß, ohne je Rechte studiert zu haben, was Kauf, Tausch oder Miete, Diebstahl oder Betrug ist. Wer will, der mag hier ein intuitives Wissen annehmen, aber es ist weder notwendig noch auch richtig. Man schließt von Kindheit an so viele Verträge, sieht so viele Rechtsverhältnisse vor seinen Augen entstehen, sich entwickeln und untergehen, daß schon diese unwillkürliche und ganz primitive Beobachtung des täglichen Lebens genügt, um uns mit den allerwichtigsten und einfachsten Rechtsbegriffen vertraut zu machen. Für *alle* Rechtsbegriffe kann dieses jedoch nicht gelten. So zum Beispiel wird kaum jemand auf diese Weise erfahren haben, was ein Kontokorrente ist. In dem Handelsgesetzbuche sucht man ebenfalls vergebens nach einem Anhaltspunkt für die nähere Bestimmung dieses Begriffes. Aber auch die Beobachtung des täglichen Lebens bietet uns nichts in dieser Richtung, denn als Institut des gewöhnlichen Verkehres kann das Kontokorrente nicht gelten. Hätten wir also nichts als das Gesetz und jene unwillkürliche, spontane Beobachtung, so wären wir den zwei Normen des Handelsgesetzbuches (Art. 291) und den zahlreichen gewohnheitsrechtlichen Normen gegenüber, welche sich auf das Kontokorrente beziehen, ratlos; wir wüßten nicht, wann wir diese Normen anwenden sollten, denn durch reine Intuition wird niemand erfahren, was ein Kontokorrente sei. Doch die Wissenschaft und Praxis des Handelsrechtes haben es bereits ergründet; in jedem Lehrbuche des Handelsrechtes findet sich eine genaue Definition desselben, und ihnen, wie den zahlreichen Monographien, sieht man es genau an, wie sie entstanden sind: der stille Gelehrte hat für eine Weile die einsame Studierstube mit dem Comptoir des Kaufmannes, die vergilbten Folianten mit dem Haupt- und Korrespondenzbuche vertauscht, er hat dem Treiben auf dem Markte, auch wie es sich in den Akten und in richterlichen Entscheidungen spiegelt, seine volle Aufmerksamkeit zugewendet; aus solchem Materiale hat die Wissenschaft die richtige Definition des Kontokorrente abstrahiert: aus der Beobachtung des Lebens und des Verkehres. Oder hat man die Jurisprudenz mit Unrecht „die sonnenhelle Wissenschaft des täglichen Lebens“ genannt[148]?

Nicht bloß der Richter und der Gelehrte, ganz denselben Weg, den Weg des Studiums des Lebens, muß auch der Gesetzgeber einschlagen, wenn er ein Rechtsinstitut normieren will. Um sich darüber klar zu werden, darf er sich weder auf „seinen Willen“ noch auf die Intuition verlassen; er muß es studieren, wie es im Leben vorkommt. Die Redaktionsgeschichte des Titels des allgemeinen Handelsgesetzbuches über die stille Gesellschaft ist in dieser Beziehung wieder sehr belehrend. Die

---

[148] Vgl. darüber insbesondere *Leonhard* in Grünhuts Zeitschrift, Bd. X, S. 9 flg., besonders S. 10, Note 17.

Beratungen der Kommission erscheinen als ein steter Kampf zweier Prinzipien: des Prinzipes der Kommanditgesellschaft und des Prinzipes der deutschen stillen Gesellschaft, von denen jede das Terrain ausschließlich für sich in Anspruch nahm. „In zweiter Lesung", sagt Hahn[149], „überzeugte man sich, daß jede der beiden Auffassungen der stillen Gesellschaft als innerlich gerechtfertigt betrachtet werden könne, *wie auch beide Arten von Gesellschaften im Leben in Übung seien,* und erachtete es *darum* nicht bloß für möglich, sondern auch für zweckmäßig, demjenigen, welcher sich mit beschränkter Haftung an einem Handelsbetrieb zu beteiligen beabsichtigt, dazu einen zweifachen Weg zu eröffnen." Daß aber auch jene Rechtsinstitute, von welchen man in der Regel annimmt, daß sie durchaus ein Werk des Rechtes sind und vom Rechte dem Leben aufoktroyiert wurden, tatsächlich im Verkehre entstanden und vom Leben ins Recht übergegangen sind, hat Pernice[150] gegen Brinz und andere überzeugend dargetan. Es kann ja gar keinem Zweifel unterliegen, daß nicht bloß das Eigentum und die verschiedenen Verträge, sondern auch die Formen der Verträge, die mancipatio, das nexum ebenso wie etwa der Handschlag und der Weinkauf, nicht durch eine positiv-rechtliche Norm eingeführt, sondern unmittelbar im Leben entstanden und vom Rechte bloß anerkannt wurden. Gerade für die *Formen* gilt dies in weit höherem Grade als von anderen Instituten, und darin liegt eben der Grund, warum eine Form für obligatorische Verträge, trotz der vielen Versuche, die in dieser Beziehung in früherer Zeit gemacht wurden, dem Leben nicht aufgedrungen werden kann: sie müssen eben aus dem Leben herauswachsen. Dies ist denn auch die Entwicklung, welche überall die Regel bildet und überdies für die wichtigsten Formen des heutigen Rechtes: den Wechsel und das Grundbuch, historisch bezeugt ist. Ist es nicht charakteristisch, daß bei der Rezeption des römischen Rechtes nichts so entschieden abgelehnt wurde wie die römischen Verkehrsformen?

Wenn man nun, wie es nicht selten geschieht, trotz alledem annimmt, daß die juristischen Begriffe rein intuitiv oder bloß durch logische Schlußfolgerungen aus dem Gesetze gewonnen werden, so ist dies ganz entschieden Selbsttäuschung sehr merkwürdiger Art in einem Jahrhundert, wo man ziemlich allgemein annimmt, daß alles materielle Wissen induktiv sei. Schon gegenüber dem ungeheuren Kultus der Logik, der bei Juristen überhaupt sich bemerkbar macht, dürfte es nicht ganz überflüssig sein, darauf hinzuweisen — es ist eigentlich sehr sonderbar,

---

149 Commentar, II. Aufl., Bd. I, S. 545, und *Lastig* in Endemanns Handbuch, Bd. I, S. 710 flg., 728 flg.

150 In Grünhuts Zeitschrift, Bd. VII, S. 492 flg.; vgl. auch *Kent:* Commentaries on American law. Twelfth edition. Boston 1873, Vol. IV, p. 313; vgl. auch *Leroy-Beaulieu* a.a.O. über die ganze Frage.

daß es nicht ganz überflüssig ist —, daß die Logik eine rein formale Wissenschaft ist, daß ihre Regeln nicht den Gegenstand des Denkens, sondern die Methode des Denkens betreffen. Der Jurist denkt gewiß logisch — es wäre traurig, wenn es nicht der Fall wäre —, aber er denkt nicht Logik. Zwei Gründe sind es, welche uns die Täuschung jener erklären, die da glauben, die Logik sei auch materielles Substrat des juristischen Denkens. Vor allem der Umstand, auf den hier schon bei einer anderen Gelegenheit hingewiesen wurde, daß gerade die wichtigsten Rechtsverhältnisse von großer Einfachheit und leicht zu begreifen sind und daß sie im Leben sehr häufig vorkommen; man macht sich mit ihnen vertraut so ganz von ungefähr, ohne daß es nötig wäre, die Beobachtung absichtlich auf sie zu konzentrieren. Wir lernen sie kennen ohne zu wissen, wie wir dazu kommen, und das erzeugt bei uns die Meinung, daß wir sie gar nicht beobachtet, sondern ihr Wesen, ihre Natur intuitiv erfahren haben. Etwas ähnliches ist ja auch bei mathematischen Sätzen der Fall. Auch diese sind nicht Ergebnisse absichtlicher Beobachtung, sondern Induktionen auf Grund der bloßen Anschauung: man sah, daß zweimal zwei vier ist und formulierte diesen Erfahrungssatz dementsprechend; weil man aber zu diesem Erfahrungssatze so leicht gekommen ist, glaubte man lange Zeit und glaubt noch heute, daß dazu überhaupt keine Beobachtung nötig sei, daß man es ohne alle Beobachtung wisse[151].

Ferner ist ein schon von Leist[152] hervorgehobener Umstand nicht zu übersehen. Es sind nämlich die wichtigsten juristischen Beobachtungen bereits von den römischen Juristen gemacht und für die Jurisprudenz verwertet worden. Diese Beobachtungen hatte man, so wie sie von den römischen Juristen niedergelegt wurden in wissenschaftlichen Werken, welche mit den Kodifikationen und sonstigen Gesetzen der Römer und der Neueren absolut nichts gemein haben, ins corpus iuris aufgenommen und dadurch erlangten sie gewissermaßen gesetzliche Kraft. Nun war das im corpus iuris enthaltene Recht so ziemlich das einzige, mit welchem sich die Rechtswissenschaft am europäischen Kontinente beschäftigte, denn die germanistische Jurisprudenz war stets mehr historisch als dogmatisch, die partikularistische war ganz römisch, insofern sie dogmatisch war. Das alles gab der Meinung Boden, daß man für jede Definition alle notwendigen Anhaltspunkte im Gesetze findet. Aus den in den Quellen enthaltenen, sehr scharfsinnigen Unterscheidungen, aus den feinen Entscheidungen vorgekommener Streitfälle klaubte man mit unsäglicher Sorgfalt die „gesetzlichen" Merkmale eines jeden juristi-

---

[151] Vgl. über die Arithmetik *Wundt:* Philosophische Studien, Bd. I, S. 90 flg., insbesondere S. 121 flg.; für die Geometrie *Helmholz:* Populär-wissenschaftliche Vorträge, Heft 3, S. 21 flg.; Wissenschaftliche Abhandlungen, Bd. II, S. 640.

[152] Zivilistische Studien, Heft IV, S. 166.

schen Begriffes zusammen und ging dabei stets ausschließlich nach den Gesetzen der deduktiven Logik vor, indem man bald aus einem Ausspruche der Quellen eine Konsequenz zog, bald den Quellenausspruch auf seine Prämissen zurückführte. Auf diese Weise entstand die Täuschung, daß man für die Jurisprudenz der Induktion vollständig entbehren könnte, man beachtet aber dabei nicht, daß dies doch nur insofern richtig ist, als die Induktionen eben schon von den römischen Juristen gemacht wurden. So gewöhnte man sich daran, die Jurisprudenz als rein logische, das heißt deduktive Wissenschaft anzusehen, und wer die juristische Literatur kennt, der wird zugeben, daß so mancher sehr bedauernswerter Auswuchs derselben nur auf diesen verhängnisvollen Irrtum zurückzuführen ist. Daß die Jurisprudenz logisch ist, wird kaum jemand bestreiten; aber ist denn die Astronomie oder Chemie nicht logisch? Jede Wissenschaft ist ihrer Natur nach logisch, keine deduziert aber ins Blaue hinein, sondern stützt ihre Deduktionen auf ein materielles Substrat. Dieses materielle Substrat sind bei der Jurisprudenz ebensowenig wie bei der Astronomie oder Chemie Hirngespinste, sondern auf induktivem Wege gewonnene Beobachtungen, nur wurden die letzteren nicht im Laboratorium oder um die Geisterstunde auf der Sternwarte, sondern zum großen Teile am Markte, bei täglichen Einkäufen oder im Privatgespräche mit Freunden und Bekannten, und am häufigsten im geschäftlichen Verkehre, mühelos und ohne jede darauf gerichtete Absicht gemacht. Würde hier der Ort dazu sein, es wäre wirklich wert, den Versuch eines Beweises zu wagen, daß das Hauptverdienst der römischen Juristen nicht in ihrem „Rechnen mit Begriffen" liegt, nicht in der „logischen Schärfe" oder in der Methode, sondern in ihrem ungewöhnlichen Beobachtungstalent für die juristisch relevanten Vorgänge des täglichen Lebens, in der Feinheit, mit welcher sie Ähnliches voneinander unterschieden, Verwandtes zusammenstellten und nie innerlich Fremdes unter irgendwelchem Vorwande, sei es auch dem der wissenschaftlichen Konstruktion, zusammenwürfelten[153]. Eine neue Kodifikation wird daher das Studium des römischen Rechtes ebensowenig entbehrlich machen, als die Erfindung von Luftballons das Studium des Gravitationsgesetzes entbehrlich machte. In dem neuen Kodex mögen neue Rechtssätze enthalten sein, aber es ist darin nichts, was uns die Beobachtung der Vorgänge des wirklichen Lebens ersetzen könnte. Da die wichtigsten dieser Vorgänge von den römischen Juristen in anerkannt unübertrefflicher Weise beobachtet und, im corpus iuris verwertet, uns überliefert worden sind, so hätte es gar keinen Sinn, auf dieses Erbstück zu verzichten und dieselbe Arbeit noch einmal zu machen. Freilich, wo wir es mit Erscheinungen des modernen Lebens zu tun haben, dort müssen wir versuchen, uns auf eigene Füße zu stellen, nicht immer nach

---

[153] Vgl. *Leonhard* in der Grünhut'schen Zeitschrift, Bd. X, S. 10 flg.

Anhaltspunkten bei den Römern suchen, sondern selber zu sehen und zu hören trachten. Dazu reicht heute aber bloße mühelose, unwillkürliche Erfahrung nicht mehr aus, an ihre Stelle muß genaues, eingehendes Studium der Vorgänge des täglichen Lebens und Geschäftsverkehres treten, wie dies für das Kontokorrente und die stille Gesellschaft bereits gezeigt wurde und für so manches andere Institut gezeigt werden könnte. Verdankt denn die Wissenschaft nicht jetzt schon einer solchen Beobachtung tatsächlich eine Menge neuer, wichtiger Lehren (Aktiengesellschaften, Börsengeschäfte)[154]?

Man muß sich jedoch hüten, dabei das, was ausschließlich als Lebensverhältnis, als durch das Leben geschaffen und gebildet erscheint, mit dem zu verwechseln, was daran ein Werk des Rechtes ist; man muß sich hüten, das Lebensverhältnis bloß von dem Gesichtswinkel des Juristen aus zu betrachten, oder um in der Sprache der früheren Ausführungen zu reden: man muß sich hüten, das als *Voraussetzung* eines Imperativs (als zum ersten Teil der Normen gehörend) anzusehen, was schon an sich ein Imperativ (dispositiver Teil der Norm) ist. Dies tut Thon, wenn er, gegen das von Ihering für die wirkliche Form eines Rechtssatzes angeführte Beispiel polemisierend, behauptet, die Norm laute nicht: „Wenn eine Bürgschaft übernommen wird, und zwar von einer Frau, so soll dieselbe ungiltig sein", sondern „jeder Mann, der sich verbürgt, haftet aus seiner Bürgschaft." Aber das Lebensverhältnis Bürgschaft kommt sowohl bei Frauen wie bei Männern vor; versagt das Recht Bürgschaften, welche von Frauen übernommen werden, die Wirksamkeit, so setzt dies eine Norm voraus, welche den Eintritt von Rechtsfolgen in einem solchen Falle verneinen würde. Thon betrachtet also das, was in der Tat schon Norm ist, als Merkmal des Lebensverhältnisses, auf welches sich Normen beziehen. Anders aber würde es sich verhalten, wenn das Lebensverhältnis Bürgschaft nur bei Männern vorkommen könnte, z. B. wegen Dispositionsunfähigkeit, Vermögenslosigkeit der Frauen; da bedürfte es keiner solchen verneinenden Norm. Ebenso stellt sich etwa die Norm dar, welche der Mutter die Pflicht auferlegt, ihr Kind zu erziehen. Da das Lebensverhältnis „Mutter" bloß bei bestimmten Personen vorkommt, so bezieht sich die Norm tatsächlich nur auf jene Personen, bei welchen dieses Verhältnis vorkommt; es besteht in der Tat keine Norm, welche die Wirksamkeit der Norm über die Erziehungspflicht bei anderen Personen, bei Männern, ausschließen würde. Dies erklärt auch die neuerdings viel besprochene Ausdrucksweise „ein ungiltiger Vertrag", „ein ungiltiger Wechsel". Mit dem Ausdrucke „Ver-

[154] Die Rechtsnorm von dem ihr zu Grunde liegenden Verhältnis (Rechtsgut) unterscheiden am schärfsten *Neuner:* Wesen und Arten, S. 4 flg.; und *Binding:* Normen, Bd. I, S. 174 flg., besonders 193 flg.; auf den Letzteren wird hier insbesondere verwiesen.

trag", „Wechsel" wird nicht ein Rechtsbegriff, sondern ein Lebensverhältnis bezeichnet, an welches das Recht *unter gewissen weiteren Voraussetzungen* den Eintritt von Rechtsfolgen knüpft. Sind diese weiteren Voraussetzungen vorhanden — es sind dies in bezug auf den Wechsel die in Art. 1, 4 und 7 W. O. erwähnten Voraussetzungen —, so treten die Konsequenzen, die Rechtsfolgen ein, und wegen des Eintretens von Rechtsfolgen nennt man das Lebensverhältnis *giltig.* Sind die weiteren Voraussetzungen dagegen nicht vorhanden, so treten die Rechtsfolgen nicht ein, und man kann deswegen sagen, das Lebensverhältnis existiere für das Recht nicht, sei im rechtlichen Sinne ungiltig, aber man kann nicht sagen, es existiere überhaupt nicht, auch als Lebensverhältnis nicht, es liege überhaupt kein Vertrag, kein Wechsel vor[155]. Art. 7 W. O. tut deswegen ein übriges, wenn er einen ungiltigen Wechsel nicht einmal einen Wechsel, sondern „eine Schrift" nennt. Ist eine Schrift nicht einmal im Sinne des Lebens ein Wechsel, so wird niemandem auch nur einfallen, daß daraus eine wechselmäßige Verbindlichkeit entstehen könnte. Bloß für solche Schriften, die im Leben noch immer als Wechsel betrachtet werden, aber den weiteren Voraussetzungen des Rechtes nicht entsprechen, kann die Frage entstehen, ob diese eine wechselmäßige Verbindlichkeit begründen oder nicht, bloß in einem solchen Falle ist die verneinende Norm von Bedeutung, welche der Art. 7 W. O. enthält; aus einem solchen *Wechsel im Sinne des Lebens* entsteht keine wechselmäßige Verbindlichkeit, er zieht keine *rechtlichen* Konsequenzen nach sich.

Die Lebensverhältnisse sind nun als solche dasjenige, was die Juristen „Natur der Sache" nennen, und die aus der Natur der Lebensverhältnisse sich ergebenden Normen sind eben Normen aus der Natur der Sache. Wenn nämlich oben hervorgehoben wurde, daß der erste Teil der Norm kein Imperativ ist, sondern bloß eine Voraussetzung für den Eintritt von Imperativen, für das „Lebendigwerden von Normen", so folgt daraus keineswegs, daß in dem ersten Teile der Norm keine Imperative enthalten sind, daß der Inhalt derselben nicht implicite Imperative involviert. In der Tat ergeben sich schon aus dem Wesen des Lebensverhältnisses, wie es sich in der Definition, sowohl in der richtigen Legaldefinition als auch in der wissenschaftlichen Definition, spiegelt, gewisse Normen, welche sich häufig als selbstverständlich darstellen, unscheinbar aussehen mögen, trotzdem aber von großer Wichtigkeit und Tragweite sind. So ergibt es sich aus der Natur der Sache, daß, wer einen Kauf abgeschlossen hat, den Kaufpreis bezahlen muß; dies müßte auch

155 Am nächsten kommt der hier entwickelten Ansicht Leonhard, der Irrtum bei nichtigen Verträgen, S. 294 flg. In der Sache stimmt *Lotmar:* Über causa, S. 12 a. E. flg. überein. Vgl. aber dagegen *Zitelmann*: Irrtum und Rechtsgeschäft, S. 287.

dann gelten, wenn es im § 1062 a. b. G. B. nicht ausgesprochen worden wäre. Ebenso ergibt es sich aus der Natur der stillen Gesellschaft, daß der Inhaber des Handelsgewerbes die ihm bereits übergebene, aber etwa aus der Hand gelassene Einlage vom stillen Gesellschafter und auch von jedem Dritten, eventuell mit der Eigentumsklage zurückfordern kann, obwohl oben auszuführen versucht wurde, daß Art. 252 Absatz 1 keine Norm aufstellt, sondern bloß einen Teil der im Artikel 250 Absatz 1 begonnenen Definition der stillen Gesellschaft enthält. Gewiß sind alle diese Normen sehr selbstverständlich, sonst würden sie sich eben nicht aus der Natur der Sache ergeben, sie gehören aber auch zu den wichtigsten Bestandteilen unsereres positiven Rechtes, machen den Grundstock der im corpus iuris enthaltenen Rechtsregeln aus, und so manches Rechtsverhältnis, welches im heutigen Verkehre eine große Rolle spielt, ist ausschließlich durch aus der Natur der Sache sich ergebende Normen geregelt. Welche gesetzlichen Bestimmungen gelten nach gemeinem Rechte im Falle der Statutenkollision? Es kann doch nichts anderes gesagt werden, als daß die Natur der Sache allein maßgebend ist, dasselbe gilt von der Lehre von den juristischen Personen, von den Inhaberpapieren und von einer Menge anderer Rechtsverhältnisse. Zitelmann hat sich über die Natur der Sache sehr geringschätzend geäußert und doch hat er selber ein Buch von 614 Seiten geschrieben, das allgemeine Anerkennung gefunden hat und zu dessen bedeutendsten Partien gewiß Argumentationen aus der Natur der Sache gehören. Unlängst ist ein Buch erschienen, welches der dogmatischen Literatur zur Ehre gereicht[156]: es behandelt einen praktisch überaus wichtigen Stoff, abgesehen von einer historischen Einleitung streng positiv-rechtlichen Inhaltes, und beruht ausschließlich auf der Natur der Sache[157]. Daß wir aus der Natur der Sache argumentieren, ist also Tatsache, wenn man das widerlegen will, so muß man entweder beweisen, daß wir in der Tat nicht mit der Natur der Sache operieren, daß wir uns bloß in einer Selbsttäuschung befinden, wenn wir damit zu operieren glauben, oder daß wir die Nautr der Sache entbehren könnten; dieser Beweis wurde bisher meines Wissens nicht erbracht trotz Zitelmann[158].

Leicht könnte man diesen aus der Natur der Sache sich ergebenden Normen vorwerfen, daß sie viel zu unsicher, viel zu schwankend seien,

---

[156] *Mitteis:* Die Lehre von der Stellvertretung.

[157] S. 79 ib. und die „nicht immer untrüglichen Analogien des römischen Rechtes“; aber die Schlüsse aus der Analogie sind ebenfalls Schlüsse aus der Natur der Sache, wie unten auszuführen versucht werden wird.

[158] Vgl. oben Note 104. Es muß noch einmal betont werden, daß die Logik allein nicht ausreicht, um juristische Deduktionen zu rechtfertigen. Logische Schlüsse können nur aus Prämissen gezogen werden und wenn sich die Prämissen nicht im Gesetzestext aufweisen lassen, so ist damit bewiesen, daß sie von woanders hergenommen wurden.

um eine feste Grundlage für die Entscheidung streitiger Rechtsverhältnisse zu bieten, wie es stets die Hauptaufgabe des Rechtes sein soll. Das wäre in der Tat ein schwerer Vorwurf und würde, wenn er wahr wäre, die Normen aus der Natur der Sache wenn auch nicht beseitigen, so doch höchstens als notwendiges Übel erscheinen lassen. Er ist aber glücklicherweise nicht *wahr*. Schon oben wurde die Natur der Sache definiert als das Wesen der Lebensverhältnisse, welches sich uns bei der Beobachtung tatsächlicher Vorgänge des Lebens erschließt. Dieses würde wohl an und für sich genügen, denn die Beobachtung des Lebens ist für einen vernünftigen und praktischen Menschen nichts Schwieriges; er wird sie vielleicht nicht immer stilgerecht definieren, aber er wird immerhin wissen, was Kauf oder Miete, was Aktiengesellschaft oder offene Handelsgesellschaft ist, ebenso wie er gesellschaftlichen Takt und guten Ton durch Beobachtung des wirklichen Lebens sich aneignet. Aber die Untersuchungen neuerer Soziologen, zumal die einzigen größeren Gesamtdarstellungen von Herbert Spencer und von Ihering, haben es ermöglicht, sich bei der Charakterisierung der Natur der Sache noch viel spezieller zu fassen, denn sie haben gezeigt, daß kein einziges Lebensverhältnis, kein einziges soziales Institut um seiner selbst willen entstanden ist, daß jedes wenigstens zur Zeit seiner Entstehung eine soziale Mission zu erfüllen hatte, eines wirklichen oder wenigstens eingebildeten sozialen Zweckes wegen dagewesen ist. Dies gilt für die Mode oder die religiösen Gebräuche nicht minder als für die wichtigsten Phänomene des staatlichen Lebens, wenn auch nicht selten ein soziales Institut seine sozialen Zwecke überlebt, wenn auch die Soziologie rudimentäre Institute des sozialen Lebens, wie die Biologie rudimentäre Organe kennt. Dieser Zweck der sozialen Institute ist deren Natur, die Natur der Sache im juristischen Sinne. Selbstverständlich ist er nicht immer ein ökonomischer (wohl nur dies wird von Goldschmidt[159] bestritten): so bezweckt z. B. das Staatsrecht die Organisation der Klassenherrschaft, und diese ist auch der Zweck der einzelnen staatsrechtlichen Institute, ebenso verfolgen die verwaltungsrechtlichen Institute einen bestimmten Wohlfahrtszweck etc. Aber der Zweck der *vermögensrechtlichen* Institute ist stets ein *privat*ökonomischer. Die Natur der Sache ist daher bei vermögensrechtlichen Instituten identisch mit deren *privat*ökonomischem Zwecke, während das *national*ökonomische Moment in den sonstigen Normen (die sich nicht aus der Natur der Sache ergeben) Ausdruck findet, in Normen, welche die freie Entfaltung des privatökonomischen Zweckes hemmen oder einschränken[160]. Auf Grund dieses privatökonomischen Zweckes, nicht etwa auf Grund von Begriffen, argumentieren wir, wenn wir „aus der Natur der Sache" argumentieren. So wenden wir

[159] Handbuch, Bd. 1, S. 306, Nr. 7.

[160] Vgl. auch *Dernburg:* Pandekten, Bd. I, S. 70 u. flg.

auf die Bücherleihe des Leihbibliothekars unbedenklich die Normen nicht des Kommodates, sondern der Sachmiete an, da der privatökonomische Zweck der Bücherleihe nicht der des Kommodates, sondern der der Miete ist. Man kann gewiß mit Fug behaupten, daß die Erkenntnis des privatökonomischen Zweckes, den die Gesellschaft in einem typischen Lebensverhältnisse zu erreichen sucht, weder schwieriger noch unsicherer ist, als die Erkenntnis des Zweckes, den die Parteien durch Begründung eines individuellen Lebensverhältnisses, etwa den Abschluß eines konkreten Vertrages anstreben. Beruft man sich auf diesen etwa bei der Interpretation eines Mietvertrages, so ist es nicht einzusehen, warum man sich auf jenen nicht berufen dürfte bei der Darstellung der Miete als typischen sozialen Institutes, bei der Interpretation der *typischen* Absicht der Parteien.

Ganz unrichtig ist die Ansicht, daß die Natur der Sache immer und überall dieselbe sei. Sie ist in verschiedenen Ländern verschieden, wenn die ökonomische Natur der Rechtsinstitute verschieden ist; sie ändert sich, wenn sich die ökonomische Natur des Rechtsinstitutes ändert. Wer kann es leugnen, daß sich gegenwärtig das Veräußerungsrecht des Pfandgläubigers aus der Natur der Sache ergibt? Im früheren römischen Rechte war dies aber keineswegs der Fall: so sehr änderte sich mit der Zeit der ökonomische Zweck der Verpfändung. Ebenso änderte sich der ökonomische Zweck des Kaufvertrages, seitdem sich die Gewährleistungspflicht des Verkäufers aus der Natur der Sache ergibt und nicht mehr besonders stipuliert zu werden braucht. Der Vertrag zwischen dem Dienstherrn und dem Dienstboten begründet nach englischem Rechte eine Art von dinglichem Rechte oder vielmehr ein absolut (gegen Dritte) wirksames Gewaltverhältnis. Der Dienstherr kann jeden Dritten, welcher ihm den Dienstboten abwendig macht, auf Schadenersatz klagen[161]. Ja man geht noch weiter: Diese Klage hat sogar ein Theaterdirektor gegen jeden, der ihm einen von ihm engagierten Sänger oder Schauspieler abwendig macht[162]. Nach kontinentalem Rechte hätte der Richter für eine solche Schadensersatzklage höchstens ein mitleidiges Lächeln[163]. Die ökonomische Natur des Dienstvertrages ist eben auf dem Kontinente eine von der des englischen Rechtes so verschiedene, daß dem kontinentalen Juristen jedes Verständnis für die letztere abgeht[164].

Es mag an dieser Stelle gestattet sein, die Worte anzuführen, die ein berühmter Rechtslehrer vor vielen Jahren einem seiner Erstlingswerke

[161] *Stephen:* New Commentaries, tenth Edition, Vol. II, p. 23 squ.

[162] *Holland:* Elements of Jurisprudence, Nr. 151.

[163] Vgl. aber *Neuner:* Wesen und Arten der Privatrechtsverhältnisse, S. 10 flg.

[164] Insofern daher richtig: *Dahn* in Behrends Zeitschrift für deutsches Recht, Bd. VI, S. 560: „Es gibt keine objektive Natur der Sache, vielmehr ist jedes Rechtsideal ein relatives" (verschieden nach Zeit und Volk). Nur ist die Natur der Sache keineswegs das Rechtsideal.

voranschickte: „Die Darstellung (des Verkehres mit Staatspapieren) selbst hat allein den Zweck, der rechtlichen Beurteilung den Weg zu ebnen. Für diesen Zweck genügt es aber nicht, die Geschäfte nur so zu schildern, wie sie dem Inhalte und dem Geschäftsgange nach abgeschlossen werden — wenig mehr ist bis jetzt geschehen —, sondern noch eine andere Seite ist aufzufassen, welche allein Leben und Licht in das sonst tote und dunkle Bild bringt: es ist die Seite der kaufmännischen Spekulation. Bei dieser Auffassung liegt die Frage zu Grunde, warum gerade dieses oder jenen Geschäft abgeschlossen wird, was durch dasselbe erreicht werden soll und kann, und was man bei demselben wagt. Erst diese Seite führt in vielen Beziehungen zur richtigen juristischen Würdigung der Verhältnisse, nämlich auf die eigentliche Meinung der Kontrahenten, auf das id quod actum est[165]." Wurde hier der privatökonomische Zweck des Rechtsgeschäftes („der Gesichtspunkt der kaufmännischen Spekulation", „warum gerade dieses oder jenes Geschäft abgeschlossen wird, was durch dasselbe erreicht werden soll und kann, was man bei demselben wagt", „die eigentliche Meinung der Kontrahenten"), nicht geradezu maßgebend für die „rechtliche Beurteilung", „juristische Würdigung" erklärt?

Zum Schlusse mögen noch einige konkrete Fälle erwähnt werden, wo es der Rechtsprechung gelungen ist, wichtige Normen durch eingehende, gewissenhafte Beobachtung der Natur, des ökonomischen Zweckes des Rechtsinstitutes zu gewinnen:

Die Redaktoren des allgemeinen Handelsgesetzbuches unterließen es, in dasselbe Bestimmungen über die Rechtsverhältnisse der Handelsagenten aufzunehmen, da man sich überzeugte, daß mit diesem Worte kein fester Begriff ausgedrückt werde[166]. Es zeigte sich aber bald, wie sehr eine Bestimmung darüber notwendig gewesen wäre: denn die Frage, ob ein Handelsagent überhaupt eine Vollmacht, beziehungsweise in welchem Umfange er sie habe, tauchte immer von Neuem auf. Sie konnte nur durch Eingehen auf die Natur der Sache entschieden werden; folgendes Erkenntnis wird zeigen, wie dabei vorgegangen wurde.

„Kaufleute und Fabrikanten bedienen sich behufs Absatzes ihrer Waren außerhalb des Ortes ihres Etablissements vorzugsweise solcher Personen, welche sich damit beschäftigen, gegen Gewährung einer Provision oder nach Befinden eines festen Gehaltes fremde Handelsgeschäfte zu vermitteln, ohne zu dem Auftraggeber in ein Dienst- oder Abhängigkeitsverhältnis zu treten. Der ihnen erteilte Auftrag geht im Zweifel dahin, die Waren des Auftraggebers unter den ihnen aufgegebenen Bedingungen zum Verkaufe auszubieten, eingehende Bestellungen anzu-

---

[165] *Thöl:* Verkehr mit Staatspapieren, S. VIII flg., Vorrede.
[166] *Hahn:* Kommentar, II. Aufl., I. Bd., S. 227.

nehmen und dieselben dem Auftraggeber zu übermitteln. Der letztere wird jedoch durch diese Mitteilung nicht verpflichtet, weil dieser durch die Annahme eines Verkaufsagenten zunächst nur die Absicht, die Verbindungen mit den alten Kunden zu unterhalten und neue Kunden zu erlangen, zu erkennen gibt, keineswegs aber auf das Verfügungsrecht über seine Waren dergestalt verzichtet, daß er zur Ausführung jeder ihm vom Agenten übermittelten Offerte verpflichtet wird, zumal wenn man berücksichtigt, daß ein Kaufmann oder Fabrikant, der sich in der Regel mehrerer an verschiedenen Orten wohnhafter Agenten bedient, nicht im Stande ist, im Voraus den Umfang der eingehenden Bestellungen, und ob dieselben seinem Lagervorrat entsprechen, zu ermessen oder den Agenten alle diejenigen Personen, mit denen er keine Geschäftsverbindung wünscht, zu bezeichnen[167]."

Ein anderes Beispiel ist der Praxis des Oberappelationsgerichtes Lübeck entnommen und betrifft die Substitutionsbefugnis desjenigen, dem man den Auftrag zum Ankaufe eines Landgutes erteilt hatte. Die Gründe für die Verneinung derselben lauten im wesentlichen wörtlich: „Es ist zwar bekannt, daß dem Bevollmächtigten der Regel nach eine Substitutionsbefugnis zustehe, aber nicht minder, daß der Auftraggeber die Substitution untersagen dürfe, und daß ein derartiges Verbot auch stillschweigend *in der Natur des Rechtsgeschäftes enthalten sein kann.* Überall nämlich, wo bei Vollführung des Geschäftes entweder auf besondere Eigenschaften des Bevollmächtigten Rücksicht genommen ist oder wo mit der Übertragung ein besonderes Zutrauen verbunden zu sein pflegt, da ist *der Natur der Sache nach* die Substitutionsbefugnis ausgeschlossen[168]."

Ist die bedingte Kündigung eines ausstehenden Kapitales wirksam? In keinem Gesetze steht etwas darüber und doch muß die Frage entschieden verneint werden, denn „als *Zweck* der Verabredung einer Kündigungsfrist muß es angesehen werden, dem Schuldner eine bestimmte Zeitfrist zu gewähren, in welcher er darüber, ob und wann er zu zahlen verpflichtet ist, nicht in Ungewißheit sich befindet. Diesem Zwecke widerspricht es, wenn der einseitigen Aufforderung zu zahlen eine Bedingung hinzugefügt wird"[169].

Zu der viel besprochenen Frage des Verzichtes auf den Widerruf der Vollmacht hat das Reichsoberhandelsgericht in folgender Weise Stellung genommen: Die Ungiltigkeit des Verzichtes folgt *aus dem Wesen* des Vollmachtsverhältnisses. „Das letztere beruht auf Seite des Macht-

---

[167] Buschs Archiv, Bd. VIII, S. 20 flg. (Oberappellationsgericht Dresden 1865).

[168] Kierulfs Sammlung, Bd. VI, S. 94.

[169] *Seuffert*, Bd. XXV, S. 177 (Wolfenbüttel); vgl. auch Reichsoberhandelsgericht, Bd. IV, S. 343.

gebers wesentlich auf Vertrauen, welches der Natur der Sache nach (hier wird das Wort in einem anderen, nicht technischen Sinne genommen) wandelbar ist und durch unvorhergesehene Umstände später erschüttert werden kann. Da der Mandatar überdies nur zufolge der Vollmacht für den Machtgeber handelt, so muß naturgemäß (d. h. der Natur der Sache gemäß) die Bevollmächtigung aufhören, sobald der Wille desjenigen aufhört oder sich ändert, welcher die Vollmacht erteilt hat[170]." Dies bedeutet wohl nichts anderes als: wer eine Vollmacht erteilt, *bezweckt* damit, seine Geschäfte durch *eine Person seines Vertrauens* besorgen zu lassen. Hat er dieser Person sein Vertrauen entzogen, so kann jener Zweck nicht mehr erreicht werden, die Vollmacht muß daher als erloschen gelten.

Obwohl mit Hilfe der schärfsten Dialektik, auf Grund positiver gesetzlicher Bestimmungen, Rechtsnormen mit größerer Sicherheit und Bestimmtheit formuliert werden könnten, als es hier geschehen ist?

Man würde diesen Entscheidungen gewiß nicht gerecht werden, wenn man in ihnen bloß Willensinterpretationen erblicken würde. Nichts an ihnen rechtfertigt eine solche Auffassung. Sie argumentieren nirgends aus dem Willen der Parteien, aus dem Zwecke des Rechtsgeschäftes im konkreten Falle; sie argumentieren aus dem *Zwecke des Rechtsinstitutes* der Handelsagenten, der Kündigung, der Vollmacht, und in einem Falle verschaffen sie demselben Geltung sogar gegen den Willen der Parteien. Deswegen haben sie auch ein allgemeines Interesse, während sie, wenn es sich bloß um Willensinterpretationen handeln würde, ein solches keineswegs beanspruchen dürften.

Und so wäre es denn überhaupt naheliegend, von diesem Standpunkte aus von wirklichen Lücken im Rechte zu sprechen. Denn wir hätten da Normen, welche zwar im Gesetze häufig ausdrücklich ausgesprochen wurden, aber auch dann gelten, wenn sie im Gesetze nicht ausgesprochen werden, ja sogar wenn im Gesetze für den konkreten Fall ganz andere Normen ausgesprochen wurden, wie für den Fall des vergleichsweisen Erlasses nach österreichischem Rechte oben versucht wurde zu zeigen. Wir hätten da eine Rechtsquelle neben dem positiven Rechte, eine selbständige, gleichwertige. Es wäre dies wohl im Einklang mit den Theorien älterer Naturrechtslehrer, die ebenfalls zu einem sehr großen Teile nur Normen aus der Natur der Sache vortragen und als verbindliches Recht anerkennen[171], aber es wäre im grellen Widerspruche mit der Grundidee unseres ganzen heutigen Rechtslebens: daß alles Recht positiv sei. Diese Auffassung ist jedoch nicht richtig, eine kurze Betrachtung dürfte ge-

---

170 *Seuffert*, Bd. XXXIV, S. 297.

171 Vgl. noch als der letzten einen *Rottek:* Lehrbuch des Vernunftrechtes und der Staatswissenschaften, Stuttgart 1847, S. 59 flg., S. 63 flg.

nügen, uns davon zu überzeugen. Wodurch unterscheidet sich das angenommene Versprechen, einen Besuch zu machen, von einem verpflichtenden Vertrage? Formell ist ein Unterschied kaum erfindlich, und wer den § 861 a. b. G. B. oder die Art. 1101 und 1107[172] Code Napoléon beim Worte nehmen wollte, könnte nicht umhin, dasselbe für rechtsverbindlich und klagbar zu halten. Warum erzeugt aber hier der Vertrag keine Verbindlichkeit? Der Natur der Sache nach sollte aus diesem Vertrage ebenso eine Verbindlichkeit zur Leistung des Besuches entspringen, wie aus dem Kaufvertrage der Natur der Sache nach eine Verbindlichkeit zur Zahlung des Kaufpreises entsteht; da dies aber nicht der Fall ist, so ergibt sich daraus, daß nicht jede in der Natur der Sache begründete Verpflichtung schon eine Rechtspflicht ist, daß noch ein anderes Moment hinzutreten muß: die Anerkennung der aus der Natur der Sache sich ergebenden Verpflichtung als Rechtspflicht durch das Recht[173]. Diese fehlt eben der Verbindlichkeit auf Leistung eines Besuches.

Daß aber jedes Lebensverhältnis erst vom Rechte anerkannt werden muß, bevor die sich aus seiner Natur ergebenden Normen zu Rechtsnormen werden, das ist eine der eindringendsten Lehren, die aus der Rechtsgeschichte entnommen werden können. Im alten Rom gab es nur sehr wenige Verträge, aus welchen eine rechtliche Verpflichtung entsprang, daraus folgt aber keineswegs, daß andere Verträge nicht abgeschlossen wurden; der tägliche Marktverkehr bewegte sich schon zur Zeit der punischen Kriege schwerlich so ganz ausschließlich in den Formen des nexum, der mancipatio und stipulatio. Eben so unterliegt es keinem Zweifel, daß auch jene Verträge, welche keine rechtlich anerkannte Verpflichtung begründeten, eine Natur der Sache (einen privatökonomischen Zweck) hatten, daß sich aus denselben Verpflichtungen ergaben, welche im Leben in der Regel anerkannt und erfüllt wurden[174]. Aber rechtlich anerkannt waren solche Lebensverhältnisse nicht, es ergaben sich daher aus ihrer Natur keine *Rechtsnormen*, sondern Normen ande-

---

[172] Nicht dagegen meines Erachtens Art. 1128 C. N., welcher bloß bezweckt, die *körperlichen* Sachen extra commercium auszuschließen. Bei dem Versprechen, einen Besuch zu machen, kann auch eine gültige causa leicht gefunden werden; ein Besuch kann solvendi oder obligandi causa gemacht werden: um die gesellschaftliche Verpflichtung, einen Besuch zu machen, zu erfüllen, um jemanden (gesellschaftlich) zu einem Gegenbesuch zu verpflichten.

[173] Über die „natürliche Verbindlichkeit, einen Besuch zu erwiedern" vgl. *Windscheid:* Pandekten, Bd. III, S. 287, Note 4; über die ganze Frage *Neuner:* Wesen und Arten der Privatrechtsverhältnisse, S. 10, 203; besonders aber *Zimmermann:* Stellvertretende negotiorium gestio, S. 8, 9, Note und *Binding:* Normen, Bd. I, S. 220, Note 367.

[174] *Pernice:* Labeo, Bd. I, S. 414 flg. Daß aber ursprünglich nicht formelle Verträge gar nicht abgeschlossen wurden, darüber vgl. *Maine:* Ancient Law, fifth edition, p. 311 squ., welcher ausführt, daß in frühen Entwicklungsperioden, abgesehen von streng formellen Eigentumsübertragungsverträgen, gar keine anderen Verträge abgeschlossen werden.

rer Art. Gleichzeitig mit der Anerkennung dieser Lebensverhältnisse durch das Recht oder auch nur durch den Prätor wurden sie zu Rechtsverhältnissen, die sich aus ihrer Natur ergebenden Normen zu Rechtsnormen. Solche Beispiele bietet nicht nur das römische Recht. Das neuere Recht hat zwar überall die engen Schranken der älteren Rechtssysteme fallen gelassen und das hat die Täuschung hervorgerufen, als ob heutzutage jedes Lebensverhältnis oder wenigstens jedes ernstere Lebensverhältnis, in vorhinein vom Rechte anerkannt wäre; besonders häufig wird die Ansicht geäußert: jeder Vertrag sei giltig, wenn er vom Rechte nicht ausdrücklich verboten worden ist. Aber es genügt, um vom Gegenteile zu überzeugen, bloß auf die Geschichte der Rezeption der englischen, sogenannten Schulze-Delitz'schen Genossenschaften zu verweisen. Als sie zuerst auf deutschen Boden erschienen, da gab es kein Gesetz, welches einen Vertrag, eine Assoziationsform wie die der Erwerbs- und Wirtschaftsgenossenschaften, anerkennen würde. Ein solcher Vertrag mußte daher als ungiltig betrachtet werden. Wie half man sich also? In verschiedener Weise, aber immer so, daß man die Genossenschaften als etwas auffaßte, was sie nicht waren, was aber ein vom Rechte anerkanntes Lebensverhältnis, ein Rechtsverhältnis war. So in Preußen als offene Handelsgesellschaft[175], obwohl man dem Wesen der Genossenschaft kaum mehr Zwang antun kann, als durch eine derartige Auffassung, die beiden Hofgerichte des ehemaligen Herzogtums Nassau erkannten dagegen die Genossenschaften als juristische Personen an[176], was ebenfalls nichts anderes ist, als die Subsumtion eines neu entstandenen Lebensverhältnisses unter einen bereits anerkannten Begriff, und zwar einen möglichst vagen. Es fehlt aber auch an anderen Beispielen vom Rechte nicht anerkannter, im Leben sehr wichtiger Lebensverhältnisse nicht. In England z. B. waren die Trade unions bis unlängst nicht anerkannt, hatten keine Korporationsrechte und ihr Kassier durfte daher ihnen gehörige Gelder straflos defraudieren[177]. Denn sie waren keine Rechtssubjekte, ihr Vermögen war rechtlich herrenlos. Die Vereinigten Staaten von Nordamerika erkennen die katholische Kirche als Rechtssubjekt nicht an, daher können die Kirchengüter nur auf den Namen der Bischöfe ins Grundbuch eingetragen werden. Ein besonders wichtiger Fall ist die Begründung eines im positiven Rechte nicht anerkannten dinglichen Rechtes. Würde z. B. ein Astronom die Grunddienstbarkeit erwerben wollen, auf des Nachbars Grund und Boden seine astronomischen Ap-

---

[175] Buschs Archiv, Bd. II, S. 170 (Handelsgericht Düsseldorf), Bd. III, S. 367 (Commercial- und Admiralitätsgericht Königsberg), S. 370 (Appellationsgericht Köln).

[176] Ib., Bd. VII, S. 403.

[177] Anders seitdem ihnen mit den Gesetzen 34 und 35 Vict. c. 31 (1871) und 39 und 40 Vict. c. 22 (1876) Korporationsrechte verliehen wurden. Vgl. *Stephen*, a.a.O., Vol. III, p. 88 Note.

parate aufzustellen, so würde die Bestellung derselben zweifellos nach positivem Rechte ungiltig sein[178]. Dagegen wäre ein obligatorisches Recht dieses Inhaltes gewiß anzuerkennen. Die französischen Gerichte betrachten den Vertrag, wodurch ein Arzt seine Klientel einem anderen Arzte gegen Entgelt abtritt[179], ja sogar die Zession des Mietrechtes der früheren Wohnung des abtretenden Arztes als ungiltig[180]. Wie sich die österreichischen und deutschen Gerichte in einem solchen Falle verhalten würden, ist mir nicht bekannt, gewiß aber werden auch diese den Vertrag eines Bettlers, der einem anderen Bettler den vorteilhaften Platz zum Betteln, den er bisher eingenommen hat, gegen Entgelt abtritt, nicht als giltig anerkennen[181]. Häufig begnügt sich jedoch das Recht nicht damit, ein Lebensverhältnis zu übergehen und ihm so gewissermaßen stillschweigend die Anerkennung zu versagen, es tut dies auch ausdrücklich, indem es entweder die Bedingungen in Vorhinein festsetzt, von denen es die Anerkennung derartiger Lebensverhältnisse abhängig macht (Handlungsfähigkeit, Erwerbsfähigkeit, Einhaltung einer Form), oder es erklärt gewisse Geschäfte überhaupt sei es für ungiltig, sei es für verboten. Es mag dies aus was immer für einem Grunde geschehen: an sich hat eine solche ausdrückliche Bestimmung, abgesehen von etwaigen Straffolgen, keine anderen Konsequenzen als eine stillschweigende Versagung der Anerkennung, und *notwendig* ist es daher nur dann, wenn das Recht einen gewissen Kreis von Verhältnissen in einem solchen Umfange anerkennt, daß die Ausnahmen ausdrücklich namhaft gemacht werden müssen.

Es ist deswegen nicht nur ungenau[182], sondern auch unrichtig, daß Rechtsverhältnisse die vom Rechte normierten Verhältnisse seien. An alle Lebensverhältnisse können vom Rechte Normen geknüpft werden, an Delikte, an verbotene und ungiltige, an vom Rechte gar nicht anerkannte Lebensverhältnisse. So hat z. B. die Leistung auf Grund eines vom Rechte nicht anerkannten Vertrages unter Umständen das Lebendigwerden von Normen zur Folge, welche die condictio indebiti, das Anfechtungsrecht der Gläubiger betreffen. An alle Delikte sind ebenfalls Rechtsfolgen geknüpft. Davon unterscheiden sich jedoch fundamental die an solche Lebensverhältnisse geknüpften Rechtsfolgen, welche vom Rechte anerkannt sind; diese bestehen nämlich durchaus in dem Lebendigwerden von Normen, welche sich aus der Natur der Sache, aus

[178] *Windscheid:* Pandekten, Bd. I, § 209, Note 8, und die dort zitierten.

[179] Trib. de la Seine 1846 (Dalloz 46. 3. 62), bestätigt von der Cours de Paris (ib. 47. 4. 495), ferner Angers 50. 2. 193. Paris 51. 2. 185.

[180] Als Bestandteil eines ungültigen Vertrages. Trib. de la Seine 46. 3. 62 Cour de Paris (47. 4. 495).

[181] Vgl. Leroy-Beaulieu in der Revue de deux mondes, Tome LXXXIX, p. 593.

[182] Vgl. *Bekker:* Pandekten, S. 45.

dem Zwecke des Lebensverhältnisses ergeben. Der Unterschied ist so bedeutend, daß er allein schon hinreichen dürfte, um zwischen den vom Rechte anerkannten Lebensverhältnissen und allen anderen strenge zu unterscheiden und den Namen „Rechtsverhältnis" bloß auf die letzteren, bloß auf solche Lebensverhältnisse zu beschränken, welche im juristischen Sinne eine Natur der Sache haben: darnach wäre wohl die Ehe, der Kauf, der staatlich anerkannte Verein, aber nicht das Konnubinat, das Engagement zum ersten Walzer, der verbotene Verein oder der Diebstahl ein Rechtsverhältnis. Beide Arten von Lebensverhältnissen haben eine Natur der Sache, aus der sich Normen ergeben, das heißt Regeln für das Verhalten der Parteien, aber im juristischen Sinne haben eine Natur der Sache nur die ersteren Lebensverhältnisse, nur bei den ersteren erkennt das Recht diese Normen als verbindlich, als Rechtsnormen an. Die Natur der Sache als solche ist wohl keine Norm, aber *indem* das Recht *ein Lebensverhältnis anerkennt, billigt es zugleich den Zweck desselben, es billigt ihn mit allen seinen Konsequenzen, es billigt das gewählte Mittel zur Erreichung dieses Zweckes, es stellt der Partei, welche die Erreichung dieses Zweckes anstrebt, seinen Arm zur Verfügung, um die demselben rechtswidrig entgegengestellten oder rechtswidrig nicht beseitigten Hindernisse aus dem Wege zu räumen.* In diesem Satze ist versucht worden, die Bedeutung der Natur der Sache endgiltig festzustellen. In der rechtlichen Anerkennung eines Lebensverhältnisses liegt eine Rechtsnorm an die Parteien gerichtet, des Inhaltes: wird ein normiertes Lebensverhältnis dieser Art begründet, so habt ihr alles zu tun, was zur Erreichung des ökonomischen Zweckes dieses Lebensverhältnisses erforderlich ist, und alles zu unterlassen, was die Erreichung erschweren oder hindern könnte.

Ob ein Rechtsverhältnis vom Rechte anerkannt ist, kann unter Umständen schwer zu entscheiden sein. Daraus allein, daß das Recht eines Lebensverhältnisses nicht erwähnt, kann bei dem Umfange, in welchem das moderne Recht im Prinzipe Lebensverhältnisse als Rechtsverhältnisse anerkennt, nichts gefolgert werden. Stammler z. B. hat jüngst eine Monographie über den Garantievertrag veröffentlicht[183], einen Vertrag, welcher von keiner Kodifikation erwähnt und von allen anerkannt ist. Dagegen kann aus einer allgemeinen Anerkennung z. B. aller Verträge als giltig, aller Dienstbarkeiten und dinglichen Rechte als gestattet[184],

---

[183] Archiv für zivilistische Praxis, Bd. LXIX, S. 1 flg.

[184] § 475 a. b. G. B.: Die Hausservituten sind *gewöhnlich* ... § 476 exemplifizierend: Dergleichen (Hausservituten) sind ... § 477: Die *vorzüglichen* Feldservituten sind ... § 479: Es können aber auch Dienstbarkeiten, welche an sich Grunddienstbarkeiten sind, der Person allein ... zugestanden werden. — Da nun persönliche Dienstbarkeiten auch als vererbliche bestellt werden können und die Zahl der Grunddienstbarkeiten nach den §§ 475 bis 477 a. b. G. B. nicht beschränkt ist, so wären hiermit alle nur denkbaren dinglichen Rechte, welche

auch nichts gefolgert werden, wie schon oben zu zeigen versucht wurde. Ob also ein Lebensverhältnis vom positivem Rechte als Rechtsverhältnis anerkannt ist, das kann nur durch genaue Erforschung des Geistes des Gesetzes festgestellt werden, namentlich muß die Frage geprüft werden, ob angenommen werden kann, daß der Gesetzgeber den Zweck desselben billigt. Eine besonders wichtige Rolle spielt in dieser Beziehung das Gewohnheitsrecht. Rechtsverhältnisse, an welche zur Zeit der Kodifikation nicht einmal gedacht werden konnte, werden durch ein fortwährend in Bildung begriffenes Gewohnheitsrecht anerkannt, als Rechtspflichten begründend, die ganze Normenwelt in Bewegung setzend. Es genügt, auf die große Menge von Rechtsnormen zu verweisen, welche aus der ökonomischen Natur, aus dem ökonomischen Zwecke des Eisenbahnverkehres sich ergeben, und als solche, als Normen aus der Natur der Sache, ohne Bedenken beobachtet und angewendet werden. Wer dachte an Eisenbahnen im Jahre 1802 oder 1811? Ja noch mehr: Rechtsverhältnisse, welche vom Gesetzgeber offenbar zu dem Zwecke mit Stillschweigen übergangen wurden, um ihnen dadurch die Anerkennung zu versagen, werden von der ewig schaffenden Maschine des Gewohnheitsrechtes anerkannt. Nach den von v. Herzfeld veröffentlichten Materialien zu den Bestimmungen des österreichischen allgemeinen bürgerlichen Gesetzbuches über den Versicherungsvertrag ist es nicht ausgeschlossen, daß die Redaktoren desselben oder wenigstens einzelne von ihnen absichtlich die Lebensversicherung mit Stillschweigen übergingen, um dadurch die Verweigerung der Anerkennung auszudrücken[185]. Wer zweifelt daran, daß der Lebensversicherungsvertrag nach österreichischem Rechte ein giltiger Vertrag ist? Auf diesem Gebiete wird kein Recht der Mithilfe des Gewohnheitsrechtes entbehren können oder auch nur wollen; die Bestimmungen der neueren Gesetzbücher, welche die Geltung des Gewohnheitsrechtes einschränken, können auf diesen Fall schon deswegen keinen Bezug haben, weil es sich hier ausschließlich um Gewohnheitsrecht praeter ius scriptum handelt, welches im allgemeinen aufrechterhalten wird. Aber auch dort, wo das Gewohnheitsrecht unbedingt derogiert wird, wie im österreichischen bürgerlichen Gesetzbuche, sind wir berechtigt, für den hier in Rede stehenden Fall eine Ausnahme zu statuieren: jede andere Auffassung wäre ein unerträgliches Hemmnis für den Verkehr, für die Entwicklung des Rechtslebens. Auch wäre entschieden kein Gesetz im Stande, die gewohnheitsrechtliche Anerkennung neu entstehender Lebensverhältnisse zu hindern, wie dies in Österreich mit einer ganzen Reihe von solchen unstreitig der Fall gewesen ist: außer dem bereits genannten Lebensversicherungsvertrage soll hier nur noch

---

sich unter die sehr weite Definition des § 472 a. b. G. B. unterbringen ließen, als Dienstbarkeiten anerkannt.

[185] *v. Herzfeld* in Ehrenzweigs Assecuranzjahrbuch 1887, S. 95.

erwähnt werden das Eisenbahn-, Telegraphen- und Telephonrecht. In dieser Beziehung wenigstens muß der älteren Ansicht von Windscheid unbedingt vor der neueren der Vorzug gegeben werden: ein Gesetz kann unmöglich die Entstehung eines neuen Gewohnheitsrechtes hindern[186].

Auf einem anderen Wege gelangt Bülow[187] zu demselben Resultat. Er nimmt an, daß es einer Partei nur dann freisteht, ein Rechtsverhältnis mit einem beliebigen Inhalte zu begründen, wenn ihr das Gesetz die Macht dazu erteilt. Diese Bedeutung hat nicht bloß jede gesetzliche Anerkennung eines Rechtsinstitutes — davon spricht er nicht ausdrücklich —, sondern vor allem jeder dispositive Rechtssatz, welcher der Partei erlaubt, ihr konkretes Rechtsverhältnis anders zu regeln, als im Gesetze vorgesehen ist. Wendet man diese Theorie auf die hier erörterte Frage an, so ist sie historisch gewiß nicht richtig: denn die Anerkennung eines Lebensverhältnisses durch das Recht ist in der Regel erst später hinzugetreten, nachdem dasselbe im Leben vollständig ausgebildet dastand, so daß in dieser Beziehung das Gewohnheitsrecht dem positiven Rechte regelmäßig zuvorgekommen ist. Dogmatisch ist dagegen seine Auffassung von großem Werte, da sie der Idee, daß es den Parteien nicht freisteht, beliebige, vom Rechte nicht anerkannte Verhältnisse in rechtlich wirksamer Weise zu begründen oder den rechtlich anerkannten Verhältnissen einen beliebigen Inhalt zu geben, einen besonders prägnanten Ausdruck verleiht. Auch entspricht sie nicht selten der wirklichen Entwicklung: nämlich dann, wenn der Gesetzgeber ein Verhältnis zu dem Zwecke anerkennt, um es im Lande einzubürgern. So wurden in vielen deutschen Staaten Genossenschaftsgesetze erlassen, durch welche diese Assoziationsform erst eingeführt werden sollte; bis dahin bestanden im Staate gar keine Assoziationen, welche als Genossenschaften betrachtet werden könnten.

Der Thon'schen Auffassung des Rechtsgeschäftes, wonach das Recht nur die Rechtsfolgen des Geschäftes überall vorausbestimmt und es den Parteien anheimstellt, diese herbeizuführen, indem sie die Bedingungen

---

186 So Pandekten, I. Aufl., Bd. I, § 18, Note 3, im Gegensatze zu den späteren Auflagen. Für die Ansicht der ersten Auflage auch *Zródlowski:* Römisches Privatrecht, Bd. I, S. 19, und *Eisele:* Archiv für civilistische Praxis, Bd. LXIX, S. 283 flg. Für alle anderen Fälle ist der Ansicht von Anton *Menger:* System des österr. Zivilprozeßrechtes, S. 89, Note 9, wohl der Vorzug zu geben; er stimmt im wesentlichen der Ansicht zu, daß das Gesetz die Entstehung des Gewohnheitsrechtes überhaupt verbieten kann, mit einer neuen Wendung in der Begründung. Eine von der Frage der juristischen Bedeutung wohl zu unterscheidende Frage ist die nach der tatsächlichen Kraft einer solchen Bestimmung. Vgl. oben Text bei den Noten 31 bis 35.

187 Archiv für civilistische Praxis, Bd. LXIV, besonders S. 39. S. 45 vorzüglich mit Rücksicht für das Zivilprozeßrecht; zustimmend *Stammler:* Archiv für civilistische Praxis, Bd. LXIX, S. 15 flg. für das materielle Recht.

setzen, welche dann den Eintritt dieser Rechtsfolgen automatisch veranlassen[188], ist die Bülow'sche Ansicht entschieden vorzuziehen. Es sprechen gegen sie nicht nur dieselben historischen Gründe wie gegen die Bülow'sche Ansicht, sondern es spricht gegen sie ferner ihre Unnatürlichkeit und ganz besonders der Umstand, daß sie es unbedingt nicht erklären könnte, wie es kommt, daß die Parteien unter Umständen das Rechtssystem wählen können, welchem sie das Rechtsgeschäft unterwerfen wollen und das Rechtsgeschäft dann etwa nach ausländischem Rechte beurteilt wird, obwohl es, abgesehen davon, nach inländischem Rechte beurteilt werden müßte, ja, daß die Beurteilung nach dem fremden Rechte schon dann eintritt, wenn es irgendwie erkennbar ist, daß die Parteien das Rechtsgeschäft nach fremdem Rechte abgeschlossen haben[189]. Dies zeugt doch entschieden dafür, daß die Rechtsfolgen nicht automatisch durch den Willen des Rechtes, sondern durch den vom Rechte anerkannten Parteiwillen eintreten. Daher genügt die Bülow'sche Annahme eines Blanketgesetzes vollständig, um diese Tatsache zu erklären. Richtig ist dagegen die Thon'sche Ansicht für alle jene Rechtsfolgen eines Geschäftes, welche sich nicht aus der Natur der Sache ergeben, etwa die Kondiktionen, die Verjährung, die Rechtsfolgen eines Formalaktes. Die sind wirklich vom Gesetze, nicht von den Parteien gewollte Rechtsfolgen, jedenfalls vom Gesetze nicht deswegen gewollte Rechtsfolgen, weil sie von den Parteien gewollt werden.

IV. Die juristische Konstruktion und die Analogie

Die juristische Konstruktion war seit jeher das liebste Kind der „Begriffsjurisprudenz" und das könnte vielleicht die Idee nahelegen, daß für denjenigen, der die innere Hohlheit der letzteren zugibt, auch die Zweck- und Bedeutungslosigkeit aller juristischen Konstruktionen implicite dargetan sei. Jedoch ist schon die Annahme, daß die juristische Konstruktion eine legitime Tochter der Begriffsjurisprudenz sei, wohl ganz unbegründet; mit viel mehr Grund darf man behaupten, daß es die juristische Konstruktion war, welche in konsequenter Durchbildung zur Begriffsjurisprudenz führte. Die juristische Konstruktion wird aber ein für die Rechtswissenschaft unentbehrliches Hilfsmittel bleiben, so lange es nicht möglich sein wird, im positvien Rechte alle nur irgendwie möglichen Fragen im vorhinein zu normieren, solange die an sich gewiß gesunde Tendenz fortwirken wird, mit den wenigen gesetzlichen Bestimmungen so viel Fälle als möglich zu entscheiden, oder auch, solange man sich nicht entschließen wird, dem Richter bei Beurteilung von Fragen,

---

[188] Rechtsnorm und subjektives Recht, S. 358 flg.

[189] Vgl. z. B. die interessanten Entscheidungen in Gruchots Beiträgen, Bd. IX, S. 239 (Appellgericht Breslau), Bd. XII, S. 98 (Appellgericht Hamm).

welche im Gesetze keine Erledigung fanden, vollständig freie Hand zu lassen. Die nicht zu beseitigende Lückenhaftigkeit des Rechtes ist also der Grund und zugleich die Grenze für die Berechtigung der juristischen Konstruktion und mit ihr der Begriffsjurisprudenz, und insoferne gehört die Lehre von der juristischen Konstruktion in die Lehre von den Lücken im Rechte[191].

Die wichtigste Aufgabe eines praktischen Juristen ist, die Frage zu entscheiden, nach welchen Rechtsnormen ein konkretes Lebensverhältnis beurteilt werden soll. Das ist sehr leicht, wenn das Lebensverhältnis in der Form vom Rechte anerkannt ist, wie es ihm im Leben entgegentritt, z. B. Eigentum, Dienstbarkeiten, Darlehen; was hat er aber zu tun, wenn dies nicht der Fall ist? Soll er es dann ganz einfach als ungiltig erklären? Unter Umständen muß er es tun, und tut es auch wirklich, wie oben an einigen Beispielen gezeigt wurde; aber es ist in der Regel nicht nur für die Beteiligten eine empfindliche Härte, wenn ihre berechtigten oder mindestens ebenso gut wie die vieler anderer berechtigten Interessen völlig schutzlos gelassen werden, sondern auch ein Nachteil für die Gesamtheit, ein Hemmnis des freien Verkehres, eine Fessel, die um so unerträglicher lastet, je weniger ihre materielle Berechtigung einzusehen ist, je mehr sie als rein formell, als bloße Lücke im Rechte erscheinen muß. Es geht daher die Tendenz des modernen Rechtslebens — ganz im Gegensatze zur Tendenz des älteren neuerungsfeindlichen Rechtes — dahin, jedem Lebensverhältnisse, dessen Zweck gebilligt werden kann, die rechtliche Anerkennung zu verschaffen. Dies ist in doppelter Weise möglich. Zunächst kann man das Lebensverhältnis als Unterart eines anderen, im Rechte anerkannten auffassen: z. B. Erwerbs- und Wirtschaftsgenossenschaften als offene Handelsgesellschaften oder juristische Personen, wie schon oben bemerkt wurde[192]. So haben auch die Römer die Zession der Forderung als mandatum ad agendum aufgefaßt, um derselben, die als solche vom Rechte nicht anerkannt war, dennoch den Weg ins Recht zu bahnen. Man tut dem Lebensverhältnis dann immerhin Zwang an, denn in Wirklichkeit ist es doch ein anderes, die juristische Einkleidung mag unter Umständen seiner ganzen Natur widerstreben, aber sie erscheint jedenfalls als kleineres Übel im Verhältnisse zur voll-

---

[Die Fußnote 190 fehlt im Original.]

[191] Die nächstfolgenden Erörterungen beabsichtigen weniger auf den Resultaten Iherings fortzubauen, als die von Iherings nicht berücksichtigte Bedeutung der juristischen Konstruktion für die Ausfüllung der Lücken im Rechte darzulegen. Die Darstellung der Theorie der juristischen Konstruktion von Ihering — desselben Mannes, der Jahrzehnte später einen tödlichen Streich gegen die Begriffsjurisprudenz führte — darf wohl als abschließend betrachtet werden. — Die Erörterung der Fiktion unterbleibt, da deren Bedeutung für die Ausfüllung der Lücken im Rechte bereits genügend klargestellt ist.

[192] Vgl. oben Text zu Note 175 und 176.

ständigen Ungiltigkeit desselben. Versagt jedoch auch dieses Mittel, so trachtet man das neue Gebilde in mehrere bereits bekannte und anerkannte Lebensverhältnisse zu zerlegen. Auf diese Weise wurde eines der wichtigsten Institute des Zivilrechtes, das Pfandrecht, zu einem Rechtsinstitute. Ausdrücklich ist es überall ziemlich spät anerkannt worden. Bevor dies geschehen ist, zerlegte man den Pfandbestellungsvertrag in zwei völlig selbständige Verträge: in einen Eigentumübertragungsvertrag und einen obligatorischen Vertrag, welcher das Recht des Pfandbestellers auf Rückübertragung des Eigentumes begründete. So war die römische fiducia, so das älteste deutsche Pfandrecht[193] ,so ist noch heute das englische mortgage beschaffen[194]; auch hier wird der Pfandgläubiger de jure Eigentümer, der Pfandbesteller erhält aber auf Grund der equity ein Recht auf die Sache, wenn er die Schuld rechtzeitig bezahlt. Ähnlich wurde vor der Einführung des allgemeinen deutschen Handelsgesetzbuches die offene Handelsgesellschaft, wo sie vom Rechte nicht *als solche* anerkannt war, in der Praxis in ein Gesellschaftsverhältnis, in eine gegenseitige Ermächtigung der einzelnen Genossen, im Namen aller zu kontrahierten, so wie eine gegenseitige Übertragung der Geschäftsführung zerlegt[195]. Diese Art der juristischen Konstruktion ist gewiß von höchstem Werte, sie allein ermöglicht es, das Recht ohne Zuhilfenahme des schwerfälligen gesetzgeberischen Apparates und ohne die langsame unsicher wirkende gewohnheitsrechtliche Entwicklung abzuwarten, den immer wachsenden, chamäleontisch wechselnden Bedürfnissen des Lebens Rechnung zu tragen, sie verleiht dem Rechte Schmiegsamkeit und Elastizität und damit die wichtigste Eigenschaft; die Praktikabilität, trotz alledem ist sie eigentlich nichts als eine uneingestandene Fiktion, und ist sie auch eine höhere Entwicklungsstufe, eine feinere unentbehrliche Abart der letzteren, so ist ihr praktischer Grund und praktischer Zweck derselbe. Durch lange Übung kann eine Konstruktion überdies wohl als gewohnheitsrechtlich anerkannt werden, wie schon die obigen Beispiele beweisen[196].

Trotzdem gibt es gewiß Fälle, wo ein möglicherweise an sich berechtigtes Lebensverhältnis weder als solches vom Rechte anerkannt ist, noch unter ein anerkanntes Lebensverhältnis subsumierbar, noch in Elemente, welche als vom Rechte anerkannte Verhältnisse sich darstellten, zerlegbar erscheint. Dann kann man sehr wohl sagen, das Verhältnis sei juristisch nicht konstruierbar, und dieser Ausdruck verdient

---

[193] *Dernburg:* Pfandrecht, Bd. I, S. 7 flg., bes. S. 10 flg.

[194] *Stobbe:* Deutsches Privatrecht, I. Aufl., Bd. II, S. 262 flg.

[195] *Stephen:* Commentaries, Vol. I, p. 304 squ.; *Kent:* Commentaries, Vol. IV, p. 136 squ., besonders p. 154 squ.

[196] Urteil des sächsischen Appellationsgerichtes Zwickau, bestätigt vom Oberappellationsgerichte Dresden (vom Jahre 1849), *Seuffert,* Bd. III, S. 410.

auch deswegen keineswegs den Spott, den man auf ihn häufig ausschüttet. So hat es z. B. einen guten Sinn, wenn Hesse sagt: Die culpa in contrahendo sei juristisch nicht konstruierbar[197]. Ebenso gut kann man auch sagen, ein gewisses Verhältnis sei nach einem bestimmten, etwa dem römischen Rechte nicht konstruierbar, z. B. die Inhaberpapiere. Nur darf man daraus nicht den Schluß ziehen, daß demselben überhaupt jede Anerkennung auch nach einem anderen, dem heutigen Rechte zu versagen sei. Läßt sich ein im geltenden Rechte nicht anerkanntes Institut juristisch nicht konstruieren, so folgt daraus allerdings, daß es im geltenden Rechte keinen Platz findet, hier hat die Aufgabe der Wissenschaft ihre Grenze und es ist Sache der Gesetzgebung und des Gewohnheitsrechtes, dem praktischen Bedürfnisse Rechnung tragend, einzugreifen[198]. Dann erwachsen für die Rechtswissenschaft wieder neue Aufgaben. Gilt aber ein Rechtsinstitut zweifellos, so kann nur in Frage kommen, ob es als selbständiges Institut gelten soll oder nicht: die Frage der juristischen Konstruktion kann es an seiner Geltung unmöglich hindern[199].

Es war nun eine naheliegende Idee, diese Methode, die sich bei der Rechtsanwendung und bei der rein praktische Zwecke verfolgenden Jurisprudenz so gut bewährte, für die wissenschaftliche Bearbeitung des Rechtes zu verwerten. Bei jedem Institute des geltenden Rechtes kann man sich immer die Fragen stellen: Ist es nicht vielleicht bloß die Abart eines anderen Institutes? Ist vielleicht die Zession einer Forderung auch nach heutigem Rechte bloß ein mandatum ad agendum, also eine Abart des Mandates[200]? Ist das Gesamteigentum des deutschen Rechtes ein selbständiges Rechtsinstitut oder ein eigentümlich geartetes Miteigentum[201]? Oder man versucht wieder, es in ähnlicher Weise in Elemente zu zerlegen, wie dies oben bei der Besprechung der Konstruktion zu praktischen Zwecken an einigen Beispielen gezeigt wurde.

Haben nun mehrere Rechtsinstitute ein oder mehrere gemeinschaftliche Elemente, so faßt man dieselben zusammen, betrachtet sie als Unterarten eines höheren Rechtsinstitutes, zu dem sie sich verhalten wie die species zum genus. Auf diese Weise wird die Wissenschaft gewiß einer ihrer wichtigsten Aufgaben gerecht: Verwandtes zu vereinigen, Verschiedenes zu trennen. Es ist dies ferner ein Vorteil für die Darstellung: man kommt so in die Lage, die Regeln für mehrere Rechtsinstitute unter einem darzustellen, und bei der Darstellung eines jeden einzelnen

---

[197] Vgl. *Hölder:* Archiv für civilistische Praxis, Bd. LXXIII, S. 15; *Maine:* Ancient Law. Fifth edition, p. 31.

[198] Archiv für civilistische Praxis, Bd. LXX, S. 275.

[199] So ist wohl auch *Exner:* Hypothekarrecht, S. 655, zu verstehen in bezug auf die Eigentümerhypothek.

[200] Vgl.die bei Arndts, § 254, Note 3, zitierten.

[201] *Stobbe,* a.a.O., Bd. II, S. 65.

ist dann bloß nötig, der Modifikationen zu erwähnen; man gewinnt dadurch auch eine Menge neuer Rechtssätze, denn Bestimmungen, welche das Gesetz nur für *ein* Rechtsinstitut ausgesprochen hat, werden nun auf alle anderen bezogen, welche zu derselben Art gehören, wenn es sich zeigt, daß sie eigentlich nicht bloß das Institut betreffen, auf welches sie ausdrücklich Bezug nehmen, sondern das höhere Institut, als dessen bloße Modifikation das erstere erscheint: damit ist also ein fester Boden, eine wissenschaftliche Rechtfertigung, sowie ein richtiges Maß für die so schwierige Frage der *Anwendung der Analogie* gewonnen, welche eben nur ein unbewußter Ausdruck dieser wissenschaftlichen Richtung ist. Es ist daher auch richtig, daß man dadurch zu einer Präzipitierung von Rechtssätzen gelangt und der Spott Schloßmanns in dieser Beziehung übel angebracht. Nur darf man nie vergessen, daß man an die wissenschaftliche Arbeit andere Anforderung stellt als an praktische Leistungen; konnte man es dort rechtfertigen, wenn der Natur eines Lebensverhältnisses Zwang angetan wurde, um es überhaupt nur als nach dem positiven Rechte giltig erscheinen zu lassen[202], so fällt hier jede Entschuldigung für eine gezwungene, tatsächlichen Verhältnissen Gewalt antuende Auffassung weg. Die wissenschaftliche Konstruktion soll *Verwandtes* vereinigen, *Verschiedenes* scheiden, sie darf aber nie umgekehrt vorgehen. Und dies ist wohl auch, von allem rhetorischen Beiwerk entkleidet, der tiefe innere Gehalt der Ihering'schen Theorie der juristischen Konstruktion.

Ein Beispiel glücklicher Konstruktion bietet die Auffassung der stillen Gesellschaft als besonderen Fall des Darlehens. Man muß sich dabei vor Augen halten, daß mit dem Ausdrucke „Darlehen" zwei wirtschaftlich, daher auch rechtlich ganz verschiedene Institute bezeichnet werden: das Darlehen als Konsumptivkredit und das Darlehen als Unternehmungskredit. Beide wurden freilich lange Zeit zusammengeworfen und dieser Umstand hat auch ihre wenig befriedigende gesetzliche Regelung verschuldet, insbesondere die Impraktikabilität der Wuchergesetze, die formell beide Arten von Darlehen betrafen, der Natur des Darlehens als Unternehmungskredit aber nach jeder Richtung widersprachen und nur für das Darlehen als Konsumptivkredit paßten. Die neueren Wuchergesetze, welche sich nur auf den letzteren Fall beziehen, bewähren sich daher in der Praxis unvergleichlich besser und werden vom Verkehre keineswegs als Hemmnis oder Last empfunden. Nun unterscheidet sich die stille Gesellschaft vom Darlehen (als Unternehmungskredit) nur dadurch, daß bei dem letzteren die Entlohnung für die Kreditgewährung in einem Anteile am Gewinn und Verlust, beim ersteren dagegen in einem fixen Betrage besteht: denn daß auch beim Darlehen der Gläu-

---

[202] Vgl. oben Text bei Note 164 bis 167.

biger *faktisch* die Gefahr des Verlustes der Einlage trägt, ist bereits von Knies nachgewiesen worden[203]. Die Auffassung des Darlehens als Unternehmungskredit und der stillen Gesellschaft als Untertan eines und desselben Institutes erscheint daher innerlich gerechtfertigt; bei der Darstellung wären zunächst die beiden Instituten gemeinschaftlichen Rechtsgrundsätze sowie jene Rechtsgrundsätze, welche nur für eines der beiden Rechtsinstitute ausgesprochen wurden, aber auf das andere analog anwendbar sind, als Rechtsgrundsätze dieses höheren Rechtsinstitutes zu entwickeln: bei der besonderen Behandlung der beiden Unterarten desselben, des Darlehens und der stillen Gesellschaft, sind bloß solche Rechtsgrundsätze hervorzuheben, welche ausschließlich für dieses gelten. Große Vorteile bietet also diese Methode immerhin, auch wenn man die Rechtsinstitute nicht gerade als „juristische Körper" mit einer der natürlichen analogen Kausalität betrachtet.

Wenn aber Ihering diese Methode par excellence die naturhistorische genannt hat, so scheint er — abgesehen von seiner durch nichts gerechtfertigten Parallelisierung der Rechtsverhältnisse mit natürlichen Körpern — noch an die alte Naturforschung, nicht an die neuere Biologie gedacht zu haben. Für den Zoologen, Botaniker, Mineralogen im alten Stile war eine genaue Beschreibung der Spezies, deren richtige Unterbringung im Systeme, oder gar die Aufstellung eines möglichst konsequenten Systemes in der Tat das Drum und Dran wissenschaftlicher Arbeit. Die neuere Naturforschung weiß nicht minder Erfolge nach dieser Richtung hin zu schätzen, sie hat sich aber auch an ganz andere Probleme kühn herangewagt. Sie hat vor allem in die Beobachtung der Natur ein Raffinement, in das Experiment eine Kunst hineingebracht, die alles, was seit Jahrtausenden geschehen ist, beiweitem hinter sich läßt. Aber nicht bloß in der Sorgfalt der Beobachtung liegt der Unterschied, auch das Ziel der Beobachtung ist gegenwärtig ein anderes. Nicht die richtige Systematik und Beschreibung erscheint ihr als höchste Aufgabe der Wissenschaft; sie hat ihr hauptsächlichstes Augenmerk ganz anderen Problemen zugewendet, ihr Ziel ist gegenwärtig die Erforschung der Naturgesetze, der Gleichmäßigkeiten in der Welt der Erscheinungen. Und so dürfte man heute nicht mehr mit Recht die vorhin charakterisierte juristische Methode die naturwissenschaftliche nennen: nicht solche beschränkte Mittel, nicht dieser relativ enge Gesichtskreis waren es, welchen die neuere Naturforschung die Erfolge verdankt, auf die ihre Jünger mit gerechtem Stolze hinweisen.

---

[203] Geld und Credit, II. Aufl., Bd. I, S. 118.

V. Das positive Recht und die Lehre vom Vertragsabschlusse

Wohl auf keinem Gebiete der Rechtswissenschaft wird so viel aus der Natur der Sache argumentiert, wie in der Lehre vom Vertrage, besonders aber in der Lehre vom Abschlusse der Verträge. Dies ist sehr leicht erklärlich, denn aus den Quellen ist für diese Lehre am wenigsten zu entnehmen, vor allem deswegen, weil das wenige, das sie bringen, noch obendrein zum großen Teile auf den römischen formellen Vertrag, die stipulatio, sich bezieht, ferner aber — und dieser Umstand ist der bei weitem wichtigere — weil sie für einen solch entwickelten Distanzverkehr, wie der gegenwärtige, nur ganz ungenügende Normen enthalten. Infolge dessen sind aber gerade die wichtigsten Gebiete des gesamten Privatrechtes ohne jede gemeinrechtliche Normierung, und wir sind für die Frage des Vertragsabschlusses unter Abwesenden, des Vertragsabschlusses durch Stellvertreter, der Simulation, insbesondere in ihren Wirkungen Dritten gegenüber, für Fragen des internationalen Privatrechtes schon durch den Zustand unserer Rechtsquellen beinahe ausschließlich auf die Natur der Sache angewiesen. Von den nicht gerade zahlreichen Quellenstellen, welche von der Willenserklärung durch konkludente Handlungen und dem Stillschweigen als Willenserkärung handeln, beziehen sich die meisten auf Verzichte und erbrechtliche Willenserklärungen, die wenigsten auf Vertragsabschluß, und von diesen wieder einige auf den Abschluß familienrechtlicher Verträge, nicht auf Verträge des Verkehrsrechtes. Eine solche Behandlung dieser so überaus wichtigen Fragen kann ihnen unmöglich auch nur im Entferntesten gerecht werden. Für die Lehre vom Irrtume, vom Mißverständnisse, von der Interpretation der Verträge fließen die Quellen weniger spärlich, aber welcher Jurist, der diese und die sich an dieselben knüpfende Literatur kennt, wird ihnen Dank dafür wissen? Legen sie die Idee nicht überaus nahe, daß die Natur der Sache denn doch ein sicherer Führer gewesen wäre? Denn wenn man auch zugeben kann, daß Leonhards meisterhafte Exegese in neuester Zeit so manchen Zweifel zerstreut, so manche Frage beantwortet hat, so ist damit noch nicht gesagt, daß die Zweifel an sich unbegründet, die Fragen müßig waren, und ist es ihm auch gelungen, die römischen Juristen, zum Teile wenigstens, reinzuwaschen, das *Gesetz* ist damit noch nicht entschuldigt, welches alle diese Zweifel veranlaßte.

Dieser bittere Tadel gegen das Gesetz ist aber noch lange kein Lob für die Natur der Sache. Freilich, etwas besser sind wir mit ihr daran als mit dem bloßen Gesetze. Es genügt vielleicht darauf hinzuweisen, daß die *herrschende Lehre* beinahe alle Fragen, welche die Wirkung des wesentlichen Irrtumes und des Mißverständnisses betreffen, in demselben Sinne entscheidet, weil sie über die Natur der Sache einig ist. Aber wie weit geht diese Einigkeit über das Wesen des Vertrages, dessen

Natur, außerhalb des engen und sich immer mehr verengenden Kreises der orthodoxen Anhänger der herrschenden Lehre?

Liegt das Wesen des Vertrages bloß in der Willenseinigung als solcher, unabhängig davon, ob ihr der wirkliche Wille entspricht, wie Röver meint, oder ist „die wirkliche Natur der Sache keine andere als die, daß für die Rechtsverhältnisse einer Person maßgebend ist ihr Wollen, nicht aber der Schein ihres Wollens", wie Windscheid annimmt[204]? Ist der Konsens in der Tat „kein Requisit für den Abschluß des Vertrages, sondern nur für den Bestand des Rechtsverhältnisses, welches in dem Vertrage für gewollt erklärt wird"[205], oder setzt schon der Abschluß eines Vertrages „Willensübereinstimmung der Kontrahenten" voraus, wie noch neuerdings Eisele[206] so zuversichtlich behauptet? Ist der Vertrag (wie jedes Rechtsgeschäft) bloß „ein von der Rechtsordnung bezeichnetes Mittel zur Hervorrufung rechtlicher Wirkungen", welche dann keineswegs identisch sein müssen mit den dem Wollenden erwünschten rechtlichen Wirkungen[207], oder tritt die Rechtsfolge „nur dann ein, wenn die Person sie begehrt"[208]? Ist die Willenserklärung beim Vertrage wie überhaupt beim Rechtsgeschäfte „nicht die Verkündigung eines bereits feststehenden bedeutungsvollen Aktes, nicht gleichsam ein Trompetenstoß, welcher von überirdischen Sphären zu uns herabschallt, sondern sind vielmehr Wille und Erklärung gleichsam die zwei Pole eines und desselben Phänomens, die zwei untereinander verschlungenen Qualitäten einer und derselben Erscheinung"[209]? Oder sind „Erklärung und Wille so lose miteinander verbunden, daß die erstere verbindlich sein kann auch ohne den Willen"[210]? Ist der Wollende schon dann verpflichtet, „wenn er eine Handlung vorgenommen hat, in welcher nach Rechtsvorschrift ein gewisses Konsilium zur Erscheinung kommt"[211], oder „wirkt obligierend nicht schon der Wille des Promittenten an sich, sondern sofern er als Kausalmoment in die Außenwelt eintritt, aber auch nicht das Vertrauen des anderen allein, sondern sofern es durch jene Willensabsicht hervorgerufen wurde"[212]? Diese Litanei könnte eventuell fortgesetzt werden, zumal wenn man die vielen Definitionen der Lehr- und Handbücher berücksichtigen wollte, aber sie wird wohl ohnehin genügen, um auch den Ungläubigen zu überzeugen, daß für allzuviele neue Inauguraldissertationen der Spielraum nicht mehr groß ist.

---

[204] Wille und Willenserklärung, S. 12 flg.
[205] *Köppen:* Iherings Jahrbücher, Bd. XIII, S. 282.
[206] Jherings Jahrbücher, Bd. XXV, S. 358.
[207] *Thon:* Rechtsnorm und subjektives Recht, S. 358.
[208] *Zitelmann:* Irrtum und Rechtsgeschäft, S. 237.
[209] *Kohler* in Iherings Jahrbücher. Bd. XVI, S. 92.
[210] *Hölder:* Kritische Vierteljahrsschrift, Bd. XVIII, S. 175.
[211] *Schall:* Der Parteiwille im Rechtsgeschäft, Stuttgart 1877, S. 22.
[212] *Hofmann:* Die Entstehungsgründe der Obligationen, S. 73.

Man könnte über dieses Labyrinth von Meinungen und Ansichten billigerweise erstaunt sein. Ist denn der Vertrag nicht ein Vorgang, der seit dem grauen Altertum sich Tag für Tag vor unseren Augen abspielt, ja den man beinahe jede Stunde mit Muße beobachten kann[213]? Wenn diese Jahrtausende alte tägliche Erfahrung und Beobachtung nicht genügt hat, um uns das innerste Wesen, die Natur des Vertrages, in einer jeden Zweifel beseitigenden Weise zu erschließen, wie soll sie uns bei weit schwierigeren, selteneren, verwickelteren Fällen etwas lehren können? Aber die Schwierigkeiten lassen sich sehr wohl durch die eigentümliche Art der Beobachtung, welche hier erforderlich erscheint, erklären. Die Aktiengesellschaft, das Kontokorrent, die stille Gesellschaft sind Erscheinungen, welche sich vor uns abspielen in der Außenwelt, welche wir daher auch von außen her bequem beobachten können. Ganz anders der Abschluß des Vertrages. Auch der ist zum Teile ein äußerer, aber überdies zum guten Teile ein psychischer, ein innerer Vorgang. Was davon in die Außenwelt tritt, das ist längst genau bekannt, gar kein Zweifel herrscht über das Wesen, die Natur desselben, aber der psychische Vorgang gehört ins Gebiet der inneren Beobachtung, der schwierigsten, unsichersten von allen. Überdies wird jeder, der die Ausführungen von Alexander Bain über die notwendigen Qualitäten eines Psychologen gelesen hat[214], zugeben, daß diese wohl am seltensten bei einem Juristen zu finden sein werden, dessen ganzes Denken und Streben nicht wie das des Psychologen nach innen konzentriert, sondern auf die Außenwelt gerichtet ist. Ist es also unmöglich, hier eine Lösung zu finden? Vielleicht, wenn wir von den Naturforschern etwas mehr lernen, als zu beschreiben und zu klassifizieren.

Vor allem ist es keineswegs unmöglich, nach dem Vorgange von Fechner und Wundt[215], auch für dieses juristische Gebiet psychologischer Forschung das Experiment nutzbar zu machen. Es handelt sich nur um die Frage: wie ist der Tatbestand beschaffen, aus welchem jene Art der Verbindlichkeiten entspringt, die in der Regel die vertragsmäßige genannt wird? Gehört dazu bloß das Zusammenstimmen des Willens oder bloß das Zusammenstimmen der Erklärungen, oder gehört beides dazu? Und wenn letzteres der Fall ist, müssen Willen und Erklärungen beider Kontrahenten in dem Umfange zusammenstimmen, wie die herrschende

---

[213] Daß es sich nur um die Beobachtung des Vorganges des Vertragsabschlusses handelt, wird anerkannt von Pernice in der Grünhut'schen Zeitschrift, Bd. VII, S. 490 in fine, und besonders scharf betont von *Eisele,* a.a.O.

[214] The senses and the intellect. Third edition, p. 442 squ.

[215] Vgl. über dessen experimentelle Methode in der Psychologie denselben in seinen philosophischen Studien, Bd. I, S. 1 flg., S. 586 flg.; und die Abhandlungen daselbst von *Dietze,* Bd. II, S. 362 flg.; *Mehner,* Bd. II, S. 546; Mc. Keen *Cattel,* Bd. I, S. 305 flg.; *Wolfe,* Bd. III, S. 354 u. a. m., sowie die lichtvolle Darstellung bei *Ribot:* Psychologie allemande contemporaine. Deuxième édition.

Lehre behauptet, oder sind jene Einschränkungen berechtigt, welche die Gegner der herrschenden Lehre machen? Genügen vielleicht nicht einmal die beiden Momente: Willen und Erklärung, sondern muß noch, wenigstens in gewissen Fällen, eine weitere Voraussetzung vorhanden sein, wie die Form oder die res im römischen, die Form oder die consideration im englischen Rechte?

Die Lösung des Problems könnte in der Weise versucht werden, daß man erfundene oder wirklich vorgekommene Fälle zusammenstellt, wo nicht alle oben erwähnten Momente: Wille, Erklärung, Form, res, consideration, sondern nur einige vorhanden wären, diese urteilsfähigen, reifen Personen mit der Frage zur Entscheidung vorlegt, ob hier nach ihrer Ansicht eine Vertragsverbindlichkeit entstanden ist oder nicht? Das wäre ein Experiment im eigentlichen Sinne des Wortes. Würde man von allen befragten Personen dieselbe Antwort erhalten, so wäre das Resultat ein vollkommen zufriedenstellendes, aber auch dann, wenn wir nur seitens einer großen Mehrzahl von Personen dieselbe Antwort erhielten, wäre die Untersuchung nicht ohne jeden Erfolg, da sie uns wenigstens die Richtung andeuten würde, in welcher sich das Rechtsbewußtsein entwickelt, welche daher auch von Gesetzgebung und Wissenschaft einzuhalten wäre. Würden daher alle oder die meisten befragten Personen behaupten, eine vertragsmäßige Verbindlichkeit sei vorhanden, obwohl eines oder mehrere der oben erwähnten Elemente dem Tatbestande fehlen, so könnten wir daraus mit Sicherheit entnehmen, daß dieses Element überhaupt oder wenigstens dem entwickelteren Rechtsbewußtsein nicht entscheidend ist für die Beantwortung der Frage, ob ein Vertrag vorliege oder nicht. Diese Resultate würden uns also darüber aufklären, was im Leben, im Verkehre als Vertrag betrachtet wird.

Man könnte freilich einwenden, daß der Vertragsbegriff, welcher im Leben vorherrscht, nicht notwendig der juristische sein muß; aber dieser Einwand richtet sich von selber. Es genügt darauf hinzuweisen, welch erbaulicher Zustand es wäre, wenn man im Leben ein Verhältnis als juristische Pflichten und Rechte begründend ansieht, der Jurist aber einen ganz anderen Vorgang als für die Begründung juristischer Rechte und Pflichten maßgebend betrachtet, einer Klage stattgeben muß, welche nach der Ansicht aller vernünftigen Leute unbegründet erscheint, eine Klage zurückweist, obwohl sich jeder nach Recht und Gesetz für verpflichtet halten muß. Gegen eine derartige Auffassung waren alle früheren Erörterungen gerichtet. Der Vertrag ist kein Begriff, den das Recht in seinem Laboratorium präpariert hatte, es ist ein Institut, welches das Leben selber herausgebildet hat, dessen Herrschaft weiterreicht als irgendein Rechtsgebiet, denn es gibt kein Recht, das den Vertrag nicht anerkennen würde; ja, das Herrschaftsgebiet des Vertrages nicht viel weiter, als das positive Recht überhaupt: zwei Personen, die einander auf menschenleerer Wüste begegnen, können einen Vertrag schließen, der alle Merkmale eines privatrechtlichen Vertrages hätte, ebenso wie Staaten und Völkerschaften völkerrechtliche Verträge schließen. Dieses wichtigste Institut des Verkehrsrechtes, welches vom Rechte samt allen Konsequenzen anerkannt wurde, ist zu erforschen. Wissen wir, was der Vertrag im Leben ist, so wissen wir auch, was der Vertrag im Rechte ist. Haben es doch auch Juristen aller Richtungen stets so gehalten[216]. So sagt Pernice, a.a.O.: „Unsere Juristen setzen den Vertrag *als ein gegebenes Rechtsinstitut* voraus und wollen ... nur sein Wesen beschreiben, das heißt darstellen, wie er zustande kommt."

Überzeugender, wenigstens mit den früheren Ausführungen leichter zu vereinigen, wäre folgender Einwand: Wenn es auch feststeht, daß der Vertrag im juristischen Sinne identisch sein muß mit jenem Institute, welches im Verkehre, im Leben allgemein als Vertrag angesehen wird, so ist jedoch dadurch nicht ausgeschlossen, daß erstens durch eine Norm des positiven Rechtes ein anderes Institut dem Vertrage vollkommen gleichgestellt wird, oder daß ein Vertrag nicht immer die sich aus seiner Natur ergebenden Konsequenzen nach sich zieht, sondern nur unter gewissen Voraussetzungen. Haben sich nun diese positivrechtlichen Normen ins Rechtsbewußtsein nicht eingelebt, so würden die Resultate, welche sich aus Experimenten nach der vorhin beschriebenen Methode ergeben würden, für den Juristen, der mit derartigen Normen rechnen muß, nicht verwertbar sein.

Dieser Einwand ist um so wichtiger, als er teilweise jedenfalls der tatsächlichen Sachlage entspricht. Nicht alles, was im Leben als Vertrag erscheint, zieht die sich aus seinem privatökonomischen Zwecke ergebenden Konsequenzen als Rechtsfolgen nach sich, sondern es hängt dies von einer weiteren Voraussetzung ab, von der Anerkennung durch das Recht: diese hat aber einen tauglichen Gegenstand des Vertrages, Willens- und Handlungsfähigkeit der Kontrahenten, unter Umständen eine gewisse Form zur weiteren Voraussetzung. Gesetzt den Fall nun, die erwähnten Experimente würden ergeben, daß bloß die Übereinstimmung von in zurechenbarer Weise abgegebener Erklärungen handlungs- und willensfähiger Personen nicht auch Willensübereinstimmung zum Wesen des Vertrages gehört, die Natur der Sache ausmacht, so könnte man daraus noch nicht entnehmen, daß eine positive Rechtsnorm nicht bestehe, die da sagt: Ein Vertrag zieht die sich aus seiner Natur ergebenden Konsequenzen als Rechtsfolgen bloß dann nach sich, wenn nicht bloß die Erklärungen, sondern auch die Willensmeinungen der Kontrahenten übereinstimmen.

---

[216] Vgl. für die herrschende Lehre: *Pernice* in der Grünhut'schen Zeitschrift, Bd. VII, S. 490 i. f. u. flg.; für deren Gegner *Bähr:* Entscheidungen des Reichsgerichtes, S. 10.

In diesem Falle hätte das erwähnte Experiment bloß den Erfolg, daß es den Nachweis erbringen würde, diese Norm sei rein positivrechtlich, ergäbe sich nicht aus dem Wesen des Vertrages, aus der Natur der Sache; gewiß ein wertvolles Resultat im Kampfe gegen die herrschende Lehre, die stets das Gegenteil behauptet hat, und mit Rücksicht darauf auch alle positivrechtlichen gesetzlichen Bestimmungen, die mit dieser ihrer Auffassung des Wesens des Vertrages nicht übereinstimmen, stets auf das Heftigste bekämpfte[217]. Dieses Ergebnis könnte daher wohl Bedeutung haben de lege ferenda, aber der bestehende Rechtszustand wäre gar nicht verändert; infolge einer derartigen Norm müßte jeder konkrete Rechtsfall so entschieden werden, als ob zum Vertrage in der Tat nicht bloß Übereinstimmung der Erklärungen, sondern auch Willensübereinstimmung notwendig wäre.

Die Frage, ob eine solche positivrechtliche Norm bestehe, wonach der Vertrag nur dann als giltig zu betrachten wäre, wenn nicht bloß Übereinstimmung der Erklärungen, sondern auch Willensübereinstimmung vorhanden ist, gewinnt an praktischer Bedeutung durch den Zustand der Quellen des positiven Rechtes. Die neueren Kodifikationen, mit Ausnahme des österreichischen bürgerlichen Gesetzbuches, haben nämlich samt und sonders den Vertrag so definiert, daß sich daraus das Erfordernis der Willensübereinstimmung mit mehr oder weniger Bestimmtheit ergibt; ferner haben sie aus dieser Definition, namentlich in der Lehre vom Irrtum, einige Konsequenzen gezogen und als positivrechtliche Normen hingestellt. Es fragt sich also — immer vorausgesetzt, daß festgestellt werden könnte, der Vertrag bestehe in der Tat bloß in der Abgabe übereinstimmender Erklärungen: haben diese Gesetzgebungen, indem sie das Moment der Willensübereinstimmung in die Definition des Vertrages hineingenommen haben, dadurch die Norm aufgestellt, der Vertrag sei nur im Falle der Willensübereinstimmung giltig — oder haben wir es hier bloß mit einer falschen, weiter nicht verbindlichen Definition zu tun? Während es ferner keinem Zweifel unterliegt, daß jene Normen, welche für den Fall der Nichtübereinstimmung des Willens und der Erklärungen vom Gesetze ausdrücklich ausgesprochen wurden, jedenfalls als Normen des positiven Rechtes beobachtet werden müssen, auch wenn es sich zeigen sollte, daß der Gesetzgeber durch eine solche Definition des Vertrages keine Norm aufstellen wollte, so könnte doch nicht zugegeben werden, daß auch sonst die folgerichtigen Konsequenzen der falschen Definition des Vertrages als Normen zu beobachten seien. Hätte der Gesetzgeber aber durch eine positivrechtliche Norm das Erfordernis der Willensübereinstimmung aufgestellt, so müßten auch alle Konsequenzen

---

[217] *Unger:* System, Bd. II, S. 123 flg. (gegen das österreichische bürgerliche Gesetzbuch). *Wächter:* Entwurf eines bürgerlichen Gesetzbuches für das Königreich Sachsen, S. 140 flg.

desselben, z. B. in der Lehre von der Stellvertretung, von der Willenserklärung durch konkludente Handlungen, von der Interpretation der Verträge, als positivrechtliche Normen verbinden. Ob das erstere oder das zweite geschehen ist, kann hier aber nicht untersucht werden, denn vorerst müßte das Wesen des Vertrages nach der oben charakterisierten Methode festgestellt sein.

Während also diese Methode zweifellos nicht zu unterschätzende Resultate ergeben könnte, so ist sie andererseits mit Schwierigkeiten verbunden, welche sie bei beschränkten Mitteln als unpraktisch erscheinen lassen. Geeignete Persönlichkeiten, Männer, die als Geschäftsleute mitten im Gewühle des Lebens stehen, sich durch ein reifes, besonnenes Urteil auszeichnen, sind keineswegs leicht zu finden, sie wollen nicht immer ihre vielleicht beschränkte freie Zeit der Lösung schwieriger juristischer Probleme widmen, sie verwenden infolge dessen auch nicht immer die nötige Aufmerksamkeit darauf; endlich hat der Bekanntenkreis eines jeden doch immer einen ziemlich lokalen Charakter, so daß das Ergebnis der Untersuchungen an einer gewissen lokalen Beschränktheit leiden müßte.

Dagegen bietet sich ein anderes, besseres Mittel zur Lösung des Vertragsproblemes beinahe von selbst dar. Fälle, aus denen man alles entnehmen könnte, was nach den obigen Ausführungen zur Erkenntnis der Natur des Vertrages erforderlich ist, sind den Gerichten in großer Menge zur Entscheidung vorgelegen, in den zahlreichen Sammlungen von Präjudizien, welche in Deutschland namentlich seit den Vierziger- und Fünfzigerjahren erscheinen, sind die darüber erflossenen Erkenntnisse dem größeren Publikum in bedeutendem Maße zugänglich. So kann man sie auch in diesem Falle zur Lösung des Problemes verwerten, und zwar nach denselben Grundsätzen wie die Resultate des oben erwähnten Experimentes, denn wenn wir es hier auch nicht mit einem Experiment im technischen Sinne zu tun haben, so ist dies doch eine Beobachtungsmethode, die mit dem Experimente nahe verwandt ist, an Sicherheit des Resultates dem Experimente keineswegs nachsteht, ja von Auguste Comte als die einzige in den Sozialwissenschaften verwendbare Art des Experimentes bezeichnet wurde[218]. Die langjährigen praktischen Erfahrungen eines Richters höherer und höchster Instanz — denn um diesen

---

[218] Que les cas soit naturel *ou factice* nous savons que l'observation y merite toujours le nom propre d'experimentation toutes les fois que l'accomplissement normal du phénomène y éprouve d'une manière quelconque une altération bien determinée sans que la spontanéité de cette altération puisse détruire l'efficacité scientifique propre à toutes modifications des circonstances habituelles du phénomène pour en mieux éclairer la production effective. Ce surtout dans ce sens que le mode expérimental peut réellement appartenir aux recherches sociologiques. *Comte:* Cours de la philosophie positive. Deuxième édition, Paris 1864, T. IV, p. 307 squ.

handelt es sich hier in der Regel — haben seinen Blick wunderbar geschärft, lassen ihn aus einer Anzahl von Momenten, die sich seinen Augen, oft absichtlich verwirrt und zusammengeworfen, darbieten, gerade die relevanten und entscheidenden aussuchen, auch ist sein Rechtsgefühl gewöhnlich ein überaus feines.

Freilich darf man hier seiner Sache nichtsdestoweniger nicht allzusehr sicher sein; namentlich dürfen diese Erwägungen unbedingt zu keinem Präjudizienkultus führen. Nicht das einzelne Urteil, sondern die Rechtsprechung ist maßgebend. Es ist doch bekannt, daß die wichtigste Aufgabe eines jeden Experimentators die ist, vor allem sogenannte schlechte Fälle von denjenigen auszusondern, welche für die wissenschaftliche Untersuchung geeignet erscheinen, dann aber die Methode zu finden, nach welcher die, immer auch unter den letzteren vorhandenen, Abweichungen zu beseitigen wären, um ein mittleres Resultat aus denselben zu erreichen. „Schlechte Fälle" sind solche Experimente, bei denen bestimmte Anhaltspunkte vorhanden sind dafür, daß das Resultat ein unrichtiges ist, etwa weil die Apparate ungenau funktionierten, die umgebende Temperatur nachweisbar zu hoch oder zu tief oder der Beobachter zerstreut war und sich infolge dessen wenigstens sehr wahrscheinlich etwas entgehen ließ. Aber selbst wenn sich solche Mängel nicht genau nachweisen lassen, so kann man immer annehmen, daß welche vorhanden waren, wenn das Resultat von dem aller oder der meisten anderen Experimente sehr stark abweicht. Ganz stimmen jedoch auch die guten Fälle miteinander nicht überein; das hängt damit zusammen, daß sich auch bei der größten Mühe eine vollständig genaue Funktionierung der Instrumente, eine ganz gleichmäßige Temperatur, eine unverwandte Aufmerksamkeit des Beobachters nicht erzielen lassen. Es sind zahlreiche Methoden erfunden worden, um von einer möglichst großen Anzahl von Versuchen Mittelzahlen zu erhalten, welche sich dem wahren Mittel immer desto mehr nähern, je größer die Anzahl der Versuche war, die ihnen zu Grunde liegt. Zu diesem Zwecke muß man aber auch trachten, die schlechten Fälle nach Möglichkeit auszuscheiden, denn diese, von allen anderen Resultaten sehr verschieden, und zwar meistens nach einer Richtung hin verschieden (zu groß oder zu klein), sind nur geeignet, das Mittel nach dieser Seite hin zu verschieben. Es gibt wiederum verschiedene Methoden, nach denen man die schlechten Fälle ausforscht und aussondert.

Die Entscheidungen der Gerichte stimmen ebenfalls in keiner Frage vollkommen überein, und will man aus denselben ein richtiges Resultat erhalten, so muß man einen ähnlichen Weg einschlagen. Vor allem muß man trachten, so viel Entscheidungen als möglich heranzuziehen. Aus diesen Entscheidungen muß man dann die schlechten Fälle vollkommen auszuscheiden suchen, denn an solchen kann es auch hier nicht fehlen.

Auch der Richter ist und bleibt ein Mensch: persönliche Beziehungen, nationale und konfessionelle Vorurteile und verschiedene andere hier nicht zu erörternde Umstände können sein Urteil ebenso beeinflussen wie Unfähigkeit, Arbeitsunlust, absonderliche Auffassung des Falles. Die kollegiale Organisation der Gerichte ist gewiß geeignet, diese Übelstände weniger fühlbar zu machen; ganz beseitigen kann sie dieselben schon wegen des natürlichen Übergewichtes des Referenten nicht. Nachdem diese Fälle ausgesondert werden, geht man daran, aus den guten Fällen gewissermaßen eine Mittelentscheidung zu ziehen, natürlich nicht in methematischer Weise, sondern auf Grund sorgfältigster Erwägung aller Umstände. Die Abweichungen der Entscheidungen voneinander können gegründet sein entweder in verschiedener Auffassung der Richter, sei es, daß dieselbe eine rein persönliche ist, sei es, daß sie sich infolge lokaler oder nationaler Verschiedenheiten ausgebildet hat, dann ist sie einfach zu registrieren. Oder sie kann in der verschiedenen Gestaltung des konkreten Falles gegründet sein, der aber dem Richter nicht zum Bewußtsein gekommen oder wenigstens in dem Berichte über denselben nicht Ausdruck gefunden hat, was wieder entweder Schuld des Richters ist, der die Urteilsgründe redigiert, oder Schuld des Redakteurs oder Berichterstatters, der die Entscheidung für den Druck präpariert, exzerpiert hat. Für die wissenschaftliche Verwertung der Entscheidung ist es nun von großer Wichtigkeit, trotz alledem die Verschiedenheit der Gestaltung des konkreten Falles nachzuweisen oder wenigstens die Möglichkeit einer solchen hervorzuheben.

Nicht geringere Schwierigkeiten macht die Ausscheidung schlechter Fälle. Daß der Richter sich von persönlichen, nationalen, konfessionellen etc. Motiven leiten ließ, ist kaum je nachweisbar, man wird es daher auch höchst selten ohne große Willkürlichkeit behaupten können. Den einzigen Anhaltspunkt dafür bietet in der Regel der Umstand, daß die Entscheidung ganz vereinzelt dasteht, von den übrigen sehr stark abweicht. — Nur eine, gerade in der Vertragslehre sehr wichtige Quelle „schlechter Fälle“ verdient schon deswegen besondere Beachtung, weil sie sich leicht und sicher nachweisen läßt. Es ist dies der Doktrinarismus. Doktrinäre Entscheidungen sind solche, bei welchen der Richter nicht von der eigenen, selbständigen Auffassung des Gesetzes oder der Natur der Sache ausging, sondern sich auf die in der Theorie vorherrschende Lehre stützte. So sehr man dies auch im allgemeinen billigen mag, so sind die doktrinären Entscheidungen doch dann wertlos, wenn es sich nicht um die Frage der Einwirkung der Theorie auf die Praxis, sondern um die Frage nach der wirklichen Natur der Sache, nach der darüber im Verkehre vorherrschenden Ansicht handelt. Denn selbst wenn es sich nachweisen läßt, daß die Theorie in der Tat die Auffassung des Verkehres widerspiegelt, so kann dort nur die Theorie, nicht die auf derselben beruhende Entscheidung als Quelle für das Studium dienen. Diese doktrinären Entscheidungen sind, zumal die deutschen, im allgemeinen leicht kenntlich an ihrer Begründung: sie zeichnen sich aus durch sorgfältige, aber unselbständige Erörterung der Quellenstellen, viele Zitate aus Schriftstellern, an die sie sich überdies, auch wenn sie dieselben nicht anführen, zumeist wörtlich oder beinahe wörtlich anschließen. Im allgemeinen bilden sie bloß einen geringen Bruchteil der ganzen Masse von Entscheidungen, obwohl sie nur in Österreich ganz zu fehlen scheinen. Je größer der Verkehr, desto mehr tritt im allgemeinen der Doktrinarismus in den Hintergrund.

Die richterlichen Entscheidungs*gründe* haben natürlich ebenfalls einen großen Wert und verdienen nicht weniger Beachtung als die Entscheidung selber, denn der Richter als wissenschaftlich gebildeter Jurist wird natürlich in der Lage sein zu sagen, weswegen er so und nicht anders entschieden hat. Häufig sind aber die Entscheidungsgründe trügerisch, sie sind nicht die wirklichen Gründe der Entscheidung; das wird jeder bestätigen, der in die Art, wie Urteile gemacht werden, Einblick nahm. Abgesehen davon, daß die Gründe oft von einer anderen Person herrühren als die Entscheidung — etwa von einem jungen Hilfsbeamten —, daß ferner bei der Sitzung des Senates in der Regel nur über die Entscheidung, nicht auch über deren Begründung abgestimmt wird, will und kann der Richter nicht immer die wirklichen Entscheidungsgründe offenbaren. Wie häufig trifft es sich, daß der Richter nach Durchlesung des Aktenbündels ausruft: Ach, das ist ja ein offenbarer Schwindel! Das Urteil wird freilich dem „offenbaren Schwindler" nicht Recht geben; aber in der Begründung wird kaum je von dem „offenbaren Schwindel" die Rede sein. Dieser ist namentlich bei der gesetzlichen Beweistheorie nur selten beweisbar — so gescheit sind schon die offenbaren Schwindler —, aber es haben sich andere Mittel und Wege gefunden, der Ehrlichkeit zum Siege zu verhelfen. Für die wissenschaftliche Verwertung der Entscheidung sind jedoch selbstverständlich bloß die Gründe maßgebend, aus welchen der Richter einen offenbaren Schwindel angenommen hat, nicht solche, welche zum Scheine als Begründung des Urteils figurieren.

Der richtige Weg zur Lösung des Vertragsproblems ist demgemäß wohl folgender: Vor allem müssen jene Fragen genau formuliert werden, zu welchen das Vertragsproblem Anlaß gibt, welche in erster Linie oder ausschließlich auf Grund der Natur der Sache entschieden werden können. Hierauf soll untersucht werden, wie sich die Praxis zu allen diesen Fragen verhält. Insoferne die Entscheidungen der Gerichte auf doktrinären Erwägungen oder auf ausdrücklichen gesetzlichen Vorschriften beruhen; können sie nicht oder wenigstens nicht in vollem Umfange für die Lösung des Vertragsproblems benützt werden, wohl aber jene, welche sich ausschließlich oder vorzüglich durch Erwägungen aus der

Natur der Sache, durch die Bedürfnisse des Verkehres etc. leiten ließen. Wenn diese nun nach den oben angegebenen Gesichtspunkten gesichtet und geordnet werden, kann man daraus die nötigen Anhaltspunkte für eine allen Anforderungen der Wissenschaft genügende Definition des Vertrages entnehmen.

Einen ganz ähnlichen Weg hat schon Mitteis eingeschlagen, um einen wichtigen Teil des Vertragsproblems zu lösen. Er mag hier mit seinen eigenen Worten angeführt werden. „Die materia peccans dieser schier unlöslichen Kontroverse (über das Wesen der Stellvertretung) ist meines Erachtens die, daß den Untersuchungen über die Natur der stellvertretenden Rechtsgeschäfte nicht der richtige Gang gegeben wird. Anstatt nämlich, wie es für jede neu zu begründende Theorie die Grundvoraussetzung wäre, zuerst einen genauen Überblick über sämtliche zu lösende Fragen zu suchen, anstatt empirisch die praktischen Fälle und deren Entscheidung zusammenzustellen und hiernach die theoretische Konstruktion zu vollziehen, ging man gewöhnlich von vornherein daran, auf Grund abstrakter Begriffe eine Konstruktion aufzustellen und in dieser die Entscheidung einzelner Fälle zu suchen. Ließ sich dann die vorausgeführte Auffassung auf eine Reihe von Fällen anwenden, so war man hiemit zufrieden und unterließ es, genau zu prüfen, ob dieselbe denn wirklich in jeder Beziehung zu richtigen Resultaten führe. Es kann also diesen sämtlichen Theorien noch immer der Vorwurf gemacht werden, daß sie, wie Thöl treffend sagt, es unterlassen, durch Eingehen in das Detail den inneren Bau des Rechtsinstitutes zu zeigen[219]." Der einzige Unterschied zwischen der Methode von Mitteis und der hier empfohlenen liegt darin, daß Mitteis die Fragen, zu welchen das Problem der Stellvertretung Anlaß gibt, ausschließlich nach seinem subjektiven Rechtsgefühl beantwortet, während hier nach mehr objektiven Anhaltspunkten dafür gesucht wird. So groß auch die Verdienste von Mitteis sind und so sehr die Bedeutung seiner Methode und die Richtigkeit seiner Resultate im allgemeinen anerkannt werden müssen, so hat er doch in einem überaus wichtigen Punkte wenigstens sich nicht ausschließlich von seinem Rechtsgefühl leiten lassen, sondern hat doktrinären Erwägungen zu viel Gehör geschenkt, oder aber sein objektives Rechtsgefühl steht in bedenklichem Widerspruche mit dem Rechtsgefühl unserer Zeit; dies bezieht sich nämlich auf die Einschränkungen und Verwahrungen, mit denen er sein Prinzip von Treu und Glauben zu umgeben für gut findet und die demselben einen guten Teil seiner Bedeutung benehmen[220]. Indem ich mir vorbehalte, für diese Behauptung an anderer Stelle den Beweis zu erbringen, benütze ich die Gelegenheit, um eben an diesem Falle

---

[219] Die Lehre von der Stellvertretung, S. 81 flg.

[220] a.a.O., S. 297.

die Unverläßlichkeit des rein subjektiven Momentes in unserem Rechtsbewußtsein, die Notwendigkeit eines objektiven Maßstabes, wie er in der Praxis der Gerichte gefunden werden kann, zu demonstrieren.

Zum Schlusse noch eine Bemerkung über die Frage, wie sich diese Untersuchung zu den einzelnen positiven gesetzlichen Bestimmungen verhält. Insofern die gesetzlichen Bestimmungen Definitionen enthalten, ergibt es sich schon aus dem früher Bemerkten, daß dieselben nur insofern Beachtung verdienen, als sie richtig sind. Insofern sie aber Normen enthalten, haben sie für die Zwecke dieser Abhandlung dieselbe Bedeutung, wie gerichtliche Entscheidungen; es kann insbesondere aus ihnen die wahre Natur der Sache, die Natur des Vertrages, ebenso gut wie aus jenen entnommen werden. Auch das Verfahren kann ein ganz ähnliches sein wie das mit den Entscheidungen der Gerichte. Zunächst müssen die unbrauchbaren, schlechten Fälle ausgeschieden werden, u. zw. zunächst die doktrinären Normen, welche hier eine besonders große Rolle spielen, da ein Gesetzbuch heutzutage viel eher die herrschende Doktrin als das Rechtsbewußtsein des Volkes widerspiegelt; so wenig auch bezweifelt werden kann, daß jede gesetzliche Norm vom Richter unbedingt beobachtet werden muß, so richtig ist es, daß nicht jede die Anschauungen des Verkehres und das Rechtsbewußtsein der Zeit zum Ausdruck bringt, daß nicht jede Norm daher überall in Betracht kommen könne, wo es sich nur um die letzteren handelt. Die anderen Normen dagegen sind für die Erforschung der Natur der Sache in eben derselben Art zu verwerten wie die gerichtlichen Erkenntnisse.

Es ist selbstverständlich, daß die Bedeutung gerichtlicher Entscheidungen dort in den Hintergrund tritt, wo sie nichts sind als reine Gesetzesanwendung, doch ist das letztere — schon gar in der Rechtsprechung über den Vertrag selten der Fall, und auch dann behalten sie noch immer ein gewisses Interesse durch die Art, wie sie gesetzlich nicht normierte Detailfragen behandeln, wie sie das Gesetz auffassen etc. Eine eigentümliche Bewandtnis hat es mit jenen Entscheidungen, welche der Natur der Sache, wo ihr vom Gesetze ins Gesicht geschlagen wird, im Widerspruche mit dem Wortlaute desselben, Geltung verschaffen. Die handgreiflichsten Sophismen, die inhaltsleersten Phrasen sind da dem Richter gut genug, um der in seinem Rechtsbewußtsein gegründeten Entscheidung zu einer gesetzlichen Stütze zu verhelfen. Was man auch von solchen Erkenntnissen denken mag, sie legen Zeugnis ab für die unverwüstliche rechtsbildende Macht der Natur der Sache.

Es ist endlich klar, daß für eine Beschränkung der Untersuchung auf ein einziges nationales Rechtssystem gar keine Gründe vorliegen; je mehr Rechtssysteme man heranzieht, desto mehr wächst das positive Material, desto sicherer sind die Resultate. Daran könnte nur jener Anstoß nehmen, der etwa annehmen würde, der Vertrag sei durchaus ein Werk des positiven Rechtes, eine Annahme, die für den Vertrag am allerunhaltbarsten erscheint. Und da der Vertrag in allen Gesetzgebungen vorkommt, so ist wahrlich nicht einzusehen, warum der Vertrag etwa des englischen Rechtes sich von dem Vertrage des österreichischen Rechtes mehr unterscheiden sollte, als der Pfund Sterling vom Gulden. Kennt die Nationalökonomie trotz aller Verschiedenheiten in der Regelung des Münzwesens durch die einzelnen Staaten eine allgemeine, von jedem positiven Gesetze unabhängige, Lehre vom Gelde — die übrigens zu einem guten Teile nichts anderes ist, als was die Juristen Lehre von der Zahlung nennen und als solche von einem viel engeren Gesichtspunkte behandeln —, warum soll eine solche allgemeine Lehre vom Vertrage — mindestens von dem der Kulturnationen — zu den Unmöglichkeiten gehören?

Obwohl sich diese Erörterung in erster Linie auf das Vertragsproblem bezieht, so wird sie doch wohl eine allgemeinere Bedeutung für sich in Anspruch nehmen dürfen; die eben beschriebene Methode der Verwertung der Praxis für wissenschaftliche Zwecke wird hie und da mit durch die Umstände des Falles gebotenen Modifikationen, auf dem ganzen Gebiete des Privatrechtes, und wahrscheinlich auch auf dem Gebiete des öffentlichen Rechtes, anwendbar sein.

Das Ergebnis der vorstehenden Ausführungen läßt sich in dem einen Satze zusammenfassen: Sowohl die Entwicklung des Rechtsbewußtseins als auch die Natur der Sache können nur auf Grund eines eingehenden Studiums der Praxis erkannt werden. Die englische und französische Jurisprudenz hat dieses längst erkannt und die Rechtsprechung nach beiden Richtungen hin verwertet. In Deutschland geschieht dagegen verhältnismäßig wenig in dieser Beziehung, trotz des in neuerer Zeit unverkennbar eingetretenen Umschwunges. Doch würde man gewiß fehl gehen, wenn man deswegen die deutsche Rechtswissenschaft dem Einflusse der Praxis entrückt glauben würde: indem sie ihr positives Material beinahe ganz dem corpus juris entnahm, schöpfte sie eigentlich aus demselben Born wie die Engländer und Franzosen. Was verleiht den Hauptbestandteilen des corpus juris, den Digesten und dem Kodex, einen solch großen Wert? Gewiß weder die anerkanntermaßen recht schwachen Definitionen noch die höchst mangelhafte Gesetzessammlung, wohl aber die darin enthaltene, an Reichhaltigkeit und Gediegenheit bisher unübertroffene Sammlung von Entscheidungen konkreter Rechtsfälle. Und konnte man aus denselben nichts über die neueste Entwicklung des Rechtsbewußtseins, die Natur der Sache moderner Rechtsinstitute entnehmen, so ersetzte dieses Studium an Tiefe so manches, was ihm an Breite abging. Die Aufgabe der Zukunft wird es sein, das in den neuesten Sammlungen enthaltene Material, mit derselben Gründlichkeit und Tiefe zu verwerten, wie es mit dem Quellenmateriale geschehen ist; das große Beispiel jener wissenschaftlichen Arbeit wird wohl auch diese vor der Verflachung in eine platte „Rechtsfalljurisprudenz", in ein kontinentales „case law" bewahren.

Freie Rechtsfindung und freie Rechtswissenschaft*

Vorrede

Der Grundgedanke dieses Vortrages wurde von mir zum ersten Mal schon vor fünfzehn Jahren in einer im Jahre 1888 in der Wiener Zeitschrift „Juristische Blätter“ veröffentlichten Abhandlung: *„Über Lükken im Rechte“*, allerdings in noch unreifer und unsicherer Form, ausgesprochen. Die Ergebnisse dieser Abhandlung habe ich in meiner im Jahre 1893 veröffentlichten Schrift: „Die *stillschweigende Willenserklärung*“[1] in folgender Weise zusammengefaßt:

„In meiner Arbeit: *„Über Lücken im Rechte* habe ich auszuführen versucht, daß der Richter, der die Aufgabe hat, nach dem geltenden positiven Rechte zu entscheiden, gewisse Unklarheiten der Theorie und des Rechtssystems dazu benützt, um den Erfordernissen der Rechtsentwicklung Rechnung zu tragen und wie gerade die verschwommensten Begriffe mit denen die Theorie und Praxis operiert: die Natur der Sache, die bona fides, das Prinzip von Treu und Glauben, die actio doli, die ungerechtfertigte Bereicherung, das contra bonos mores, sich dazu am besten eignen. Ein solcher verschwommener Begriff, eine Lücke im Rechte, durch die neue und fruchtbare Gedanken in das geltende Recht eingedrungen sind, ist auch die stillschweigende Willenserklärung: *sie ist kein Rechtsinstitut, sondern ein ganzes System neuer, noch um ihre Existenz ringender Rechtsnormen,* kein einheitliches Problem, sondern ein Konglomerat von Problemen.“

Wenn ich hier auf meine längst verschollene Jugendarbeit zurückkomme, so werde ich dazu veranlaßt durch die vor etwa vier Jahren erschienene Schrift von Gény, *Methode d'interprétation et sources du droit*[2], die mit meiner Schrift: *„Über Lücken im Rechte“* nicht nur in zahlreichen Einzelheiten, sondern auch in dem leitenden Gedanken übereinstimmt. Ich hebe insbesondere hervor, daß auch nach Gény das Recht nicht ein abgeschlossenes, vollständiges System abstrakter Rechtsregeln ist, sondern aus Einzelentscheidungen besteht, und daß auch nach

---

* Vortrag, gehalten vor der Juristischen Gesellschaft in Wien am 4. März 1903.

[1] Berlin, Carl Heymanns Verlag, S. 291.

[2] Paris, Chevalier, Maresq & Co., 1899.

ihm der Richter, wenn ihn die festgelegten Rechtsregeln verlassen, durch freie Rechtsfindung das Recht den Bedürfnissen der Zeit anpassen soll. Nach vielen Richtungen bestehen allerdings auch Verschiedenheiten. Ich befaßte mich hauptsächlich mit der Frage, in welcher Weise die freie richterliche Rechtsfindung vor sich geht, welche Rolle dabei das Prinzip von Treu und Glauben, die Natur der Sache, die juristische Konstruktion und Analogie spielen; — Gény behandelt vor allem die in Frankreich herrschende Theorie der Rechtsquellen, die Grundsätze der Rechtsanwendung. Er verweist für die Rechtsfortbildung auf die Wissenschaft (libre recherche scientifique); ich habe von Anfang an auf die bewußt oder unbewußt schöpferische richterliche Tätigkeit den größten Nachdruck gelegt, ohne die Bedeutung des von der Wissenschaft gefundenen Rechtes zu unterschätzen.

Die methodologischen Grundsätze der Lücken im Rechte versuchte ich seither in meinen literarischen Arbeiten zu betätigen. Von ihnen gehen aus: die bereits erwähnte Schrift „*Die stillschweigende Willenserklärung*" und „*Das zwingende und nichtzwingende Recht im bürgerl. Gesetzbuch für das deutsche Reich*" (1899). Die historische Begründung dieser Lehren habe ich für das römische Recht, wenigstens zum Teil, in meinen „*Beiträgen zur Theorie der Rechtsquellen* I. Teil: Das ius civile, ius publicum, ius privatum" (1902) zu geben versucht.

Das Buch Génys scheint in Frankreich großen Eindruck gemacht zu haben. Einer der ausgezeichnetesten französischen Privatrechtslehrer, Saleilles, hat ihm das Geleitwort gegeben und hat sich auch noch später mehrmals im Sinne Génys ausgesprochen, zum letzten Mal in einem glänzenden Vortrage, den er vor dem Historikerkongresse in Rom am 4. April l. J. gehalten hat. Es hat eine ganze Reihe, zum Teile ablehnender, zum Teile aber wenigstens grundsätzlich zustimmender Kritiken veranlaßt, und seit dem vorigen Jahre erscheint in Paris eine, von Esmein, Massigli, Saleilles und Wahl herausgegebene Zeitschrift, Revue trimestrielle de droit civil, die nach dem einleitenden Aufsatze von Esmein und den veröffentlichten Arbeiten zu urteilen, eine Fortbildung der Wissenschaft und des Rechtes im Sinne Génys anbahnen will.

Indem ich nun eine langgehegte Absicht ausführend, die in meiner eingangs erwähnten Schrift niedergelegten Gedanken in einer meinen heutigen Anschauungen entsprechenden Weise eingekleidet, der Öffentlichkeit übergebe, bin ich genötigt, Gény gegenüber meinen zeitlichen Vorrang zu wahren.

Ich will jedoch ausdrücklich hervorheben, daß ich mich durchaus auf die Geltendmachung des zeitlichen Vorrangs beschränke. Daran, daß Gény meine Schrift, die auch in Deutschland fast ganz unbekannt geblieben ist, nicht gelesen hat, daß er also durch sie in keiner Weise angeregt ist, zweifle ich nicht. Der bleibende Wert seines Werkes liegt übrigens, ganz abgesehen von der Frage der Richtigkeit der leitenden Gedanken, in dem ungemein reichen, der französischen Rechtsgeschichte und der französischen Rechtsprechung entnommenen Materiale, das mir zum größten Teile neu war.

Allerdings hätte die Frage des zeitlichen Vorranges der Gedanken, die meinem Vortrage zu Grunde liegen, vor fünfzehn Jahren eine ganz andere Bedeutung gehabt als jetzt, mit Rücksicht auf die Schrift von Gény. Damals hätte nicht bestritten werden können, daß sie im schroffen Gegensatze zu allem stehen, was als gesicherter Besitz der Wissenschaft gelten mußte. v. Bülow, den ein Mißverständnis zu den Anhängern der freien Rechtsfindung zählt, spricht davon, wie jüngst von Schreiber[3] hervorgehoben worden ist, gar nicht; er sucht nur, wohl mit Recht, darzutun, daß die richterliche Tätigkeit, selbst wenn sie in der bloßen Rechtsanwendung besteht, schon ihrer Natur nach schöpferisch ist. Entschiedener hat sich Schlossmann ausgesprochen; seine Ausführungen wurden jedoch allgemein abgelehnt. Seit mehreren Jahren liegen Gedankengänge dieser Art in der Luft; immer mehr wird auf die Selbständigkeit des Richters gegenüber dem Buchstaben des Gesetzes Nachdruck gelegt; wäre es mir um Literaturangaben zu tun, so müßte die vorliegende Schrift ungehörig anschwellen. Doch gehen die von mir in den älteren Arbeiten und in diesem Vortrage entwickelten Gedanken über das, was bisher von anderen behauptet worden ist, nach vielen Richtungen hinaus.

In einigen Ausführungen des Abschnittes II (besonders S. 11 flg.), habe ich dem in Vorbereitung begriffenen zweiten Teile meiner „Beiträge zur Theorie der Rechtsquellen“ vorgegriffen.

I.

Die uns heute so geläufige Forderung, daß jede richterliche Entscheidung eines Rechtsstreites aus feststehenden Grundsätzen des geltenden Rechtes abgeleitet sei, dürfte doch nur den Völkern, die das römische Recht rezipiert haben, eigentümlich sein. Anderen Völkern scheint sie vollständig fremd zu sein — und es gibt darunter nicht nur solche, die sich auf tieferen Stufen der Rechtsentwicklung befinden, sondern auch sehr vorgeschrittene, wie die Deutschen des Mittelalters, die heutigen Völker des englischen Rechtes, vor allem aber die Römer selbst, deren Rechtsprechung wir freilich weniger aus richterlichen Erkenntnissen, als aus den überlieferten Gutachten der römischen Juristen kennen.

---

[3] Oesterr. Gerichtszeitung, Jg. 54, Nr. 18.

Hier wird keineswegs verlangt, daß jedes Erkenntnis irgendeine Gesetzesstelle, auf die es sich tatsächlich oder auch nur angeblich gründet, gewissermaßen als Fabriksmarke, mit sich trage; es wird als Aufgabe des Richters nur betrachtet, eine billige, den Umständen des einzelnen Falles angepaßte Entscheidung zu finden. Der Richter ist dabei allerdings an Gesetz- und Gewohnheitsrecht, Überlieferung und in früheren Entscheidungen ausgesprochene Grundsätze gebunden, all das wird aber nicht als Grundlage der Entscheidung angesehen, sondern eher als Grenze, bis zu der die Freiheit des Richters reicht. Als Richtschnur dient ihm dabei nur der Grundsatz, daß die Entscheidung nach den Regeln der juristischen Kunst gefunden werden müsse: sie darf mit anderen Worten die Regeln, die bisher allgemein gegolten haben, nicht ohne weiteres über den Haufen werfen. Damit ist allerdings allzu gewagten und plötzlichen Neuerungen ein Riegel vorgeschoben, keineswegs aber die organische Entwicklung unterbunden. Mehr als einmal ist es geschehen, daß anerkannte Rechtsgrundsätze in einer Reihe von Entscheidungen, die sich von ihnen sachte entfernten, im Laufe der Zeiten in ihr gerades Gegenteil verkehrt wurden.

Dieser Zustand ist offenbar Ergebnis eines Kompromisses zwischen widerstreitenden Ansprüchen, die überall an die Rechtspflege gestellt werden müssen: denn man fordert von den Entscheidungen einerseits, daß sie nicht Ausfluß individueller Willkür, persönlichen Dafürhaltens seien, sondern Ausdruck eines allgemeinen Empfindens, einer aus einer höheren Quelle fließenden Gerechtigkeit; andererseits sollen sie den einzelnen Fall treffen, gerade den vorliegenden Streit zur Lösung bringen. Allgemeines und Besonderes soll daher nebeneinander Platz finden. So entsteht die eigentümliche Mischung aus Freiheit und Gebundenheit, die uns bei den Römern und Engländern so seltsam anmutet, und die fast nur aus einem lebhaften Gefühl für ihre historischen Voraussetzungen heraus verstanden werden kann.

Es ist daher leicht erklärlich, daß auch die frei gefundene Entscheidung so aufgefaßt wird, als ob sie nur das ausspräche, was ohnehin im geltenden Rechte bereits enthalten war. Der Jurist schafft nicht Recht, er hat es zu finden. Man zweifelt trotzdem nicht daran, daß jede Entscheidung etwas zum geltenden Rechte hinzufügt, daß sie nicht bloß Zeugnis über geltendes Recht, sondern auch eine Quelle neuen Rechts werden kann. In launiger Weise hat Henry Sumner Maine einmal geschildert, wie die englischen Rechtsanwälte, solange der richterliche Spruch noch schwebt, darüber streiten, welche Grundsätze des geltenden Rechtes zur Anwendung kommen sollen, sobald aber ein Urteil gefällt ist, ist es selbst bereits Recht geworden, und der darin vielleicht zum ersten Mal ausgesprochene Rechtsgrundsatz tritt gewissermaßen in eine Lücke des geltenden Rechtes ein. Auch die Römer sind sich dessen ganz wohl bewußt, daß ihr Recht nicht etwa bloß in den Werken der Juristen niedergelegt, daß es vielmehr geradezu ein Werk dieser Juristen ist. So geht die Rechtsfindung allmählich in Rechtsfortbildung über.

Während wir also heute auf dem europäischen Festlande geneigt sind, im Rechte ein vollständiges System von Rechtsvorschriften zu erblicken, in dem jeder auch nur denkbare Rechtsfall vorbedacht und vorentschieden ist, geht man dort offenbar überall von dem Gedanken aus, daß jede gerichtliche Entscheidung einen neuen Rechtsgrundsatz zur Anerkennung zu bringen vermag. Dieser Gegensatz zu der Auffassung, die bei uns gang und gäbe ist, erklärt sich zum Teile damit, daß der Rechtszustand den Gedanken an ein vollständiges System aller für die Rechtsprechung in Betracht kommenden Normen gar nicht aufkommen läßt. Die Gesetzgebung, mit Ausnahme der uralten, in historischer Zeit kaum noch bekannten Kodifikationen des ursprünglichen Gewohnheitsrechtes, ist immer nur gegen vereinzelte Unzukömmlichkeiten, Übergriffe und Übelstände gerichtet; die Gesetze geben daher und wollen auch nichts anderes geben als Abhilfe im einzelnen Falle. Die juristische Überlieferung, die das Gesetzesrecht an Bedeutung weitaus überragt, besteht in der Hauptsache in den Grundsätzen, die bei der Entscheidung wirklich vorgekommener Fälle ausgesprochen worden sind, und in der wissenschaftlichen Verallgemeinerung solcher Grundsätze; Entscheidungen und Verallgemeinerungen von Entscheidungen, das ist ja auch der eigentliche Inhalt der Schriften der römischen Juristen — die responsa prudentium, das prätorische Edikt und die große Mehrzahl der kaiserlichen Kostitutionen bei den Römern, die Weistümer der Deutschen, die Reports der Engländer geben sich auch äußerlich als nichts anderes. Dasselbe gilt von den Quellen des französischen Rechtes bis auf die kodifikatorischen Arbeiten Ludwig XIV. Aber auch der Teil der Überlieferung, der als Gewohnheitsrecht im engeren Sinne erscheint, der unmittelbar im Bewußtsein des Volkes und der Juristen lebt und in den Rechtsbüchern niedergelegt wird, fließt mit geringen Ausnahmen aus derselben Quelle: es haben sich dazu die gerichtlichen Erkenntnisse im Laufe der Zeiten verdichtet. Ein Fall, der in keinem Gesetze vorhergesehen ist, der keinem der bisher entschiedenen Fälle gleicht, so daß er sich unter keine bekannte Entscheidung oder Verallgemeinerung bringen läßt, fällt daher offenbar in den „rechtsleeren Raum"; die Gesetze und die juristische Überlieferung bieten wohl für seine Entscheidung eine gewisse Belehrung, eine wissenschaftliche Grundlage, die Entscheidung selbst aber muß frei gefunden werden. Das ist der Weg, der zur schöpferischen Jurisprudenz geführt hat.

Die Rezeption des römischen Rechtes hatte überall eine einschneidende Änderung zur Folge. Jetzt kommt erst der Grundsatz auf, daß eine jede Entscheidung sich aus bereits festgelegten Regeln des geltenden Rechtes ergeben muß, daß sie eine Schlußfolgerung sein muß in einer logischen Reihe, in der eine Rechtsregel den Obersatz, der Rechtsfall den Untersatz bildet. Gegenstand der Rezeption war dieser Grundsatz allerdings nicht, er war vielmehr dem römischen Rechte, wie bereits hervorgehoben worden ist, vollständig fremd. Aber schon Justinian scheint angenommen zu haben, er habe in seinen Rechtsbüchern jeden denkbaren juristischen Zweifel beseitigt, trotzdem auch sie ihrem hauptsächlichen Inhalte nach doch nichts anderes waren als eine, allerdings überaus reichhaltige, Sammlung von Entscheidungen und wissenschaftlichen Verallgemeinerungen von Entscheidungen. Der Gang der Dinge im ausgehenden Mittelalter war aber wohl dazu angetan, mit dem Gedanken Justinians Ernst zu machen; denn das römische Recht sollte ja als subsidiäres Recht von Anfang an vor allem für die Fälle gelten, für die das hergebrachte einheimische Recht keine ausdrückliche Vorschrift enthielt.

Allerdings setzte dieses Bestreben voraus, daß alle vorkommenden Rechtsfälle tatsächlich nach römischem Rechte, so wie es zur Rezeption gelangt ist, würden entschieden werden können. Aber das Corpus iuris civilis schien das, was man von ihm in dieser Beziehung erwartete, zu rechtfertigen: in seinem durch ein Jahrtausend angesammelten unübersehbaren Stoffe enthielt es eine solche Fülle juristischer Gedanken und Anregungen, daß es leicht begreiflich ist, wenn man glaubte, es sei da bereits alles enthalten — zumal eine solche Annahme ohnehin in der Richtung der scholastischen Denkgewohnheiten lag, die damals noch und auf Jahrhunderte hinaus die Geister beherrschten.

Zweifellos beruhte aber diese Annahme auf einer offenbaren Selbsttäuschung, denn die Verhältnisse, die das Corpus iuris civilis regelte, waren im ausgehenden Mittelalter und in der Neuzeit überhaupt gar nicht mehr vorhanden; für die Verhältnisse des ausgehenden Mittelalters und der Neuzeit dagegen gab es im römischen Rechte keine Bestimmungen: das moderne Eigentum war nicht das römische dominium, das Schuldverhältnis nicht die obligatio, das Heiratsgut nicht die dos, und die Bestimmungen des römischen Rechtes über dominium, obligatio, dos auf das Eigentum, das Schuldverhältnis, das Heiratsgut unmittelbar gar nicht anwendbar. Wäre man bei der Anwendung des rezipierten römischen Rechtes nach den Grundsätzen vorgegangen, die die Römer selbst bei der Rechtsanwendung befolgt haben und die wir heute bei modernen Gesetzen beobachten, hätte man sich immer daran gehalten, daß jede Rechtsnorm nur für die Verhältnisse gelten solle, für die sie in Geltung getreten ist, dann hätte das römische Recht fast nie angewendet werden können. Um also überhaupt eine Entscheidung im Corpus iuris zu finden, setzte man einfach deutsche und moderne Einrichtungen bestimmten römischen gleich — wobei in der Regel wohl innere Gleichartigkeit, manchmal auch eine flüchtige Ähnlichkeit oder Namensverwandtschaft entschied, oder man zerlegte eine einheitliche Rechtseinrichtung, manchmal ganz willkürlich, gewissermaßen in Bestandteile, in einzelne Rechtsverhältnisse, für die man Vorschriften in den römischen Quellen finden zu können glaubte. Die deutsche Bauernleihe wurde als Colonat, das Eigen der Hauskinder als peculium behandelt, auf moderne Verträge wurde oft ohne weiteres das Recht der römischen stipulatio angewendet, das Indossament ist bald eine eigentümlich geartete Zession, bald eine Delegation mit gestatteter Subdelegation, in der offenen Handelsgesellschaft will man eine societas erblicken, bei der sich die socii gegenseitig als institores einsetzen. Nicht selten stellt man, um eine Entscheidung zu begründen, in willkürlicher Weise weithergeholte Quellenstellen zusammen, die sich auf die verschiedensten Dinge beziehen. So entstand die juristische Analogie, so die Konstruktion, so endlich die ganze juristische Technik, die bis heute noch als klassisch gilt und uns vor allem gelehrt hat, auf ein Verhältnis Rechtssätze anzuwenden, die sich auf ein Verhältnis ganz anderer Art beziehen, und sich darüber ruhig hinwegzusetzen.

Aus dieser Behandlung, die dem römischen Recht zuerst in Italien, dann in Frankreich und Deutschland angediehen ist, ging in Deutschland das gemeine Recht hervor. Dieses war allerdings ein in Deutschland unmittelbar anwendbares Recht, aber — es war nicht römisches Recht. Das gemeine Recht war im wesentlichen römisches Juristenrecht — das Gesetzesrecht ist nach und nach aus der rezipierten Masse fast ganz ausgeschieden worden —, wie es durch die italienische, teilweise auch holländische und französische Juriprudenz durchgegangen und von der Rechtswissenschaft für die Bedürfnisse des deutschen Rechtslebens zurechtgelegt worden ist.

In diesem Sinne darf man wohl sagen, die Bedeutung der Rezeption liege darin, daß man es nicht mehr notwendig hatte, Recht zu finden, seit man gelernt hat, es anzuwenden. Gewiß war es falsch, anzunehmen, es sei im römischen Rechte für jeden denkbaren Rechtsfall eine Entscheidung enthalten. An dem römischen Recht, von dem wir ja heute wissen, daß es auch nicht annähernd so, wie es überliefert ist, je in den Grenzen des römischen Reiches gegolten hat, ging auch das moderne Rechtsleben vorbei. Aber eine raffinierte juristische Technik verstand es, durch eine Reihe von Fiktionen und Konstruktionen aus den römischen Rechtsbüchern das Recht abzuleiten, dessen die Rechtsprechung bedurfte, um die freie Rechtsfindung ganz zu verdrängen. Die Lückenlosigkeit des Rechtssystems war nie etwas anderes als ein Scheingebilde der juristischen Technik.

II.

Die moderne dogmatische Rechtswissenschaft, die bei jedem Rechtssatze zunächst nach der Absicht des Gesetzgebers zu forschen geneigt ist, hat es nie genügend beachtet, daß die Bedeutung, die dem Rechte im Leben tatsächlich zukommt, weit mehr als von seiner Auslegung von den Personen abhängt, die berufen sind, es zu handhaben. Derselbe Rechtssatz wird in verschiedenen Ländern oder zu verschiedenen Zeiten etwas ganz anderes sein, aus keinem anderen Grunde, als weil Personen mit verschiedener Bildung, verschiedener Lebensauffassung, verschiedener amtlicher und gesellschaftlicher Stellung, zu Gericht sitzen. Lebendiger als dem Dogmatiker tritt dies dem geschulten Rechtshistoriker vor die Augen; für ihn sprechen überall aus den Pandekten der Prätor und die prudentes, aus dem alten deutschen Rechte die Schöffen, aus dem derselben germanischen Wurzel entsprungenen englischen common law und der equity der Kanzler und der Richter der höchsten Gerichte. In diesem Sinne muß auch das heutige Recht des europäischen Festlandes als das Recht der gelehrten Beamtenrichter betrachtet werden: denn wenn wir den modernen Staat als Rechtsstaat bezeichnen, so dürfen wir doch nicht vergessen, daß das in unserem Munde im wesentlichen den Beamtenstaat bedeutet — obwohl zweifellos ein Rechtsstaat, der nicht Beamtenstaat und ein Beamtenstaat, der nicht Rechtsstaat ist, möglich sind.

Wir alle sind Kinder des Beamtenstaates, der schon seit Jahrhunderten das ganze gesellschaftliche und politische Leben beherrscht, und es wird sich kaum jemand von uns ohne große Mühe von den Vorstellungen und Gedankengängen frei machen können, die der Beamtenstaat erzeugt und großzieht. Vom eigentlichen Beamtenstandpunkte aus ist aber das Recht nichts als ein Befehl des Staates an seinen Beamten. Nicht als ob das Recht in seinen Wirkungen tatsächlich über das Beamtenheer nicht hinausreichen sollte, als ob es nicht recht eigentlich dazu da wäre, um das Verhalten der ganzen der staatlichen Norm unterworfenen Bevölkerung zu bestimmen, aber man gelangt zu dieser Erkenntnis auf einem ziemlich verwickelten Wege: die Bevölkerung fügt sich der Norm, weil sie dazu vom staatlichen Beamtenheer verhalten wird, oder würde verhalten werden, wenn sie sich dagegen vergehen wollte.

Aus dieser Stellung des modernen Richters, als eines staatlichen mit der Rechtspflege betrauten Beamten, aus der Auffassung des Rechtes als eines staatlichen Befehles an den Richter, fließt die alles überragende Bedeutung, die heutzutage das Gesetz unter den Rechtsquellen einnimmt. Denn ganz anders als in anderen Rechtsquellen spricht der Staat im Gesetz unmittelbar zu seinem Beamten, und wer in jedem

Recht einen staatlichen Befehl an den Richter sucht, wird notwendigerweise dazu gelangen müssen, in jeder Rechtsregel mehr oder weniger eine gesetzliche Bestimmung zu erblicken.

Auf diesem Boden steht auch wirklich die herrschende Theorie der Rechtsquellen. Denn darauf kommt es sehr wenig an, daß in den einleitenden Paragraphen eines Lehrbuches versichert wird, das Gewohnheitsrecht sei dem Gesetze gleichwertig. Wer sie nicht nach ihren Worten, sondern nach ihren Taten beurteilt, der wird sofort erkennen, daß die Lehr- und Handbücher, die Monographien und die Rechtssprechung von der selbstverständlich nie eingestandenen Voraussetzung ausgehen, als würde es ein anderes Recht als das Gesetz gar nicht geben. Aber auch die ganze hergebrachte Lehre vom Gewohnheitsrecht, von der „Entstehung", von den „Voraussetzungen" des Gewohnheitsrechtes, die ganze Frage, ob das Gesetz die Entwicklung des Rechtes aus dem Gewohnheitsrechte, der ihm angeblich gleichgestellten Rechtsquelle, verbieten oder an erschwerende Bedingungen knüpfen kann, wird nicht leicht jemand begreifen, der außerhalb des Beamtenstaates aufgewachsen, lebendiges Gewohnheitsrecht tatsächlich wirken gesehen hat. Als die Lehre vom Gewohnheitsrechte, fast schon in ihrer heutigen Form, von den deutschen Juristen des XVII. und XVIII. Jahrhunderts festgestellt worden ist, sollte sie ausschließlich dazu dienen, dem Beamtenrichter einen Maßstab für die Giltigkeit der, immer mit scheelen Augen angesehenen deutschrechtlichen Gewohnheiten zu bieten, deren Dasein von der Partei behauptet und unter Beweis gestellt werden mußte: heute ist sie gewiß nicht mehr zeitgemäß und die wissenschaftliche Überprüfung wird ihr jedenfalls auch ein Ende bereiten.

Daß das Gesetz für uns die vorherrschende *Form* des Rechtes ist, das ist Ausdruck des innersten Wesens des Beamtenstaates. Ebenso ist aber mit der Natur des Beamtenstaates auch der *Inhalt* des Rechtes des Beamtenstaates gegeben. Dem Inhalte nach ist dieses Recht Entscheidungsnorm: es soll ausschließlich oder fast ausschließlich dazu dienen, die Beamten anzuweisen, wie sie sich in den überwiesenen Angelegenheiten zu verhalten haben, insbesondere, *wie sie Rechtsstreitigkeiten entscheiden* sollen. Das ist freilich eine sehr einseitige Auffassung, denn die Entscheidungsnorm ist zwar die Rechtsform, die den Juristen am meisten interessiert, sie ist aber weder die einzige noch auch die wichtigste Rechtsform. Das Recht ist um noch ganz anderer Zwecke willen da, als wegen der Entscheidung von Rechtsstreitigkeiten, es ist in der Tat die Grundlage der gesellschaftlichen Organisation, es ist, um in der heute schon ein wenig veralteten Sprache Schäffles zu reden, das Knochengerüst des gesellschaftlichen Körpers. Aus der Organisation der gesellschaftlichen Einrichtungen ergeben sich allerdings in den meisten Fällen auch Normen, nach denen die Rechtsstreitigkeiten, zu denen sie

Anlaß geben, entschieden werden müssen; aber es ist offenbar nur eine untergeordnete, sekundäre Funktion dieser gesellschaftlichen Einrichtungen, solche Entscheidungsnormen zu liefern. Auch die Satzungen eines Vereines können unter Umständen für die Entscheidung eines Rechtsstreites eine brauchbare Grundlage abgeben; zunächst sind sie aber dazu da, den Verein zu organisieren. Wenn das österr. B. G. B. bestimmt, der Mann sei das Haupt der Familie, so hat es damit die heute bestehende Organisation der Familie ganz richtig beschrieben, es gibt aber damit keine Entscheidungsnorm und will vielleicht auch keine geben. Wir wissen, daß in Rom die verschiedensten Leistungen Gegenstand einer obligatio sein konnten, das Urteil lautete aber im klassischen Prozeß immer auf Zahlung einer Geldsumme: die Entscheidungsnorm entsprach nicht der rechtlichen Organisation des Verhältnisses, aliud erat in obligatione aliud in solutione. Eck hat in seiner bekannten Schrift ausgeführt, daß der Kauf in Rom geradeso wie heute ein Übereignungsvertrag war, obwohl die Entscheidungsnormen des römischen Rechtes nur die Haftung wegen habere licere bestimmten. Am klarsten tritt der Zwiespalt zwischen Entscheidungsnorm und Organisationsform bei den natürlichen Verbindlichkeiten hervor: eine natürliche Verbindlichkeit ist eine Verbindlichkeit, die wirklich besteht, ohne daß aus ihrem Bestande eine Entscheidungsnorm abgeleitet werden könnte, die zur Verurteilung des Schuldners zur Zahlung führen würde.

Es wäre gewiß sehr verfehlt, wenn man nach Art älterer liberaler Politiker annehmen würde, das staatliche Recht enthalte nur Entscheidungsnormen, unmittelbar organisierend könne der Staat in die Gesellschaft durch sein Recht nicht eingreifen. Ein großer Teil der heutigen Agrarverfassung ist unmittelbar durch staatliche Tätigkeit entstanden, und die moderne sozialpolitische Gesetzgebung hat bereits gewaltige Organisationen geschaffen; vor allem organisiert aber der Staat sich selbst, in seiner Armee, seiner Regierung, seiner Verwaltung. Trotzdem besteht aber die große Masse des staatlichen Rechtes zweifellos in Entscheidungsnormen — im großen und ganzen kann der Staat nichts, als seinen Beamten Befehle erteilen, die Beamten können nichts als eingreifen, und zwar selbst dort, wo sie es von Amtswegen sollten, in der Regel nur, wenn sie angerufen werden. Der Versuch, durch Entscheidungsnormen das Leben zu bestimmen, wirkt aber offenbar selten durchgreifend, im allgemeinen ist das Mittel viel zu schwach dazu. Man geht nach wie vor den gewohnten Weg, wenn auch ein Prozeß hie und da anders entschieden wird als früher. Wenn in diesem Augenblicke ein Gesetz erfließen würde, das vorschriebe, in allen Familienangelegenheiten komme nicht dem Vater, sondern der Mutter das entscheidende Wort zu, so würde das wohl nur für die verhältnismäßig seltenen gerichtlichen Entscheidungen in Familienangelegenheiten von Bedeutung sein, die soziale Organisation der Familie würde sich dadurch wahrscheinlich gar nicht ändern. Wer da behaupten würde, daß mit solchen kleinlichen Mitteln die großen Grundlagen des gesellschaftlichen Lebens, das Eigentum, der Vertrag, die Familie, das Erbrecht gestaltet worden sind oder davon in ihrer Entwicklung im wesentlichen abhängen, würde gegen den Augenschein streiten.

Staatlichen Ursprungs sind aber auch von den Entscheidungsnormen die wenigsten. Jeder staatliche Rechtsschutz knüpft an den Schadensersatz an, der in der Urzeit im Falle der Rechtsverletzung durch Eigenmacht und Selbsthilfe geltend gemacht wird. Sobald an deren Stelle die Entscheidung durch den Richter tritt, sind dafür keine anderen Entscheidungsnormen vorhanden, als die sich aus dem Wesen der gesellschaftlichen Organisationen selbst ergeben: aus dem Wesen des Eigentums, wie es sich unmittelbar aus den urwüchsigen Besitzverhältnissen entwickelt hat, aus dem Wesen der Genossenschaften (des Geschlechtes, der Familie, der Almende, der Zunft), die in der alten Gesellschaft eine so große Bedeutung haben; aus dem Inhalte und Brauche der ältesten Verträge, der ursprünglichen Verkehrsformen, die zumeist älter sind als jeder Rechtsschutz. Die Entscheidungen werden von Mund zu Mund überliefert, aufgezeichnet, gesammelt, erläutert, verallgemeinert, schließlich kodifiziert. So entsteht das eigentümliche Juristenrecht, in sehr verschiedenen Formen der Jugend aller Völker der Welt eigentümlich: es ist, wie das alte römische ius civile, das, im Wesen unverändert, noch in den Schriften der klassischen römischen Juristen und in der großen justinianischen Kompilation zu Worte kommt, Rechtswissenschaft und Rechtssatz zugleich. Es beruhen daher nicht die Entscheidungen auf den Rechtsregeln, sondern die Rechtsregeln werden aus Entscheidungen gezogen. Das Recht, auf dem die Entscheidungen beruhen, ist das ius quod est. Paulus, der noch ein lebendiges Juristenrecht wirken gesehen hat, faßt das, was ihn seine Anschauung gelehrt, in die berühmte Warnung zusammen: non ex regula ius sumatur, sed ex iure quod est regula fiat. Die Entscheidungen sind älter als die Regeln, das Juristenrecht älter und unvergleichlich reicher als staatliches Recht.

Man mag dieses Juristenrecht immerhin mit der herrschenden Lehre Gewohnheitsrecht nennen, nur sollte man nicht vergessen, daß sehr verschiedene Dinge mit diesem Ausdruck bezeichnet werden. Das Juristenrecht des Verkehrsrechtes ist fast ausschließlich Verkehrsusance; das Juristenrecht des Schadensersatzes und Prozesses geht aus der allmählichen Milderung der Eigenmacht und Selbsthilfe hervor, zumal seit die Sitte, in Streitigkeiten einen Richter anzurufen, mit verbindlicher Kraft ausgestattet wird; das Juristenrecht der ursprünglichen Genossenschaften, sowohl der lokalen wie der Gemeinde, der Allmende als auch der gesellschaftlichen, wie des Geschlechtes, der Familie, beruht auf den ursprünglichen sozialen Neigungen der Menschheit, mit denen alle diese Genossenschaften sich einstellen und mit deren Schwinden auch sie unaufhaltsam verschwinden: diese sozialen Neigungen sind es auch, denen das Erbrecht fast ausschließlich seinen Ursprung verdankt. In dem Juristenrechte, das sich aus den Besitzverhältnissen entwickelt, finden die tatsächlichen gesellschaftlichen Machtverhältnisse ihren erstarrten Ausdruck; von ihnen hängt es ab, welche Leistungen der Frohnbauer an den Obereigentümer zu entrichten hat, ob das Grundstück nach dem Tode des Beliehenen an den Belehner zurückfällt oder seinen Leibeserben verbleibt.

Es ist klar, daß das Juristenrecht gesellschaftliche Einrichtungen zwar nicht schaffen, aber ihnen feste Abgrenzung und begriffliche Bestimmtheit verleihen konnte, zumal wo es, wie bei den Römern, mit Hilfe der Kautelarjurisprudenz auf das Leben unmittelbar eingewirkt hat. Niemand wird es glauben, daß die Juristen im Stande gewesen wären, etwa das Rechtsinstitut des Nutzungseigentums hervorzubringen; ihr Werk war es aber, daß in Rom für diesen Zweck die Form der Nießbrauchsbestellung dienstbar gemacht wurde, ihre Aufgabe war es auch, zu finden, wie die Früchte des letzten Jahres zwischen Eigentümer und Nießbraucher zu verteilen wären. Hier überall sind die Entscheidungsnormen des Juristenrechtes aus dem Wesen der gesellschaftlichen Einrichtungen und Vorgänge, die der Jurist bereits vorfindet, abgeleitet, ebenso wie die Kautelarjurisprudenz den Strebungen, die bereits der Verkehr gezeitigt hat, entgegenkommt, gewissermaßen ihre Wünsche formuliert.

Es möge gestattet sein, auf eine ähnliche Entwicklung hinzuweisen, die sich vielleicht vor unseren Augen abspielt. Es ist nicht ganz ausgeschlossen, daß im Laufe der Zeiten eine Gerichtsbarkeit und eine Rechtspflege entstehen könnte, der die Streitigkeiten der Staaten untereinander in demselben Sinne unterliegen würden, wie heute die Streitigkeiten von Privatpersonen der staatlichen Gerichtsbarkeit. Dieser Rechtssprechung müßte ein materielles Recht zu Grunde gelegt werden, dessen Normen zunächst unmöglich etwas anderes sein könnten als ein aus dem Wesen des staatlichen Verbandes und aus den bisherigen Gewohnheiten des völkerrechtlichen Verkehres sich ergebendes Juristenrecht. Zitelmann hat in seinem Internationalen Privatrecht gezeigt, welche Menge von Normen, die auch zur Entscheidung völkerrechtlicher Streitigkeiten dienen könnten, sich schon aus dem Grundsatze der Gebietshoheit und Personalhoheit ableiten lassen. Dieser für den modernen Juristen ganz wohl vorstellbare Vorgang ist doch nur ein Spiegelbild dessen, was sich bereits einmal ereignet hat, als die Selbsthilfe durch Rechtshilfe ersetzt und der Rechtshilfe ein aus dem Wesen der zu beurteilenden Verhältnisse und den bisherigen Gewohnheiten des Verkehres sich ergebendes Juristenrecht zu Grunde gelegt worden ist. Wollte aber jemand behaupten, die Staaten verdankten ihre Entstehung oder ihren Bestand dem ihnen von den völkerrechtlichen Gerichtshöfen auf Grund dieses Juristenrechtes angediehenen Schutze, so würde er der Wahrheit ebenso nahe kommen wie der, der heute annimmt, Eigentum, Familie, Vertrag oder Erbrecht beruhten irgendwie auf dem ihnen auf Grund der staatlichen Entscheidungsnormen vom Staate gewährten Schutze.

Daher müssen auch die bereits feststehenden Entscheidungsnormen durch den bloßen Gang der gesellschaftlichen Entwicklung fortwährend neu bestimmt werden. Das tritt am schärfsten hervor im rezipierten römischen Recht: denn rezipiert wurden selbstverständlich nicht die römischen Rechtsverhältnisse, sondern bloß die römischen Entscheidungsnormen, und zwar wie bereits hervorgehoben worden ist, fast nur die des Juristenrechtes. Und nun stehen wir vor dem eigentümlichen Ergebnisse, daß die römischen Entscheidungsnormen durch die modernen einheimischen Rechtsverhältnisse, auf die sie angewendet werden, einen durchaus neuen Inhalt erhalten.

Bei oberflächlicher Betrachtung könnte man das römische Recht der Schuldverhältnisse fast vollständig rezipiert glauben: und doch waren bei der römischen obligatio Gläubiger und Schuldner nicht Einzelpersonen, sondern Menschengruppen, die von dem allein handelnden pater familias rechtlich dargestellt wurden[4]. Da das heutige Schuldverhältnis nicht eine Beziehung von Menschengruppen, sondern nur eine solche von Einzelmenschen bedeutet, so ist das offenbar ein so einschneidender Gegensatz, daß daneben alle Übereinstimmung im einzelnen verschwindet. Die Ehe wird fast vor unseren Augen aus dem Herrschaftsverhältnis eines Mannes über ein Weib eine Verbindung zweier gleichwertiger und gleichberechtigter Individuen, die väterliche Gewalt und die Vormundschaft aus einem nutzbaren Privatrecht zu einem öffentlichen Amte. Umgestaltungen dieser Art, von unermeßlicher Tragweite, wirken wohl jeden Augenblick, ohne daß im geschriebenen Recht eine Zeile geändert zu werden brauchte, auf die richterliche und gesellschaftliche Beurteilung einschlägiger Rechtsverhältnisse ein: es wird heute so manches als empfindliche Kränkung eines Ehegatten oder als Untreue gegenüber dem Mündel erscheinen, woran vielleicht noch in der ersten

[4] Zur Menschengruppe gehören nicht bloß die Familiengenossen, sondern auch die Sklaven und in älterer Zeit wohl auch die, wenn auch rechts- und handlungsfähigen, Freigelassenen. Vgl. Cic. Epist. ad Quint. I, 1, 13.: libertis, quibus illi (maiores) non multo secus ac servis imperabant.

Hälfte des XVIII. oder im ersten Drittel des XIX. Jahrhunderts niemand Anstoß genommen hätte. Die gewaltigsten und unaufhaltsamsten Rechtsumwälzungen gehen in den gesellschaftlichen Einrichtungen selbst vor sich und bilden die Entscheidungsnormen des Juristenrechtes vom Grunde aus um, manchmal ohne daß dieses den Beteiligten oder den Juristen selbst auch nur zum Bewußtsein gekommen wäre.

Von dem Juristenrecht ist das vom Staate ausgehende Gesetzesrecht wesentlich verschieden. Das Gesetz ist viel jünger als das Gewohnheitsrecht und das Juristenrecht und wohl überall eine ziemlich späte Erscheinung. Im Altertum scheint es nur bei den Römern und den Athenern heimisch geworden zu sein; in den anderen griechischen Staaten waren immerhin sehr beträchtliche Ansätze dazu vorhanden. Auch das frühere Mittelalter ist schwerlich über Ansätze und Übergänge hinausgekommen. Verwaltungsverordnungen, Anordnungen über Krieg und Frieden oder Bauten sind selbstverständlich auch dann keine Gesetze, wenn sie von der Volksversammlung beschlossen werden. Die „Gesetze" Hammurabis (!), Mosis, Manu, Zarathustra, des angeblichen Minos und Lykurgos, die leges regiae, die XII Tafeln, die leges barbarorum, der Alkoran, sind teils private, teils unter priesterlicher oder staatlicher Autorität entstandene Aufzeichnungen und Redaktionen, manchmal sogar ziemlich selbständige, mit weitgehenden Änderungen versehene Redaktionen sakraler, sittlicher, religiöser und gewohnheitsrechtlicher Normen; dazu kommen später Verfügungen, die verwerfliches oder veraltetes Gewohnheitsrecht aufheben oder ändern. Diese nähern sich schon sehr den Gesetzen. Aber das eigentliche Gesetz im materiellen Sinne, die abstrakte, an die Bevölkerung gerichtete Norm, wie sie sich in Zukunft zu verhalten habe, setzt bereits eine sehr vorgeschrittene Auffassung von den Aufgaben des Staates, staatliche Organe, die fähig und bereit wären, es durchzusetzen, und einiges Verständnis für den Zweck des Gesetzes bei den großen Massen des Volkes voraus. Ein orientalischer Despot kann wohl mit einem Winke eine Stadt dem Boden gleich machen lassen, aber er kann seinen Untertanen nicht vorschreiben, in welcher Form sie Verträge abschließen sollen.

Es ist klar, daß das Verhältnis des Richters zum Gesetz ein ganz anderes ist als sein Verhältnis zum Juristenrecht. Das Gesetz erteilt ihm Befehle, das Juristenrecht gibt ihm Belehrung. Das Juristenrecht schöpft seine Kraft aus der Tatsache, daß es auf einer richtigen Beurteilung der Verhältnisse beruht, das Gesetz aus der staatlichen Herrschaft. Der Richter nimmt Befehle von der für ihn zuständigen gesetzgebenden Gewalt entgegen, Belehrung schöpft er dort, wo er sie findet. Englische Richter berufen sich ohne weiteres auf amerikanische, amerikanische Richter auf englische Erkenntnisse — jede Berufung auf ein fremdes Gesetz wäre selbstverständlich im Vorhinein ausgeschlossen[5]. Denselben Dienst hat das römische Juristenrecht dort überall geleistet, wo es, wie in Schottland, zum Teile in den Niederlanden und in Frankreich, ja sogar bis zur Entstehung des gelehrten Richteramtes in Deutschland, nur als raison écrite gegolten hat; aber der moderne Beamtenrichter hat, wie bereits dargetan worden ist, infolge seiner Stellung und seiner ganzen juristischen Schulung jede psychologische Eignung verloren, in einer Rechtsnorm etwas anderes zu erblicken als einen Befehl. Die Entstehung des gelehrten staatlichen Richteramtes hatte daher die Folge, daß dem Juristenrecht im wesentlichen die Natur des Gesetzesrechtes verliehen, das was ursprünglich Belehrung war, zum Befehle erhoben worden ist.

Die Legalisierung des Juristenrechts fand in den modernen privatrechtlichen Gesetzbüchern ihren Abschluß. Sie sind, wie das Corpus juris, zum größten Teile Kodifikationen des Juristenrechts, doch finden sich darin auch eigentliche gesetzliche Bestimmungen. Äußerlich ist hier das Juristenrecht ganz dem Gesetz angeglichen und diese Tatsache ist bereits so tief in das Rechtsbewußtsein des Volkes und die Denkweise des Juristenstandes gedrungen, daß selbst die damit werden rechnen müssen, die über die äußere Gleichsetzung den inneren Gegensatz nicht verkennen. Juristenrecht bleibt schließlich Juristenrecht, auch wenn es in Paragraphen gefaßt und von einer Volksvertretung beschlossen wird und die verschiedene Natur der Rechtsquelle wird bei jeder Gelegenheit unter der Oberfläche fortwirken; aber es wird gleichzeitig auch immer zu Tage treten, daß es diesem inneren Gegensatze an jeder äußeren Anerkennung mangelt. Selbst die Fiktionen und Konstruktionen des gemeinen Rechtes gelten, als ob sie Gesetz wären. Es ist gewiß sehr zweifelhaft, ob es in Deutschland servitutes im römischen Sinne je gegeben hat; auf die Rechtsverhältnisse aber, die vom gemeinen Recht den römischen Servituten gleichgesetzt worden sind, mußte selbstverständlich das ganze dem römischen entnommene gemeine Servitutenrecht angewendet werden und sie mußten mit einer Klage geltend gemacht werden, deren materielles Recht das der actio confessoria war.

Dieser ganze Prozeß, der in der tatsächlichen Ausschaltung des Gewohnheitsrechtes und der Legalisierung des Juristenrechtes seinen Abschluß fand, hat dem modernen Rechte äußerlich eine starre Unbeweglichkeit verliehen, die jede andere Entwicklung als die durch die Gesetzgebung anscheinend unmöglich macht. Diese Gestaltung entspricht auch dem Geiste der herrschenden Lehre und wird zuweilen sogar mit

---

[5] Wo das geschieht — schweizerische Gerichte führen z. B. häufig deutsche Gesetze an — beruft man sich auf das Gesetz selbstverständlich nicht als Gesetz, sondern als raison écrite, etwa wie auf die Ansicht eines Schriftstellers.

dürren Worten gefordert. Wenn sie aber trotz alledem immer mehr Schein als Wirklichkeit war, so liegt das offenbar nicht an der Absicht, sondern an einigen Tatsachen, die, unerbittlich wie alle Tatsachen, ihr gutes Recht fordern. Keine Theorie der Rechtsanwendung wird sich darüber hinwegzusetzen vermögen, daß jedes System festgelegter Rechtsregeln seiner Natur nach lückenhaft ist, daß es eigentlich schon in dem Augenblicke veraltet war, da es festgelegt worden ist, daß es daher kaum die Gegenwart, nie aber die Zukunft zu meistern vermag; keine wird es verhindern können, daß die gesellschaftlichen Einrichtungen, auf die das Recht Anwendung findet, in einer fortwährenden Entwicklung begriffen sind, und die festgesetzten Entscheidungsnormen jeden Augenblick mit einem neuen Inhalt erfüllen. Aber auch darüber wird man nie hinweggehen können, daß die zur Rechtsanwendung berufenen Personen, Kinder ihres Volkes und ihrer Zeit, das Recht im Geiste ihres Volkes und ihrer Zeit, der auch ihr Geist ist, nicht im Geiste vergangener Jahrhunderte, nach der „Absicht des Gesetzgebers", anwenden werden. An Tatsachen dieser Art zerschellen die festgefügten Theorien und scheitert die Macht des mächtigsten Gesetzgebers.

III.

Die Kodifikation des geltenden Rechtes ist, wenn das Juristenrecht einen gewissen Umfang erreicht hat, nicht zu vermeiden und dürfte neben nicht wegzuleugnenden Nachteilen überwiegend günstige Folgen haben. Indem sie gewissermaßen die Summe aus der ganzen bisherigen Rechtsentwicklung zieht, bringt sie zugleich in den Wust des Juristenrechtes, in dem sich mit der Zeit auch die Besten nicht zurechtzufinden wissen, einige Ordnung und Übersichtlichkeit; sie zerreißt zwar die *internationale* Wechselwirkung der wissenschaftlichen Arbeit, wie sie zur Zeit der Blüte des gemeinen Rechtes zweifellos vorhanden war, als Deutschland, Holland, Frankreich und Italien auch literarisch *ein* Rechtsgebiet gebildet haben — noch Savignys System beruht auf dem Gedanken einer an keine nationalen Schranken gebundenen gemeinrechtlichen Wissenschaft —, aber sie schafft gleichzeitig eine feste, einheitliche Grundlage für die *nationale* Rechtsentwicklung und Rechtswissenschaft, die wohl auch mit der Zeit die nationalen Schranken durchbrechen, sich zu einer allgemeinen Rechtslehre auf rechtsvergleichender Grundlage, zum mindesten im Sinne der englischen analytischen (Austin-Hollandschen) Schule umbilden wird.

Aber schon dem gemeinen Rechte gegenüber wäre die Frage angebracht gewesen, ob es geboten und gestattet sei, für die gemeinrechtlich nicht geregelten, insbesondere die nach der Rezeption entstandenen

Rechtseinrichtungen und Rechtsfragen die Regelung im Corpus iuris zu suchen, mit Fiktionen und Konstruktionen, die der gemeinrechtlichen nachgebildet wären, zu arbeiten und die freie Rechtsfindung grundsätzlich zu verwerfen. Mit doppelter Wucht tritt die Frage jetzt an uns heran, da das gemeine Recht überall durch moderne Gesetzbücher ersetzt ist. Soll auch bei diesen auf jede freie Rechtsfindung verzichtet werden? Soll es in aller Zukunft unser Schicksal sein, das Leben mit Fiktionen und Konstruktionen meistern zu müssen?

Das Gesetz bedeutet unter allen Umständen eine Forderung des Staates an die Gesellschaft: es soll die freie gesellschaftliche Entwicklung staatlichen Zwecken unterwerfen. Der Zwang, den das Gesetz auf die gesellschaftliche Entwicklung ausübt, muß daher immer dadurch gerechtfertigt erscheinen, daß er für höhere staatliche Zwecke unumgänglich notwendig ist. Es könnte daher immerhin billig gefragt werden, ob die Legalisierung des Juristenrechtes nicht schon aus dem Grunde ein Übel ist, weil sie dem Leben nach tausend Richtungen den staatlichen Willen aufzwingt, obwohl der Staat zuweilen auch nicht das geringste Interesse daran hat, daß es geschehe. Hier handelt es sich aber nicht um die Bindung durch das Gesetz, sondern durch die juristische Technik, die das Gesetz auf Fälle anwendbar machen will, für die es keine Vorschrift enthält.

Gewiß ist es, daß man von einer technischen Rechtsfindung nicht etwa bessere oder gerechtere Entscheidungen erwarten darf als von der freien. Im allgemeinen ist es jedenfalls unendlich leichter, einen bestimmten Fall richtig zu entscheiden, als eine abstrakte, allgemein giltige Norm für alle denkbaren Fälle aufzustellen: daß eine Regel aber auch für die Fälle, an die bei ihrer Aufstellung gar nicht gedacht worden ist, immer die gerechteste Entscheidung geben werde, kann nicht wohl im Ernste behauptet werden. In Wirklichkeit wird von der technischen Rechtsfindung auch nicht dieses, sondern ein ganz anderes Ziel angestrebt: sie soll, wenn auch nicht immer ein gerechtes, so doch ein sicheres und vorhersehbares Recht schaffen und einen Schutz vor willkürlicher, parteiischer Handhabung des Rechtes bieten. Das hofft man zu erreichen, indem man den Richter möglichst an allen Gliedern gebunden an eine vorausbestimmende Norm ausliefert.

Wenn die vier Jahrhunderte unbestreitbarer Herrschaft, die die juristische Technik hinter sich hat, ein Urteil erlauben, so ist dieses Ziel weder je erreicht worden, noch überhaupt erreichbar. Die Entscheidung ist in den Ländern der technischen Rechtsfindung nicht um ein Haar sicherer, die richterliche Willkür nicht beschränkter, als nach dem ius civile der Römer, dem common law der Engländer und Amerikaner. Schon die allergewöhnlichste Auslegung des Gesetzes, die in der Erforschung des Willens des Gesetzgebers besteht, gibt zu so vielen Zweifeln Anlaß, daß es in der Tat ein wenig geschickter Mann sein müßte, der, wenn er das Recht beugen wollte, sich an dem papierenen Zaune stieße; darauf aber, was die Analogie oder die Konstruktion als Grundlage der Rechtssicherheit und Gewähr unparteiischer Rechtspflege leisten, könnte man wohl ohne jeden Schaden der Sache verzichten. Wollte man mit der herrschenden Lehre wirklich Ernst machen, so müßte man bestimmen, daß jedes Parteienbegehren, es möge sich als Begehren des Klägers (um Stattgebung der Klage), als Begehren des Beklagten (um Stattgebung einer Einrede), als prozessuales Begehren oder als Begehren im Verfahren außer Streitsachen erscheinen, jedenfalls abzuweisen sei, wenn sich nicht eine Rechtsvorschrift findet, die den Richter anweist, dem Begehren stattzugeben. Das soll nach dem bekannten, aber gewiß ganz unzuverlässigen Gajanischen Berichte in Rom zur Zeit des Legisactionenprozesses der Fall gewesen sein: jede actio, die sich nicht auf eine lex gründete, habe abgewiesen werden müssen. Auf diesem Standpunkte steht von den modernen Gesetzgebungen keine: sie lassen jedenfalls alle die Analogie und die juristische Konstruktion zu. Danach genügt es schon, daß nach dem festgelegten Rechte einem *ähnlichen* Begehren stattgegeben werden müßte, ja sogar, daß sich der dem Begehren zu Grunde liegende Anspruch auch nur nach dem geltenden Rechte konstruieren läßt. Die herrschende Lehre rechtfertigt die Anwendung des Gesetzes auf Fälle, an die der Gesetzgeber offenbar gar nicht gedacht hat, damit, er hätte sie, wenn er an sie gedacht hätte, so entschieden, wie er einen *ähnlichen* Fall oder wie er die Fälle entschieden hat, die für die Konstruktion als Grundlage gedient haben. Aber in jeder Analogie und in jeder Konstruktion liegt, nach Gustav Rümelins Ausdruck, ein Werturteil, es liegt darin die Behauptung, daß man mit Hilfe der Analogie und Konstruktion zu einem angemessenen Ergebnisse gelangt. Das ist auch zweifellos richtig, da man sonst schwerlich sagen könnte, der Gesetzgeber hätte, wenn er an diese Fälle gedacht hätte, sie ebenso entschieden. Verhält es sich aber wirklich so, dann überläßt auch die technische Rechtsfindung so viel dem Ermessen des Richters, daß sie vor der freien so gut wie gar keine Vorteile bietet.

Und die Vorhersehbarkeit richterlicher Entscheidungen? Wann ist denn diese bei der technischen Rechtsfindung vorhanden? Wohl nur in den wenigen Fällen, in denen ein so klares und bestimmtes Recht vorhanden ist, daß es auf eine Rechtsfindung überhaupt nicht ankommen kann. In Fällen dieser Art wird aber die freie Rechtsfindung nichts ändern, da sie ja nur dann eintreten soll, wenn eine klare Regel im geltenden Rechte nicht enthalten ist. Man darf mit Grund behaupten, daß eine an die Überlieferung gebundene, aber darüber hinaus freie Rechtsfindung eine bessere Gewähr für die Rechtssicherheit bietet als die technische; selbst heute fühlt sich ein Jurist sicherer, wenn er auf eine ständige Rechtsprechung hinweisen kann, als auf seine Auslegung des Gesetzes, die von einem anderen Auslegungskünstler jederzeit umgestülpt werden kann.

Wenn ich es aber wage, die technische Rechtsfindung geradezu als Sünde gegen den heiligen Geist zu bezeichnen, so liegt das daran, daß sie unserem Auge verschleiert hat die einzige wahre Grundlage, nicht bloß einer sicheren und unparteiischen, sondern auch von großen Ideen beherrschten Rechtsprechung. *Es gibt keine andere Gewähr der Rechtspflege als in der Persönlichkeit des Richters.* Nur dadurch, daß der Schwerpunkt der Rechtspflege künstlich in die Gesetzgebung verlegt worden ist, ist es möglich geworden, die schlichte Wahrheit so lange unserer Erkenntnis zu entrücken, daß die höchste Aufgabe, die an einen Menschen herantreten kann, bei denen, die zu ihrer Lösung berufen werden, geistige und sittliche Größe voraussetzt, die das übliche Mittelmaß weit übersteigt; nur so konnte man verkennen, daß dieser Aufgabe nicht jeder gewachsen ist, der bei einigen Prüfungen und einiger praktischen Verwendung die Fähigkeit bewiesen hat, sich in den Paragraphen einigermaßen zurechtzufinden. Auch der Fehlgriff hat seine Logik. Die Paragraphen als Wächter der Rechtssicherheit und der richterlichen Unbefangenheit forderten Wächter, die darüber wachen sollten, daß die Wache ihren Dienst tue: das führte zum Instanzenzug und zum unseligen Kollegialprinzip, die die Individualitäten gegeneinander ausspielen oder sie in der Masse verschwinden lassen. So entstand das moderne unpersönliche Gericht des europäischen Kontinents, so grundverschieden von dem der Römer und der Engländer, wo den Juristen noch nicht die Kleinheit seiner Aufgabe drückt, und in das berufen zu werden, die ersten Männer der Nation sich als größte Ehre anrechnen[6]. Wer könnte angesichts des unfruchtbaren Scharfsinns, der bei uns heute als die höchste Blüte juristischen Könnens bewundert wird, die hohe Vorstellung begreifen, die die Römer von der Rechtswissenschaft haben? Wer versteht es, daß sie ihnen als vera philosophia, als divinarum atque humanarum rerum notitia gelten konnte?

Und doch hat keinerlei zwingende Rechtsvorschrift den modernen Richter in diese Stellung herabgedrückt. Die juristische Technik ist zwar die herrschende wissenschaftliche Methode der Rechtsanwendung, sie muß aber, wie jede wissenschaftliche Richtung einer besseren Erkenntnis jederzeit weichen. In der Wissenschaft selbst ist aber schon im XVII. Jahrhundert eine mächtige Gegenströmung bemerkbar. Die große naturrechtliche Bewegung, die das ganze XVIII. Jahrhundert beherrscht

---

[6] Es darf nicht vergessen werden, daß die Stellung des englischen Richters in Rom dem respondierenden Juristen zukommt. Allerdings ist auch in England der Instanzenzug und das Kollegialprinzip aufgekommen, wenn auch zum Teil mit anderem Gepräge.

und eigentlich nie ganz verschwunden ist, ist zum Teile nur als solche verständlich: in England, dem klassischen Lande der freien Rechtsfindung, hat man nie recht begreifen können, um was es sich eigentlich beim Naturrechte handle[7]. Von den Naturrechtslehrern wurde ganz ernstlich gefragt, ob bei Widerstreit zwischen Naturrecht und staatlichem Rechte (Staatsrechte) das eine oder das andere vorgehe und es gab nicht viele, die da gezweifelt hätten, daß der Richter, wo ihn das Gesetz verläßt, nach Naturrecht zu entscheiden habe. Das Naturrecht hat zwar als solches die Macht über die Gemüter verloren, aber seine Saat ist aufgegangen: die deutsche Rechtswissenschaft ist nach vielen Richtungen unbewußt Trägerin seines Gehaltes. Dazu gehört insbesondere die Lehre vom unverbindlichen Gesetzesinhalt. Durch den Lehrsatz, daß das Gesetz über die Fragen, deren Lösung Sache der Wissenschaft ist, nichts bestimmen könne, ist zweifellos ein gutes Stück des Juristenrechtes für die freie Rechtsfindung zurückerobert worden. Unverbindlicher Gesetzesinhalt sind insbesondere, wie von vielen angenommen wird, Bestimmungen über die Theorie der Rechtsquellen und die Technik der Rechtsanwendung: beide Lehren müssen daher der freien wissenschaftlichen Erörterung anheim gegeben werden. Auch gesetzliche Begriffsbestimmungen verpflichten die Wissenschaft, wenigstens im Privatrechte, nach der herrschenden Lehre in keiner Weise.

Ebensowenig steht die Gesetzgebung der freien Rechtsfindung entgegen. Von den drei großen jetzt noch in Betracht kommenden Gesetzbüchern, dem österr. allgem. bürgerl. Gesetzbuche, dem Code civil und dem bürgerl. Gesetzbuche für das deutsche Reich, enthält nur das erste eine ausdrückliche Vorschrift, die sich auf die Analogie bezieht. Der Code civil bestimmt in dem berühmten Artikel 4 bloß: Le juge, qui refusera de juger, sous prétexte de silence, de l'obscurité ou de l'insuffisance de la loi pourra être poursuivi comme coupable de deni de justice. Gény hat in einer sehr eingehenden Darlegung der Entstehungsgeschichte dieses Artikels ausgeführt[8] que rien, dans les règles en vigueur de notre droit actuel ou dans les conceptions positives arrivées jusqu'à nous sous le couvert d'une tradition autorisée, ne légitime un point de vue, d'après lequel la codification de nos lois aurait eu pour résultat de consacrer, dans l'ordre du droit privé la *souveraineté exclusive* de ces lois mêmes, et d'écarter, par la, comme inutile et parasite, tout développement indépendant d'interprétation, tendant à suppléer aux défaillances inévitables, à la lenteur, au manque de souplesse et de plasticité de l'action

[7] *Bergbohm:* Jurisprudenz und Rechtsphilosophie, S. 331; *Bryce:* Studies in history and jurisprudence II, p. 177. — *Holland:* Elements of Jurisprudence, 8. Aufl., p. VIII, nennt das deutsche Naturrecht jurisprudence in the air.

[8] *Gény:* Methode d'interprétation et sources en droit privé positif, Paris 1899, p. 93.

purement legislative. Aber auch das österr. allgem. bürgerl. Gesetzbuch hat für den Fall, daß ein Rechtsfall selbst bei analoger Anwendung des Gesetzes zweifelhaft bleiben sollte, auf die „natürlichen Rechtsgrundsätze" verwiesen, also, wie jetzt allgemein anerkannt wird, auf das Naturrecht. Diese „natürlichen Rechtsgrundsätze" sind unserer Literatur und Rechtsprechung im Laufe der Jahre in bedenklicher Weise abhanden gekommen. Und doch ist damit, wie Pfaff und Hofmann ausführen, dem Richter die freieste, überhaupt noch statthafte Tätigkeit, deren Ähnlichkeit mit der legislativen bei den Beratungen ausdrücklich betont wurde, gestattet worden. Nicht hierher gehört § 10 a. B. G. B., der Gewohnheiten nur in den Fällen zu berücksichtigen gestattet, in denen sich ein Gesetz darauf beruft, und § 15, der den „in einzelnen Fällen ergangenen Verfügungen" und den von Richterstühlen in besonderen Rechtsstreitigkeiten gefällten Urteilen „die Kraft des Gesetzes" abspricht und ihre Rechtskraft auf andere Fälle und auf andere Personen auszudehnen verbietet. Damit ist nicht die freie Rechtsfindung verneint, wohl aber die Entstehung neuen Gewohnheitsrechtes auf Grund des frei gefundenen Juristenrechtes ausgeschlossen worden. Man kann sich damit ganz wohl abfinden: selbst von dem hier vertretenen Standpunkte aus besteht zwischen der Verbindlichkeit des Juristenrechtes und der des Gewohnheitsrechtes ein sehr erheblicher Unterschied. Wenn das österreichische bürgerliche Gesetzbuch zwar die freie Rechtsfindung zuläßt, aber Gewohnheitsrecht ausschließt, so kann das nur bedeuten, daß der Richter das Recht zwar jedesmal frei zu finden hat, daß aber selbst eine feststehende Rechtsprechung nicht aus dem frei gefundenen Rechte ein den Richter verpflichtendes Gewohnheitsrecht machen kann.

Wie sich die Sache nach dem BGB für das deutsche Reich verhält, kann unmöglich zweifelhaft sein. Die erste Lesung des Entwurfes schrieb bekanntlich im § 1 für Verhältnisse, „für die das Gesetz keine Vorschrift enthält", die Entscheidung nach Analogie, und wenn diese versagt, die Entscheidung nach den aus dem Geiste der Rechtsordnung sich ergebenden Grundsätzen vor. Diese Bestimmung wurde im Entwurfe zweiter Lesung gestrichen. Die Streichung konnte jedenfalls nur den Zweck haben, in der Frage, wie vorzugehen sei, wenn sich Lücken in den Bestimmungen des Rechtes zeigen sollten, den Richter und die Wissenschaft nicht zu binden. Es ist ganz gleichgültig, wie sich die Redaktoren des zweiten Entwurfes die Ergänzung der Lücken dachten; es genügt die Tatsache, daß das Gesetzbuch darüber nichts bestimmt und nichts bestimmen will, um der wissenschaftlichen Erörterung die Bahn freizulassen.

Ganz auf dem Standpunkte der hier vertretenen Lehre steht der Vorentwurf eines schweizerischen Zivilgesetzbuches, wohl eine der bedeutendsten und eigenartigsten kodifikatorischen Leistungen der

Gegenwart. Nach Artikel 1 hat der Richter vor allem nach Wortlaut und Auslegung des Zivilgesetzes, dann nach dem Gewohnheitsrechte und wo auch ein solches mangelt, nach bewährter Lehre und Überlieferung zu entscheiden; versagen alle diese Quellen, dann hat er sein Urteil nach der Regel zu sprechen, die er als Gesetzgeber aufstellen würde.

Es möge gestattet sein, folgendes aus den Erläuterungen zu diesem Artikel anzuführen: „Und im Gang der Rechtspflege wird das in *Wirklichkeit auch stets geübt,* nur mit der Abweichung, daß man in einer für uns nicht überall überwundenen Periode von dem *Trugbilde* ausgehen zu müssen glaubte, der Richter wende stets und in allen Fällen das gesetzte Recht an, wenn nicht nach dessen Wortlaut, so nach dessen Sinn und Geist, *während doch diese Voraussetzung in zahlreichen Fällen niemals zutrifft.* Man wird freilich gegen die Anerkennung des natürlichen Verhältnisses durch den Entwurf die Einwendung erheben, der Richter werde hiernach zu selbständig; und richtig ist es schon: *Er wird freier sein, als er heute dort es ist, wo man ihm zumutet, alles und jedes, und wäre es auch mit den bedenklichsten Interpretationskünsten aus dem Gesetze abzuleiten. Würdiger aber waltet er des Amtes, wenn solche Kunststücke ihm nicht zugemutet werden.* Er soll erkennen dürfen, daß das gesetzte Recht seine Lücken hat, die keine Auslegung auszufüllen vermag. Und hat er dieses festgestellt, so spricht er sein Urteil auf Grund nicht der Lückenlosigkeit des Gesetzes, wohl aber der Lückenlosigkeit der Rechtsordnung und setzt den Rechtssatz voraus, den er im Zusammenhang mit aller übrigen Rechtsordnung als Gesetzgeber für das Richtige halten würde."

Diese trefflichen Worte bezeichnen erschöpfend die Aufgabe, die dem Richter bei freier Rechtsfindung zufallen wird. Hervorzuheben ist die Bemerkung „es werde auch in Wirklichkeit stets so geübt". Das bezieht sich allerdings auf die Besonderheiten der schweizerischen Rechtspflege, wo die Rezeption des römischen Rechtes und die Verbeamtung des Richterstandes nie vollständig durchgedrungen ist. Aber auch anderwärts geht es nicht anders zu. Bezeichnenderweise beruft sich die Rechtsprechung dabei sehr ungern auf die Analogie oder Entscheidung aus dem Geiste des Gesetzes, die ja bei ihrer Unbestimmtheit allerdings der freien Rechtsfindung Tür und Tor öffnen würden: es ist, als ob es ihr selbst vor der ungewohnten Freiheit bange wäre. Viel öfters bedient sie sich gewisser unklarer und unbestimmbarer Begriffe, die die Wissenschaft und die Gesetzgebung aufgenommen hat, hie und da zu dem eingestandenen Zwecke, öfters wohl unbewußt, um ihr eine Handhabe zur freien Rechtsfindung zu bieten; sie arbeitet mit der „Natur der Sache", mit der „stillschweigenden Willenserklärung", mit „dem Grundsatz von Treu und Glauben", mit der „Gewohnheit des Verkehres".

Kein anderer Gerichtshof hat sich in einem Gebiete der technischen Rechtsfindung soviel Freiheit zu erobern gewußt, wie der Pariser Kassationshof. Diesem Umstande verdanken wir einige der furchtbarsten juristischen Gedanken unserer Zeit: unter anderem die Haftpflicht für Zufall und fremdes Verschulden, die Bekämpfung des unlauteren Wettbewerbes, die Ausgestaltung des Urheberrechtes, das Recht des Privatversicherungsvertrages. Die Praxis des Pariser Kassationshofes hat in das französische Privatrecht eine solche Fülle neuer Ideen hereingebracht, dem Gesetze eine von der Absicht des Gesetzgebers häufig so sehr abweichende Wendung gegeben, daß man ganz wohl behaupten darf: wer nichts kennt, als die französische Gesetzgebung, hat von dem in Frankreich wirklich geübten Rechte überhaupt keine Vorstellung. In Deutschland hat das einstige hanseatische Oberappelationsgericht Lübeck, das Handelsappelationsgericht Nürnberg, und in der Folge das Reichsoberhandelsgericht und das Reichsgericht, wenigstens auf dem Gebiete des Handelsrechtes, auf dem der Rechtsprechung seit jeher einige Bewegungsfreiheit zugestanden worden ist, bewiesen, daß auch die deutschen Gerichte großen Schwunges und schöpferischer Ideen fähig sind, wenn man es ihnen gestattet. Sehr ängstlich pflegt der österreichische Oberste Gerichtshof, schwerlich zum Vorteile der Sache, an dem Worte des Gesetzes zu haften. Trotz aller sonstigen unbestreitbaren Vorzüge seiner Rechtsprechung hat es sich doch gezeigt, daß eine die wörtliche Auslegung bevorzugende Rechtspflege nicht einmal die Vorteile der Beständigkeit für sich hat. Das Wort ist ein höchst unvollkommenes Werkzeug des Gedankens, und es ist noch niemand gelungen, mittels der Worte die Dinge zu beherrschen.

Wie ist es möglich, daß die Rechtspflege, trotz aller Einflüsse, die sie zur technischen Rechtsfindung drängen, doch so häufig ihre Fesseln abzuschütteln vermochte? Das Recht ist eben nicht ein starres Dogma, sondern eine lebendige Kraft; daraus, daß ein Gesetz erlassen worden ist, ergibt sich noch nicht, daß es gilt, und aus der Absicht, die der Gesetzgeber dabei hatte, folgt noch nicht, wie es gilt. Die privatrechtlichen Gesetzbücher bestehen, wie bereits ausgeführt worden ist, teils aus eigentlichen Gesetzen, teils aus kodifiziertem Juristenrecht: aber bei aller äußerlichen Gleichsetzung wird es doch nie gelingen, die Regel über die Rückwirkung erfüllter Bedingungen mit derselben Kraft auszustatten, wie das Verbot wucherischer Verträge. Juristenrecht ist eben schon deswegen, weil der Staat als solcher an dem Inhalte seiner Regeln kein Interesse hat, immer mehr Belehrung, mehr raison écrite, als Befehl. Aber auch das eigentliche Gesetz wirkt nur durch seine innere Kraft; — vermag es „den Widerstand des Mittels“ nicht zu besiegen, dann erlahmt es, wird verkehrt angewendet oder gerät in Vergessenheit. Die Erkenntnis, daß die Rechtspflege die schlichte Gerechtigkeit manchmal auch auf Umwegen erreicht, wenn ihr das Gesetz den geraden Weg versperrt, hat gewiß etwas Tröstliches, wenn es auch nicht als Aufgabe der Gesetzgebung gelten kann, sie zu solchen Umwegen zu zwingen.

IV.

Dem modernen Juristen, der es für seine Pflicht hält, seine Entscheidung immer auf ein Gesetz zu gründen, muß sich da die Frage aufdrängen: was soll denn als Grundlage der Rechtsprechung dienen, wenn man ihr die des Gesetzes entziehen will? Man könnte vielleicht versucht sein, darauf einfach zu antworten, daß es zu jeder Zeit solch ein Ding gegeben hat, wie eine an keine Paragraphen gebundene Gerechtigkeit. Aber diese Gerechtigkeit ist nicht etwa eine voraussetzungslose; die Gerechtigkeit, auf die es hier ankommt, ist, wie bereits eingangs mit allem Nachdruck hervorgehoben worden ist, an die in der juristischen Überlieferung enthaltenen Voraussetzungen gebunden. Jede freie Rechtsfindung geht von der Überlieferung aus und strebt dem Stammlerschen „richtigen Rechte" zu. Das ist ja das Besondere an der Stellung des Richters, das von ihm immer angenommen worden ist, durch seinen Mund spräche nicht seine persönliche Ansicht, sondern das Recht. „Das Recht" ist aber vor allem in den Rechtszeugnissen der Vergangenheit enthalten: in den Gesetzen, der Rechtsprechung, der Literatur. Kein römischer Jurist ist je von den hergebrachten Regeln weiter abgewichen, als es durch unbedingte Notwendigkeit geboten war, und in der berühmten Stelle seiner Commentaries, in der Blackstone vom englischen common law spricht, wird der englische Richter ausschließlich als Verkünder, nicht als Finder der rules of law gefeiert. Die freie Rechtsfindung ist konservativ wie jede Freiheit, denn Freiheit bedeutet eigne Verantwortung, Gebundenheit wälzt die Verantwortung auf andere ab.

Es gibt keine Gerechtigkeit, die ein für alle Mal gegeben wäre, jede Gerechtigkeit ist, wie das gesetzte Recht, ein Ergebnis der historischen Entwicklung. Es wurde bereits an anderer Stelle hervorgehoben, daß das Juristenrecht, dieses ureigenste Werk der freien Rechtsfindung, aus Entscheidungsnormen besteht, die, aus dem Wesen der gesellschaftlichen Verhältnisse abgeleitet, mit diesen zugleich ihren Inhalt ändern: die Hauptmasse der Entscheidungsnormen erhält ihren wesentlichsten Inhalt aus der jeweiligen Gestaltung der Rechtsverhältnisse, auf die sie sich beziehen. Das richtige Wort dürfte hier wohl Stammler gefunden haben. Indem er auf die Erzählung Herodots hinweist, wie die Meder, die nach der Trennung von den Assyrern ohne Gesetze lebten, Dejoces zum König wählten, da er sich in ihren Streitigkeiten als gerechter Richter erwiesen hatte, fügt er hinzu: „Der geschickte Richter, dessen Sentenzen das Volk entzückten, hatte es wohl verstanden, auf Grund allgemeiner Einrichtungen des überlieferten Gewohnheitsrechtes neu entstehende Streitfragen in begründeter Erwägung abzuurteilen. Denn wir dürfen annehmen, daß es auch dort Eigentum und Vertragstreue, Familiengewalt und etwa gesondertes Erbrecht gegeben hat, um deren einzelne Durchführung durch besonderen Zwist hindurch es nun sich handelte. Daß er ohne alle Grundlage positiver Institute seines schlichtenden Amtes gewaltet hätte, würde eine leere Vorstellung sein."

Daß jede Rechtsfindung, auch wo sie als bloße Rechtsanwendung auftritt, notwendig schöpferisch ist, hat längst v. Bülow überzeugend dargetan: durch das geltende Recht über das geltende Recht hinaus strebt, bewußt oder unbewußt, jede Rechtswissenschaft. Der Gegensatz der freien Rechtsfindung und der technischen liegt daher nicht darin, daß die erste über das Gesetz hinaus gehen würde, er liegt eher in dem Wege, der eingeschlagen wird. Denn diese verlangt, daß das Wunderwerk nie anders als mit den Mitteln einer ein für alle Mal gegebenen juristischen Technik bewirkt werde, *die freie erwartet auch etwas von den schöpferischen Gedanken einer großen Individualität.* Die technische Rechtsfindung ist daher demselben Geiste entsprungen, wie das Kollegialprinzip und der Instanzenzug: dem Bedürfnisse, die Individualität des Richters überall nach Möglichkeit auszuschalten. Aber das ist ein vergebliches Beginnen, denn jede Anwendung einer allgemeinen Regel auf den einzelnen Fall geht notwendig durch eine Persönlichkeit hindurch. Wie die juristische Überlieferung zwar selbst ein Ergebnis gesellschaftlicher Vorgänge und doch gleichzeitig ein Werk der Männer ist, die daran gearbeitet haben, so wird sie auch von denen, die die Arbeit fortsetzen, immer neu gebildet und geformt: das römische Recht würde uns zweifellos ein ganz anderes Gesicht zeigen, wenn in dem, was auf uns gekommen ist, nicht Ulpian und Paulus, sondern Javolenus und Celsus das große Wort führen würden, und im heutigen gemeinen Rechte, so sehr es auch ganz im Zeichen juristischer Technik steht, kann jeder Kundige die Bestandteile genau unterscheiden, die noch im XIX. Jahrhundert seine großen Bildner, Savigny, Puchta, Arndts, Vangerow, Bähr, Ihering, Windscheid und Bekker, dem Bau eingefügt haben.

Eine persönliche Note hat die Rechtspflege daher zu allen Zeiten gehabt, zu allen Zeiten wirkten gesellschaftliche, politische, kulturelle Strömungen auf sie mit Notwendigkeit ein; ob der einzelne Jurist diesen Einflüssen mehr oder weniger nachgibt, mehr in his, quae ei tradita sunt, perseverat oder mehr ingenii qualitate et fiducia doctrinae plurima innovare instituit, das hängt wieder selbstverständlich nicht von irgend welcher Theorie der Rechtsfindung, sondern von seiner eigenen Individualität ab. Es handelt sich aber darum, daß diese Tatsache nicht als etwas Unvermeidliches zu ertragen, sondern freudig zu begrüßen ist: denn es kann in der Tat nur darauf ankommen, ob seine Individualität wertvoll genug ist, um ihr diese Wirksamkeit einzuräumen. Die freie Rechtsfindung ist daher nicht eine Frage des materiellen Rechtes, sondern der Auswahl der zum Richteramte berufenen Personen, also in letzter Linie die Frage einer Gerichtsorganisation, die starke Persönlichkeiten zur Geltung kommen läßt. Davon hängt alles ab: sobald hier ein Wechsel eintritt, stellt sie sich von selbst ein, bis dahin wird jede gesetzliche Vorschrift ebenso wirkungslos bleiben und der Vergessenheit anheimfallen, wie der § 7 des österr. allgem. bürgerl. Gesetzbuches.

Allerdings ist es zweifelhaft, ob die gewöhnliche Beförderung in der Beamtenlaufbahn das richtige Mittel ist, um einen großen Zug in die Rechtspflege zu bringen. Es ist bezeichnend, daß der Pariser Kassationshof, der einzige Gerichtshof des europäischen Festlandes, der sich einer, wenn auch nicht dem Namen nach, freien Rechtsfindung erfreut, dazu gelangt ist als Erbe der französischen Parlamente, „deren Mitglieder ihre Stellen mit Geld erkauft hatten, und denen Frankreich die besten Richter verdankt, die es ja gehabt hat"; es ist bezeichnend, daß die einzigen Gerichte, denen in Deutschland zuweilen das Recht frei zu finden vergönnt wird, die Handelsgerichte sind, die zum Teile außerhalb der eigentlichen Beamtenhierarchie stehen, oder doch gestanden sind. Diese Einrichtungen sind gewiß keine geeigneten Vorbilder: die Muster sind wohl eher in Rom oder in England zu suchen, in Organisationen, die im Richteramte die höchste geistige und gesellschaftliche Auslese versammeln, die es den bedeutendsten Männern der Nation als höchstes Ziel und würdigen Abschluß ihres Strebens erscheinen lassen. Die Namen der großen englischen Richter, eines Lord Mansfield, Lord Eldon, Lord Bowen oder Sir George Jessel sind in England so bekannt, wie auf dem Festlande kaum die eines bahnbrechenden Schriftstellers; wenn auf dem Festlande Männer von diesem Range Richterstühle einnehmen — und das war gewiß schon mehr als einmal der Fall — so weiß von ihnen höchstens der engste Kreis der Eingeweihten etwas zu erzählen, und ihr Ruhm stirbt mit denen, die sie wirken gesehen haben.

Soweit das europäische Festland in Betracht kommt, ist für jede freie Rechtsfindung der Ausgangspunkt wohl ein für alle Male gegeben: es ist dies die gemeinrechtliche Wissenschaft, dieses ehrwürdige Gebilde, dessen Wurzeln in die Jurisprudenz der römischen Pontifices zurückreichen. Geschichtlich kann ihr internationales Gepräge nicht geleugnet werden, und wenn auch seit Anfang des XIX. Jahrhunderts nur die deutsche Privatrechtswissenschaft als unmittelbare Erbin ihres Gedankeninhaltes gelten kann, so hat sie doch seither jedes Partikularrecht befruchtet, mit dem sie in Berührung gekommen ist. Die gemeinrechtliche Wissenschaft ist es ganz vorzüglich, die bei der freien Rechtsfindung den Bestandteil bilden muß, der hier als Überlieferung bezeichnet worden ist. Denn es muß mit besonderem Nachdrucke hervorgehoben werden, daß es nicht etwa der berüchtigte „gesunde Menschenverstand" ist, der, nach Beseitigung der technischen Fesseln, voraussetzungslose Willkür decken soll. Die freie Rechtsfindung spannt vielmehr nicht nur an den Geist und Charakter, sondern auch an das Wissen des Richters die Ansprüche auf das Höchste an. Um hier seinen Mann zu stellen, dazu gehört, neben einem scharfen Auge für das Wesen der gesellschaftlichen Vorgänge und einem starken Empfinden für die Bedürfnisse der Gegenwart, auch eine stetige Fühlung mit dem geschichtlich Gewordenen im Rechte: nur wer aus dem Vollen schöpft, wer die überlieferte Weisheit der Jahrhunderte als Meister beherrscht, ist berufen, Pfadfinder der Gerechtigkeit zu sein.

Es wäre unbillig, wenn man es verkennen wollte, daß die Abneigung gegen die freie Rechtsfindung zum Teile tiefer liegende Ursachen hat: vor allem in den heute noch herrschenden Vorstellungen von den Grenzen der Staatsmacht und der Trennung der Gewalten. Es steckt ein gutes Stück altliberalen Mißtrauens gegen den im Dienste des Staates stehenden Beamtenrichter, daß man ihn verpflichten will, seine Rechtsüberzeugung immer auf ein Gesetzeswort zu gründen, und es wird auch recht lange dauern, bis man sich an den Gedanken gewöhnen wird daran, daß dem Staate nicht jede Rechtserzeugung, sondern nur die Gesetzgebung vorbehalten ist. Aber diese Gedankengänge gehören einer bereits überwundenen Staatslehre an, die, wie jede Staatslehre, doch nichts anderes war, als der wissenschaftliche Ausdruck eines historisch gegebenen Zustandes.

V.

Und nun möge es gestattet sein, den Blick der Wissenschaft zuzuwenden, den Aufgaben, die ihr verbleiben, wenn die freie Rechtsfindung die technische ersetzen sollte. Zweifellos ist es zunächst, daß diese Wendung der hergebrachten zivilistischen Konstruiermonographie jede Daseinsberechtigung entzieht. In dem Augenblicke, wo anerkannt wird, daß im Gesetze nur das entschieden ist, was darin entschieden ist, daß das, was darin nicht entschieden ist, darin eben nicht entschieden ist, entfällt wohl auch jeder Anlaß, um mit Hilfe der Haarspaltmaschine und der hydraulischen Presse aus dem Gesetze Entscheidungen herauszudestillieren, die nicht darin enthalten sind. Man wird dem mißgestalteten Sprößling der Rezeption allzuviel Tränen nicht nachweinen. Es versteht jeder, daß eine Entscheidung gelten soll, weil sie gerecht, weil sie billig ist, weil sie dem Gesetze oder der Überlieferung entspricht; daß aber eine Entscheidung aus dem Grunde gelten müsse, weil irgend jemand, der darüber ein Buch geschrieben hat, das Rechtsverhältnis so konstruiert hat: hoffentlich nähern wir uns einer Zeit, wo das niemand wird verstehen können. Gewiß ist in Monographien der herrschenden Richtung viel schätzbare geistige Kraft ausgegeben worden — aber mit welchem Erfolge? Man kann, meint Macaulay, seine Beine sowohl auf der Landstraße als auch in der Tretmühle bewegen: aber auf der Landstraße bringen sie uns vorwärts, in der Tretmühle bewegen wir uns auf demselben Fleck.

Welche Wege die Wissenschaft, von unfruchtbaren Aufgaben abgewendet, einschlagen soll, das ist eine müßige Frage. Der menschliche Geist ist unerschöpflich und die Zahl ungelöster Aufgaben auf jedem Gebiete unendlich groß: hier den Propheten spielen zu wollen, wäre wohl eine Vermessenheit. Aber angesichts der vielen Kraft, die in den verschiedenen Tretmühlen verschwendet wird, möge es immerhin gestattet sein, auf einige schöne Gegenden hinzuweisen, zu denen eine bequeme Landstraße führt.

Gewiß ist es zunächst, daß die ursprünglichste Aufgabe jeder Rechtswissenschaft, den Sinn der Rechtsvorschriften zu erforschen, ihren Platz behaupten wird. Mehr als jedes andere gesetzte Recht fordert das Recht der modernen privatrechtlichen Gesetzbücher die wissenschaftliche Auslegung. Wie es selbst ein Ergebnis der Jurisprudenz ist, so bleibt es dem Ausbau und der Fortbildung durch die Rechtswissenschaft in unvergleichlich größerem Maße fähig, als das Gesetz im engern Sinne.

Aber mit der Erforschung des verborgenen Sinnes des gesetzten und des ungesetzten Rechtes ist lange noch nicht alles getan. Auch für die Wissenschaft gilt das bereits Gesagte, daß *der Rechtssatz nicht als starres Dogma, sondern als lebendige Kraft* behandelt werden muß. Wenn dargelegt wird, *was* ein Rechtssatz bedeutet, so ist damit gewiß noch nicht gesagt, *wie* er gilt; das hängt nicht von seiner Auslegung, sondern von der ihm innewohnenden Kraft ab, von der Gestaltung der Gesellschaft, für die er besteht, von Beschaffenheit derer, die ihn handhaben. Aufgabe der Wissenschaft ist es, das Recht so darzustellen, wie es gilt; wer nichts weiter kennt, als die „Absicht des Gesetzgebers", kennt das wirklich geltende Recht noch lange nicht. In diesem Sinne möge der hergebrachten dogmatischen Rechtsauffassung die dynamische entgegengesetzt werden, für die es nicht bloß darauf ankommt, was ein Rechtssatz bedeutet, sondern wie er lebt, wie er wirkt, wie er sich in verschiedenen Verhältnissen bricht, wie sie ihm ausweichen und wie er sie verfolgt. Wer, wie es die herrschende Lehre nur zu oft tut, unterschiedslos annimmt, das Gesetz wirke so, wie es vom Gesetzgeber gewollt ist, der verkennt den weiten Weg, der in allen menschlichen Dingen das Mittel von der Tat, die Tat von ihren Folgen trennt. Mit der Arbeit, die das Recht verrichtet, haben sich aber bisher vorwiegend Rechtshistoriker beschäftigt, gelegentlich allerdings auch Volkswirtschaftslehrer und Handelsrechtslehrer: dem zivilistischen Dogmatiker lagen sie bedauerlicherweise immer sehr ferne[9].

Und dann die Rechtsprechung selbst. Das ius quod est muß uns vor allem diese lehren, nur aus ihr können wir entnehmen, welche Entscheidungsnormen tatsächlich ins Leben übergegangen und wie sie ins Leben übergegangen sind. Aber es genügt wirklich nicht, die gerichtlichen Entscheidungen im Text oder Anmerkungen anzuführen und sie je nachdem sie richtig oder unrichtig scheinen, zu loben oder zu verwerfen. Die Rechtsprechung ist immer eine Resultante verschiedener auf den Richter einwirkender Kräfte: der Sinn und Wortlaut einer Rechtsnorm ist *eine* von diesen Kräften, aber er ist nicht die einzige. Jede Entscheidung bringt eine tatsächlich vorhandene gesellschaftliche Strömung zum Ausdruck: selbst die abstruseste Scholastik, das offenbarste Mißverständnis und bewußte Rechtsbeugung haben wenigstens als Koeffizienten gesellschaftlicher Strebungen einen Erkenntniswert. Es ist eine Aufgabe der Wissenschaft, die Strebungen, die in der Rechtsprechung zu Tage treten, auf ihren Ursprung, ihre Wirkung, ihre Art und ihren Wert zu prüfen und so ein Bild dessen zu entwerfen, was in der Rechtsprechung vorgeht und aus welchen Gründen es geschieht[10].

Und dann die Rechtsverhältnisse als solche, auch wenn sie zu gar keiner gerichtlichen oder behördlichen Erledigung Anlaß gegeben haben. Soweit es sich um Börsen, Banken, Fabriken und das Handwerk handelt, können wir aus der volkswirtschaftlichen und handelsrechtlichen Literatur einigermaßen Belehrung schöpfen, über das Arbeitsverhältnis aus der sozialpolitischen, die Lotmar das Material zu seinem großartig angelegten Werke geliefert hat; das fast unübersehbare Material, das in den Notariatskanzleien, im Grundbuch aufgestapelt lagert, entbehrt fast ganz noch eines Bearbeiters: wie viel hier nicht nur vom volkswirtschaftlichen, sondern auch vom juristischen Gesichtspunkte zu holen wäre, zeigen wohl zur Genüge Arbeiten, wie die von Bartsch über das österreichische Grundbuchsrecht. Wie weit ist in der juristischen Würdigung des Materiales dieser Art die rechtshistorische Urkundenforschung der dogmatischen vorausgegangen! Die ganze juristische Literatur hat, so viel ich sehe, nicht ein einziges wissenschaftliches Werk über modernes Urkundenwesen aufzuweisen; so kommt es, daß man eine ganze Bibliothek über testamentarisches Erbrecht durchstudieren kann, in der man wohl eine Menge geistreicher und scharfsinniger juristi-

---

[9] Von diesem Standpunkt aus versuchte ich das Recht des deutschen bürgerlichen Gesetzbuches in meiner Schrift: „Das zwingende und nichtzwingende Recht im bürgerlichen Gesetzbuch f. d. d. Reich" zu behandeln. Das ist allerdings einem werdenden Recht gegenüber besonders schwierig.

[10] In diesem Sinne versuchte ich die Rechtsprechung in meiner Schrift: „Die stillschweigende Willenserklärung" zu verwerten.

scher Konstruktionen, aber nicht ein Wort darüber finden wird, wie Testamente heutzutage abgefaßt werden.

Und dann die Lebensverhältnisse, ganz abgesehen von ihrer rechtlichen Regelung. Wir Juristen sind freilich immer bereit, die Entscheidungsnorm für einen getreuen Ausdruck des Lebensverhältnisses, die Rechtsregel für eine Lebensregel zu halten — aber in Wirklichkeit sind das recht verschiedene Dinge. In Wirklichkeit regelt und bestimmt in erster Linie das Leben sich selbst. Wie gering ist der Einfluß des in Rechtsregeln festgelegten Familienrechtes auf die tatsächliche Gestaltung der Familie im Leben, wie ganz anders werden Verträge in Handel und Wandel ausgelegt und gehalten als in den wenigen Fällen, wo darüber ein Urteil ergeht. Die gelehrten Romanisten sagen uns, daß das angeblich ausschließliche Eigentum des pater familias eigentlich ein Gemeineigentum seiner Familie war, daß der rechtlich fast ganz dem Sklaven angeglichene filius familias in Wirklichkeit eine von diesem ganz verschiedene Stellung hatte: so groß war selbst in Rom manchmal der Gegensatz zwischen der archaisierenden Rechtsregel und der Lebensregel. Er wird heute gewiß nicht geringer sein, wo die Rechtsregel zum Teile auf fremden, römischen oder französischen Entscheidungsnormen beruht, während die Lebensregel aus einheimischer Sitte hervorgegangen ist. Glaubt denn wirklich jemand, daß irgendwo in Deutschland oder Österreich die Väter bei der Erfüllung ihrer Dotationspflicht sich an die Bestimmungen des bürgerl. Gesetzbuches halten?, daß die Verkäufer die Haftung für Mängel nach Maßgabe des Gesetzes leisten? Man wende nicht ein, hier handle es sich um Sitte, nicht um Recht — die Dotationspflicht und Mängelhaftung des vielgerühmten römischen Rechtes ist aus solcher Sitte herausgewachsen. Bei jeder gesunden Rechtsentwicklung wird sich die gute Sitte in Rechtssätze verwandeln, der schlechten Sitte wird Gesetzgebung und Rechtspflege entgegentreten, für beide Zwecke muß man aber die Sitte vor allem kennen[11]. Für wen aber alles Recht nicht in Entscheidungsnormen aufgeht, der wird wohl sagen, es liegen hier *Organisationsformen* der heutigen Gesellschaft vor, zweifellos rechtlicher Natur, die nur deswegen nicht zur Geltung gelangen, weil

[11] In Rom und anderwärts haben die Nachbarn unter einander gewisse Rücksichten beobachtet: bei Nachbarstreitigkeiten wurden diese Rücksichten, die die Nachbarn nach der Sitte einander schuldig waren, der Entscheidung zu Grunde gelegt. So entstanden in Rom die Rechtssätze, die in *Windscheids* Pandekten, Bd. I, § 169, Z. 1—8, aufgezählt erscheinen. Auch heute pflegen Nachbarn gegeneinander gewisse Rücksichten zu beobachten: diese Sitte wird aber kaum je einer Entscheidung zu Grunde gelegt, weil sie den Juristen meistens unbekannt ist; sie kann sich daher auch nicht zu einem Rechtssatze verdichten. Nur die in Windscheids Pandekten aufgezählten nachbarrechtlichen Beschränkungen des Eigentums, die aus römischer Sitte hervorgegangen sind und einst in Rom gegolten haben, muß der Jurist wenigstens bei der Prüfung, kennen.

die Rechtsprechung nicht wie in Rom von einheimischen, sondern zum größten Teile von fremden oder veralteten Entscheidungsnormen beherrscht wird. Das kann aber den Juristen nicht abhalten, ihnen nachzuforschen, ist dem wirklich so, dann könnte man es vielleicht einmal versuchen, auch das *heutige* Familienrecht darzustellen: das, nach dem die Familiengenossen wirklich leben, nicht das, nach dem ihre Familienstreitigkeiten entschieden werden — das Eigentum zu schildern, wie es in Wald und Wiese, Feld und Flur, nicht wie es im bürgerlichen Gesetzbuche aussieht. Das würde freilich nicht nur bedeutende Gelehrsamkeit, zumal historisches Wissen, sondern auch großartigen Wirklichkeitssinn voraussetzen: aber das gelungene Werk würde den Meister loben, Wo ihrs packt, da ists interessant.

Aber der Rechtswissenschaft blühen noch Aufgaben ganz anderer Art. Wer eine schöpferische Rechtsprechung will, muß selbstverständlich auch eine schöpferische Wissenschaft wollen, die Aufgaben des Schriftstellers und des praktischen Juristen liegen einander offenbar sehr nahe. Die Aufgabe des modernen Juristen kann im Wesen keine andere sein als die des Juristen zu allen Zeiten, insbesondere des römischen Juristen: man mißversteht sie gründlich, wenn man glaubt, die Schulstreitigkeiten der Römer hätten sich darauf bezogen, was hergebrachten Rechtes ist, sie haben vielmehr darüber gestritten, *welche Entscheidung die gerechtere, die zweckmäßigere* sei. Schon Savigny und seine unmittelbaren Schüler sprechen von der Wissenschaft als Rechtsquelle, und seit dem berühmten Aufsatz von Ihering über „Unsere Aufgabe" hat es nie an Stimmen gefehlt, die nach einer schöpferischen Jurisprudenz gerufen hätten. Selbst die gemeinrechtliche Jurisprudenz war in hohem Maße schöpferisch, obwohl sie es nicht einmal sein wollte: das Recht des Besitzes, der Stellvertretung, des Vertragsabschlusses unter Abwesenden, des Irrtums beim Rechtsgeschäft, das Recht der Anweisung, der Anerkennung, der Verträge zu Gunsten Dritter, der ungerechtfertigten Bereicherung und viele andere können als ihre eigensten Leistungen bezeichnet werden. Freilich wurde sie dabei von ihrem Bestreben, alles quellenmäßig zu begründen, auch wenn die Quellen hartnäckig schweigen, auf Schritt und Tritt gehemmt: welch armselige Quellenstellen glaubt Ihering heranziehen zu sollen, um eine seiner geistreichsten Schöpfungen, die Lehre vom negativen Vertragsinteresse, sich und seinen Zeitgenossen mundgerecht zu machen!

Gewiß ist es nicht Sache der Wissenschaft, nach Art der hergebrachten zivilistischen Monographie, dem Richter die Entscheidung eines jeden einzelnen Falles vorzukauen, der etwa an ihn herantreten könnte. Den einzelnen Rechtsfall wird in den meisten Fällen der Richter viel besser beurteilen können als der Schriftsteller; hier hat die Wissenschaft von der Rechtsprechung zu lernen, nicht diese von der Wissenschaft. Die Sache kann aber auch anders liegen, so besonders, wenn die Rechtsprechung etwa die großen sozialen, wirtschaftlichen oder politischen Fragen, die an sie herantreten, mißversteht und infolgedessen irre geht; besonders aber dann, wenn die Rechtspflege vor ein ganz neues Problem gestellt ist, zu dessen Lösung umfassende Studien erforderlich sind, denen der Mann, der mitten im Leben steht und dessen wechselnden Forderungen zu genügen hat, unmöglich gewachsen sein kann, ist ein Eingriff der Wissenschaft wünschenswert. Es wäre sehr traurig, wenn es eine Rechtswissenschaft geben sollte, in der die großen Strömungen und Strebungen, die unsere Zeit durchwühlen und durchbeben, keinen Ausdruck fänden.

Als eine der wichtigsten Aufgaben dieser Art, die noch der Lösung durch die Wissenschaft eingegensehen, muß die Schaffung eines Beweisrechtes bezeichnet werden. Die Wissenschaft vergangener Jahrhunderte hat sich viel damit beschäftigt, und manches wertvolle Ergebnis ihrer Untersuchungen ist in die alten Prozeßordnungen übergegangen. Aber wenn irgendwo, so scheint hier die Festlegung durch das Gesetz übel gewirkt zu haben: sie führte zu der sogenannten formalen Beweistheorie, die dem Beweisrechte eine Starrheit gab, die schließlich ganz unerträglich war. Die Folge war, daß man die formale Beweiswürdigung durch die freie Beweiswürdigung ersetzte, die nicht bloß alle Beweisvorschriften, sondern auch alle Beweisregeln beseitigte: ein Erfolg, den allerdings ihr Vorkämpfer Glaser gar nicht beabsichtigt zu haben scheint[12]. So entstand die vollständige Beweisanarchie, unter der wir noch heute leiden. Von der Macht, die Schlagworte auf die Gemüter ausüben, zeugt am besten der Umstand, daß in der freien Rechtsfindung eine große Gefahr erblickt wird, während die nicht bloß von gesetzlichen Schranken, sondern auch von jeder wissenschaftlichen Regelung befreite Rechtsprechung nirgends Anstoß erregt; das geht so weit, daß gegen ein Urteil wegen der geringsten Gesetzesverletzung, nicht aber wegen der größten Fehler in der Beweiswürdigung Revision eingelegt werden kann: als ob eine aller vernünftigen Regeln spottende Beweiswürdigung nicht unter Umständen viel tiefer einschneiden würde als eine Verurteilung, die nicht genau zu einer gesetzlichen Begriffsbestimmung paßt. Und doch würde schon das von dem unermüdlichen Hans Gross gesammelte Material wohl genügen, um die Bausteine für ein Beweisrecht zu liefern, das jedoch nicht ein gesetzliches, sondern nach Art des englischen law of evidence ein wissenschaftliches sein müßte. Es würde sowohl dem kommenden Geschlechte die beschämende Erkenntnis erspart werden, daß Zeugenaussagen vom Gerichte nicht gewürdigt, sondern nur entgegengenommen werden, daß sie als genü-

[12] *Glaser:* Zur Kritik des Zeugenbeweises, Gerichtssaal, Bd. XXXIII; *Glaser:* Beiträge zur Lehre vom Beweis.

gende Grundlage eines Urteilsspruches gelten, selbst wenn die Zeugen über die Tatsachen, über die sie vernommen worden sind, die Wahrheit nicht aussagen wollen, ja sogar, wenn sie wegen ihrer Geistesbeschaffenheit, wegen ihrer besonderen Verhältnisse, wegen der natürlichen, dem menschlichen Beobachtungs- und Erinnerungsvermögen gezogenen Schranken, die Wahrheit nicht aussagen können.

Damit wäre wohl der Beweis erbracht, daß es der juristischen Wissenschaft, die nach moderneren Vorwürfen sucht, als auf den hergebrachten Bahnen zu finden sind, an Forschungsgebieten nicht fehlen wird. Freilich wird, wenn sich die Juristen ernstlich Aufgaben dieser Art zuwenden, dann das heute noch herrschende volkstümliche Ideal des Juristen, des feinen, scharfsinnigen Dialektikers, einem anderen den Platz räumen müssen. Es wird nicht schade sein um dieses Ideal. Der Scharfsinn ist die unfruchtbarste unter den Gaben des menschlichen Geistes: es liegt eine tiefe Weisheit darin, daß der Teufel der deutschen Volkssage so häufig ein scharfsinniger Dialektiker ist.

Die richterliche Rechtsfindung auf Grund des Rechtssatzes

Vier Stücke aus dem in Vorbereitung begriffenen Werke: Theorie der richterlichen Rechtsfindung

I. Die Auslegung des Rechtssatzes

Die Anwendung des Gesetzes durch den Richter konnte nur so lange als eine einfache, keiner besonderen Erläuterung bedürftige Sache erscheinen, als man annahm, der Richter tue einfach das, was ihm der Gesetzgeber aufgetragen hat. Schloßmanns scheinbare Trivialität, das Gesetz sei zunächst nichts als Papier und Druckerschwärze, hat das große Verdienst, die ungeheure Schwierigkeit des Vorwurfs wie mit einem Blitzlicht beleuchtet zu haben. Wie kommt es, daß Worte, in Papier und Druckerschwärze, als Gesetz kundgemacht, so ganz verschieden von anderen Worten in Papier und Druckerschwärze, eine unübersehbare Maschine bewegen und sich schließlich machtvoll in Tat umzusetzen vermögen? Es wirken da offenbar psychologische und gesellschaftliche Tatsachen zusammen, deren Verständnis in diesem Augenblicke noch kaum angebahnt ist.

Woher wissen wir überhaupt, was jemand uns mit seiner Rede sagen will? Mit dieser Frage beschäftigt sich die englische Philosophie seit Jahrhunderten, und ihre Wichtigkeit für die Jurisprudenz hat schon Francis Bacon erkannt. Worte können wir allerdings immer durch Worte erklären, aber das muß doch schließlich einmal irgendwo halt machen: Der Sinn der überwiegenden Zahl der Worte, wenigstens in unserer Muttersprache, ist uns nicht mit Worten erklärt worden, sondern ist uns in anderer Weise aufgekommen. Die deutschen Juristen nehmen meist einen festen „objektiven" Sinn der Worte an, den man bloß einzustellen brauche, um den „objektiven" Sinn der ganzen Rede zu gewinnen; sie geben aber doch zu, daß dem gegenüber ein abweichender Sinn, den der Sprecher mit den Worten verbunden haben wollte, auf Umwegen zur Geltung gebracht werden könne. Aber schon der Ausgangspunkt dieser Lehre ist unrichtig. Die Worte haben überhaupt keinen festen Sinn, sie sind nur Zeichen, die uns anzeigen, wo man den Sinn der Rede zu suchen hat. Für jeden Menschen erhalten die Worte die besondere Bedeutung erst dadurch, daß er sie mit etwas von ihm selbst Erlebtem verknüpft, mit dem, was er gesehen, gehört und sonst sinnlich wahrgenommen hat. Wir wissen, was Tisch oder Turm, was kalt oder süß, was arbeiten und essen heißt, weil wir uns an die Tische, Türme, kalten und süßen Gegenstände, arbeitenden oder essenden Menschen erinnern, die wir wahrgenommen haben und diese eigenen Wahrnehmungen mit den entsprechenden Worten verbinden, mit denen wir sie benennen hörten. Wem die eignen sinnlichen Wahrnehmungen für das Wort fehlen, dem muß man das Wort erst durch Beschreibung aufklären, also durch Worte, die sich auf die eignen Wahrnehmungen des Hörenden beziehen: nur durch eine solche Beschreibung können wir, die wir ihn nie gesehen, erfahren was der Niagara eigentlich ist. Der von Geburt Blinde wird die Benennung der Farben, der von Geburt Taube die Namen der Töne nie so verstehen wie der Sehende oder Hörende, sie sind ihm nur Symbole, die er sich irgendwie durch Erinnerung an ihm zugängliche sinnliche Wahrnehmungen begreiflich zu machen sucht. Selbst Abstraktionen, wie Gott, Weisheit, Zeit und Raum, erhalten ihren Sinn erst dadurch, daß eine große Zahl sinnlicher Wahrnehmungen im Geiste zu einer Einheit verschmelzen und dadurch für den Menschen zu einem inneren Erlebnis werden; die Abstraktheit besteht nur in dem, übrigens immer erfolglosen, Bestreben, von den sinnlichen Wahrnehmungen, die sich zu einem Erlebnis vereinigt haben, abzusehen.

Auch die Vorstellung von einem wahrgenommenen körperlichen Gegenstande ist aus mehreren Wahrnehmungen entstanden, also immer zusammengesetzt: wir haben den Gegenstand von verschiedenen Seiten, zu verschiedenen Zeiten, bei verschiedener Beleuchtung, in verschiedener Stimmung wahrgenommen. Wenn uns dann die Vorstellung des Gegenstandes mehrmals aufsteigt, so wird es keineswegs immer dieselbe Wahrnehmung sein, die bei deren Bildung den Ausschlag gibt; daher wird auch der Inhalt und die Gefühlsbetonung der Vorstellung wechseln, je nachdem dabei die Erinnerung an die Wahrnehmung in Abendstimmung oder Mittagssonne überwiegt. Die Vorstellung von England wird verschieden sein, wenn man beim Vorstellen von der Erinnerung an einen in England verlebten Regentag oder einen Londoner Besuch in der Bildergalerie beherrscht wird. Je allgemeiner der Begriff ist, den ein Wort bezeichnet, um so größer die Zahl der Vorstellungen, aus denen er gebildet wird, daher auch die Zahl der erlebten Wahrnehmungen, die wir beim Verallgemeinern verarbeiteten; und da diese Wahrnehmungen zu verschiedenen Zeiten und bei verschiedenen Menschen sehr voneinander abweichen, so schillert, genau genommen, immer auch die Bedeutung des Wortes nach den Erlebnissen, der Person des Sprechenden und dem Zeitpunkt der Rede. Verschiedene Personen werden sehr verschiedene Vorstellungen von England haben, wenn sie verschiedene Teile von England gesehen haben. Die angebliche Eindeutigkeit der wissenschaftlichen Ausdrucksweise (Terminologie) beruht auf Übereinkommen. Man hat ausdrücklich vereinbart, wie man einen Ausdruck verstehen soll: da dieses Übereinkommen aber aus Worten besteht, die unter allen Umständen vieldeutig sind, so ist auch die wissenschaftliche Ausdrucksweise nie vor Anfechtungen sicher.

Für seine Rede stehen dem Redenden die Worte in den Bedeutungen zur Verfügung, in denen sie bis dahin gebraucht worden sind. Danach wählt er sie aus und stellt sie zusammen, damit sie möglichst deutlich das ausdrücken, was er sagen will. Fehlt ihm ein Ausdruck für seinen Gedanken, so muß er ihn bilden. Das wird zuweilen ein neues Wort sein; aus diesem Grunde entstehen bekanntlich immer neue Wörter in der Sprache, da die alten für neue Bedürfnisse nicht genügen. Viel öfters ist es aber ein altes Wort in einer neuen Bedeutung. Sie weicht vielleicht nur leise von den bisherigen Bedeutungen ab, gibt aber doch bereits den Anstoß zu einer durchgreifenden Bedeutungsentwicklung. Wenn sich die Abweichungen in der Folge immer in derselben Richtung häufen, so können sie sogar den einstigen Sinn des Wortes im Lauf der Jahrhunderte in sein Gegenteil verkehren. Luther schreibt noch: Gott tut nichts als Schlechtes, und meint damit Schlichtes, Richtiges; aus dem Worte schlecht hat erst ein späteres Jahrhundert das gemacht, was uns in diesem Satze wie eine Lästerung klingt. Wer es je versucht hat, wirklich neue und ursprüngliche Gedanken zu denken und aufzuschreiben, wird sich überzeugt haben, daß es fast ebenso schwer ist, den Ausdruck zu finden wie den Gedanken. Denn eine Sprache ist zu jeder Zeit nur für die Gedanken da, die schon vorhanden sind; für neue Gedanken muß sie erst geschaffen werden, nicht bloß durch das Bilden neuer Ausdrücke, sondern auch durch Abschleifen, Zupassen, Abtönen und Untermalen der alten, um sie so in eine neue Bedeutung einzufügen. Jedes ursprüngliche Denken ist daher zugleich eine Sprachschöpfung, also immer eine ursprüngliche, gestaltende, künstlerische Arbeit. Ist der Mann der großen Gedanken kein großer Sprachkünstler, dann wird er dunkel, unbeholfen, schwerverständlich, wie Kant oder Hegel. Sie hätten beide leicht die vielvermißte Klarheit gewonnen, wenn sie sich mit ihrem Geiste nicht so weit über das hinausgewagt hätten, wofür bereits ihre Zeitgenossen die Sprache vorgebildet haben — oder auch, wenn sie es verstanden hätten, die Sprache in die Flugfläche ihres Geistes zu heben. Die Sprache entsteht immer erst mit dem Gedanken und gleichzeitig mit ihm. Man kann das auch bei allen großen Juristen finden, von den neueren besonders bei Savigny, Puchta und Ihering. Nicht auf die eigentlichen Kunstausdrücke kommt es dabei an; auch das längst gebräuchliche Hauptwort, Beiwort und Zeitwort muß, in der Regel ganz unmerklich, zugespitzt, umgeprägt und zugeschnitzt werden, um für den neuen Sinn der geeignete Ausdruck zu werden.

Was die Worte in einem bestimmten Falle sagen sollen, das müssen wir immer erst enträtseln. Die Worte bestimmen sich zunächst gegenseitig aus dem Zusammenhang der Rede: sie gleichen einer gallertartigen Masse, die ihre Gestalt vom Gefäß erhält, wo sie aufbewahrt wird, und vom Drucke der Wände befreit, sofort zerrinnt. Die Zweifel, die der Zusammenhang übrig läßt, weichen sowie wir mehr von der Person des Sprechers erfahren, von seinem Sprachgebrauch seinen Gedanken, Gesinnungen, Gefühlen und schließlich auch von den ihn umgebenden gesellschaftlichen und wirtschaftlichen Verhältnissen. Wenn uns jemand einen großen Sieg ankündigt, so müssen wir, um das Wort Sieg sofort zu verstehen, wissen, ob jetzt Wahlen stattfinden oder ein Krieg geführt wird, wir müssen wissen, welcher Partei der Sprecher angehört und welcher Gesinnung er ist. Vielleicht ist damit nicht zuviel gesagt, daß, seit es eine menschliche Sprache gibt, noch nie ein Wort zweimal ganz genau dieselbe Bedeutung hatte, und noch nie zwei Menschen dasselbe Wort ganz genau in derselben Bedeutung gebraucht haben: so sehr hängt die Bedeutung des Wortes vom Zusammenhang der Rede, von persönlichen und gesellschaftlichen Zusammenhängen ab.

Jeder, der uns etwas mitteilen will, fügt die Worte so, wie sie für ihn durch seine eignen Erlebnisse eine Bedeutung erhalten, zusammen, und wer ihn hört, verbindet mit den Worten die Bedeutung, die seinen eignen Erlebnissen entspricht. Die Worte haben daher sowohl für den Redenden als auch für den Hörenden nur einen subjektiven Sinn. Wenn wir mit einem Worte kein Erlebnis verbinden, so verstehen wir es nicht, dann muß man es uns erklären durch Worte, die an unsere Erlebnisse anklingen. Jedes Lernen einer Sprache, sei es der Muttersprache oder einer anderen, ist ein Beziehen der Worte auf eigne Erlebnisse, allenfalls durch Vermittlung von weiteren Worten. Trotzdem gibt es so etwas wie einen „objektiven“ Sinn des Wortes und der Rede; es wäre ja sonst nicht möglich, daß ein Mensch die Worte eines anderen Menschen verstehe. Menschen, die dieselbe Sprache sprechen, verbinden dieselben Worte mit Erlebnissen, die, bei aller Verschiedenheit, immerhin in einigen wichtigen Zügen übereinstimmen, und gebrauchen sie infolgedessen in annähernd ähnlichen Zusammenhängen. So bildet sich für eine große Zahl von Wörtern eine Art allgemein geläufiger Durchschnittsbedeutung, die zwar von Mensch zu Mensch und von Augenblick zu Augenblick schwankt, aber für das praktische Bedürfnis der Verständigung leidlich genügt, da man sich über die kleinen Mißverständnisse hinwegsetzt und die großen als unvermeidlich hinnimmt. Der „objektive Sinn“ gleicht einer Tischplatte auf mehreren wackligen Füßen; man kann zur Not darauf seine Mahlzeit einnehmen, aber doch nur auf die Gefahr hin, daß Teller und Gläser auf dem Boden zerschellen. Der objektive Sinn ist auch in derselben Sprache immer für eine große Zahl von Wörtern nach Ort, Klasse, Stand, Beruf des Sprechenden verschieden: je entfernter zwei Personen derselben Sprache nach Abkunft, Aufenthalt, Klasse, Stand, Beruf sind, um so weniger Worte werden für sie denselben objektiven Sinn haben. Man kann sich aus jedem brauchbaren Wörterbuch überzeugen, wie viel „objektive Sinne" die gebräuchlicheren Wörter eignen. Der „objektive Sinn" einer Rede ist daher nur eine Art Durchschnittssinn, nicht vom Standpunkte des Redenden und des Hörenden; er ist nicht nur bei jedem Hörenden ein anderer, sondern wechselt auch bei demselben Hörenden in dem Maße als er mehr über die persönlichen Verhältnisse des Redenden oder die begleitenden Umstände, Richtiges oder Falsches erfährt.

Im Grunde genommen will der Sprechende immer etwas anderes sagen, als der Hörende hört: denn der Sprechende spricht aus seinem Zusammenhang heraus, der Hörende hört in das Gehörte seinen eignen Zusammenhang hinein. Immerhin, der Sprechende will sich verständlich machen, wird also versuchen, die Worte möglichst in dem Zusammenhang zu gebrauchen, der dem anderen geläufig ist. Und der Hörende will verstehen, er wird also den Zusammenhang im Sinne des Sprechenden zu erfassen suchen. Jedes Sprechen ist daher nicht nur ein Gebrauchen von Worten, sondern zugleich ein Sichhineinfinden in die Seele des Hörenden. Jedes Hören ist nicht bloß ein Verstehen von Worten, sondern zugleich ein Sichhineindenken in die Seele des Sprechenden.

Die Worte dienen dem Mitteilungswillen, und mit Rücksicht auf diesen ihren nächsten Zweck werden sie vom Redenden gewählt. Aber der Mitteilungswille deckt sich nicht mit dem jeweiligen Inhalt des Bewußtseins, auch nicht in dem Maße, als dieser für den Redenden mitteilungswert und für den Hörenden wissenswert ist. Der Redende muß oft nachträglich bedauern, nicht mehr gesagt zu haben, und der Hörende hätte gerne von ihm mehr erfahren als er gehört hat. Das kommt daher, daß die Vorstellungen und Begriffe, in denen wir denken, stets umgeben sind von einer dichten Schicht von Nebenvorstellungen, Gefühlen und Stimmungen, die vom Mitteilungswillen nicht ergriffen werden: sie wurden von dem großen amerikanischen Psychologen James, der diese Erscheinung zuerst eingehend beschrieben hat, die Franse genannt. Denkt jemand an sein väterliches Haus, so werden einzelne Hausgeräte, deren räumliche und zeitliche Verhältnisse, Eigenschaften, Bestimmungen, gepaart mit weiteren Erinnerungsbildern, bald deutlicher, bald verschwommener in seinem Geiste aufsteigen, sie werden freundliche und unangenehme Gefühle, weiche oder energische Stimmungen auslösen. Sollte er das väterliche Haus beschreiben, so werden in seiner Rede nur die stärksten dieser Vorstellungen und Gefühle in den Vordergrund treten, andere mit einem helleren oder dunkleren Schatten bedeckt sein, die meisten werden aber ganz übergangen. Um alles zu sagen, was wir im Geiste tragen, dazu fehlt es uns an Kraft und an Muße, fehlt es der Sprache an Worten und Feinheiten, und schließlich würde der Wortschwall auch den Sinn erdrücken. Wir können immer nur einen Auszug aus dem geben, was wir im Geiste tragen, und doch soll der Auszug für das ganze zeugen; denn das Verschwiegene ist oft unentbehrlich, um dem Ausgesprochenen vollständig gerecht zu werden. Andererseits bezieht sich der Mitteilungswille immer auf den positiven, nicht auf den negativen Inhalt des Bewußtseins; das, woran er gar nicht gedacht hat, kann uns niemand sagen wollen. Das ist die Ohnmacht jeder Begriffsbestimmung, daß sie bestenfalls bloß zeigt, was in den Begriff in bewußter Weise eingeschlossen ist, nicht das, was davon unbewußt ausgeschlossen wurde; daß sie nur vom Angeschauten erzählt, nicht von der Grenze, die es vom Nichtgeschehenen und Übersehenen trennt. Für das volle Verständnis der Rede ist es aber zuweilen ebenso wichtig, zu wissen, was der Redende hat sagen wollen, als was er nicht hat sagen wollen können, weil er daran gar nicht gedacht hat.

Wer aber in die Rede mit gespannter Aufmerksamkeit einzudringen sucht, wird daraus doch immer weit mehr entnehmen, als durch das plumpe und ungefüge Werkzeug der Worte hat ausgedrückt werden sollen. Gleichwie in der Musik die Obertöne erst dem Hauptton die Klangfarbe geben, so schwingen auch in unseren Worten psychische Obertöne mit, die über den Mitteilungswillen hinweg, auch nach außen anzeigen, was unsere Seele bewegt und wie weit unser Gesichtskreis reicht. Ganz unabhängig von unserem Willen und Wissen geht der Inhalt des Bewußtseins auf die unscheinbarsten Verhältnis- und Bindewörter über, auf die Satzfügung, den Tonfall, auf die ganze Haltung bei der Rede, über anderes werden die persönlichen Beziehungen und die begleitenden Umstände Aufschluß geben; und auch die Grenzen des Bewußtseins kann man oft daraus entnehmen, daß der Redende sich anders ausgedrückt hätte, wenn er an etwas bestimmtes gedacht hätte. Jede dramatische Charakteristik besteht doch nur darin, daß die Personen durch ihr Reden und Handeln von ihrem Innersten mehr verraten, als sie sagen wollen, zuweilen auch mehr, als sie selbst von sich wissen. Shakespeare, Racine, Ibsen haben es darin zu einer sonst von niemand erreichten Meisterschaft gebracht. Vielleicht ist darin überhaupt das Geheimnis des künstlerischen Schaffens gelegen, daß im Geiste des Künstlers, der reicher und bewegter ist als der Geist des Durchschnittsmenschen, unendlich mehr psychische Obertöne mitschwingen, und so die Worte und die anderen künstlerischen Ausdrucksmittel um so inhaltsschwerer gestalten; daß der umfassende Geist des Künstlers uns in einem kleinen Rahmen eine größere und weitere Welt zu zeigen vermag, als sie anderen Menschenkindern sichtbar ist. Die unübersehbaren Schätze, die Dante, Shakespeare oder Goethe in ihren Worten geborgen, hat selbst jahrhundertelange Auslegerarbeit nicht vollständig zu heben vermocht.

Eine Rede vollständig verstehen, bedeutet, den Mitteilungswillen erkennen, ihre psychischen Obertöne vernehmen, und sich über die Grenzen des Bewußtseins Rechenschaft geben, die sich in die Rede eingezeichnet haben. Die Mittel zu diesem Verständnis sind nicht bloß Worte, sondern auch die persönlichen Interessen, Gedanken, Gesinnungen, Gefühle des Redenden und schließlich die sonstigen begleitenden Umstände, aus denen der, der sie kennt, das, was der Redende meint und nicht meint, entnehmen muß. Bis zu einem gewissen Grade setzt der Sprechende immer, außer der Kenntnis des objektiven Sinnes der Worte, auch die Kenntnis seiner persönlichen Verhältnisse und der Begleitumstände beim Hörenden voraus: jede Rede ist voll unbewußter Voraussetzungen. Der Hörende geht von dem ihm aus anderen Zusammenhängen bekannten objektiven Sinn der Worte aus und ergänzt sie durch das, was er sonst von den persönlichen Verhältnissen des Sprechenden und anderen Begleitumständen weiß: jedes Verstehen ist voll unbewußter Ergänzungen. Richtig verstehen das heißt: genau das ergänzen, was der Sprechende vorausgesetzt hat; vollständig verstehen auch den sonstigen Inhalt des Bewußtseins und dessen Grenzen überblicken. Je mehr wir vom Sprechenden und den Begleitumständen wissen, um so weniger Worte genügen uns. Beim Freunde erfassen wir die leiseste Anspielung, auch in Worten, die er, vielleicht damit andere nichts merken, in einer ganz neuen, sonst ungebräuchlichen, von ihrem „objektiven Sinn" weit entfernten Bedeutung gebraucht hat. Wer zu einem Fremden spricht, muß ihm allenfalls von seinen persönlichen Verhältnissen und Begleitumständen in vielen Worten alles das mitteilen, was er beim Freunde als bekannt hätte wohl voraussetzen dürfen. In seiner Schrift: Aus meinem Bauernspiegel, erzählt Nagel das Gespräch zweier niederösterreichischer Bäuerinnen. Die eine fragt: Wie geht es ihrem Sohn? Die andere erwidert: Wenigstens ist bei uns niemand eingesperrt gewesen. Um das zu verstehen, muß man wissen, daß der Gatte der Fragenden wegen Körperbeschädigung eine Strafe abgebüßt hat, der Sohn der Gefragten ein Taugenichts ist. Auf dem Lande, wo jeder die Verhältnisse des anderen genau kennt, wird das alles auf der einen Seite vorausgesetzt, auf der anderen ergänzt.

Liegt uns aber eine Äußerung aus vergangenen Jahrhunderten oder Jahrtausenden vor, etwa eine alte Urkunde oder eine Inschrift, dann muß uns die historische Forschung das alles liefern, was bei der Rede von Mund zu Mund nicht ausgesprochen, sondern, weil miterlebt, vorausgesetzt wird: die annähernde, durchschnittliche, „objektive" Bedeutung der Worte, die persönlichen Verhältnisse der Beteiligten, die Begleitumstände. Und zu diesen Begleitumständen gehört die ganze gesellschaftliche, wirtschaftliche, politische Verfassung der Zeit, die in der Urkunde selbst nicht mitgeteilt wurde, weil deren Kenntnis bei den Beteiligten immer vorausgesetzt wird. Sagt uns jemand heute den Preis eines Gegenstandes, so wissen wir oft, was er meint, sowie er die Zahl genannt hat. Zum Verständnis einer Preisangabe bei Gregor von Tours braucht man umfangreiche Studien über die Münzverfassung und den Geldwert der Merowingerzeit. An Stelle der Ergänzung des Wortes durch Kenntnisse, die uns aus unmittelbarer Anschauung oder sonst mühelos zuflattern, tritt die Ergänzung durch Ergebnisse der historischen Forschung.

Das, was hier von der Auslegung der menschlichen Rede gesagt worden ist, gilt auch vom Rechtssatze, insbesondere vom Gesetze; wir können es nur richtig verstehen, wenn wir die begleitenden Umstände und persönlichen Beziehungen kennen, deren Kenntnis sein Urheber voraussetzte. Und wir verstehen es ganz nur, wenn wir den ganzen Inhalt des Bewußtseins und die Begrenzung des Bewußtseins seines Urhebers erfahren, wozu wir wieder nur durch die Kenntnis der begleitenden Umstände und persönlichen Beziehungen des Urhebers gelangen. Diese Kenntnis erhalten wir, wie bei jeder anderen Rede, vor allem durch all das, was wir mit dem Redenden miterlebt haben. Wer das Gesetz verstehen will, darf nichts von dem verschmähen, was ihn sonst über die Voraussetzungen des Urhebers, insbesondere die Zwecke, die er verfolgte, die begleitenden Umstände und persönlichen Beziehungen aufklären könnte: Die wirtschaftliche Lage und die gesellschaftlichen Kämpfe in seiner Zeit, Zeitungsaufsätze und Berichte über Volksversammlungen nicht weniger als die Beratungsprotokolle. Darin liegt die vielumstrittene Bedeutung dieser letzten; das, was darin ausgesprochen ist, wird nicht Bestandteil des Gesetzes, bleibt daher durchaus unverbindlich, aber es ist ein wissenschaftlicher Behelf für die Auslegung des Gesetzes. Handelt es sich aber um einen Jahrhunderte oder -tausende alten Rechtssatz, dann muß dem Ausleger die historische Forschung das alles liefern, was der Zeitgenosse der lebendigen Anschauung verdankt. Die historische Auslegung ist daher die Auslegung eines alten Rechtssatzes aus den Umständen und persönlichen Beziehungen, also eine Auslegung nach denselben Grundsätzen, die für ein modernes Gesetz gelten, in die Vergangenheit verlegt; und die Auslegung eines modernen Gesetzes ist nur eine in die Gegenwart übertragene historische. Gegenüber einem Paragraphen des deutschen Bürgerlichen Gesetzbuches hat die Rechtswissenschaft dem Wesen nach keine anderen Aufgaben, als gegenüber einer Stelle in den Digesten oder im Sachsenspiegel: sie hat seine Beziehungen zur gemeinrechtlichen Jurisprudenz und zum deutschen Privatrecht des XIX. Jahrhunderts zu erklären, das Verhältnis des Sachenrechts zur deutschen Bodenverfassung, wenn ein solches besteht, des Forderungsrechts zum Güter- und Kreditverkehr, wenn es sich, und sei es auch nur mit der Lupe, entdecken läßt, darzulegen, dem Einfluß der politischen Strömungen und volkswirtschaftlichen Lehren nachzugehen. Auf diese Aufgabe muß um so nachdrücklicher hingewiesen werden, je weniger sich die neueste juristische Literatur ihr gewachsen gezeigt hat. Jede wissenschaftliche, „soziologische", Rechtsauslegung ist in diesem Sinne historisch. Zu den äußeren Umständen, die für die Auslegung maßgebend sind, gehört selbstverständlich vor allem der Zweck, der dem Urheber des Rechtssatzes vorschwebte: so weit fällt daher die teleologische Auslegung ganz mit der historischen zusammen. Das hat jetzt Heck in seiner schönen Arbeit überzeugend dargetan. Allerdings versteht man gewöhnlich unter teleologischer Auslegung eine Auslegung nicht nach den Zwecken, die der Urheber angestrebt hat, sondern nach denen, die dem Anwender anstrebenswert erscheinen. Eine teleologische Auslegung von dieser Art ist das Gegenteil der historischen und der soziologischen, sie ist nicht wissenschaftlich, nicht von der Erkenntnis, sondern praktisch, von der Rechtspolitik, eingegeben. Selbst wenn es zulässig sein sollte, durch Auslegung politische Ziele zu verfolgen, wäre es noch immer nicht gestattet zu sagen, es sei Soziologie, wenn man Rechtspolitik treibe.

Aber der Rechtssatz ist ein Gesamtwerk der Gesellschaft und des Einzelnen. Er ist zunächst in demselben Sinne, wie jedes menschliche Tun und Lassen, vor allem anderen durch gesellschaftliche Zusammenhänge bedingt. Der Richter, der den Rechtssatz fand, der Jurist, der ihn in Worte faßte, der Anreger des Entwurfs oder des Antrags, der zum Gesetz wurde, sie alle haben damit eine gesellschaftliche Aufgabe erfüllt und waren dabei gesellschaftlichen Einflüssen unterworfen. Wären andere Personen an der Arbeit gewesen, so wäre der Rechtssatz allerdings wahrscheinlich anders geworden, aber doch im allgemeinen nur deswegen, weil die anderen Personen auch unter anderen gesellschaftlichen Einflüssen gestanden wären. Nur ein kleiner Rest des Persönlichen geht beim Rechtssatz auf den unmittelbaren Verfasser zurück, auf seine Ausdrucksweise, seine Begabung, seine Gesinnung und seine Gefühle und schließlich auf die Begleitumstände, die nur auf ihn persönlich wirkten: das alles darf also bei der Auslegung des Rechtssatzes nur so weit herangezogen werden, als es sich um diesen kleinen persönlichen Rest handelt.

Insoweit würde allerdings vom Rechtssatze dasselbe gelten, wie von jedem anderen Erzeugnis des menschlichen Geistes, und die Rechtswissenschaft hätte gegenüber dem Rechtssatz keine andere Aufgabe als die, die sich in der Kunst- und Literaturwissenschaft die sogenannte Milieutheorie gegenüber dem Kunstwerk gestellt hat: ihn aus seiner Umwelt zu begreifen. Aber vom Rechtssatz gilt das deswegen weit mehr, weil er wenigstens regelmäßig nach der bewußten Absicht seines Urhebers nicht seinen persönlichen Gedanken und Bestrebungen, sondern gesellschaftlichen Interessen, Strömungen, Machtverhältnissen zu dienen hat. Diesen Sinn hat es, daß sich der Rechtssatz, selbst wenn ihn nur ein einzelner juristischer Schriftsteller oder Lehrer gefunden haben sollte, erst irgendwie zur allgemeinen Anerkennung durchringen muß, bis man von ihm sagen kann: hoc iure utimur. Beim richterlichen Rechte handeln die Richter als Organe der Gesellschaft, und sie bringen die verborgensten gesellschaftlichen Gedanken um so besser zum Ausdrucke, je besser sie ihr Amt verstehen. Beim Gesetze zumal soll durch den Apparat der Beratungskommission und der gesetzgebenden Körper, zuweilen auch durch die Bewegung im Volke und in der Presse, vor allem dem gesellschaftlichen Willen die Bahn ins Gesetz gebrochen werden. Die historische Auslegung hat daher, bis auf den bereits erwähnten persönlichen Rest, nicht die persönlichen, sondern die gesellschaftlichen Voraussetzungen des Rechtssatzes zu ergründen. Die jetzt so häufig gestellte Frage, wer in den vielen und vielköpfigen Versammlungen, die auf verschiedenen Stufen an dem, was Gesetz werden soll, arbeiten, Urheber des Gesetzes sei, nach dessen Willen die Auslegung zu forschen habe, ist also dahin zu beantworten, daß es sich dabei in der Hauptsache nicht um den Einzelwillen, sondern um gesellschaftlichen Willen handelt. Der Rechtssatz ist vor allem ein Erzeugnis gesellschaftlicher Kräfte, und soweit es bei seiner wissenschaftlichen Behandlung auf psychologische Fragen ankommt, gibt die gesellschaftliche Psyche den Ausschlag. Diese ist daher auch Gegenstand der Untersuchung; die Person des Verfassers des Rechtssatzes kann dabei in der Regel ganz ausgeschaltet werden, und oft genug muß sie es werden, schon deswegen, weil wir sie nicht kennen oder von ihr zu wenig wissen. Was ist uns denn von den persönlichen Verhältnissen der römischen Prätoren und Juristen bekannt, was wir bei der Auslegung der Digesten verwerten könnten? Die eingehende biographische und antiquarische Forschung der letzten Zeit hat uns für diesen Zweck fast gar nichts geliefert, um so mehr aber die Erkenntnis der gesellschaftlichen und wirtschaftlichen Zustände des Altertums. Wenn Savigny und Puchta vom organischen Zusammenhang des Rechts mit Wesen und Charakter des Volkes oder der Nation sprechen, so meinen sie mit Volk oder Nation, nach dem Sprachgebrauch ihrer Zeit, der besonders bei Wilhelm v. Humboldt klar hervortritt, die Gesellschaft, keineswegs aber, wie man unterstellt hat, das stumme, unfaßbare Ding, das man heute meistens unter Volk versteht. Die Gesellschaft, das sind die Klassen, Stände und Berufe, durch deren zum Teile sehr weit hergeleiteten und mittelbaren staatlichen, wirtschaftlichen oder geistigen Einfluß der Rechtssatz entstanden ist; nicht als Ausfluß ihrer persönlichen Zustände, sondern der staatlichen, wirtschaftlichen oder gesellschaftlichen Lage. Für das Verständnis der Digestenstellen über die Delegation ist uns die Kenntnis des römischen Bankwesens bedeutend wichtiger als die der persönlichen Verhältnisse der Juristen, von denen sie stammen, und auch bei der Auslegung eines modernen Gesetzes fragen wir viel mehr nach den Absichten der Regierung, die es vorlegte, als nach der Gesinnung und den Gefühlen des Ministerialbeamten, der den Entwurf ausgearbeitet hat. Allerdings ebenso unwissenschaftlich, daher nichts weniger als soziologisch, wäre es, den Einfluß der Persönlichkeit, wo sie ins Gewicht fiel, zu verkennen. Zeiller, der Hauptverfasser des österreichischen Bürgerlichen Gesetzbuches, der ein Frauenfeind war, hat trotz der den Frauen günstigen Strömung im damaligen Österreich, und auch in der Mehrheit der Redaktionskommission, die Aufnahme einiger den Frauen nachteiligen Bestimmungen ins Gesetzbuch durchgesetzt: diese müssen jetzt wohl im Sinne Zeillers, nicht der damaligen Gesellschaft ausgelegt werden. Aber schließlich muß auch die Persönlichkeit gesellschaftlich erklärt werden. Denn den wirtschaftlichen, sozialen, ideologischen Einflüssen, beruflichen, klassenmäßigen, ständischen Einwirkungen kann sich schließlich auch persönlich kein Gesetzgeber entziehen.

Das österreichische Markenschutzgesetz ermächtigte den Handelsminister, hinsichtlich bestimmter Warengattungen anzuordnen, daß diese nicht in Verkehr gesetzt werden dürfen, bevor sie mit einer registrierten Marke in der im Verordnungswege zu bestimmenden Weise versehen sind. Daraufhin verfügte der Handelsminister, daß bei Sensen die Marke „auf das noch glühende Eisen" anzubringen sei. Auf Grund dieser Verordnung wurden 300 000 Sensen, die die Alpine Montangesellschaft erzeugte und in ihren Lagerhäusern ohne Marke aufbewahrte, vom Handelsministerium mit Beschlag belegt und für verfallen erklärt; denn bei diesen sei es nicht mehr möglich, die Marke „auf das noch glühende Eisen" zu setzen. Die Gesellschaft erhob Einsprache: die Verordnung habe nur die kalte, äußerlich angeklebte Marke ausgeschlossen; sobald die Gesellschaft aus den Bestellungen entnehmen werde, welche Marken ihre Kundschaft verlange, werde sie die Sensen glühend machen und mit der Marke versehen lassen. Offenbar sind beide Auslegungen möglich. Die Verordnung ist aber auf Verlangen und im Interesse der kleinen Gewerke erflossen, die nur eine einzige Marke besaßen, durch die sie tatsächlich die Herkunft der Sense aus ihrem Werke bezeichneten; sie war gegen die Sensengroßindustrie und die Spekulanten gerichtet, die die Marken zum Teil sogar ohne die Werke aufgekauft hatten und sie dann auf eine beliebige Sense setzten, so daß die Marke ihre Bedeutung als Zeichen der Herkunft der Sense vollständig einbüßte. Es ist daher die Auslegung des Ministeriums gerechtfertigt, die Marke müsse „auf das noch glühende Eisen" bei der Erzeugung und nicht nachträglich angebracht werden. Das ist aber doch nur deswegen so, weil der Ministerialbeamte, der die Verordnung entworfen hat, den Auftrag erhielt und ausführte, die Frage im Sinne der kleinen Gewerke zu regeln. Das war hier aber nicht in den Worten, sondern in der „Franse" enthalten.

Wir sind nicht imstande, in unserer Rede den ganzen Inhalt des Bewußtseins auszuschütten. Unser Mitteilungswille beschränkt sich auf das, was sich im Mittelpunkte des Bewußtseins befindet, ergreift also nicht die Franse, alle die psychischen Obertöne, die dem Redenden nicht laut genug erklangen, um sie unmittelbar durch Worte auszudrücken. Da sie aber für das Verständnis der Rede oft unentbehrlich sind, so müssen sie von der Auslegung ermittelt werden. Im Rechtssatz gibt sein Urheber den Rechtsfall oder die Gruppe von Fällen an, die er entscheidet, die Interessengegensätze, die Gründe der Interessenabwägung, den dem höheren Interesse gewährten Schutz: das alles so, wie er es sich im Augenblicke der Rede im Geiste vergegenwärtigt hatte. Diese vom Urheber selbst stammende Fassung des Rechtssatzes sagt häufig zu viel, denn die konkreten Umstände des Falles, den der Urheber des Rechtssatzes so erzählt, wie er sich ihn vergegenwärtigt, haben keineswegs alle seine Entscheidung bestimmt. Aufgabe der historischen Auslegung ist also, aus dem Rechtssatz das Grundsätzliche und Allgemeingültige herauszuschälen, in der Masse des Unwesentlichen, Gleichgültigen das Entscheidende, worauf es bei der Interessenabwägung allein ankam, hervorzuheben. Diese Aufgabe ist im wesentlichen eine psychologische, und da der Rechtssatz überwiegend als Werk der Gesellschaft, nicht des Einzelnen, erscheint, so ist sie im wesentlichen eine gesellschafts-, nicht eine einzelpsychologische. Der Weg zu ihrer Lösung ist die Verallgemeinerung, in der schon Ofner und Pfersche eine Abart der induktiven Methode der Wissenschaft erkannt haben. Die Verallgemeinerung in der Wissenschaft beruht auf folgendem Gedanken: ist bei teilweise verschiedenen Tatbeständen dieselbe Wirkung eingetreten, die bei allen sonstigen Tatbeständen ausbleibt, so muß die Wirkung durch die Umstände verursacht worden sein, die den Tatbeständen, bei denen sie statthatte, gemeinsam waren; da alle chemischen Verbindungen, die Eisen enthalten und keine anderen, gewisse Linien im Spektrum aufweisen, so müssen diese Linien durch das Eisen verursacht sein. Ebenso muß man auch sagen, wenn Rechtssätze mit teilweise verschiedenem Tatbestande dieselben Rechtsfolgen anordnen, so wird die Entscheidung durch das veranlaßt sein, was in dem Tatbestande der Rechtssätze gemeinsam gewesen. Die Lehre, daß das römische Schadenersatzrecht auf dem Grundsatze des Verschuldens, das österreichische Liegenschaftsrecht auf dem Grundsatze des Vertrauens auf das öffentliche Buch beruht, würde, wenn richtig, bedeuten, daß alle römischen Rechtssätze, die Schadenersatz vorschreiben, Verschulden voraussetzen, und daß die österreichischen Rechtssätze überall, wo im Vertrauen auf das öffentliche Buch gehandelt worden ist, den Erwerb des Rechts eintreten lassen. In dieser Weise hat Staub gezeigt und Wellspacher näher ausgeführt, welche Bedeutung der Grundsatz des Vertrauens auf äußere Tatbestände im modernen Rechte hat, und so ist es auch mir, wie ich glaube, in meiner stillschweigenden Willenserklärung gelungen, nachzuweisen, daß die zahlreichen gerichtlichen Entscheidungen, die bei jahrelangem Nichtausüben eines Rechts einen stillschweigenden Verzicht auf das Recht annehmen, sich nicht von der Rücksicht auf eine, in Wirklichkeit gar nicht vorhandene, Willenserklärung leiten lassen, sondern auf denselben Grundsätzen beruhen, die der römischen Verjährung der Ansprüche, zum Teile auch der deutschrechtlichen Verschweigung, zugrunde liegen.

Die Verallgemeinerung gehört zunächst der Wissenschaft an, nicht der praktischen Jurisprudenz. Sie erzeugt daher keinen neuen Rechtssatz, sie sagt bloß an, was im Rechtssatz enthalten ist. Ofner bemerkt mit Recht: „Das Staatsgesetz ist eine Norm, das Staatsgesetz hat einen Zweck. Aber die Grundsätze des Rechts sind keine Normen und haben keinen Zweck. Sie sind nichts als Tatsachen, nicht gut oder schlecht, nicht nützlich oder schädlich; sie sind, sie haben sonst kein Prädikat." Aber wenn die Verallgemeinerung zunächst nur das Wissen vom Recht bereichert, so ist es keineswegs ausgeschlossen, daß sie auch praktisch brauchbare Ergebnisse liefert und nur um ihres praktischen Zweckes willen geschieht. Wie jede wissenschaftliche Erkenntnis bei der praktischen Betätigung, wie die Astronomie mit der Astrologie, die Chemie mit der Alchemie, die Naturwissenschaft in der Heilkunde ihren Anfang genommen hat, so hat auch die juristische Verallgemeinerung in der praktischen Jurisprudenz begonnen; aber die praktischen Juristen haben damit die Grundlagen der Rechtswissenschaft gelegt und legen sie noch täglich, indem sie die Rechtssätze auf ihre Grundgedanken zurückführen. Um den Rechtssatz sinngemäß anzuwenden, das Interesse so zu schützen, wie es nach dem Sinne des Urhebers geschützt werden sollte, müssen vor allem die Besonderheiten des Falles, die auf die Interessenabwägung gar nicht eingewirkt haben, ausgeschaltet werden; und diese Arbeit, die erst den wissenschaftlichen Einblick in die wirkliche Bedeutung des Rechtssatzes gestattet, zeigt zugleich den ganzen Umfang seiner praktischen Anwendbarkeit. Das ist die ausdehnende Auslegung der klassischen deutschen Jurisprudenz[1], von ihr sorgfältig von der Ana-

[1] Unter Klassikern werden in meinem ganzen Buche die großen deutschen gemeinrechtlichen Dogmatiker des neunzehnten Jahrhunderts von Savigny an verstanden. Wie alle Klassiker, fußen sie fest auf einer tausendjährigen, großartigen Überlieferung, der sie eine vollkommene Herrschaft über den gegebenen Stoff und eine vollendete Technik verdanken. Und sie teilen auch die Mängel der Klassiker auf allen anderen Gebieten: die Enge des Gesichtskreises,

logie unterschieden, die keine Auslegung, sondern eine selbständige Entscheidung im Anschluß an einen Rechtssatz ist.

Ohne Verallgemeinerung gäbe es keine Jurisprudenz. Der Rechtssatz in seiner Urform, noch mit der Entscheidung des einzelnen Falles verquickt, wird überhaupt erst durch Verallgemeinerung anwendbar. Aber auch die ältesten Rechtsregeln sind noch außerordentlich konkret gehalten: in den deutschen Volksrechten wird für jedes beschädigte Glied, jedes gestohlene Haustier, vom Huhn bis zum Ochsen, die Buße besonders bemessen. Aus einer sehr langwierigen Verallgemeinerung dieser Rechtssätze ist das ganze Strafrecht entstanden. Es hat einer jahrhundertelangen Verallgemeinerung bedurft, um aus dem XII-Tafelsatz: si telum manu fugit magis quam iecit den Rechtssatz über die fahrlässige Tötung herauszuschälen. In derselben Weise wird die Auslegung gegenüber dem modernen Rechtssatze vorgehen. Wir dürfen einen Rechtssatz, wo von Kindern oder Eltern die Rede ist, oft auf Enkel oder Großeltern ausweiten, denn dieser Gradunterschied war für die Interessenabwägung bedeutungslos; es ist zulässig, wie es Zitelmann verlangt, die Schlafwagengesellschaft nach den Grundsätzen über die Haftung der Gastwirte zu behandeln, denn für die Interessenabwägung ist der Schlafwagen nur ein rollender Gasthof. Obwohl das deutsche Bürgerliche Gesetzbuch bloß dem Eigentümer einen Anspruch einräumt auf Beseitigung nachbarlicher Störungen, so können wir mit Heck auch dem Nutzungsberechtigten den Schutz des Nachbarrechts des deutschen Bürgerlichen Gesetzbuches zuwenden, denn auf den Unterschied zwischen Eigentum und Nutzungsrecht kommt es bei der Interessenabwägung offenbar nicht an. Mit gutem Grund will Zitelmann die im Strafgesetz dem Täter zugedachte Straflosigkeit wegen tätiger Reue bei der Brandlegung auch auf den Anstifter ausdehnen, der bei der Interessenabwägung des Gesetzgebers jedenfalls noch in der „Franse“ war; und der österreichische Kassationshof hat ohne Verletzung des Verbots der Analogie den Beschädiger der staatlichen Fernsprecherstangen nach der Bestimmung über die Beschädigung der staatlichen Telegraphenstangen bestrafen lassen, denn der Gesetzgeber hat zweifellos bei seiner Interessenabwägung die Telegraphenstangen nur als Träger des staatlichen elektrischen Leitungsdrahtes in Betracht gezogen. Wenn für die Straf-

---

die Scheu, aus dem hergebrachten Stoffgebiet herauszutreten, das Widerstreben, neuen Aufgaben durch neue Methoden gerecht zu werden. Daher gehört der *spätere* Ihering nicht mehr zu den Klassikern. Unter dem Eindrucke seines Auftretens wird die Klassik epigonisch, denn es beginnt ihr der Glaube an sich selbst zu schwinden. Wo die Jurisprudenz seither an dem Alten festhält, wird sie zur leeren Technik; wo sie sich an die drängenden Fragen des modernen Lebens heranwagt, sammelt sie wohl Stoff, hat aber nicht die Kraft, ihn zu meistern. Wie selbstherrlich stehen Thöl und sogar Goldschmidt in ihrer gewollten Beschränkung ihrem Stoff gegenüber, verglichen mit späteren Kommerzialisten.

barkeit des Elektrizitätsdiebstahls in Deutschland eine besondere Anordnung gefordert worden ist, so ging man dabei von der Erwägung aus, daß der Besitz der elektrischen Kraft ein vom Besitz beweglicher Sachen so wesentlich verschiedenes Rechtsverhältnis ist, daß dessen strafrechtlicher Schutz durch den strafrechtlichen Besitzschutz beweglicher Sachen ebensowenig gegeben ist, wie der strafrechtliche Besitzschutz unbeweglicher Sachen.

Andererseits hat die Auslegung den Rechtsschutz auf das einzuschränken, was sein Urheber tatsächlich hat entscheiden wollen. Sie muß daher alles ausschalten, was der Urheber in seinen Worten bloß deswegen eingeschlossen hat, weil es ihm zu fern lag, um es auszuschließen. Sie verkennt gründlich ihre Aufgabe, wenn sie sich emsig bemüht, die Worte bei ihrem gar nicht vorhandenen objektiven Sinn festzuhalten, um sie herum fein abgezirkelte Kreise im Flugsand zu zeichnen, die der nächste Wind verwehen wird; ihre Aufgabe liegt darin, den subjektiven Sinn der Worte, deren Verhältnis zum Inhalt des Bewußtseins, dem positiven sowie dem negativen, zu bestimmen; aus den Worten im Zusammenhang mit den sonst bekannten persönlichen Gedankengängen des Urhebers und den gesellschaftlichen Verhältnissen nicht bloß die Vorstellungen, auf denen sie beruhen, sondern auch den Mangel einer Vorstellung zu entnehmen. Der Ausleger hat einen anderen Gesichtskreis als der Urheber; er sieht auch, was dieser übersehen hat, er ist daher in der Lage, die Gegenstände zu bezeichnen, die der Urheber deswegen nicht ausgenommen hatte, weil er sie nicht gesehen hat. Das ist die einschränkende Auslegung der Klassiker. Von der regula Catoniana (quod si testamenti facti tempore decessisset testator, inutile foret, hoc legatum quandocunque decesserit, non valere) sagen die Römer: haec regula in quibusdam falsa est. Das bedeutet, daß die späteren Juristen einige Fälle entdeckt haben, für die sie nicht paßt, weil ihr Urheber, als er die Interessenabwägung vornahm, an sie nicht gedacht hatte. Der erste Entwurf des deutschen Bürgerlichen Gesetzbuches enthält die Vorschrift, das Recht des Eigentümers eines Grundstückes erstrecke sich auf den Raum über der Oberfläche und den Erdkörper unter der Oberfläche. Gierke fragte, ob der Eigentümer einer Alpe werde von der Eisenbahnbauunternehmung enteignet werden müssen, die in einer Tiefe von mehreren tausend Metern darunter einen Tunnel bohren will, und der Eigentümer eines Ackers den Luftschiffer wegen Besitzstörung werde verklagen können, der ihn hoch oben überfliegt. Wäre der Rechtssatz vor zweihundert Jahren verkündet worden, so wäre es zweifellos, daß sein Urheber diese Interessengegensätze nicht erwogen hat, denn solche Dinge wie Tunnelbau und Luftschiffahrt gab es damals noch nicht. Die Verfasser des Entwurfs haben den Inhalt des Eigentums in hergebrachter Weise bestimmt, ohne zu bedenken, daß die Fortschritte der Technik eine neuerliche Interessenabwägung fordern. Da der Entwurf eine solche nicht enthält, so hätte man ihn auch nicht so auffassen dürfen, als ob er sie enthalten würde: seine Worte müßten einschränkend ausgelegt werden. Erst nachdem Gierke darauf aufmerksam gemacht hatte, wurde der Interessenkreis des Eigentümers gegenüber dem des Tunnelbohrers und des Luftschiffers abgewogen und dem Eigentümer im Bürgerlichen Gesetzbuch ausdrücklich der rechtliche Schutz versagt. Als in den neunziger Jahren des vorigen Jahrhunderts das Reichsgericht die Verurteilung einer Bäuerin, die ihrer Tochter die landesübliche Probenacht mit dem Bräutigam gestattete, wegen Kuppelei, als zu Recht bestehend, bestätigte, wurde das von der öffentlichen Meinung in Deutschland heftig bekämpft, zumal mit dem Hinweis darauf, daß die Kuppelei eine der zwei strafbaren Handlungen ist, bei denen nach dem Strafgesetze der Verlust der Ehrenrechte bei der Verurteilung unbedingt ausgesprochen werden müsse. Das ist eine richtige Deutung des Gesetzes aus den Gedankengängen des Gesetzgebers und den gesellschaftlichen Zusammenhängen. Zum Schutze der gesellschaftlichen Interessen gegen strafbare Angriffe ist nach den Grundsätzen des deutschen Strafrechts die Hauptstrafe da; der Verlust der Ehrenrechte soll darüber hinaus als Nebenstrafe verhängt werden, um aus Anlaß von Straftaten aus ehrloser Gesinnung nicht nur das besondere gesellschaftliche Interesse vor dem Angriff, sondern auch die Gesellschaft vor dem ehrlosen Täter zu schützen. Da der Gesetzgeber mit der Strafe der Kuppelei unter allen Umständen den Verlust der Ehrenrechte verbunden hat, so dachte er offenbar nicht an eine Tat, die, wie die Gestattung der Probenacht, im Einklange mit den sittlichen Anschauungen des Kreises, dem der Täter angehört, nicht von einer ehrlosen Gesinnung zeugen würde. Strafpolitisch mag immerhin der Schutz des gesellschaftlichen Interesses an der Unbescholtenheit des Kindes auch beim Fehlen einer ehrlosen Gesinnung der Eltern geboten sein: aber angesichts des Satzes, daß jede Strafe ein Strafgesetz voraussetze, müßte, da das Gesetz nur für den Fall der Verkuppelung des Kindes aus ehrloser Gesinnung eine Interessenabwägung und Schutzgewährung enthält, die Freisprechung erfolgen. Die Schwierigkeit beim bekannten Tierhalterfalle des deutschen Bürgerlichen Gegesetzbuches liegt darin, daß der Gesetzgeber, der den Tierhalter ganz allgemein zum Ersatze des durch das Tier angerichteten Schadens verhält, keine Interessenabwägung für den Fall vorgenommen hatte, daß der Schaden nur durch eine vom Tierhalter dem Beschädigten auf dessen Bitte unentgeltlich erwiesene Gefälligkeit möglich geworden wäre. Die Auslegung hätte die Bestimmung im vorhinein auf die Interessenlage, die vom Gesetzgeber erwogen worden ist, beschränken und einen solchen Schadenersatzanspruch ausschließen müssen. Die „Verkehrssitte", die Danz heranzieht, könnte das allerdings nicht bewirken, denn sie vermag doch ein Gesetz nicht außer Kraft zu setzen; sie ist, wie ich schon in meiner Stillschweigenden Willenserklärung ausgeführt habe, bloß für die Auslegung der Privatwillenserklärung maßgebend. Die österreichischen Gerichte haben Mietzinsklagen für Wohnungen in dem vom Feinde besetzten Gebiete abgewiesen, da der Gesetzgeber, als er den Mietzinsanspruch regelte, nicht voraussetzte, die Wohnung könnte infolge eines feindlichen Einfalls unbenützbar werden.

In meiner Jugendschrift: Über Lücken im Rechte meinte ich, hier überall liege eine Lücke vor: es fehle entweder an einem Rechtssatz, der alles umfaßt, wofür ein Rechtssatz notwendig wäre (die vorhandenen Rechtssätze sind zu eng), oder an einem Rechtssatz, der einen anderen Rechtssatz, der zu weit ist, auf das einschränkt, wofür dieser eine richtige Entscheidung enthält. Dem stimmt Zitelmann im wesentlichen zu, der hier von „unechten" Lücken spricht. Aber in Wirklichkeit besteht nur eine Lücke im Brinzschen Sinne, eine Lücke auf seiten des Rechtssuchenden, die dieser nicht auszufüllen versteht, durch eine Auslegung, die den ganzen Inhalt des Bewußtseins seines Urhebers ausschöpft und den Rechtssatz nicht weiter wirken läßt, als es sein Urheber vorbedacht hatte. Von einer Lücke im Rechte im Sinne meiner Jugendarbeit, von einer echten Lücke im Sinne Zitelmanns, kann nur die Rede sein, wenn eine Entscheidung auch bei durchaus wissenschaftlicher Auslegung der Rechtssätze nicht gewonnen werden kann.

Wird der Rechtssatz durchweg im Sinne seines Urhebers ausgelegt, wird er also tatsächlich auf die Verhältnisse und Interessengegensätze bezogen, für die er im Sinne seines Urhebers gelten sollte, dann wird er nicht leicht zu den „unerträglichen" Entscheidungen führen, über die so häufig geklagt wird. Für das, was er in seinem Geiste erwogen und abgewogen, wird der Urheber regelmäßig auch angemessen verfügt haben. Die „unerträglichen" Entscheidungen entstehen in der feständischen europäischen Rechtsprechung gewöhnlich nur dadurch, daß die Rechtssätze, dank der höchst sophistischen „juristischen Logik", auf Fälle angewendet werden, auf die sie im Sinne ihres Urhebers nie hätten angewendet werden sollen. Auch wird es bei einer Auslegung, die der Absicht der Urheber der Rechtssätze vollständig gerecht wird, nicht oft an Rechtssätzen für die an Zahl überwiegenden Rechtsfälle mangeln, die das tägliche Brot des Juristen bilden. Unser Vorrat an Rechtssätzen, von einer tausendjährigen Erfahrung geliefert, befriedigt zweifellos leidlich wenigstens das dringende Bedürfnis. Bekanntlich arbeitet der Jurist zum großen Teil nach der Schablone, vielfach sogar nach fertigen Formularien; die Schablone und das Formular ist aber stets Ausdruck eines in der Rechtsübung enstandenen Rechtssatzes. Im römischen und englichen Legisaktionen- und Formularverfahren entwickelte sich das materielle Recht ganz überwiegend im Anschluß an die hergebrachten Formularien. Schon Ihering hat es erkannt, die Legisaktionen seien nichts anderes gewesen als eine bestimmte Form, das Gesetz (richtig: den Rechtssatz) zu zitieren. Für neue Fälle gibt es allerdings zunächst keine Schablone und kein Formular, sie entsteht aber recht bald, wenn diese Fälle für die Rechtsübung wichtig werden: so hat sie sich bereits gebildet für die Abzahlungsgeschäfte, die erst seit etwa drei Jahrzehnten die Gerichte befassen. Nur für seltene, schwere und verwickelte Fälle kann es an Rechtssätzen fehlen, eben deswegen, weil sie nicht vorausgesehen werden können.

II. Die praktische Behandlung des Rechtssatzes

Wäre die Jurisprudenz eine reine Wissenschaft vom Rechte, die keine anderen Zwecke verfolgt, als das Recht zu erkennen, dann würde der Beweis genügen, daß nur die historische Auslegung des Rechtssatzes dessen Erkenntnis fördert, um jede andere Behandlung des Rechtssatzes endgültig aus der Jurisprudenz zu verweisen. Aber die Zwecke der Jurisprudenz sind nicht wissenschaftliche, sondern praktische; sie soll nicht der Erkenntnis des Rechts, sondern der Rechtspflege dienen. Um zu zeigen, daß die Jurisprudenz die historische Auslegung verwerten müsse, genügt es, den Beweis zu erbringen, daß diese den Zwecken der Rechtspflege durchaus entspricht. Soweit die Rechtspflege mit der historischen Auslegung des Rechtssatzes ihr Auslangen findet, muß sie ihr folgen, nicht aus wissenschaftlichen, sondern aus praktischen Gründen; denn das ist gerade ihr Zweck, die Rechtsstreitigkeiten nach den ihr in den Rechtssätzen gegebenen Weisungen zu entscheiden, und über den Inhalt der Weisungen gibt ihr nur die historische Auslegung Auskunft. Wozu wären denn die Rechtssätze da, wenn sie nicht angewendet werden müßten? Nicht deswegen stellt die Jurisprudenz die Ergebnisse der historischen Auslegung in ihren Dienst, weil sie die wissenschaftliche Wahrheit über den Rechtssatz enthalten, sondern deswegen, weil sie ihr das sagen, was sie für ihre praktischen Zwecke braucht.

In der letzten Zeit wurde allerdings mehrmals der „objektiven" Auslegung der Rechtssätze als Grundlage der Rechtspflege das Wort geredet. Eine wirklich objektive Auslegung gibt es, wie bereits dargetan worden ist, nicht; was man so nennt, ist immer eine subjektive Auslegung vom Standpunkte des Hörenden, verschieden, je nachdem dieser mehr oder weniger Richtiges oder Falsches über die persönlichen Beziehungen des Redenden und die begleitenden Umstände der Rede weiß oder erfährt, und sie nähert sich der subjektiven Auslegung vom Standpunkte des Redenden, je besser der Hörende von den persönlichen Beziehungen und begleitenden Umständen unterrichtet ist. Diese angeblich „objektive" Auslegung wäre daher für jeden Hörenden eine andere.

Sollte aber mit der Forderung einer objektiven Auslegung gesagt sein, sie müsse sich nur an die objektive, durchschnittliche Bedeutung der Worte, mit Ausschluß jeder Rücksicht auf die persönlichen Beziehungen und begleitenden Umstände halten, so würde man einfach etwas Unmögliches verlangen. Abgesehen davon, daß auch die durchschnittliche Bedeutung der Worte ganz erheblich schwankt, so weiß doch jeder Zeitgenosse etwas über die persönlichen Beziehungen der Urheber von Rechtssätzen und die begleitenden Umstände des Rechtssatzes: ohne ein gewisses Mindestmaß solcher Kenntnisse ist ein Verstehen fremder Rede, geschweige denn eines Rechtssatzes, überhaupt ausgeschlossen. Wer könnte denn die jetzt geltenden Kriegsgesetze verstehen ohne Rücksicht darauf, daß sich in diesem Augenblicke die Völker Europas gegenseitig zerfleischen. Würde man die Kenntnisse des Durchschnittsmenschen als Maßstab nehmen, so hätte man einen Maßstab, der notwendig von Mensch zu Mensch wechselt. Ist ein Rechtssatz mißverständlich, so wird er wohl von jedem Menschen in anderer Weise mißverstanden werden. Anderseits ist es eine harte Zumutung an den, der den Rechtssatz dank seiner besseren Kenntnisse richtig versteht, daß er auf das Verständnis verzichte, weil andere den Rechtssatz mißverstehen. Wollte man mit einer solchen Auslegung dem Laien Rechnung tragen, der sich nur an den „objektiven Sinn" halten könne, so gibt man dem Laien mehr, als er brauchen kann. Vom Wortlaute des Rechtssatzes werden dem Laien kaum je mehr als einige epigrammatisch zugespitzte Sätze bekannt, wie sie besonders im Code civil vorkommen, und bei diesen ist am wenigsten mit dem objektiven Sinn anzufangen. Welches ist der objektive Sinn eines der bekanntesten Rechtssätze des Code civil: En fait de meubles, la possession vaut titre? Rechtssätze, die Entscheidungsnormen enthalten, sind mit seltenen Ausnahmen keine „Kulturnormen", sie sind daher gar nicht an die großen Massen des Volkes gerichtet, sondern an die Juristen, zumal an die Gerichte und Verwaltungsbehörden. Ins Volk dringt tatsächlich nur der Inhalt der auf Grund der Rechtssätze erflossenen gerichtlichen Entscheidungen und behördlicher Verfügungen, die das wichtigste Publikationsmittel der Rechtssätze sind. Sollte einmal der schöne Traum in Erfüllung gehen, daß die Kinder in den Schulen die Grundzüge der Rechtsordnung lernen, so dürften es wieder nicht die nackten Rechtssätze sein, sondern die wichtigsten Ergebnisse der Rechtsprechung und der Jurisprudenz.

Ebenso gedankenlos ist es, wie es jetzt versucht wird, an Stelle der Auslegung im Sinne des Urhebers des Rechtssatzes eine „teleologische" Auslegung nach dem Zwecke setzen zu wollen. Denn darunter sind nicht etwa die Zwecke des Urhebers zu verstehen, deren Erforschung jede Auslegung voraussetzt: eine solche Lehre wäre zwar ganz unanfechtbar, aber auch vollständig überflüssig. Sondern es sind damit Zwecke gemeint, die der Anwender des Rechtssatzes für anstrebenswert hält. Damit würde man dem Richter das Recht geben, die Zwecke des Urhebers zu vereiteln, unter dem Deckmantel der Auslegung des Rechtssatzes eigene Zwecke zu verfolgen und vor allem die Maßnahmen des Staates auf dem Rechtsgebiete zu lähmen. Das alles muß nach der modernen Auffassung der Rechtshoheit des Staates entschieden abgelehnt werden. In der erwähnten Sensensache würde der Richter seine Stellung in Staat und Gesellschaft gewiß arg verkennen, wenn er, über den Zweck der Ministerialverordnung im klaren, doch den Verfall der Sensen, auf denen die Marke erst, nachdem sie verfertigt worden sind, auf das neuerlich glühend gemachte Eisen angebracht worden wäre, aus dem Grunde nicht anerkennen wollte, weil er einen derartigen Schutz der kleinen Gewerke, wie ihn die Verordnung anstrebte, mißbilligte, obwohl dafür zweifellos sehr gute Gründe vorhanden wären.

Für die Rechtspflege ist daher nur die historische Auslegung maßgebend, denn die Rechtspflege hat die Aufgabe, das durchzuführen, was der Urheber im Rechtssatze anordnen wollte, und weil nur die historische Auslegung darüber, was der Urheber anordnen wollte, Aufschluß gibt. Dieser Satz enthält den Grundgedanken aller historischen Juristenschulen von Cuiacius bis Savigny, und er würde den Grundgedanken jeder auf richterliche Zwecke angelegten Jurisprudenz enthalten, hätte die Rechtspflege wirklich nur diese eine Aufgabe, daß, was ihr der Urheber im Rechtssatze vorschrieb, ins Werk zu setzen. Daß aber die Rechtspflege, die älter ist als die Rechtssätze, einst ohne sie entscheiden mußte, ist eine dem Rechtshistoriker geläufige Tatsache. Daß auch heute noch dort, wo es keine Rechtssätze gibt, die Rechtspflege auf einer anderen Grundlage vorgehen muß, dürfte gegenwärtig nur noch von wenigen bestritten werden. Der Grundgedanke der historischen Schule kann daher nur auf dem beschränkten Gebiete infrage kommen, wo es die Rechtspflege überhaupt mit Rechtssätzen zu tun hat, und auch hier erstehen für die Rechtspflege zahlreiche Aufgaben, die sich mit der Aufgabe, die Anordnung des Rechtssatzes durchzuführen, kreuzen und sie davon abbiegen können. Und infolgedessen wird der praktische Jurist den Rechtssatz häufig anders behandeln müssen als der Rechtsforscher.

Es gibt Fragen, die der Urheber des Rechtssatzes, obwohl sie mit dessen Inhalt im engsten Zusammenhange stehen, sich gar nicht vorgelegt hat, auf andere hat er die Antwort absichtlich, zuweilen sogar ausdrücklich, abgelehnt. Es wäre selbstverständlich vergebliche Mühe, die Lösung solcher Fragen von der Erforschung des Bewußtseinsinhalts des Urhebers zu erwarten, denn dort ist sie zweifellos nicht enthalten. Der Forscher muß sich damit begnügen, einfach festzustellen, daß der Rechtsatz keine Antwort auf die ihm vorgelegte Frage gibt. Der praktische

Jurist aber, der kein Forscher ist, sondern der Rechtspflege dienen will, darf auch die Fragen, die der Rechtssatz nicht beantwortet, wenn sie an die Rechtspflege herantreten, nicht übersehen, er darf auch nicht ablehnen, auf sie einzugehen. Die Entscheidung, die er keinem Rechtssatz mit Hebeln und mit Schrauben abpressen kann, muß er auf dem Wege gewinnen, auf dem überhaupt die juristischen Entscheidungen von Interessengegensätzen liegen: dadurch, daß er selbständig die in Gegensatz geratenen Interessen abwägt und dem Interesse, das er selbst als das höhere ansieht, den Schutz der Gerichte verschafft. Die Verfasser der österreichischen Grundbuchordnung haben sich nachweisbar damit gar nicht befaßt, welche Wirkung die Abtretung des bücherlichen Vorrangs einer Hypothek auf die dazwischenliegenden Hypotheken ausübt. Der Streit zwischen Strohal und Exner darüber, im Geiste der klassischen Jurisprudenz abgeführt, bezog sich scheinbar auf die Frage der dinglichen oder obligatorischen Wirkung der Vorrangsabtretung; in Wirklichkeit wurden aber von ihnen die Interessen der Hypothekargläubiger, die das Übereinkommen abgeschlossen hatten, gegen die anderen unbeteiligten Hypothekargläubiger abgewogen, und es wurde von Strohal der dinglichen, von Exner der obligatorischen Wirkung der Vorzug gegeben, weil nach ihrer Ansicht dabei die Interessen, die sie höher bewerteten, besser wegkamen. Die Verfasser des deutschen Bürgerlichen Gesetzbuchs gingen davon aus, daß die Lösung verschiedener Fragen der „Wissenschaft“, genauer gesprochen, der praktischen Jurisprudenz überlassen werden müsse; infolgedessen wimmelt es im Gesetzbuch von Fragen, die nach Auskunft der Motive und Protokolle mit Absicht unerledigt gelassen wurden. Hier kann die Entscheidung doch zweifellos auch nicht anders gefunden werden, als durch eigne Interessenabwägung des Richters. Aber auch unabsichtlich ist im Bürgerlichen Gesetzbuch vieles ohne Lösung geblieben. Als ich an meiner Schrift: „Das zwingende und nicht zwingende Recht im Bürgerlichen Gesetzbuch für das Deutsche Reich“ arbeitete, überzeugte ich mich, daß es bei einer großen Zahl von Rechtssätzen unmöglich ist, zu sagen, ob sie zwingend oder nicht zwingend seien, nicht bloß deswegen, weil das Gesetz zufällig sich darüber nicht ausspricht, sondern wenigstens zum Teil auch deswegen, weil sich die Verfasser des Gesetzbuchs selbst dieser Frage überhaupt nicht bewußt geworden sind. So gibt es, um nur eines zu erwähnen, nirgends eine Andeutung darüber, ob gegenüber der Vorschrift, daß eine an einem Sonn- oder Feiertag fällige Forderung am nächsten Werktag zu erfüllen sei, doch die Erfüllung an einem Sonn- oder Feiertag vereinbart werden dürfe. Dem gelehrten Rechtsforscher genügt es, festzustellen, was das Gesetz entscheidet und was es unentschieden läßt; aber der Praktiker kann der Entscheidung nicht ausweichen, ob die gesetzlichen Rechtswirkungen ohne Rücksicht auf den Parteiwillen eintreten müssen, oder durch eine Parteierklärung ausgeschlossen werden können. Ein Werk der praktischen Jurisprudenz, wie es das meinige war, mußte sich daher auch darüber aussprechen, welche Kraft den Rechtssätzen zukomme, wenn sich aus dem Gesetze selbst nichts darüber ergab. Ich richtete mich, wie ich in der Vorrede erkläre, nach dem „gesetzgebungspolitischen Charakter des Rechtsinstituts", auf das sich die Rechtssätze beziehen; heute würde ich sagen: ich habe selbständig die Interessen, die dabei in Betracht kamen, gesetzgebungspolitisch erwogen. Ich hielt daher unter anderem die erwähnte Vorschrift über die an einem Sonn- oder Feiertage fällige Forderung für zwingend, da damit wichtige sittliche und religiöse Interessen verknüpft seien. Es wurde mir eingewendet, daß es danach unmöglich wäre, einen Dienstmann für einen Sonn- und Feiertag zu bestellen. Das dürfte durchgreifen, und es wird daher notwendig sein, von der Vorschrift, wenn sie zwingend bleiben soll, einzelne Fälle auszunehmen. Zu dieser Lösung gelangt man aber offenbar nicht durch eine Auslegung des Gesetzes, die zu keinem Ergebnis führen kann, weil das Gesetz nichts darüber bestimmt, sondern durch Berücksichtigung der Interessen, die in Nachteil geraten, wenn meine Auffassung durchdringen würde. Die Kritik nahm jedoch an meinem ganzen Verfahren Anstoß: eine Entscheidung auf Grund des gesetzgebungspolitischen Charakters des Rechtsinstituts sei nicht im Gesetze begründet; vielmehr müßten Rechtssätze des Obligationenrechts im Zweifel als nicht zwingend, Rechtssätze des Sachenrechts als zwingend gelten. Steht das aber vielleicht im Gesetze? Die Anhänger der herrschenden Lehre entnehmen daher ebenfalls das Kennzeichen nicht dem Gesetze, sondern einer Interessenabwägung: aber nicht, wie ich, einer Abwägung der Interessen in jedem einzelnen Falle, sondern einer schablonenhaften, oberflächlichen Interessenabwägung, die das ganze Sachen- und das ganze Forderungsrecht des Bürgerlichen Gesetzbuchs über einen Leisten spannt. Da übrigens das Sachenrecht des Bürgerlichen Gesetzbuchs zahlreiche forderungsrechtliche, das Forderungsrecht häufig sachenrechtliche Rechtssätze enthält, so käme es gar nicht auf den Inhalt der Anordnung an, sondern auf die Stelle, wo sie steht. Überdies versagt das Kennzeichen für das ganze Familienrecht und Erbrecht.

Bei Fragen, die der Gesetzgeber nicht erledigt, läßt die historische Auslegung den praktischen Juristen notwendigerweise allein. Wie verhält sich aber der Forscher zum praktischen Juristen dort, wo der Rechtssatz auf die Rechtsfrage eine Antwort gibt, deren Sinn ganz unfaßbar oder schwer feststellbar ist? Und ein gewisser geheimnisvoller Rest davon ist in den meisten Rechtssätzen vorhanden, denn schließlich ist ein Mensch dem anderen immer zum guten Teil ein Rätsel. Für die moderne Rechtsauffassung steht der Grundsatz fest, daß der zuständige Richter die Entscheidung deswegen nicht ablehnen darf, weil er über das Recht sich nicht im klaren ist; der Code civil, der ein solches Verfahren als Rechtsverweigerung kennzeichnet, hat damit nur ausgesprochen, was heutzutage bei allen Völkern der europäischen Gesittung in Geltung ist. Die Wissenschaft muß auf die Lösung einer unlösbaren Frage verzichten und kann bei jeder Frage warten, bis sie gelöst ist; für die praktische Jurisprudenz gibt es keine Fragen, auf deren Lösung verzichtet wird, und sie können auch nicht auf unabsehbare Zeit vertagt werden, bis sie gelöst sind, denn in der Rechtspflege fordert jeder Tag sein Recht. Die praktischen Interessen, die für den Richter im Vordergrund stehen und hinter die das Interesse der Erkenntnis weit zurücktreten muß, verlangen gebieterisch, daß der Sinn des Urhebers die Rechtspflege nur so weit bestimmt, als er im gegebenen Zeitpunkte erkennbar ist. Selbst der strengste Vertreter der historischen Richtung, selbst ein Savigny und Puchta haben wohl der Gesetzgebung, nicht aber der Jurisprudenz Halt geboten, bis die Rechtsgeschichte mit ihrer Arbeit fertig wird; sie haben gelehrt, daß die praktische Jurisprudenz die rechtsgeschichtlichen Ergebnisse verwerten müsse, aber doch nur, soweit sie ihr bereits vorliegen, das bedeutet aber schließlich doch nur, daß der Richter, der auf Grund eines Rechtssatzes entscheiden soll, das selbst auf die Gefahr hin tun muß, den Rechtssatz falsch anzuwenden. Die praktische Jurisprudenz muß sich daher bei einem augenblicklich oder dauernd unverständlichen Rechtssatze immer noch fragen, wie sich der Richter ihm gegenüber zu verhalten habe. Die gemeinrechtlichen Juristen hatten für diesen Fall eine Reihe von Haushaltungsregeln, über deren Unwert gegenwärtig wohl keine Meinungsverschiedenheit besteht (in dubio mitius, in dubio pro reo, in dubiis contra fiscum u. a. m.); aber sie bringen doch alle den richtigen Gedanken zum Ausdruck, daß der Richter einem Rechtssatz, dessen Sinn er nicht enträtseln kann, den Sinn beilegen soll, der ihm der gerechteste scheint. Das ist nichts Willkürliches, es beruht auf der Psychologie des Richteramtes. Der Richter, der den Rechtssatz mißversteht, wird ihn so anwenden, wie er ihn versteht, er wird sich also an seinen „objektiven" Sinn halten, der nichts anderes ist, als der subjektive Sinn vom Standpunkte des Richters. Er wird dabei zuweilen zu einer Entscheidung gelangen, die dem, was er selbst ohne Rücksicht auf einen Rechtssatz für angemessen halten würde, widerspricht, aber viel öfter wird durch das Mißverstehen nur seine eigene Auffassung des Falles durchbrechen: denn es ist ein Gesetz des menschlichen Denkens, daß wir, wenn uns keine störenden Einflüsse ablenken, das, was wir für zweckmäßig halten, auch als objektiv richtig betrachten. Das menschliche Denken ist eben von Hause aus nicht eine für wissenschaftliche Aufgaben, sondern für praktische Zwecke eingerichtete Maschine. Das aber, was der Richter unwillkürlich tut, wenn er den Rechtssatz mißversteht, muß er mit Absicht tun, wenn er sich überzeugt, daß er den Rechtssatz nicht versteht; da er nicht weiß, wie der Urheber des Rechtssatzes die Interessen abgewogen und wie er ihnen Schutz gewährt hat, so nimmt er die Interessenabwägung selbständig vor und gewährt dem Interesse den Schutz, das er selbst höher bewertet. Er wird nicht einer Entscheidung den Vorzug geben, die er nicht billigt, wenn ihn dazu keine unmißverständliche Anordnung des Gesetzes zwingt. Wer die unübersehbare gemeinrechtliche Literatur über die Justinianische Konstitution, die die Voraussetzungen der Novation neu geregelt hat, einigermaßen kennt, wird zugeben, daß die gemeinrechtlichen Juristen, nachdem sie sich überzeugten, daß das Gesetz keinen vernünftigen Sinn ergibt, nur mehr bestrebt waren, ihm den Sinn zu unterlegen, den sie für richtig hielten: die bittere Bemerkung von Puchta gegen Vangerow hat das übrigens deutlich ausgesprochen. Eine richterliche Entscheidung, die das Gesetz nicht auslegt, sondern ihm einen eigenen Sinn unterlegt, ist aber nicht mehr die Entscheidung des Urhebers, sondern des Richters: der Richter ist dazu gezwungen durch die praktischen Forderungen seines Berufs. Damit ist nicht gemeint, daß der Richter berechtigt ist, den Rechtssatz nach seinen eigenen Zweckmäßigkeitsgründen auszulegen: diese Lehre, die heute vielfach vertreten wird, ist durchaus verwerflich. Solange der Richter den Rechtssatz auslegt, hat er nach den Zweckmäßigkeitserwägungen des Urhebers zu fragen, nicht nach seinen eigenen. Dabei geht nicht nur die Zweckmäßigkeit, die er beim Urheber erkennt, sondern auch die, die er bei ihm nur vermutet, seiner eigenen Zweckmäßigkeit vor; denn in der Wissenschaft gibt es keine feste Grenze zwischen Gewißheit und Vermutung, die wissenschaftliche Gewißheit ist immer nur eine hohe Wahrscheinlichkeit. Die eigene Interessenabwägung und Schutzgewährung des Richters ersetzt erst dann die des Urhebers, wenn er das Auslegen aufgibt, und das kann er nur tun, wenn er weiß, daß die Auslegung zu keinem Ziele führt. Nicht das ist eine Zweckmäßigkeitsfrage, was die Auslegung ergeben soll, sondern was man tun soll, wenn die Auslegung schlechthin versagt. Die Auslegungsfragen selbst sind dagegen wissenschaftliche, nicht praktische Fragen, die man nie nach der Zweckmäßigkeit behandeln darf.

Bekanntlich hat Ihering bewiesen, daß die *wörtliche* Auslegung des Rechtsgeschäfts und des Rechtssatzes, die so ziemlich dem entspricht, was hier als Auslegung nach dem objektiven Sinne bezeichnet wird, im älteren römischen Recht vorgeherrscht habe. Das scheint auch anderwärts in den Anfängen der Gesetzgebung so gewesen zu sein. Es geschah aber nicht, weil sie dieser Auslegung bewußt vor der wissenschaftlichen Erforschung des Sinnes den Vorzug gegeben hätten, sondern bloß deswegen, weil sie keiner anderen fähig waren als der, die an dem äußeren Eindruck der Worte haftet. Wenn unsere Ahnen in der Scheibe des Mondes das Gesicht eines Riesen sahen, so beruhte das auch nicht auf einem Entschlusse, sie so zu deuten, sondern darauf, daß sie der Kenntnisse und Mittel der modernen Astronomen entbehrten: sie hätten auch wohl einen, der ihnen die richtigere Vorstellung vom Monde beizubringen suchte, für einen Narren oder einen bösen Zauberer gehalten. Man läßt sich bei der Auslegung des Rechtssatzes vom sogenannten objektiven Sinn der Worte leiten, weil die Kraft und die technischen Mittel fehlen, tiefer einzudringen, und weil man der feineren geistigen Arbeit mißtraut, der man noch nicht recht zu folgen vermag. Die Jurisprudenz und Rechtspflege verwertet immer die beste Auslegung, über die sie verfügt, aber in den Anfängen der Gesetzgebung verfügt sie über keine bessere, als über die ganze oberflächliche, am Worte haftende, die wir heute die wörtliche nennen. Die wörtliche Auslegung ist daher nicht eine besondere Art der Auslegung oder der Ausdruck einer bestehenden Rechtsregel, sondern der naive, unbeholfene historische Ausgangspunkt der Auslegungskunst überhaupt; die Jurisprudenz dagegen, die bereits auf der Höhe ihres technischen Könnens steht, strebt beim Rechtssatz die Auslegung im Sinne seines Urhebers, beim Rechtsgeschäft die Auslegung nach Treu und Glauben an. Von einer wörtlichen Auslegung der Rechtssätze ist im entwickelten römischen Rechte keine Rede mehr, nur noch von einem strengen Verfahren und einer strengen Auslegung der Willenserklärungen. Das strenge Verfahren war ein archaistisches, an gewissen altüberlieferten, soviel wir wissen, meist negativen Regeln festhaltendes Verfahren: Ausschluß der Verurteilung zu einer geringeren als der begehrten Summe, Ausschluß gewisser Beweismittel (?), Ausschluß vieler Einreden, Notwendigkeit, die Einrede in die Formel einschalten zu lassen. Die strenge Auslegung gewisser Rechtsgeschäfte (zumal der Stipulation) hing damit zusammen, daß sie im strengen Verfahren geltend gemacht werden mußten, in dem die überlieferten alten Auslegungsgrundsätze geübt worden sind. Die heutige Jurisprudenz bezeichnet als streng eine Auslegung, die sich an den Sinn des Rechtssatzes hält und jede Milderung, um ein gerechteres Ergebnis zu erreichen, ablehnt. Gewöhnlich handelt es sich dabei um eine Auslegung, die die feineren Schattierungen des Sinnes außer acht läßt, auf die psychischen Obertöne und die unausgesprochenen Voraussetzungen des Urhebers nicht eingeht, also eine rohe, plumpe, daher auch unrichtige Auslegung. Bei Rechtsgeschäften gibt es noch jetzt eine strenge Auslegung der Erklärungen, die für eine unbestimmte größere Zahl von Personen zu wirken bestimmt sind (Ordre- und Inhaberpapiere, zumal Wechsel, grundbücherliche Erklärungen). Würde man sie wissenschaftlich auslegen wollen, so müßte man sie vielleicht verschiedenen Beteiligten gegenüber verschieden deuten: man bleibt daher bei einem unwissenschaftlichen Durchschnittssinne stehen, der einzelnen Beteiligten gegenüber falsch sein mag, aber dafür allen gegenüber gleichmäßig ist. Dasselbe geschieht oft bei vollstreckbaren Urkunden, um von der zur sorgfältigen Erforschung des Sinnes notwendigen Beweisaufnahme abzusehen.

Ähnlich wie bei unverständlichen Rechtssätzen ist die Lage bei Rechtssätzen, die einander widersprechen. Die herrschende Lehre, die sich, teils auf Grund der Anordnung Justinians, teils von der Vorstellung von der Einheit des Rechts geleitet, berechtigt fühlt, einen Rechtssatz immer mit Rücksicht auf den anderen einschränkend auszulegen, ist nur so weit begründet, als ein Rechtssatz tatsächlich mit Rücksicht auf den anderen verfaßt worden ist; ob das geschehen, muß sogar bei den Justinianischen Rechtsbüchern immer erst eingehend geprüft werden. Sucht man Rechtssätze, die unabhängig voneinander entstanden sind, durch Interpretationskunststücke miteinander in Einklang zu bringen, dann legt man offenbar nicht aus, sondern unter; man gelangt damit zu Entscheidungen, die sowohl dem Sinne des einen als auch des anderen Rechtssatzes widersprechen, oder überhaupt keinen Sinn haben. Der Satz, daß der jüngere Rechtssatz den älteren aufhebt, kann nur anerkannt werden, wenn der Urheber des jüngeren Rechtssatzes den älteren außer Kraft zu setzen wirklich im Sinne hatte. Trifft weder das eine noch das andere zu, dann ist es Sache der Interessenabwägung, zu bestimmen, welcher Rechtssatz gelten soll und in welchem Umfange er bestehen bleibt. In der Tat wird an dem Satze, das ältere Recht werde durch das neue aufgehoben, stets nur in diesem beschränkten Umfange festgehalten. So entsteht bei den modernen Verfassungsgesetzen über die persönliche Freiheit, Freiheit der Meinungsäußerung, Freiheit des religiösen Bekenntnisses sehr häufig die Frage, wie weit das ältere damit nicht übereinstimmende Strafrecht und bürgerliches Recht aufgehoben sei. Steht die Absicht des Gesetzgebers, älteres Recht außer Kraft zu setzen, fest, dann gehen die Verfassungsgesetze dem älteren Rechte zweifellos vor. Trifft das nicht zu, dann wird vom Richter nach freier Interessenabwägung erkannt, was vom älteren Recht in Geltung bleiben soll. Bei der liberalen Strömung der sechziger und siebziger Jahre des vorigen Jahrhunderts war die Rechtsprechung in Deutschland und Österreich den Interessen, denen die neueren Verfassungsgesetze dienen, günstiger; seither fällt sie viel häufiger zum Vorteile der Interessen aus, die in älteren Rechtssätzen gewahrt worden sind. Das zeigt wohl am besten, daß es sich nicht um eine Auslegungsfrage, sondern um eine Frage der Interessenabwägung handelt: das intertemporale Recht wird nicht durch Auslegung des neueren Rechts gewonnen, sondern vom Richter frei gefunden. Demgemäß kann auch ein zweifelloser Widerspruch in einem Geestze nicht durch Auslegung gelöst, sondern nur nach Interessenabwägung entschieden werden. So wurde es auch in der Regel gehalten in der gemeinrechtlichen Jurisprudenz bei Widersprüchen in den Justinianischen Rechtsbüchern, und so wird auch heute oft genug vorgegangen. In einem durch die Jahrhundertfeier des österreichischen Bürgerlichen Gesetzbuchs veranlaßten Aufsatze Tezners in der „Neuen Freien Presse“ über die freirechtliche

Bewegung weist der Verfasser, selbst Hofrat beim österreichischen Verwaltungsgerichthofe, darauf hin, daß aus der heutigen, zuweilen höchst nachlässigen, gesetzgeberischen Arbeit, besonders aber aus den Verhandlungen über Gesetzentwürfe in den parlamentarischen Körpern, wo oft Anträge ohne jeden Zusammenhang und einander widersprechend angenommen werden, Gesetze herauskommen, denen überhaupt jeder vernünftige Sinn fehlt. Darauf bemerkt er wörtlich: „Es wäre zu erwägen, ob nicht die Beratung der Fachplena des österreichischen Verwaltungsgerichtshofes, mindestens jene über bedeutsame Rechtsfragen, der Öffentlichkeit zugänglich gemacht werden sollten, um zu zeigen, in welch musterhafter Weise hier infolge des Versagens der parlamentarischen Gesetzgebungsmaschine, durch Zusammenwirken formal geschulter Richter und glänzender Verwaltungspraktiker, gesetzgebungsähnliche Funktionen geübt werden, und wie hier manches eingerenkt wird, was durch eine flüchtige und konfuse Behandlung der Gesetzgebung aus den Fugen gebracht worden ist.“ An sich ist dagegen gewiß nichts einzuwenden, nur handelt es sich dabei zweifellos nicht um Rechtssätze, die vom Gesetzgeber, sondern um solche, die vom Richter herrühren.

Die historische Auslegung läßt den praktischen Juristen ferner notwendigerweise im Stiche wegen der unvermeidlichen Mängel der menschlichen Vorstellungs- und Begriffsbildung. Wir können unsere Gedanken deswegen nie zu Ende denken, weil die Vorstellungen und Begriffe, mit denen wir denken, nichts Abgeschlossenes sind. In seiner Schrift: „Das juristische Denken“, sagt Wurzel darüber: „Würde ich nach der treffendsten Veranschaulichung, nach einer graphischen Darstellung des Begriffs suchen, so möchte ich ihn keineswegs mit einer geometrischen Figur vergleichen. Ich werde vielmehr an eine Photographie mit verschwommenen und langsam sich verflüchtenden Konturen erinnert: beim ersten Anblicke erscheinen sie ganz deutlich, weil wir nur das Zentrum, nur das eigentliche Bild in den Blickpunkt richten; wenn wir aber daran gehen, ihre Grenzen zu fixieren, so sehen wir die früher uns verborgene Unmöglichkeit, zu bestimmen, wo das Bild tatsächlich endet und der Hintergrund anfängt. So hat jeder Begriff der Erfahrungswissenschaften neben einer Kernvorstellung immer eine abklingende Übergangszone und zwar der eine eine breitere, der andere eine schmälere.“ Die Unterordnung des Rechtsfalls unter den Rechtssatz steht offenbar nur dann im vorhinein fest, wenn sowohl das Rechtsverhältnis als auch der Interessengegensatz in den dunklen Kern der Rechtsbegriffe fallen. Je weiter entfernt sie in der abklingenden Übergangszone liegen, je mehr muß der Richter selbst entscheiden, ob die Interessenabwägung des Rechtssatzes dafür noch zutrifft. Käme es in einem Rechtsstreit darauf an, ob ein Haustorschlüssel nach dem deutschen

Bürgerlichen Gesetzbuch Zubehör des Hauses ist, dann würde die Entscheidung ausschließlich vom Gesetzgeber stammen, denn zweifellos ist dieser Fall, als er den Begriff des Zubehörs bestimmte, im Blickpunkt seines Bewußtseins gewesen. Wenn aber der Richter darüber urteilt, ob ein im Hause befindliches Kunstwerk Zubehör des Hauses bildet, dann hat nicht der Gesetzgeber allein, sondern der Richter darüber mitzuentscheiden, ob die Interessen, denen der Gesetzgeber im allgemeinen bei der Regelung des Zubehörs den Vorzug eingeräumt hat, auch bei einem Kunstwerk von der Art, um die es sich im Rechtsstreite handelt, überwiegen, denn dieser Fall gehört bereits in die zweifelhafte Übergangszone. Durch jede Entscheidung über den zweifelhaften Umfang der Begriffe erweitert sich deren dunkler Kern, aber die Übergangszone verschwindet deswegen nicht, denn die neue Entscheidung arbeitet wieder mit Begriffen, die neben dem Kern eine Übergangszone zeigen. Diese ist also nur weiter hinausgerückt worden. Der Begriff der Tötung gehört gewiß dem ältesten Rechtsschatz der Menschheit an, aber es ist noch immer zweifelhaft, ob das Überbringen einer wahren Unglücksbotschaft an einen schwer Kranken, um ihn zu töten, eine Tötung sei. Wird die Frage endgültig bejaht werden, dann wird der Begriff der Unglücksbotschaft, der schweren Krankheit, die Beschaffenheit der Absicht, einen zweifellosen Kern und eine zweifelhafte Übergangszone zeigen. Der historische Forscher wird nichts mehr zu tun haben als darzulegen, was in einem gegebenen Zeitpunkte im Sinne des Urhebers der dunkle Kern, welche die abklingende Übergangszone war; die Interessenabwägung und Schutzgewährung, die zur Lösung der Zweifel führt, ist Sache der praktischen Jurisprudenz.

Schließlich tritt der Gegensatz in der Stellung des historischen Forschers und des praktischen Juristen beim unanwendbaren Rechtssatz mit besonderer Schärfe hervor. Der Rechtssatz schöpft seine Kraft nicht aus sich selbst, sondern aus der Gesellschaft, die durch ihn ihre eigenen Interessen wahrt. Aber die Gesellschaft ist nichts Einheitliches und nichts Bleibendes: und so vermag oft genug eine gesellschaftliche Gruppe dem Ganzen einen Rechtssatz aufzudrängen, der der Gesamtheit verderblich erscheint, und es kann eine Gesellschaft den kommenden Geschlechtern einen Rechtssatz überliefern, der bei ihnen keinen Halt mehr hat. Aberglauben, religiöse, politische, wirtschaftliche oder gesellschaftliche Strömungen haben Interessenabwägungen gezeugt, die bessere Einsicht verwirft, Revolution, Reaktion, äußere Gefahren einen Interessenschutz veranlaßt, der wichtige anderweitige Interessen bedroht, persönlicher und Klassenegoismus ein Maß des Schutzes an sich berechtigter Interessen eingegeben, der sittliche Gefühle verletzt; zuweilen werden die Mittel für die Zwecke so unglücklich gewählt, daß diese dadurch eher vereitelt als gefördert werden. Jede Rechtsordnung schleppt einen schweren Ballast von Rechtssätzen mit, die nach einer geläuterten, modernen Rechtsauffassung verwerflichen, bloß eingebildeten oder gar nicht mehr vorhandenen Interessen dienen. Aber auch an solchem schädlichen Recht hängt das Interesse an der Stetigkeit der Entscheidungsnormen, der Autorität der juristischen Überlieferung und der Gesetzgebung, am Erhalten der durch den Rechtssatz gewährleisteten Machtverhältnisse, bei religiös gefärbtem Rechte auch das Interesse des Glaubens. In den Anfängen der Rechtsentwicklung glaubt man unabänderliches Recht für alle Zeiten schaffen zu können, indem man ihm eine religiöse Färbung gibt. Die Gesellschaft hat solchem Recht gegenüber auf jede fernere Interessenabwägung, aber auch da nie dauernd und durchgreifend verzichtet; bei den Spartanern gegenüber dem Lykurgischen Gewohnheitsrecht, in der Kirche dem ius divinum, im Islam dem Scheriatarechte, in Rom wohl auch den XII Tafeln gegenüber. Soweit der Rechtssatz jedoch nicht in dieser Weise festgelegt war, galt er, nicht bloß in den Anfängen der Rechtsentwicklung, sondern auch viel später, im Altertum und das ganze Mittelalter hindurch, oft nur als autoritative Meinung, oder sogar als eine unverbindliche Belehrung. Schon die Römer haben in der späteren Zeit mit beiden Vorstellungen grundsätzlich gebrochen: es gibt für sie keinen Rechtssatz, der nicht mindestens durch ein Gesetz geändert werden könnte, aber auch keinen, über den sich der Richter ohne weiteres hinwegsetzen dürfte. Damit haben sie aber eine außerordentliche Beweglichkeit des Rechts verbunden, dank dem wunderbaren Ineinandergreifen der Komitialgesetzgebung, des prätorischen Edikts und des Juristenrechts. Wir haben die römischen Grundsätze übernommen, jedoch ohne diese allerdings in ihrer historischen Bedingtheit unnachahmliche Ordnung. Um einen schädlichen Rechtssatz aufzuheben, besitzen wir heutzutage nur die plumpe, träge, an ewigen Reibungen leidende Maschine der Gesetzgebung. Durch den Rechtssatz wird ein Stück der gesellschaftlichen Interessenabwägung endgültig dem Richter entzogen, und sie wäre wieder in seine Hand gelegt, hätte der Richter darüber zu erkennen, ob ihn der Rechtssatz binde. Der Starrheit des Rechts, die dadurch veranlaßt, wirkt auf dem europäischen Festlande entgegen der außerordentlich beschränkte Begriff des für den Richter unbedingt verbindlichen Rechtssatzes. Als solcher gilt nur der Rechtssatz, der durch Gesetz festgelegt, oder in die seltene und an strenge Voraussetzungen gebundene Form des Gewohnheitsrechts übergegangen ist. Das bloße Juristenrecht, solange es noch nicht Gewohnheitsrecht geworden ist, wird auf dem Festlande nur als Ansicht des Juristen oder des Gerichts betrachtet; es braucht daher nicht aufgehoben zu werden, es tritt zurück, sobald eine andere Ansicht bei den Juristen und den Gerichten zur Herrschaft gelangt. In England ergreift der Grundsatz, daß Rechtssätze bloß durch Gesetzgebung außer Kraft gesetzt werden können, das Gesetz und das Juristenrecht. Dem Gesetz ist auch der englische Richter unbedingt unterworfen: die Lehre Cokes und noch Blackstones, die dem Richter in einem beschränkteren Umfange des Recht geben wollten, über die Verbindlichkeit der Parlamentsakte zu entscheiden, ist nicht durchgedrungen. Ebenso starr ist das englische Juristenrecht, wenigstens soweit es common law, nicht equity ist. Denn das common law ist nach der hergebrachten Auffassung nicht ein vom Richter gesetztes, sondern bloß gefundenes und ausgesprochenes Recht; der niedere Richter kann wohl vom höheren des Irrtums überwiesen werden, aber was er als Recht verkündet hat, bleibt, bis es durch höheren Richterspruch überholt (overruled) wird; und an einem Rechtssatz, der von der höchsten Instanz herrührt, kann selbst die höchste Instanz in Zukunft nicht rühren. Das Gesetz steht auch über der equity; dem common law geht zwar die equity vor, aber nur auf ihrem sehr beschränkten althergebrachten Gebiete. Eine Entscheidung in equity verpflichtet nicht so unumschränkt den späteren Richter, wie eine Entscheidung in law, aber es gibt darüber keine festen Grundsätze. Da die Masse des Juristenrechts in England, wie überall, die des gesetzlichen Rechts bei weitem überwiegt, so ist der englische Richter trotz der freien Rechtsfindung nach vielen Richtungen mehr gefesselt als der wenigstens dem Juristenrechte gegenüber unabhängige festländische. Immerhin hat auch hier der Richter viele Möglichkeit, sich mit einem ihm unbillig erscheinenden älteren Recht abzufinden. Sehr wichtig ist es, daß das common law als richterliches Recht sich immer nur auf konkrete einzelne Fälle bezieht. Der Richter ist daher regelmäßig in der Lage, auf kleine Unterschiede in dem ihm vorliegenden und dem älteren Falle hinzuweisen und so eine abweichende Entscheidung zu rechtfertigen. In dem jungen Gemeinwesen der Vereinigten Staaten sind die in England geltenden Schranken vielfach gefallen; zumal der Supreme Court in Washington hält sich für berechtigt, von seinen früheren Entscheidungen abzuweichen.

Tatsächlich ist jedoch der Rechtssatz, auch der gesetzlich festgelegte, keineswegs ein so starres Gebilde, wie es danach den Anschein hätte. Der Richter ist nicht bloß Untertan des Rechtssatzes, sondern auch ein Glied der Gesellschaft, in der er wirkt, und folgt zuweilen bereitwilligst den gesellschaftlichen Kräften, die einem geltenden Rechtssatz widerstreben. Er wagt es zwar nicht, sich dazu offen zu bekennen: aber die Jurisprudenz hat ihm dafür eine mit ganz unverfrorenen Trugschlüssen arbeitende Technik zur Verfügung gestellt, die es ihm regelmäßig gestattet, der gesetzlichen Vorschrift unter dem Deckmantel der Auslegung aus dem Wege zu gehen. Tatsächlich ist der Richter auf dem Festlande dem Gesetze nur so weit unterworfen, als er es nicht hinweginterpretiert: auf diesem Umwege ist die Aufgabe wieder an den Richter gelangt, zu bestimmen, ob er das Gesetz anwenden soll. Es gibt aber auch ganz unzweideutige gesetzliche Bestimmungen, die zuweilen ohne jede weitere Rechtfertigung nicht angewendet werden, allerdings gewöhnlich nur deswegen, weil der zu ihrer Anwendung durch den Richter erforderliche Antrag der staatlichen Verwaltungsbehörde unterbleibt. Am häufigsten kommen Vorschriften außer Übung, wenn das Interesse, das sie wahrnehmen sollen, nicht mehr als schutzwürdig gilt. Seit der Hexenaberglauben verschwunden ist, haben Hexenprozesse aufgehört, obwohl die Hexerei in den Gesetzen stehen blieb. Aus demselben Grunde des mangelnden Interesses wird die österreichische Ministerialverordnung mit Gesetzeskraft vom 27. April 1854, die die Einführung, den Verkehr, das Ansichbringen und die Verbreitung von Geldzeichen der revolutionären Propaganda (Mazzinilosen, Kossuthdollarnoten, Garibaldibons) als Mitschuld am Verbrechen des Hochverrats, den bloßen Besitz von solchen als Vergehen, mit strengem Arrest von drei Monaten bis zu einem Jahre bedroht, seit Jahrzehnten nicht mehr angewendet. Man kann diese Geldzeichen in Wien bequem bei den meisten Händlern mit Altertümern an sich bringen und manchmal sogar in Schaukästen sehen. Dasselbe ist der Fall, wenn der Rechtsschutz, so wie er angeordnet worden ist, den sittlichen Anschauungen maßgebender Kreise widerspricht. Schon oft wurde darauf hingewiesen, daß die verstümmelnden Strafen der Karolina im XIX. Jahrhundert auch dort, wo sie noch in Geltung war, aus der Übung gekommen sind. Ebenso sind die veralteten Strafbestimmungen der österreichischen Strafgesetze vom Jahre 1852, die auf das Gesetzbuch vom Jahre 1803 zurückgehen, längst in der Rechtsprechung dadurch tatsächlich beseitigt, daß die Gerichte von dem im Gesetze nur ausnahmsweise zugelassenen außerordentlichen Milderungsrecht regelmäßig Gebrauch machen, obwohl mehrere Ministerialverordnungen mit Gesetzeskraft aus der absolutistischen Zeit genaue Beobachtung des Gesetzes eingeschärft hatten. Als die Gerichte vor mehreren Jahren bei zahlreichen aus Anlaß eines Straßenaufruhrs begangenen Straftaten zur Strenge des Gesetzes zurückkehrten, erregte das allgemeine Entrüstung, vor der sie schließlich zurückgewichen sind. Ein preußisches Edikt vom Jahre 1739, das Adickes in seiner Schrift: „Zur Lehre von den Rechtsquellen“, anführt, bestimmte: „Wenn ein Advokat oder Prokurator oder anderer dergleichen Mensch Leute aufwiegeln würde, um in abgetanen und abgedroschenen Sachen Seiner Majestät Immediatmemorialien zu übergeben, alsdann Seine Majestät einen solchen Advokaten ohne alle Gnade und Pardon aufhängen und neben ihm einen Hund hängen lassen wollen.“ Nach glaubwürdigen Zeugnissen ist dieses Edikt nie angewendet worden. So hoch man auch das Interesse an der Seelenruhe des Monarchen veranschlagen mochte, die angedrohte Todesstrafe und die Art ihres Vollzuges stand doch in keinem Verhältnis dazu. Selbst der im allgemeinen blind gesetzestreue österreichische Oberste Gerichtshof mußte erkennen, daß die an das kanonische Recht sich anschließende Anordnung des österreichischen Bürgerlichen Gesetzbuchs, daß im Streite über die Nichtigkeit der Ehe wegen Unvermögens, die Nichtigkeitswerber, um das Unvermögen zu erhärten, zu einem einjährigen Zusammenleben zu verhalten seien, als den modernen sittlichen Anschauungen widersprechend, nicht mehr zu beachten sei: das Interesse an dem Erhalten einer Ehe, bei der das Unvermögen nicht außer allen Zweifel gesetzt worden ist, wiegt das Bedenkliche der Maßregel nicht auf. In anderen Fällen scheitert ein Rechtssatz daran, daß ihm das Interesse mächtiger gesellschaftlicher Schichten entgegenstrebt. Die Vorschrift des österreichischen Bürgerlichen Gesetzbuchs, daß die Geschenke, die ein Bevollmächtigter ohne Willen des Machtgebers mit Rücksicht auf die Geschäftsführung von einem Dritten angenommen hat, zur Armenkasse eingezogen werden sollen, ist vielleicht noch nie wirksam geworden; der bürokratische Apparat, der sie hätte in Bewegung setzen sollen, war den mächtigen gesellschaftlichen Schichten, die an Provisionen und Schmiergeldern ein Interesse haben, nicht gewachsen. Das deutsche sogenannte Schmiergeldergesetz hat bereits manchen Erfolg gehabt, da es im Interesse sehr einflußreicher gegen weniger einflußreiche Kreise erlassen worden ist und vom bürokratischen Apparat absieht. Mehrere Bestimmungen der alten österreichischen Allgemeinen Gerichtsordnung, die von den Gerichten, da sie das ohnehin recht schwerfällige Verfahren noch schwerfälliger machten, außer Kraft gesetzt worden sind, hat Anton Menger in seinem System des österreichischen Zivilprozeßrechts zusammengestellt. Sogar das junge deutsche Bürgerliche Gesetzbuch enthält eine Bestimmung, die von der Rechtsprechung verlassen worden ist: denn es kann unmöglich ernst genommen werden, eine Urkunde, für die durch Gesetz schriftliche Form vorgeschrieben sei, könne auch durch einen Bevollmächtigten „eigenhändig" gefertigt werden. Diese Auslegung widerspricht der offenbaren Absicht des Gesetzgebers.

Wie sind Fälle dieser Art juristisch zu beurteilen? Die historische Erforschung des Rechtssatzes kann sowohl gegenüber der ihn sophistisch entstellenden als auch gegenüber der ihm schlechthin die Folge verweigernden Rechtspflege nichts anderes tun, als auf den Sinn seines Urhebers verweisen. Die Kritik der Tatsachen ist nicht Sache der Rechtsgeschichte, sondern bloß ihre unbefangene Darstellung. Die praktische Jurisprudenz muß aber dem Richter sagen, wie er sich gegenüber unanwendbarem Recht zu benehmen habe, denn sie soll nach Windscheids Worten der Rechtsprechung mit der Fackel voranleuchten. Sie fand jedoch bisher in ihrem Gedankenvorrat nichts, womit sie zu diesem Vorwurf Stellung nehmen könnte. Sie hat sich weder je getraut, der Rechtspflege zu raten, sie möge sich gegen den Rechtssatz, der dem sittlichen Bewußtsein widerspricht, auflehnen, noch auch ihr zu empfehlen, einen Advokaten oder Prokurator oder anderen dergleichen Menschen, der

Leute aufwiegeln würde, um in abgetanen und abgedroschenen Sachen Seiner Majestät Immediatmemorialien zu übergeben, ohne Gnade und Pardon aufhängen und einen Hund neben ihn hängen zu lassen. Sie hat bisher weder zugegben, die Bestimmung, daß eine Urkunde, für die die Schriftform gesetzlich vorgeschrieben ist, eigenhändig unterschrieben werden müsse, sei wegen der Unmöglichkeit der Ausführung nicht zu beachten, noch vermochte sie die Leiter unserer großen Unternehmungen zu zwingen, sich täglich einige Stunden mit der Unterzeichnung gleichgültiger Urkunden zu unterhalten, für die die schriftliche Form gesetzlich vorgeschrieben ist. Die freirechtliche Bewegung hat dagegen auf diese Erscheinungen nachdrücklichst hingewiesen: schon Adickes, einer ihrer ältesten Vorläufer, befaßt sich mit ihnen. Eine grundsätzliche befriedigende Lösung der Frage findet sich jedoch auch in den freirechtlichen Arbeiten nicht. Eine solche ist es insbesondere nicht, wenn eine „Massenkalamität" gefordert wird, um gegen den Rechtssatz entscheiden zu dürfen. Eine Massenkalamität war in keinem der soeben genannten Fälle vorhanden; es ist sogar sehr zweifelhaft, ob die Hexenprozesse und die Folter, als man von ihnen abkam, von den Massen als Kalamität empfunden worden sind. Die richtige Lösung der Frage ist aber schon längst in der gemeinrechtlichen Lehre vom aufhebenden Gewohnheitsrecht angebahnt worden. Die Begründer der historischen Schule, Savigny und Puchta, haben sie weiterentwickelt in ihrer tiefsinnigen Lehre vom Rechtsbewußtsein des Volkes als Rechtsquelle, und von den Juristen als den Repräsentanten des Volkes in dieser Richtung. Auch das Juristenrecht kann, wie Savigny und Puchta mit größtem Nachdrucke vortragen, Gewohnheitsrecht werden und als solches früheres Recht außer Kraft setzen, sobald es den Bedingungen entspricht, die das geltende Recht für Gewohnheitsrecht feststellt. Diese Lehre müßte jedoch noch für moderne Bedürfnisse ausgebaut werden, dem mit Allgemeinheiten, wie sie sowohl die gemeinrechtlichen Juristen als auch Savigny und Puchta uns bieten, ist selbstverständlich in der Rechtsübung nicht viel anzufangen. Das Rechtsbewußtsein des Volkes, in dem nach Savigny und Puchta das Gewohnheitsrecht wurzeln soll, ist offenbar etwas anderes als das Bewußtsein von der Unmöglichkeit, einen Rechtssatz anzuwenden, und damit, daß man die Juristen als Repräsentanten des Volkes in dieser Beziehung bezeichnet, ist noch nicht gesagt, wie sie sich zu den gesellschaftlichen Strömungen und den Bedürfnissen der Gesellschaft verhalten. Aber jedenfalls bildet nicht die Lehre von der Massenkalamität, sondern die von Savigny und Puchta vertretene, die Grundlage, auf der die freirechtliche Bewegung wird weiter arbeiten müssen. Man wird der Rechtsprechung nur dann gestatten dürfen, sich über den Rechtssatz hinwegzusetzen, *wenn die Voraussetzungen eines aufhebenden Gewohnheitsrechts vorliegen.* Das ist auch in allen bisher aufgezählten Fällen buchstäblich zugetroffen.

III. Der Rechtssatz und das Juristenrecht

Eine genaue Betrachtung des Rechtssatzes hat gezeigt, daß er nur in einem sehr begrenzten Umfange eine unerschütterlich feste Entscheidung gibt: so weit es sich im Rechtsstreit um ein Rechtsverhältnis und einen Interessengegensatz genau von derselben Art handelt, wie im Rechtssatze, wenn also, um mit Wurzel zu sprechen, das Rechtsverhältnis und der streitige Interessengegensatz in den dunklen Kern der im Rechtssatze enthaltenen Begriffe fallen. Das trifft in der Regel nur in den sehr einfachen, allerdings auch sehr zahlreichen Rechtsstreitigkeiten zu, auf die sich die gewöhnliche Schablonenarbeit des Juristen bezieht. Für die einfachen Darlehns- oder Mietzinsklagen, für die Diebstähle und Raufhändel, die täglich die Gerichte beschäftigen, geben die Rechtssätze allerdings regelmäßig eine klare Entscheidung, sie versagen aber oft genug bei einem irgendwie verwickelten, verschlungenen Rechtsfalle. Dann muß die eigene Interessenabwägung und Schutzgewährung des mit der Entscheidung betrauten Juristen eintreten, den Rechtssatz ergänzen, wenn er Zweifel übrig läßt, ersetzten, wenn er die Frage, auf die es ankommt, offen läßt, entwirren, wenn er widersprechend ist, entkräften, wenn er Unmögliches fordert.

Sofern der Rechtssatz den Fall entscheidet, kommt es bei der Anwendung nur auf die Auslegung an. Diese vermag kein neues Recht zu schaffen. Entweder ist sie richtig, dann fördert sie nur das Recht zutage, das ohnehin im Rechtssatze enthalten ist, oder sie ist falsch, dann hängt sie wurzellos in der Luft. Entscheidungen, die auf unrichtiger Auslegung eines Rechtssatzes beruhen, wirken so lange nicht über die Parteien hinaus, bis sie sich etwa zu einem Gewohnheitsrecht verdichtet hätten. Eine Entscheidung dagegen, die den Rechtssatz ergänzt, die Zweifel löst, den Widerspruch entwirrt, trägt stets den Keim eines neuen Juristenrechts in sich, denn die darin enthaltene Interessenabwägung und Schutzgewährung ist geeignet, in ähnlichen Fällen in Zukunft als Richtschnur zu dienen. Das beruht auf dem Gesetz der Stetigkeit der Entscheidungsnormen. Wo die freie Rechtsfindung gilt, gibt es darüber stets ziemlich klare Grundsätze, in welchem Umfange für den Richter frühere Entscheidungen verbindlich sind. Man fordert von ihnen zuweilen, daß sie sich im Kampfe der Meinungen bewähre; so wie in Rom, so lange die auctoritas prudentium als Rechtsquelle galt, so ist es jetzt noch in Skandinavien. Oder die Entscheidung eines mit entsprechendem Ansehen ausgestatteten Gerichts tritt sofort mit dem Anspruche auf, geltendes Recht zum Ausdrucke zu bringen; so ist es größtenteils im anglo-amerikanischen Rechtsgebiete. Die römischen Juristen konnten einen vorhandenen Rechtssatz nicht außer Kraft setzen. Aber ein Blick in die Digesten zeigt, wie viel Juristenrecht dort in den „echten Lücken" der geltenden Rechtssätze entstanden ist. Und die englischen Juristen (Hardcastle, Maxwell) lehren, richterliche Entscheidungen über das Gesetz seien unverbindlich, where the meaning is plain, wohl aber entstehe durch sie dann neues Recht, wenn das Gesetz mehrere Auslegungen zuläßt. Auch die englische Unterscheidung zwischen interpretation und construction scheint damit zusammenzuhängen. Die richterlichen Erkenntnisse über zweifelhaftes Gesetz machen einen guten Teil des englischen richterlichen Rechts (judge-made law) aus. Welchen Wert die Engländer darauf legen, ergibt sich daraus, daß sie ihr altes Statute of Frauds, so mangelhaft es auch ist, nicht ändern wollen, weil es „um den Preis von Millionen", um die Kosten der Rechtsstreite, die zu den Erkenntnissen, die es jetzt auslegen, geführt haben, erläutert worden sei. Ein neues Gesetz würde in ebenso kostspieliger Weise erläutert werden müssen. Dabei wird allerdings übersehen, daß die richterlichen Erkenntnisse über das Statute neues Recht erzeugen und daß dieses, weil es wieder zweifelhaft ist, doch schließlich um den Preis von Millionen immer wieder aufs neue erläutert werden muß.

Nach der auf dem Festlande herrschenden Lehre hat dagegen der Richter jede Entscheidung aus einem Rechtssatze abzuleiten. Damit ist dem Richter die eigene Interessenabwägung und Schutzgewährung versagt: er hat sich ausschließlich an die zu halten, die bereits in einem vorhandenen Rechtssatze ausgesprochen ist. Das ist zunächst eine bloße Forderung, und, wie bereits dargetan worden ist, in einer Reihe von Fällen unerfüllbar: wenn der Sinn des Rechtssatzes dem Richter, wenigstens augenblicklich, unzugänglich ist, wenn der Rechtssatz nach einer bestimmten Richtung eine Entscheidung gar nicht gibt, vielleicht sogar nicht geben will, wenn der Fall in die zweifelhafte Zone der Rechtsbegriffe gehört, wenn der Rechtssatz in einen Widerspruch verstrickt ist, wenn er vom Richter Ungebührliches verlangt. Hier überall muß der Richter unter allen Umständen eine eigene Interessenabwägung und Schutzgewährung vornehmen. Es handelt sich nun darum, welche Bedeutung die unerfüllbare Forderung für den heutigen Rechtszustand erlangt hat.

Die Forderung bewirkt zunächst, daß die eigene Interessenabwägung und Schutzgewährung des Richters, die einmal nicht zu beseitigen ist, stets im Gewande der Auslegung eines Rechtssatzes und eines logischen Schlusses aus der Auslegung erscheint. Durch Auslegung und logisches Schließen kann aber dem Rechtssatz offenbar nur das entlockt werden, was darin enthalten ist: will man ihm mehr entnehmen, so ist das nur mit Hilfe logischer Trugschlüsse möglich. In der Tat besteht das, was man gemeiniglich als „juristische Logik" bezeichnet, im wesentlichen in Scheinauslegungen und logischen Gedankensprüngen. Durch die unerfüllbare Forderung wird daher vor allem der Geist des Juristen auf ein ganz unfruchtbares Gebiet gelenkt, an unmögliche Gedankenverrenkungen gewöhnt, und in der Wurzel vergiftet. Die entsetzliche Öde eines großen Teils der herkömmlichen Urteilsbegründungen in der juristischen Literatur ist zweifellos dadurch verschuldet. Die angestrebte Rechtssicherheit kann auf diesem Wege selbstverständlich nicht erreicht werden: denn durch Trugschlüsse läßt sich keine Entscheidung richtig, also jede Entscheidung unrichtig begründen. Wohl aber wird der Jurist oft genug durch einen der gewohnten Trugschlüsse verführt, einer Interessenabwägung und Schutzgewährung den Vorzug zu geben, zu der er gewiß nie gekommen wäre, wenn ihm logisch zu denken gestattet wäre. Der Trost, den er sich dabei spendet: lex dura, sed ita scripta ist übel angebracht, denn das Gesetz wäre gar nicht hart, wenn es nicht falsch angewendet wäre.

Die herrschende Lehre, folgerichtig durchgeführt, hätte keinen Platz für Juristenrecht. Die Entscheidung, die stets aus einem bereits vorhandenen Rechtssatz abgeleitet werden muß, ist, wenn richtig, bereits im Rechtssatz enthalten; ist sie dagegen unrichtig, dann hat sie überhaupt keine Daseinsberechtigung. Dem folgt in der Tat die herrschende Lehre, wenigstens scheinbar. Sie behandelt den Inhalt der Richtersprüche und der juristischen Schriften ausschließlich als Literatur, als wissenschaftliche Ansichten über die Auslegung der Rechtssätze, die nur daraufhin geprüft werden dürfen, ob sie mit den Rechtssätzen übereinstimmen, und stets gewärtigen müssen, widerlegt zu werden, wenn es sich zeigen sollte, daß sie in den Rechtssätzen keinen Halt haben. Die Ausführungen in den Richtersprüchen und juristischen Schriften können daher nie zum Juristenrecht werden: jeder Richter ist berechtigt, den bereits vorhandenen „Ansichten“ über die Auslegung des Rechtssatzes seine eigene Ansicht entgegenzustellen und sich nur an diese zu halten. Juristenrecht setzt die Anerkennung voraus, daß der Jurist schöpferische Arbeit leistet, die selbständige Interessenabwägung und Schutzgewährung voraussetzt.

Aber in Wirklichkeit kann die eigene Interessenabwägung und Schutzgewährung des Richters bei der Anwendung des Rechtssatzes wie bereits dargetan worden ist, unmöglich ausgeschaltet werden. Das ist eine Tatsache, hart und unerschütterlich wie jede Tatsache, darüber kann auch die herrschende Lehre nicht hinwegkommen. Daher hat es, wenn auch nicht der Form, so doch der Sache nach, seit jeher schöpferisches Juristenrecht gegeben. Was in den angesehensten Werken juristischer Schriftsteller und in den Spruchsammlungen der höchsten Gerichte gelehrt wurde, galt immer durch seine eigene Kraft, nicht als Folgerung aus einem anderen Rechtssatze. Es war Rechtssatz. Und so ist es bis heute geblieben. Es ist eitel Spiegelfechterei, wenn man diesen über die sinngemäße Auslegung des Gesetzes weit hinausgehenden Rechtssätzen, die die Rechtsprechung beherrschen, die Eigenschaft eines Rechtssatzes abstreitet und sie als bloße „Ansichten“ der Juristen über den Sinn des

Gesetzes behandelt. Jedes angesehene Erläuterungswerk zu einem Gesetze, jede Gesetzesausgabe „mit Anmerkungen aus der Rechtsprechung" und der Einfluß, den sie bei Gericht und in den Amtsstuben der Anwälte ausüben, widerlegt diese oberflächliche Auffassung. Gegen eine feste Rechtsübung bei Gericht durchzudringen, ist gewöhnlich ebenso schwer, wie gegen das Gesetz.

Schon die Rechtssätze des gemeinen Rechts, das der eigentliche Nährboden der herrschenden Lehre war, sind zweifellos überall, wo dieses in Geltung war, durch dessen hochentwickeltes, literarisches Juristenrecht schöpferisch ausgestaltet worden: in Deutschland war es so bis zum Bürgerlichen Gesetzbuch. In Frankreich entsteht neues Juristenrecht fast ausschließlich unmittelbar in der Rechtsprechung der Gerichte, die literarische Jurisprudenz ist von geringem Einflusse. Das richterliche Recht gibt sich zwar immer als Ausfluß der Auslegung des Gesetzes, das stets angeführt wird, ist aber, wie allgemein anerkannt wird, vom Gesetze unabhängig. Die Normen des richterlichen Rechts sind sehr stetig. Ihre Entwicklung wird sorgfältig beobachtet und dargestellt von den Juristen, die für die großen Spruchsammlungen von Sirey, Dalloz und des Journal du Palais die Anmerkungen zu den einzelnen Entscheidungen verfassen. Auch die Rechtssätze der deutschen Gesetze, zumal des Bürgerlichen Gesetzbuchs, des Strafgesetzes, der Zivilprozeßordnung, werden von den Gerichten unter dem Deckmantel der Auslegung selbständig fortgebildet; der Einfluß der Literatur ist in Deutschland größer als in Frankreich. Auf die Stetigkeit wird, zumal in der Literatur, unausgesetzt gedrungen. Am ehesten macht man in Österreich ernst mit der Auffassung, jede Entscheidung beruhe auf einer Auslegung des Gesetzes. Da die Gerichte infolgedessen das Gesetz immer aufs neue auslegen, so kann es nur schwer zu einer stetigen Rechtsprechung kommen. Trotzdem haben sich zumal in den letzten Jahrzehnten stetige Entscheidungsnormen in der Rechtsprechung des Obersten Gerichtshofs (in bürgerlichen Rechtssachen) und des Kassationshofs (in Strafsachen) gebildet, die letzten allerdings meist unter dem verhängnisvollen Einflusse der Generalprokuratur, und greifen von dort auf die unteren Gerichte hinüber. Der Oberste Gerichts- und Kassationshof kann von den auf Grund seines Beschlusses in das Judikatenbuch und ins Spruchrepertorium eingetragenen, in der Regel aus seinen Entscheidungen gezogenen Rechtssätzen nur unter bestimmten Bedingungen abgehen, sonderbarerweise betreffen die Eintragungen gewöhnlich Rechtsfragen von geringer Bedeutung. Ein Einfluß der Literatur auf die Rechtsprechung ist erst in den letzten Jahrzehnten nachweisbar, tritt aber äußerlich wenig hervor, da die österreichischen Gerichte, wie es scheint, nach dem Beispiele der oberitalienischen, mit denen sie, solange Oberitalien zu Österreich gehörte, in naher Verbindung waren, auch jetzt noch nur in Ausnahmefällen Literatur anführen.

Immerhin wurde die rechtsbildende Kraft der Rechtsprechung gerade in Österreich amtlich anerkannt, allerdings in sehr eigentümlicher Weise. Die Erkenntnisse des Wiener Kassationshofs (in Strafsachen) werden nämlich amtlich von der dem Justizministerium unterstellten Generalprokuratur ausgegeben. Die Aufnahme in die Sammlung erfolgt daher nur mit Zustimmung des Generalprokurators und des Justizministeriums. Dabei werden viele wichtige Entscheidungen der Öffentlichkeit vorenthalten. Als Grund wird angegeben, daß man dem Kassationshof Gelegenheit geben müsse, von dem einmal ausgesprochenen Grundsatze abzugehen. Das wäre selbstverständlich durch die Veröffentlichung nicht verhindert, es würde nur die Sammlung ein wahrheitsgetreues Bild der Rechtsprechung des Kassationshofs geben. Der wahre Zweck der Maßregel ist, bloß die Entscheidungen zu bringen, die geeignet sind, die Gerichte im Sinne der Generalprokuratur und des Justizministeriums zu beeinflussen. Überdies wird in der meistverbreiteten Ausgabe der österreichischen Gesetze (der Manzschen) die Ausgabe des Strafgesetzes schon seit geraumer Zeit von einem Generalprokurator übernommen. Die beigegebenen Auszüge aus den Entscheidungen des Kassationshofs spiegeln sowohl in Fassung als auch in der Auswahl den Geist der Generalprokuratur. Man weiß also sehr gut, daß die Gerichte sich nicht bloß an das Gesetz, sondern auch an das in den Rechtssprüchen enthaltene Juristenrecht halten und man sucht auch emsig und nicht vergebens sie damit, allerdings in ganz einseitigem, staatsanwaltschaftlichem Sinne, zu lenken.

Der Rechtssatz schließt daher neues Juristenrecht nur soweit aus, als er eine klare Entscheidung gibt. Wir wissen, daß ein Darlehen am Fälligkeitstage bezahlt werden muß, daß das Mietsverhältnis als auf unbestimmte Zeit verlängert gilt, wenn der Gebrauch der Sache nach Ablauf der Mietszeit vom Mieter fortgesetzt wird, daß in Österreich eine katholische Ehe nicht geschieden (nach österreichischem Sprachgebrauch: nicht getrennt) werden kann. Darüber wird kein neues Juristenrecht entstehen. In diesem Umfange haben wir auch vollständige Rechtssicherheit. Wie weit sie geht, zeigt das heutige deutsche Wechselrecht. Auf diesem engen und leicht übersehbaren Gebiete haben die Urheber der Wechselordnung in der Tat die meisten praktischen Fragen bereits klar ins Auge gefaßt und endgültig entschieden. Für die Fälle dagegen, für die es im Rechtssatze keine Entscheidung gibt, entsteht immer wieder neues Juristenrecht. Durch das Juristenrecht, das sich an die Rechtssätze, die zweifelhaft sind, anschließt, wird Rechtssicherheit geschaffen, sobald das Juristenrecht entsprechend gefestigt ist. So sind die meisten Zweifel, die die Wechselordnung noch übrig läßt, längst schon durch richterliches Juristenrecht beseitigt.

Die Bildung dieses Juristenrechts ist denselben gesellschaftlichen Einflüssen unterworfen, wie die Rechtsbildung überhaupt. Gesellschaftliche

Machtverhältnisse und Strömungen bestimmen notwendigerweise jede richterliche Interessenabwägung und Schutzgewährung. Das Ideal von Montesquieu, das bis in die Gegenwart das Ideal so vieler Juristen geblieben ist, den Richter dadurch außerhalb der Gesellschaft zu stellen, daß man ihn auf die bloße Anwendung des Gesetzes beschränkt, ist unerreichbar, eben weil es keine bloße Anwendung des Gesetzes geben kann. Die traurige Geschichte der politischen Prozesse, auf die doch vor allem Montesquieus Erwägungen gemünzt waren, zeugt davon am besten. Hier möge jedoch auf ein der bürgerlichen Rechtspflege entnommenes Beispiel hingewiesen werden.

Der Code de commerce enthält die Bestimmung, daß Käufe „par une facture acceptée" bewiesen werden. Die französischen Gerichte haben daraufhin angenommen, der Inhalt, der nachträglich vom Verkäufer übersandten Faktura beweise den Inhalt des abgeschlossenen Kaufs, so daß der darin enthaltene Zahlbarkeitsvermerk (payable à Paris) den Gerichtsstand des Erfüllungsortes begründe. Damit war wohl auch der Sinn der Vorschrift des Code getroffen. Sie war im Interesse der Großkaufleute und Industriellen, die die Fakturen ausstellen, abgefaßt, die so in der Faktura nicht bloß eine wertvolle Beweisurkunde, sondern auch ein Mittel erhielten, ihren Kunden, außer verschiedenen anderen nicht vereinbarten Kaufbedingnissen, auch den Gerichtsstand des Erfüllungsortes aufzudrängen. In den sechsziger Jahren des vorigen Jahrhunderts kam die Rechtsübung aus Frankreich nach Deutschland und Österreich, und die Gerichte, zumal die unter kaufmännischem Einflusse stehenden Handelsgerichte, urteilten so wie die französischen. Da es hier an einer solchen gesetzlichen Grundlage dafür fehlte, wie sie der Code de commerce in Frankreich bot, so faßte man die Faktura nicht als eine Beweisurkunde auf, sondern erkannte, der Käufer habe den Inhalt der Faktura stillschweigend genehmigt, indem er sie ohne Einspruch entgegennahm. In Deutschland hat damit das Reichsoberhandelsgericht endgültig gebrochen, indem es erklärte, es sei wider Treu und Glauben gegen das begründete Vertragsrecht, einen Gerichtsstand zu erschleichen; in Österreich dagegen wurde an der alten Rechtsübung festgehalten. Zwar forderte gerade in Österreich die damals geltende Jurisdiktionsnorm eine *ausdrückliche* Vereinbarung des Erfüllungsortes zur Begründung des Gerichtsstandes des Vertrages, aber die Gerichte legten das so aus, in der *stillschweigenden* Entgegennahme einer die *ausdrückliche* Bestimmung des Erfüllungsortes enthaltenden Faktura liege eben die *ausdrückliche* Vereinbarung. Im Jahre 1887 habe ich in den „Wiener Juristischen Blättern" einige Aufsätze veröffentlicht, in denen ich mit großem juristischen Materiale ausführte, es könne unmöglich als stillschweigende Willenserklärung gelten, daß der Käufer sich um einen Brief nicht kümmert, in dem ihm jemand nachträglich mitteilt, er habe mit ihm etwas vereinbart, wovon zwischen ihnen nie die Rede war; ich habe hervorgehoben, daß die *stillschweigende* Annahme der Faktura unmöglich eine ausdrückliche Vereinbarung sein könne, ich habe darauf hingewiesen, wie ungerecht die Fakturenübung den Großkaufmann und Industriellen vor dem kleinen Mann und dem Nichtkaufmann begünstigte, die keine Gelegenheit hätten, Fakturen auszustellen: es war das meines Wissens der erste Hinweis auf den Mißbrauch der Usance im kaufmännischen Verkehre, der sich in der juristischen Literatur findet. Meine Ausführungen haben allgemein überzeugt, blieben aber ohne Wirkung auf die Gerichte, der Oberste Gerichtshof erklärte sogar in einer späteren Entscheidung, selbst die Zurücksendung der Faktura sei nicht eine Einsprache gegen den Zahlbarkeitsvermerk, und der Gerichsstand des Vertrages sei trotzdem begründet: das wäre also eine stillschweigende Annahme ohne Annahme. Einige Jahre später ist Hanausek in einer eigenen Schrift über die Faktura in den Kampf eingetreten, er erreichte aber nur einige unwesentliche Abschwächungen. Klein versuchte im ersten Entwurf seiner Jurisdiktionsnorm den Fakturengerichtsstand ausdrücklich zu beseitigen: er mußte aber trotz starker parlamentarischer Unterstützung dem organisierten parlamentarischen und außerparlamentarischen Widerstande der Kaufleute und Industriellen weichen und sich mit einigen unwesentlichen Einschränkungen begnügen. Vielleicht gibt es jemand noch, der glaubt, beim Gerichtsstand der Faktura habe es sich nur um die Auslegung der Vorschriften des Bürgerlichen Gesetzbuchs über die stillschweigende Willenserklärung und der österreichischen Jurisdiktionsnorm über die Begründung des Gerichtsstandes des Vertrages durch ausdrückliche Vereinbarung des Erfüllungsortes gehandelt, nicht um einen in der Rechtsprechung entstandenen Rechtssatz, zum Schutze mächtiger kaufmännischer Interessen, die bei der Interessenabwägung der Gerichte Oberhand gewonnen hatten.

Immerhin hat die auf dem Festlande herrschende Auffassung, jeder von der Jurisprudenz einem Rechtssatze beigelegte Sinn sei nur eine Ansicht des Juristen über die Auslegung des Rechtssatzes, so viel bewirkt, daß es nie als Rechtsbeugung erscheint, wenn sich eine Entscheidung mit dem Juristenrecht in Widerspruch setzt, daß Juristenrecht auf dem Festlande überhaupt ziemlich schwer Wurzel faßt, und daß die Gerichte leichter, als sie es sonst gewiß täten, selbst von einem lange beobachteten Juristenrecht abgehen. Gegen das Gesetz kann auf dem Festlande kein Juristenrecht entstehen, wohl aber auf Grund der Auslegung eines unvollständigen, unklaren oder zweifelhaften Rechtssatzes.

Vergleichen wir den heutigen Rechtszustand mit dem, wie er sich unter der Herrschaft der freien Rechtsfindung gestalten würde, so ergibt sich folgendes: Gegen den Sinn, den der Urheber eines Rechtssatzes mit ihm verbunden hatte, darf der Richter den Rechtssatz nicht anwenden. Daher muß die auf einer irrtümlichen Auslegung beruhende Rechtsprechung jederzeit umkehren, sobald der Irrtum beseitigt ist. Diese Sätze beruhen auf dem Rechtsbewußtsein der gesitteten Völker. Dafür legt die ganze juristische Literatur Zeugnis ab, und nicht bloß die gerichtliche Rechtsprechung hält sich daran. Es ist Brockhausen gelungen, aus den Materialien zu beweisen, daß das berüchtigte Patent vom 20. April 1854, RGBl. 1896, das der Verwaltungsbehörde nach der herrschenden Rechtsübung die Befugnis gab, polizeiliche, allgemeine und Einzelverbote zu erlassen und deren Befolgung durch Geld- und Arreststrafen zu erzwingen, nur die Vollstreckung der Verfügungen und Erkenntnisse bei solchen Verboten regele, für die die Verwaltungsbehörden auf Grund anderer gesetzlicher Bestimmungen zuständig seien. Nach Ansicht maßgebender österreichischer Juristen ist damit die Rechtswidrigkeit der bisherigen Rechtsübung festgestellt, und der Verwaltungsgerichtshof hätte sich wohl dieser Ansicht angeschlossen. Auch die Verwaltungsbehörden scheinen sie zu teilen, denn sie haben ihr in sehr eigenartiger Weise Rechnung getragen. Sie erlassen keine Einzelverbote mehr, sondern nur allgemeine Verbote, gegen die dem Einzelnen kein Rechtsmittel zusteht, und verhängen bei deren Übertretung Geld- und Arreststrafen. Da in Verwaltungstsrafsachen der Rechtsweg an den Verwaltungsgerichtshof ausgeschlossen ist, so hat dieser keine Gelegenheit, über die Rechtswidrigkeit dieser Übung zu entscheiden. So weit werden also auch von den österreichischen Verwaltungsbehörden die Grundsätze der historischen Auslegung beachtet.

Gegen einen Rechtssatz kann die Rechtsprechung erst durchgreifen, wenn sie sich zum Gewohnheitsrecht verdichtet hat. Das gilt in allen Rechtsgebieten, wo das Gewohnheitsrecht als Rechtsquelle anerkannt ist, also vor allem in Deutschland. Ebenso lehren die Engländer, daß eine altbewährte Auslegung des Gesetzes bestehen bleibe, selbst wenn sie sich als falsch erwiese. Gewiß denkt heute niemand mehr in England daran, das unter Heinrich VIII. erlassene Gesetz gegen die Treuhandgeschäfte (Trusts), das von den Gerichten bewußt gegen die Absicht des Urhebers so ausgelegt worden ist, daß sein Zweck vollständig vereitelt wurde, in seinem richtigen Sinne anzuwenden. Mit Bezug auf Schottland, wo im allgemeinen englische Rechtsgrundsätze herrschen, daneben aber römisches Recht als ratio scripta, zum Teil sogar als subsidiäres Recht, geachtet wird, fragte ich einen schottischen Juristen, welche Wirkung es hätte, wenn es sich beweisen ließe, eine Bestimmung der römischen Rechtsquellen sei von den schottischen Gerichten immer unrichtig ausgelegt worden. Er meinte, man würde bei der alten Übung bleiben, wenn sie bereits von den Gerichten anerkannt worden sei.

Wo dagegen der Richter bei Anwendung eines Rechtssatzes eine selbständige Interessenabwägung und Schutzgewährung vornehmen mußte, weil der Sinn unergründet, oder unbestimmt, oder widersprechend war, oder weil der Urheber absichtlich eine Lücke offen ließ, soll er das nicht durch logische Trugschlüsse aus dem Wortlaut des Gesetzes decken, sondern das, was ist, auch sagen dürfen. Damit übernimmt er für die Entscheidung auch die volle Verantwortung. Jede solche Entscheidung kann zu einem neuen Juristenrecht führen. Die Voraussetzungen dafür müßten nicht gesetzlich bestimmt werden, sie sind ohnehin in Bildung begriffen. Allenthalben halten sich die Gerichte an die ständige Rechtsprechung der obersten Instanzen gebunden. Wir können es von der Rechtsübung erwarten, daß sie die Grundsätze, nach denen „aus bewährter Lehre und Überlieferung" neues Recht entstehen soll, ins einzelne ausbaut und fester faßt. Ein Gerichtshof für ständige Gesetzesauslegung ist daher überflüssig, und wohl auch schädlich, wenn er ohne eigene Rechtsprechung in konkreten Rechtsfällen sich betätigen würde. Gerade darauf beruht der hohe Wert des richterlichen Juristenrechts, daß es im Flusse der Rechtsbildung wächst und in steter Fühlung mit den Bedürfnissen des Rechtslebens bleibt.

Wenn das Gewohnheitsrecht nicht als Rechtsquelle anerkannt ist, wie in Frankreich, oder als solche gesetzlich beseitigt ist, wie in Österreich, wird davon das Juristenrecht nicht berührt. Der Ausschluß des Gewohnheitsrechts bedeutet nur, daß das Juristenrecht, sogar wenn es den Voraussetzungen eines Gewohnheitsrechts genügen sollte, die Gerichte als solches nicht verpflichtet. Die Gerichte können also selbst dann, wenn sie einem zum Gewohnheitsrecht erstarkten Juristenrecht gegenüberstehen, davon unter denselben Voraussetzungen abgehen, wie sonst vom Juristenrecht, ebendeswegen, weil das nicht anerkannte oder gesetzlich ausgeschlossene Gewohnheitsrecht nicht als Rechtsquelle betrachtet werden kann. Man könnte daher in Österreich jetzt noch den Besitzer von Kossuthdollarnoten, Garibaldibons, Mazzinilosen wegen Vergehens des Hochverrats verurteilen. Das wäre kein Rechtsbruch. Man tut es aber nicht.

IV. Wandlungen des Rechtssatzes

Der Richter, der den Rechtsfall dem Rechtssatz unterordnet, erkennt damit, daß das gesellschaftliche Verhältnis und der Interessengegensatz, um den es sich im Rechtsfall handelt, unter die im Rechtssatz enthaltenen Begriffe fallen. Darin liegt immer die Entscheidung über eine Rechtsfrage. Es gibt keinen Rechtsstreit, in dem bloß eine Tatfrage vorläge: der entgegengesetzte Schein entsteht jedoch dann, wenn die Rechtsfrage so zweifellos ist, daß die geistige Tätigkeit der Richter bei ihrer Entscheidung übersehen wird. Wenn der Wechselakzeptant, der seine Unterschrift bestritten hat, zur Zahlung verurteilt wird, so wurde dabei offenbar nicht bloß über die Echtheit der Unterschrift, sondern auch über die Rechtsfrage entschieden, daß die Urkunde ein Wechsel, der Akzeptant wechselfähig ist, und aus der Unterschrift wechselmäßig haftet. Auch die Frage, ob der Beweis erbracht wurde, ist eine Rechtsfrage. Daß der Geschworene über eine Rechtsfrage erkennt, wird jetzt allgemein angenommen. Über die reine Tatfrage kann man wohl als Zeuge aussagen, aber nicht als Richter (oder Geschworener), entscheiden.

Ein Rechtssatz ist nur auf solche Verhältnisse und Interessengegensätze anwendbar, die in der Gesellschaft vorkommen. Würde ein montenegrinisches Gesetz bestimmen, daß bei Aktien, die an der Börse eingeführt sind, die Gründer für die Richtigkeit der Angaben im Prospekt persönlich haften, so wäre es unanwendbar: denn solche Dinge, wie Aktiengründung, Börse und Prospekte, gibt es nicht in Montenegro. Daher sind auch die Vorschriften des preußischen Landrechts über den Erbschatz, des österreichischen Bürgerlichen Gesetzbuchs über die eheliche Gütergemeinschaft auf Todesfall und den Advitalitätsvertrag unanwendbar geblieben: es war nie etwas vorhanden, worauf sie hätten angewendet werden können. Der Richter, der den Rechtssatz anwendet, erklärt damit also, daß die Begriffe des Rechtssatzes mit den Begriffen von Verhältnissen und Interessengegensätzen in der Gesellschaft zusammenfallen, in der sich der Rechtsstreit abspielt. Stammt der Rechtssatz aus einer anderen Gesellschaft, ist er etwa aus früheren Zeiten erhalten geblieben oder aus einem fremden Recht hergeholt, so muß er dabei offenbar vom Richter in die eigene Gesellschaft verlegt werden. Der Richter wird also bei der Entscheidung der Rechtsfrage alles, was im Rechtssatz offen gelassen wurde, was zweifelhaft, unbestimmt und widersprechend ist, so deuten, wie es seiner Gesellschaft entspricht. Wenn der Richter die „reine Tatfrage" entscheidet, so bedeutet das, daß der Rechtssatz den gesellschaftlichen Verhältnissen und Interessengegensätzen, die ihm vorliegen, bereits angepaßt ist; entscheidet er aber über eine Rechtsfrage, so ist damit gesagt, daß er die Anpassung in der einen oder der anderen Richtung noch vornehmen muß.

Das widerspricht allerdings ganz der Auffassung des landläufigen Durchschnittsjuristen. Ihr zufolge gleicht der Rechtssatz einem fest eingemauerten Spiegel, an dem die Welt vorbeizieht: er wirft ihr wohl ein wechselndes Bild zurück, bleibt aber selbst ewig unverändert. Aber in Wirklichkeit gräbt sich das Weltbild in den Rechtssatz ein, gerade so, wie der Rechtssatz der Welt sein eigenes Gepräge aufdrückt: es gibt eine fortwährende Wechselwirkung zwischen Welt und Rechtssatz. Nur der Rechtssatz, der sich der Welt nicht anzuschmiegen vermag, hat auch die Kraft verloren, die Welt seiner Anordnung zu unterwerfen, und wird dadurch zum unanwendbaren Recht. Im übrigen bilden bloß die Rechtsverhältnisse und Interessengegensätze, für die nach der klaren und verständlichen Absicht des Urhebers dessen Interessenabwägungen und Schutzgewährung gelten soll, den festen, unverrückbaren Kern der Rechtsbegriffe, um den herum sich immer eine Lagerung unvollständiger, unverständlicher, widersprechender Vorstellungen findet. Soweit sich dem Kern der Rechtsbegriffe die Rechtsverhältnisse und Interessengegensätze nicht unterordnen lassen, die das Leben immer wieder dem Juristen vorführt, sucht er sie in der Übergangszone unterzubringen, um auf diese Weise aus dem Rechtssatze für die Entscheidungsnormen zu gewinnen. Aber darin liegt schon seine eigene Interessenabwägung, daß er sie dem Rechtssatz unterwirft: er könnte ihnen, da der Rechtssatz zweifelhaft ist, den Rechtsschutz verweigern. So greifen die Interessenabwägungen des Urhebers und des Anwenders ineinander, und das ergibt eine Entscheidungsnorm, die sowohl auf den Urheber als auch auf den Anwender zurückgeht: vom Urheber stammen die äußeren Umrisse und der angeordnete Rechtsschutz, vom Anwender wird das Unvollständige ergänzt, das Unverständliche erklärt, das Widersprechende aufgelöst, das Zweifelhafte bestimmt, das Unanwendbare ausgeschaltet. Die auf den Anwender zurückgehende Entscheidungsnorm wird in der Folge, vermöge des Gesetzes der Stetigkeit der Entscheidungsnormen, selbst zum Rechtssatz, der sich mit dem ursprünglichen zu einem neuen, reicheren, klareren, widerspruchslosen, bestimmten Rechtssatz verbindet; der dunkle Kern der Rechtsbegriffe ist verbreitert, die Übergangszone, die nie verschwindet, weiter hinausgerückt, die Grenzen schärfer umrissen; aber das alles ist nicht der ursprüngliche Rechtssatz mehr, er ist wenigstens zum Teil, neues Juristen- und richterliches Recht, an das die folgenden Entscheidungen in wiederholten Angriffen in derselben Weise frische Stücke ansetzen werden. In der Folge mag die gesellschaftliche Entwicklung es mit sich bringen, daß die Rechtsverhältnisse und Interessengegensätze, die ursprünglich im Blickpunkt des Urhebers waren, jede Bedeutung verlieren oder ganz aus dem Leben verschwinden, so daß der Rechtssatz nur noch für die wirksam bleibt, die ihm nachträglich im Juristenrecht unterordnet worden sind. Der Rechtssatz hat sich da offenbar in Kern und Umfang gewandelt, ist seinem ganzen Inhalt nach ein anderer geworden. Zwischen einer Interessenabwägung und Schutzgewährung, die noch im Rahmen des Rechtssatzes bleibt, und einer solchen, die bereits darüber hinausgreift, läßt sich aber die Grenze nicht immer mit voller Schärfe ziehen: daher führt tatsächlich die Ausgestaltung des Rechtssatzes dazu, daß im Laufe der Zeiten ein seinem Wesen nach ganz verschiedener Rechtssatz an Stelle des ursprünglichen tritt. In den Justinianischen Rechtsbüchern ist die alte mancipatio aus dem Recht der Eigentumsübertragung bis auf geringe Spuren verdrängt, im Testamentsrecht wirkt sie aber noch immer deutlich erkennbar nach, und hat sich selbst aus dem testamentarischen Erbrecht des deutschen Bürgerlichen Gesetzbuchs nicht restlos verflüchtigt. Und doch beruht die ganze Entwicklung der manicipatio bis zum modernen Testament nur auf einer fortgesetzten Unterordnung der Rechtsverhältnisse und Interessengegensätze in die zweifelhafte Übergangszone immer neu entstehender Rechtssätze. Denn das erste testamentum per aes et libram war gewiß noch eine echte eigentumsübertragende mancipatio; als dann zum erstenmal ein richterliches Urteil die familiae mancipatio bereits als Testament ausprägte, mußte bereits ein Rechtssatz vorhanden gewesen sein, der die mancipatio als Vergabung auf Todesfall anerkannte. So haben zahllose dem freien Auge unsichtbare Verschiebungen in den Rechtsbegriffen, wie die winzigen Tropfen in Jahrmillionen die Stalaktitenpaläste der Tropfsteinhöhlen, den blendenden Reichtum der modernen Jurisprudenz aufgebaut.

Das, was von der Ergänzung des zweifelhaften Rechts gesagt wurde, gilt um so mehr dort, wo Lücken in den Rechtssätzen zu füllen und Unverständliches durch Neurecht zu ersetzen ist. Es glaubt heute gewiß niemand mehr daran, das gemeine Recht sei im Ernste römisches Recht gewesen. Aber das gemeine Recht ist doch ganz überwiegend daraus entstanden, daß die gemeinrechtlichen Juristen aus dem, was ihnen in den Justinianischen Rechtsquellen unverständlich war, ihren großartigen Eigenbau aufführten. Hätten sie vom römischen Rechte auch nur soviel gewußt, wie die modernen Rechtshistoriker, sie hätten damit schwerlich etwas anfangen können. Die Mißverständnisse des römischen Rechts waren ihre Baumaterialien, das wirkliche römische Recht dagegen war kaum mehr als das wenig tragfähige Gerüst.

Es sind nicht Erzeugnisse der juristischen Einbildungskraft, sondern wirkliche Rechtsverhältnisse und Interessengegensätze, wie sie jeweils die Gesellschaft geschaffen, die in dieser Weise in den Rechtssatz hineingearbeitet werden. Das, was dem Juristen als Auslegung erscheint, erkennt der Rechtshistoriker als eine fortwährende Anpassung des Rechtssatzes an die neuen Rechtsverhältnisse und Interessengegensätze, die in der Gesellschaft immer aufs neue entstehen. Nur für das, was im Leben gedeiht, wird der Rechtssatz zurechtgelegt. Dieses Gesetz der Anpassung beherrscht nicht nur die bewußten Ergänzungen und Vervollständigungen des Rechtssatzes, es regiert auch das unbewußte Mißverständnis. Der Ausleger, der den Rechtssatz mißverstand, hat die ihm ganz fremden Rechtsverhältnisse, an die der Urheber dachte, mit den ihm wohlvertrauten seiner eigenen Gesellschaft verwechselt, er hat die ihm unbekannten Interessengegensätze einer längst vergangenen Zeit durch solche ersetzt, mit denen er täglich zu tun hat, er hat statt der Interessenabwägungen, die er nicht mehr begreifen konnte, den Maßstab der sittlichen Anschauungen, praktischer Bestrebungen und Machtverhältnisse der Gegenwart angelegt, er hat Schutzmittel gewählt, die der Gerichtsverfassung und dem Gerichtsverfahren seiner Zeit angehören. Es gebietet nicht ein blinder Zufall über unsere Mißverständnisse; die Rechtsgeschichte zeugt davon, daß wir die Rechtssätze so mißverstehen, wie wir sie für unser Rechtsgefühl und das gesellschaftliche Bedürfnis brauchen. In der mittelalterlichen oder modernen Gesellschaft gab es gewiß keine römische delegatio die mit der stipulatio und der ganzen Organisation des römischen Bankverkehrs innig zusammenhing; die mittelalterlichen und modernen Juristen, die nach den römischen Rechtssätzen mittelalterliche oder moderne Anweisungen beurteilen, haben ihnen offenbar sachte und ihnen selbst unbewußt mittelalterliche und moderne Verhältnisse und Interessengegensätze untergeschoben. Noch heute ist geltendes Recht in England der Satz der Magna charta vom Januar 1217: nullus liber homo dissesietur ex libro tenemento suo, nisi aequali iudicio parium suorum vel per legem terrae. Aber kaum ein Wort hat seine erste Bedeutung behalten. Liber homo ist nicht mehr der Freie, sondern schlechthin jedermann, liberum tenementum nicht das freie Lehen, sondern jeder Besitz, als dissesire gilt gegenwärtig nicht die Besitzentsetzung durch den Lehensherrn, sondern eine Verfügung der Staatsgewalt, iudicium parium bedeutet nicht den Gerichtsstand der Lehensgenossen, sondern das ordentliche Gericht, und lex terrae das ordentliche Verfahren nach dem Rechte des Landes. Mehrere Jahrhunderte juristischer Auslegung haben genügt, um ein feudales Privileg, für das wir keine Verwendung mehr hätten, in ein Bollwerk der Freiheit im modernen Verfassungsstaate umzuprägen.

Wer den Rechtssatz für die Zwecke der Rechtspflege auslegt, kann ihn nicht an den Rechtsfällen der Zeit messen, aus der der Rechtssatz hervorgegangen ist, sondern an den Rechtsfällen, die die Gegenwart vor den Richterstuhl bringt. Indem er erkennt, ob für diese Rechtsfälle noch die Interessenabwägung und Schutzgewährung des Urhebers gilt, sieht er ihn bereits mit den Augen seiner eigenen Zeit an, und wendet ihn so an, wie es seine eigene Zeit verlangt. Wenn ein Maler ein altes Bild nachmalt, so sucht er wohl in Leinwand, Farbe und Auffassung nach Möglichkeit dem Urwerk nachzukommen. Aber nur der oberflächliche Betrachter wird glauben, im Nachbild dasselbe, was das alte Bild bietet, vor sich zu haben. Der Kundige wird nicht nur an Leinwand und Farbe das Material einer anderen Zeit erkennen, bedingt durch ihre technischen Mittel, er wird schon aus der Art, wie der Nachbildner das Urwerk aufgefaßt hat, aus seiner Art zu sehen und das Gesehene auf die Leinwand zu bringen, die Zeit erraten, in der das Nachbild entstanden ist. Der Nachbildner ist eben nie bloß der Ausleger des Kunstwerks: er hat wohl zum Teil den Geist des Urhebers in sich aufgenommen, zum anderen Teil ist er aber er selbst, ein Kind seiner Zeit geblieben. Der Ausleger des Rechtssatzes ist nicht nur ein Nachbildner; das, was er über den Rechtssatz sagt, gibt nicht ausschließlich dessen Sinn wieder, sondern auch seine persönliche Auffassung des Rechtssatzes im Geiste seiner eigenen Zeit.

Das ist der Grund, warum die historische Auslegung des Rechtssatzes der Rechtspflege nicht genügen kann. Denn mit dem Rechtssatze treibt die Rechtspflege selbst Rechtsgeschichte. Sie hat immer nur die Wahl, einen Rechtssatz, für den sich kein Anwendungsgebiet mehr findet, als unbrauchbar bei Seite zu schieben, oder ihn mit dem neuen Inhalt zu erfüllen, den die Gesellschaft an ihn heranschwemmt. Es ist bekannt, wie erfolgreich die gemeinrechtliche Jurisprudenz während ihrer tausendjährigen Herrschaft in Europa die zweite Aufgabe erfüllt hat. Das gelang ihr aus dem Grunde so gut, weil die zweifelhafte Zone anfänglich wegen der geringen rechtshistorischen Kenntnisse außerordentlich breit war; als sich in der Folge die Einsicht in die ursprüngliche Bedeutung der römischen Rechtssätze vertiefte, hatte man nicht mehr mit den ursprünglichen römischen Rechtssätzen, sondern mit solchen, die bereits modernen Rechtsinhalt in sich aufgenommen hatten, zu tun. Auf den abenteuerlichen Gedanken, das römische Vertragsrecht unmittelbar auf die Verträge der Gegenwart anzuwenden, wäre gewiß niemand gekommen. Als man aber das römische Vertragsrecht richtig zu verstehen begonnen hatte, hat es bereits längst die gemeinrechtliche Jurisprudenz für moderne Bedürfnisse aufnahmefähig gemacht. Die wenigen Andeutungen der römischen Rechtsquellen über Vertragsabschluß unter Anwesenden hätten gewiß nicht genügt, um damit den Vertragsabschluß im neuereren Post- und Telegraphenverkehr zu meistern: aber die gemeinrechtliche Lehre hat das Recht des Vertragsabschlusses unter Abwesenden bereits genügend auch für diese Aufgabe vorbereitet.

Es war also die gemeinrechtliche Jurisprudenz, die den römischen Rechtssätzen die Fähigkeit gab, der nie rastenden gesellschaftlichen Entwicklung zu folgen. Die deutsche historische Schule, die das sonderbarerweise stets verkannt hatte, tat so, als wäre die Geschichte mit jedem Rechtssatze bei einem Schlußpunkte angelangt, wo ihre Entwicklung aufhörte, und sie lehrte ganz im Ernste, man müsse das gemeine Recht Deutschlands bei dem Sinne festhalten, den seine Rechtssätze bei den römischen Juristen und Prätoren gehabt hatten. Es ist gewiß richtig, daß man einen Rechtssatz nur aus seiner Entstehungszeit verstehe; aber für die Rechtspflege handelt es sich darum, ob man ihn auch so anwenden kann. Die Lehren von Savigny und seiner Jünger bedeuteten praktisch für die Rechtswissenschaft, daß sie die für die Gegenwart wichtigste Ausgestaltung der Rechtssätze des römischen Rechts seit dem Aufblühen des Studiums von Bologna, und die für das Recht Deutschlands grundlegende seit der Aufnahme, eigentlich gar nichts angehe; für den Unterricht bedeutete dagegen die Lehre der historischen Schule, daß das deutsche bürgerliche Recht heute noch von Männern gelehrt wird, für die es keine andere Rechtswissenschaft gibt, als Rechtsgeschichte, und für die römische und selbst orientalische Rechtsaltertümer interessanter sind, als der ganze Rechtsstoff von Zasius bis Windscheid, ohne den ein historisches Verständnis des heute geltenden deutschen Bürgerlichen Gesetzbuchs ausgeschlossen ist. Man wundert sich jetzt in Deutschland, daß weltfremde Juristen dabei herauskommen. Die praktische Jurisprudenz aber hat die historische Schule mit ihrer heutigen entsetzlichen Öde und Unfruchtbarkeit gezeichnet. Eigensinnig ihre Augen vor der Tatsache verschließend, daß jede Anwendung eines Rechtssatzes eine eigene Interessenabwägung des Anwenders fordert, sucht sie eine Entscheidung ohne jede Bewertung der dabei infrage kommenden Interessen aus dem Rechtssatze durch kümmerliche Wortklauberei abzuleiten. Eine Entscheidung aber, die die Interessen nicht bewertet, wird häufig genug das Interesse höher veranschlagen, das keinen gerichtlichen Schutz verdient; sie wird zu einem durchaus verkehrten Interessenschutze gelangen, den kein Gesetzgeber je angeordnet hatte, und häufig genug auch, könnte er ihn voraussehen, ausdrücklich ausgeschlossen hätte. Oder sie bemüht sich, mit fadenscheiniger Sophistik die eigene Interessenabwägung dem Gesetzgeber zu unterlegen. Es ist überflüssig, sich damit zu befassen, da bereits Ernst Fuchs in seinen zahlreichen, höchst verdienstvollen Arbeiten sowohl die erste Richtung, die „Pandektologie", als auch die zweite, die „Kryptosoziologie", besser, als ich es könnte, bloßgestellt hat.

Daß der Rechtssatz in der Jurisprudenz fortgebildet wird, haben schon die Römer gewußt. Im älteren Freistaat galt, wie das Enchiridionbruchstück des Pomponius zeigt, das ganze Juristenrecht, das proprium ius civile, als interpretatio der XII Tafeln. Das wurde später allerdings nicht mehr geglaubt, aber die Ediktskommentare behandeln in derselben Weise das prätorische und ädilizische Edikt. Seit dem Mittelalter hat die unter dem Einfluß der Justinianischen Rechtsbücher überhandnehmende staatliche Rechtsauffassung, die Notwendigkeit, jedes neue Juristenrecht auf den Willen Justinians zurückzuführen, die Entwicklung des Rechtssatzes in der Rechtspflege verschleiert. Im XIX. Jahrhundert bestand das, was man Rechtsgeschichte nannte, auf dem für den Rechtssatz wichtigsten, romanistischen Gebiete, überwiegend in Rechtsaltertümern, und so ist es bis jetzt geblieben. Unter der Herrschaft der historischen Schule in Deutschland gehörte die Vernachlässigung der Geschichte des Rechtssatzes in der wirklichen Rechtsübung des gemeinen Rechts zum Bekenntnis. Für das österreichische Recht haben allerdings Randa, Steinbach, Saxl und einige andere zum Teil erhebliches geleistet, hauptsächlich in der Erforschung der Rechtspflege. Die Gesetzgebung und Rechtspflege des Deutsches Reiches ist zu jung, um eine wahrnehmbare Entwicklung des Rechtssatzes zu zeigen. So kurz aber auch die Geschichte ist, die die Rechtssätze des deutschen Bürgerlichen Gesetzbuchs hinter sich haben, so hat sie doch jüngst Hedemann in sehr dankenswerter Weise bei einigen Bestimmungen dargelegt. Bei dem bereits mehr als ein Jahrhundert alten Code civil hat die geschichtliche Entwicklung einzelner Rechtssätze deren ursprünglichen Sinn vollständig überwuchert. Wer nichts kennt als den Code civil, hat von dem in Frankreich geltenden bürgerlichen Recht keine Vorstellung. In Frankreich befassen sich die Arrêtisten, die Juristen, die Anmerkungen zu den in den großen Spruchsammlungen veröffentlichten Erkenntnissen schreiben, mit der Entwicklung des Rechts in der Rechtspflege. Meynial hat im Livre du centenaire du Code civil eine interessante Abhandlung über die Arrêtisten veröffentlicht, außerdem gibt es über den Bedeutendsten unter ihnen, Labbé, zwei selbständige Arbeiten. Auch sind die Ergebnisse des pouvoir prétorien de la jurisprudence, wenigstens in bezug auf den Code civil, in mehreren Thesen zusammengestellt. In einem Recht mit einer so alten Gesetzgebung, wie das englische, mußte die Fortbildung der Rechtssätze durch die Rechtsprechung sich schon früh der Aufmerksamkeit aufdrängen. Zahlreiche Ausführungen darüber enthalten Blackstones Commentaries, Holdsworths History of English Law, Stephens History of Criminal Law und des Amerikaners Thayer Evidence. Verschieden von der Entwicklung der Rechtssätze *in der Rechtsprechung* ist deren Dogmengeschichte in der *schriftstellerischen* Jurisprudenz. Diese erfreut sich besonders in Deutschland seit langem sorgfältiger Pflege.

Daß die Entscheidung, soweit sie aus der geistigen Mitarbeit des Richters hervorgegangen ist, tatsächlich nicht ein Werk des Gesetzgebers, sondern des Richters ist, darauf hat in Deutschland zuerst Bülow in seiner bekannten Schrift: „Gesetz und Richteramt" nachdrücklich hingewiesen, und das ist, soviel ich sehe, der wesentliche Inhalt seiner keineswegs durchsichtigen Ausführungen. Wenn er deswegen vielen als Begründer der freirechtlichen Bewegung gilt, so ist das offenbar ein Mißverständnis. Ihm war Rechtsprechung bis zum Schlusse nichts als Gesetzesanwendung, wenn auch eine durch die Persönlichkeit des Richters hindurchgehende Gesetzesanwendung; von einer darüber hinausgehenden Rechtsfindung ist bei ihm nirgends die Rede. Es war daher nur folgerichtig, daß er die freie Rechtsfindung, so wie sie von mir gelehrt worden ist, entschieden verdammte; weniger verständlich ist es, daß er sein Verdammungsurteil mit aus dem Zusammenhange gerissenen Ausführungen aus meiner Schrift verbrämte. Ich habe darauf verzichtet, auf diese Art von Polemik einzugehen, und habe mich damit begnügt, es Bülow brieflich vorzuhalten. Später hat Kantorowicz in einem Punkte die Unrichtigkeit der Bülow'schen Wiedergabe meiner Meinung nachgewiesen. Ich muß es dem Leser, den die Sache interessiert, überlassen, sich durch Einsicht der von Bülow angeführten Stellen in ihrem Zusammenhang zu überzeugen, daß die Bülow'sche Wiedergabe auch in allen anderen Punkten unrichtig ist.

Es handelt sich mir an diesen Stellen zum Teil nicht, wie Bülow behauptet, darum, was in der Rechtspflege geschehen sollte, sondern was wirklich geschieht, zum anderen Teil nicht, wie Bülow vorgibt, um Anwendung des Gesetzes, sondern um die Bildung des Juristenrechts.